杨德广八十评述评论

罗志敏 张兴 编

上海大学出版社
·上海·

图书在版编目（CIP）数据

杨德广八十评述评论 / 罗志敏，张兴编.—上海：上海大学出版社，2020.8（2020.10重印）
 ISBN 978-7-5671-3902-2

Ⅰ.①杨… Ⅱ.①罗… ②张… Ⅲ.①杨德广—先进事迹 Ⅳ.①K825.46

中国版本图书馆CIP数据核字（2020）第115473号

责任编辑　刘　强
封面设计　柯国富
技术编辑　金　鑫　钱宇坤

杨德广八十评述评论
罗志敏　张　兴　编

出版发行	上海大学出版社
社　　址	上海市上大路99号
邮政编码	200444
网　　址	www.shupress.cn
发行热线	021-66135112
出 版 人	戴骏豪
印　　刷	上海华业装潢印刷厂
经　　销	各地新华书店
开　　本	787mm×960mm 1/16
印　　张	23.25
字　　数	370千字
版　　次	2020年8月第1版
印　　次	2020年10月第2次
书　　号	ISBN 978-7-5671-3902-2/K·218
定　　价	80.00元

楊德廣八十評述評論

龔學平
庚子年三月八日
十大壽同志八
賀德廣

龚学平题写书名

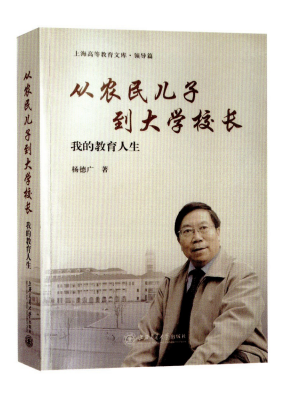

《从农民儿子到大学校长：我的教育人生》2009年由上海交通大学出版社出版

序

杨德广教授是我国广受尊敬的一位大学校长、一位高等教育大家。

与杨德广结识是他在上海市高教局任职和在上海高校做大学校长期间。当时正值教育领域传统计划经济和改革开放两种思想路线激烈碰撞的时期,杨德广思想开放,有强烈的社会使命感和责任意识,对很多问题尤其是办学方面问题的看法常有独到之处,一旦认准了方向,做起事情来就不知疲倦,敢想、敢说、敢做,先后在上海大学、上海师范大学主导过几次很成功的改革实践,所以他被称为我国高教界的一位"闯将",我是深有体会的,也是很认同的。

杨德广是在我国从计划经济向市场经济转轨转型过程中成长起来的一位大学校长。在当时的时代和社会背景下,他能有很前瞻的观念和思想,始终保持一股真抓实干的拼劲,是很可贵的,也是很值得现今高校领导者认真学习、体会和借鉴的。

在治理理念和思想上,杨德广站位高、看得远。如早在1978年,他针对当时许多学校片面强调思想政治工作要为阶级斗争服务的不良倾向,敏锐地意识到高校思想政治工作与教学存在"两张皮"的问题,于是就提出"把思想政治工作做到教学领域中去",提出思想政治工作干部要深入教学第一线,在学习业务的同时了解、发现进而解决教学过程中的问题,这样才能提高思想政治工作的水平和效率。改革开放后,他针对高校计划管理带来的诸多弊端,在20世纪80年代就先后提出"高等学校的计划管理应和合同管理相结合""改革统包统配的毕业生就业制度"等很具前瞻性的改革思想。

在具体管理工作上,他不回避矛盾,敢于硬碰硬。如在当时政府由于财政经费紧张,还拿不出足够的钱投入高等教育的情况下,他就敢于打破"等靠要"的传统办学模式,提出大学校长不仅要找市长,还要找市场。政府能帮助解决的就找政府解决,政府一时解决不了的,就自己动手多方筹集解决。正是凭借这种"不要等米下锅,而要找米下锅"的精神和干劲,杨德广领衔的上海师范大学在上海高校率先解决了教职工的住房问题,整治了尘土飞扬的校园,创办社会培训机构和老年大学,还成功开发了被闲置多年的奉贤校区,等等。

从大学校长的位子上退下来后,杨德广也一刻没有闲着,除了继续给学生上课、培养研究生之外,还出版了多本专著,写了很多有影响力的论文和文章。同时,他还通过卖掉自有住房等方式筹集数百万元款项投身于社会教育慈善事业,也因此得到了多方面的赞誉,体现了一位老共产党员、老教育工作者"不忘初心、牢记使命"的本色。

这本《杨德广八十评述评论》,搜集了部分专家学者、同仁、学生和新闻媒体对杨德广的评价。我相信这本书的出版,不仅是对杨德广即将迎来八十岁生日的一种敬意和祝福,对弘扬新时期社会主义核心价值观、对传播社会正能量,也一定会产生好的效果。

是为序。

2020 年 4 月 6 日

目录 Contents

第一篇　题词赠言与感言

第二篇　业绩事迹大数据

荣誉奖励　为人表率	/25
学术成就　硕果累累	/28
高校管理　真抓实干	/32
学生培养　桃李芬芳	/37
讲座讲学　深受欢迎	/51
感恩母校　涌泉相报	/55
帮困助学　大爱无疆	/60
植树公益　绿化老人	/69

第三篇　业界与同行述评

以理扬德，以践生德，以身作德
　　——论杨德广教授的高校德育理论与实践　罗志敏　苏　兰 /73
杨德广高等教育理念与校长办学实践述略　　　　　樊　军 /83
杨德广高等教育研究旨趣及其特点　　　　　　　　季诚钧 /92
杨德广教授高等教育研究的特色及启示　　　　　　张　兴 /100
以"问题"为逻辑导向的高等教育研究与实践
　　——读《杨德广教育文选》有感　　　　　　　吴洪涛 /115
开拓型校长，行动研究典范
　　——庆祝杨德广教授从教50周年　　　　　　　王洪才 /124

大学校长的学术追求与职业精神
——杨德广教授从教50年学术对谈
  张应强　瞿振元　潘懋元　滕建勇
  张伟江　李敬来　李建勇　杜飞龙／140
以勤为师　以真为师　以实为师　以爱为师
——论杨德广教授的研究生培养之道　罗志敏／148
杨德广：探索高等教育真知的争鸣者　刘　尧／158
一位大学校长的教育人生　刘　尧／167
人格魅力、育人理念和管理智慧
——教育家杨德广的大学治理之道　蒋进国　桑华月／175
平民校长·教育勇士·精神富翁
——贺杨德广教授《教育文选》及《我的教育人生》出版
  陆建非／181
忘我精神与经营理念：中国大学校长稀缺元素
——读《从农民儿子到大学校长》　付八军／184
杨德广：绿色校长的绿色人生　翁敏华／195
论杨德广高等教育思想的精神特征　王　伟　韩　曦／206
无为何入世，入世有所为
——记著名高等教育专家杨德广教授　罗志敏／213
以身立教的师表
——读杨德广的教育人生　江曾培／230
当代教育名家杨德广教授：退休15年笔耕不辍
  心系教育矢志不移　罗志敏／232
杨德广教授的多个"首次"和"第一"　罗志敏／239
杨德广，一个"活明白了"的人　戴　平／248
勉力捐款　勤苦向学　刘海峰／251
杨德广高等教育管理改革理念与实践述略　梅是菲／254
杨老师教学艺术述评　吴　琼／263
面对疫情，一位慈善勇敢的老人　朱筱丽／273

第四篇　媒体报道和评述

老党员、老教授杨德广：倾毕生所蓄　助贫困学子
  （"中国文明网"2010年2月27日）／281

70岁老教授卖房筹款助贫困生求学：把希望和善心，
　　播种到学生心里　　　　（《解放日报》2010年9月10日）/285
杨德广"裸捐"300万元设奖学金
　　　　　　　　　　　（《中国青年报》2010年10月30日）/287
上师大老校长杨德广捐毕生积蓄设奖学金
　　　　　　　　　　　　　（"新华网"2012年4月18日）/288
退休校长杨德广的慈善经　（《中国科学报》2014年7月4日）/290
"慈善校长"卖房子兑现助学承诺
　　　　　　　　　　　（《新华每日电讯》2014年12月14日）/292
"活明白"的大学校长　　　（《解放日报》2015年1月20日）/294
绿色校长的阳光慈善
　　——访校友杨德广先生
　　　　　　　　　（"华东师范大学新闻中心"2016年7月1日）/301
杨德广的"有所为"　　　　（《光明日报》2018年6月18日）/304
这位"平民校长"资助两兄弟踏入上海名校，还曾卖房筹集善款
　　　　　　　　　　　　　（"澎湃新闻"2018年9月5日）/311
78岁老校长杨德广尽己所能帮困助学，获评"中华慈善楷模"：
　　他过得"吝啬"，却活得"富足"
　　　　　　　　　　　　　（《解放日报》2018年9月6日）/315
"抠门"校长的"丰裕"慈善路　（《文汇报》2018年9月6日）/319
"慈善校长"杨德广的幸福生活
　　　　　　　　　　　　　（《中国社会报》2018年9月14日）/323
"慈善让我更有价值、更快乐"（《上海老年报》2019年9月4日）/327

附　录

杨德广教授出版的学术专著及主编教材（1982—2016年）　/331
杨德广教授公开发表的主要论文及文章（1978—2020年）　/333
社会媒体对杨德广教授慈善事迹的报道（2010—2018年）　/356

后记　　　　　　　　　　　　　　　　　　　　　　　/359

第一篇

题词赠言与感言

> 著书育人，
> 厚德载物！
> 为此杨修乃八十诞辰评述以题
> 王国平 2020年5月日于杭州

王国平，原任中共浙江省委常委、杭州市委书记，杭州城市学研究理事会理事长，浙江省首批新型重点专业智库浙江省城市治理研究中心主任、首席专家，浙江大学兼职教授、兼职博士生导师，中央美术学院客座教授、客座博士生导师

作人问国作贡
新老同学我业要
贺德广尚为事重
杨高博育了
品渊教出
献

周远清 2020.4月

周远清，原任教育部副部长、中国高等教育学会会长

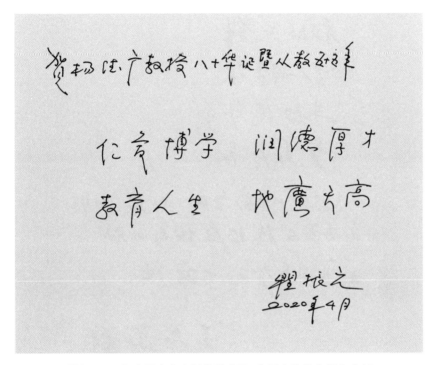

瞿振元,原任中国农业大学党委书记、中国高等教育学会会长

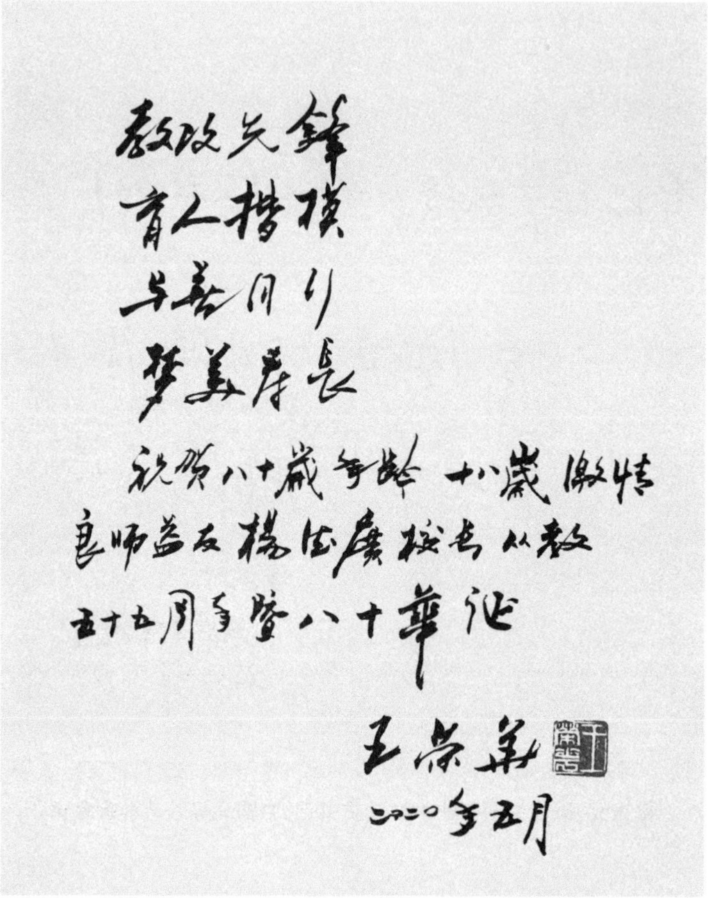

教改先锋
育人楷模
长者风范
梦美康长

祝贺八十岁年龄 十八岁激情
良师益友杨德广校书 以教
五十五周年暨八十华诞

王荣华
二〇二〇年五月

王荣华，第十届上海市政协副主席、国家教材委员会专家委员、上海市教育发展基金会理事长做老师，为人师表，德艺双馨；
做校长，运筹帷幄，锐意改革；
做学问，笔耕不辍，著作等身；
做慈善，雪中送炭，倾囊相助。

贺杨德广教授八十华诞暨从教五十五周年 庚子春五一国际劳动节胡卫书

胡卫，全国政协委员、民进上海市常务副主委、中国民办教育研究院院长

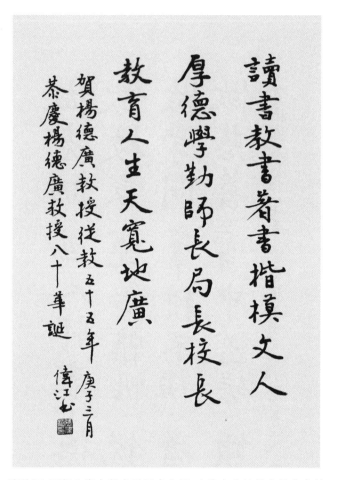

张伟江,原任上海市教育委员会主任、上海市高等教育学会会长

德润一生,广善扬之

　　杨德广先生是我一生最尊敬的人生导师、学术导师和工作导师。他是一位两袖清风、克己奉公的"平民校长",是一位勇于探索、敢讲真话的"教育勇士",始终用行动诠释着"无为何入世,入世有所为"的人生信条。其善举不断的为人基准、敢于挑战的教育理念及一丝不苟的科研态度,都是我为人为学的精神坐标。他灌溉我的精神食粮,依然在我学术研究的生命中保存着无限热量,滋养着我砥砺前行的勇气,是我亦师亦友的引路人。

成长春,江苏省人民政府参事、南通大学原党委书记、江苏长江经济带研究院院长

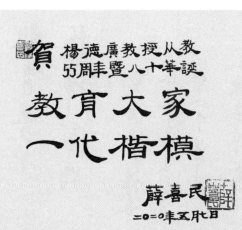

薛喜民，原任上海市教育委员会副主任、上海市成人职业教育学会会长

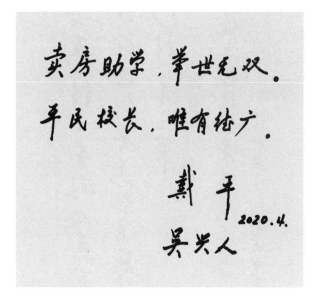

戴平，教授，原任上海戏剧学院党委书记
吴兴人，原任《文汇报》评论员、《新民晚报》评论员、上海作家协会会员

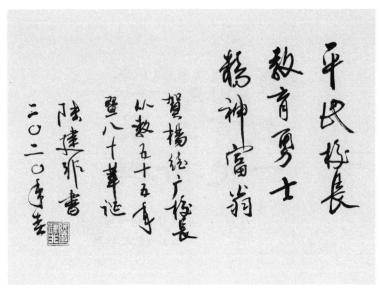

陆建非,教授,原任上海师范大学党委书记、上海市欧美同学会常务副会长

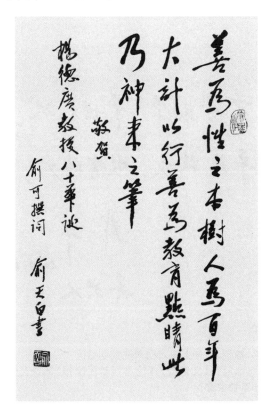

俞天白,著名作家
俞可,博士,上海师范大学现代校长研究中心研究员

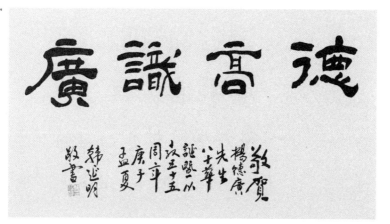

韩延明,教授,原任临沂大学校长

> 治学治校实名家,
> 奔走慈善怀天下。
> 德广仁厚垂风范,
> 心系平民爱中华。
>
> 杨德广先生由治学而治校,由做教育而做慈善;理论研究与实践探索相交融,人格风范与学术造诣相辉映。每有机会聆听先生讲话,皆言近旨远,谈笑风生,实为高山仰止。谨执母校上海师范大学学子之礼敬贺杨德广校长从教五十五周年暨八十华诞!

张伯安,资深教育媒体人,上海师范大学历史系 1978 级学生。历任上海市敬业中学历史教研组长、上海市市南中学副校长、上海市教卫党委宣传处副处长、上海教育电视台党总支书记兼副台长、上海教育报刊总社党委书记兼副社长、上海杉达学院传媒学院院长、教授

当校长励精图治
为人师厚德广学
——贺杨德广校长八十华诞
刘海峰 2020.5

刘海峰，浙江大学资深教授、厦门大学教育研究院原院长、长江学者

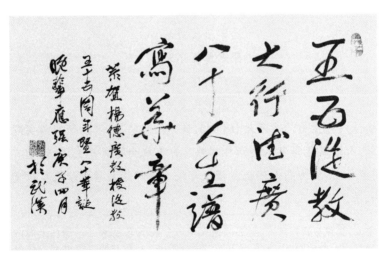

张应强，中国高等教育学会高等教育学研究会理事长、教授、长江学者

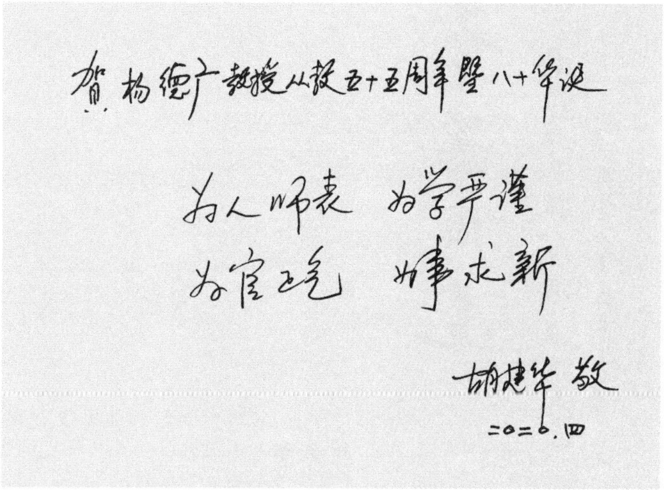

贺 杨德广教授从教五十五周年暨八十华诞

为人师表　为学严谨
为官正气　为事求新

胡建华 敬
二〇二〇.四

胡建华，博士，教授，原任南京师范大学教育学院院长

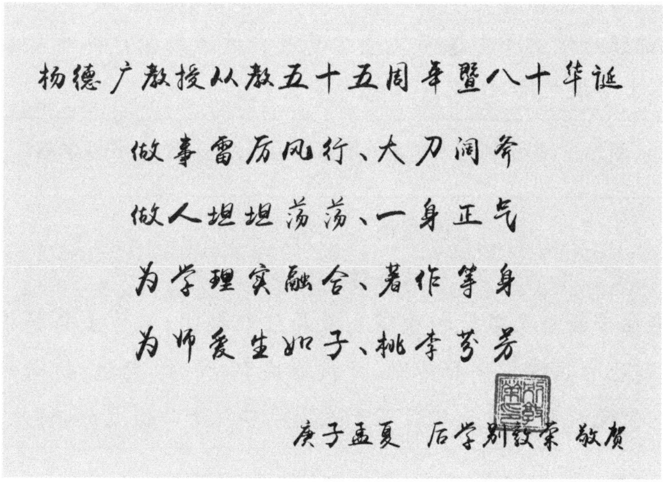

杨德广教授从教五十五周年暨八十华诞

做事雷厉风行、大刀阔斧
做人坦坦荡荡、一身正气
为学理实融合、著作等身
为师爱生如子、桃李芬芳

庚子孟夏　后学别敦荣 敬贺

别敦荣，博士，教授，厦门大学教育研究院院长

大智论教，识之广；
大道治校，才之广；
大善助学，德之广。
——敬贺杨老前辈八十华诞暨从教五十五周年

晏开利，教授，上海市高等教育学会常务副会长，原任上海市教育科学研究院高教研究所所长

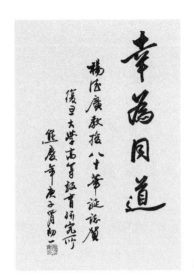

熊庆年,复旦大学高等教育研究所所长、教授、博士生导师

受教于杨先生二十多年,或在会堂课间,或在字里行间,他开明包容的执校胸怀,率直睿智的学术风格,温厚谦和的长者之风,悯贫怜弱的慈悲之心,都让后学蒙泽受恩而又望尘莫及。适逢杨德广先生从教五十五周年暨八十华诞之际,恭祝先生福寿安康!

阎光才,华东师范大学高等教育研究所所长、教授,长江学者

德高树人　桃李芬芳

广结善缘　爱满天下

我俩在市教委人事处和原市高教局任职期间,工作上与杨校长多有交集,得到他的热情指导和帮助,并被他恢弘、博学、勤勉、执着的人格魅力折服。值此庆贺杨校长从教五十五周年暨八十华诞之际,特此贺忱!

黄良汉,原任上海市教育委员会人事处处长
黄玉玲,原任上海市高等教育局人事处处长

和杨德广教授接触的次数不算多,但是留下一个很深的印象就是"真诚"。杨德广教授教书育人,论著丰富,在高等教育学界声望卓著,但是他对人宽厚真诚,乐于助人,多次到同济大学给教育学科师生授课和开讲座,帮助同济大学培养人才,获得了师生的广泛好评。在我心中,杨德广教授是一名真诚的教育家。

蔡三发,同济大学高等教育研究所所长、教授

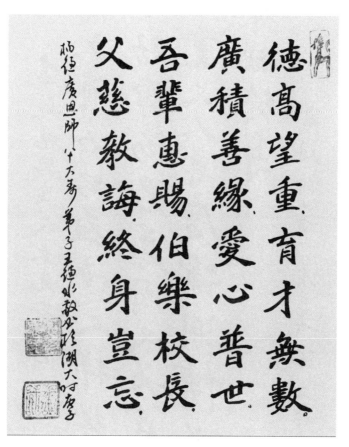

王德水，书画家

书赠杨德广校长先生教正

榜上有名公益达人样样带头工
作勤奋杨君为国又为民德高
坐重人人尊廣識淵博为教育
奉献终身

藏头诗一首 庚子年 陈立林顿首

陈立林,书画家

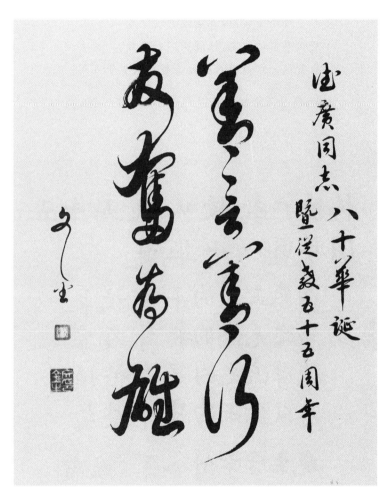

缪文金,书法家

> 长共松篁斗岁寒,乘风骞翮九天宽。
> 书成百卷犹兴事,育得千林始挂冠。
> 八斗经纶传学界,五车才具动文坛。
> 此心唯系仲尼道,德满黉门一笑欢。
> 恭贺杨德广教授八秩大寿暨从教五十五年!

董圣足,上海市教科院民办研究所所长、博士、研究员

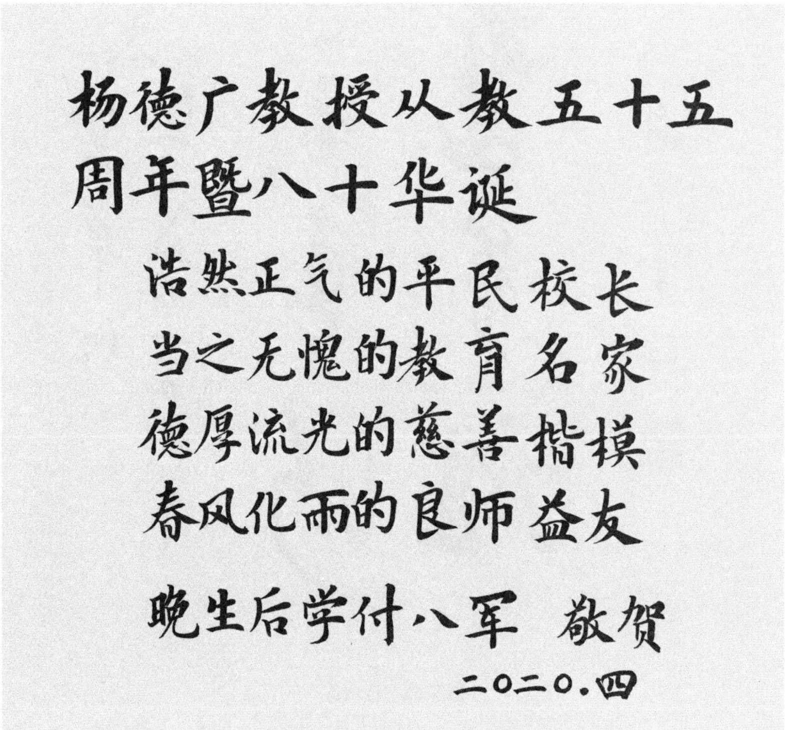

杨德广教授从教五十五周年暨八十华诞

浩然正气的平民校长
当之无愧的教育名家
德厚流光的慈善楷模
春风化雨的良师益友

晚生后学付八军 敬贺
二〇二〇.四

付八军,绍兴文理学院教授、博士

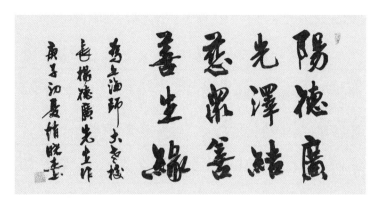

赵晓杰,浙江天台驻沪联络处主任,上海浦东天台商会副秘书长

> 德行天下,广结善缘。
> 先圣先师,生花妙语。
> 大写人生,爱生乐教。
> 无悔岁月,疆域无限。

段鑫星,中国矿业大学教授、博士生导师,全国知名心理学工作者

> 博学德广,功名远扬;志在千里,赤心向党。
> 为国奋斗,劲似虎郎;两袖清风,品格高尚。
> 爱生如子,桃李芬芳;捐资助学,卖了私房。
> 高校改革,谱写华章;教学科研,业绩辉煌。
> 年逾八秩,老当益壮;盼愿祖国,更加富强。
> 松柏常青,日月长亮;祝福杨老,快乐健康!

张学全,新华社上海分社原政文采访部主任,高级记者

尊敬的老校友杨德广先生：

您于上世纪五十年代走出上坊小学，胸怀抱负，励志求学，彰显了上坊学子立志出彼的底色。您几十年如一日，无惧风雨，桃李丰硕，更不忘回馈母校培育之恩。"德高学上助新苗，广行善举守初心"，您以最博大的胸襟和最博爱的心灵，关爱母校学子成长，教育后来择善而立，问善而行，成为上坊小学师生心中最光辉的榜样。

在您八十华诞之际，我谨代表上坊小学全体师生祝愿您欢乐常随，春辉永伴！

李富春

2020年5月9日

李富春，南京市江宁区上坊中心小学党总支书记、校长

| 半世春秋 | 笔耕不辍 | 教书育人 |
| 耄耋之年 | 壮心不已 | 回报社会 |

张兴，博士，上海老年大学副校长

> 杨校长犹如艳阳,为贫困地区注入了暖流;又犹如春雨,滋润着寒门学子的心田;更如黑暗中的灯塔,照亮了迷茫学子前进的路。

海明月,彭阳县第一中学校长

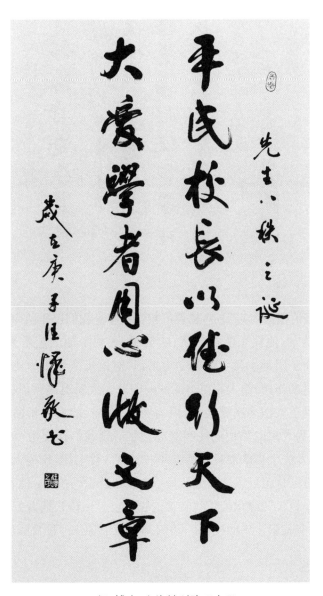

汪怿,博士,上海社科院研究员

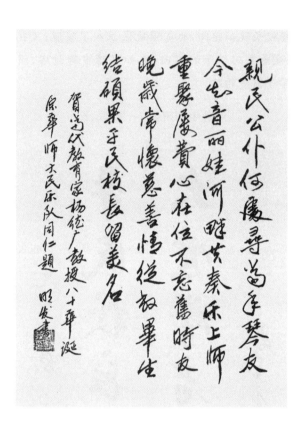

附注：恐怕很多人不知道，杨德广校长当年是我们民乐队令人敬佩而又贴心知心的队友，他在乐队拉二胡、吹笛子，显现了他的艺术爱好和才华。同时他作为文工团师生团支部的学生书记，对民乐队当年的建设和成长起了引路和推进的作用，给大家留下深深的印象。大家退休后，我们民乐队老队友在上海师范大学多次聚会，也因为屡有杨校长的爱心相助和正能量奉献，使聚会成为大家的热切向往和难忘记忆。现我们递交由当年的乐队指挥、作家周明发先生集队友意见撰稿并书写的一首七律，作为大家献给杨德广校长的心意。这也可以让人们从另一个视角认识杨校长：他不仅是"平民校长""自行车校长""绿化校长""慈善校长"，也是一位长期爱好民族乐器和民族音乐、颇有音乐才华的校长。（华东师范大学原文工团民乐队队友）

第二篇
业绩事迹大数据

荣誉奖励　为人表率

杨德广自参加工作以来,在教学、科研、管理、社会服务、慈善事业等方面获得来自政府机构、科研院所、社会组织的奖励及荣誉称号上百项。

杨德广获得的部分奖励和荣誉称号

以下是他获得的部分奖励和荣誉称号：

1958年10月	获南京市青年社会主义建设积极分子称号
1989年5月	获共青团上海市委员会颁发的"五四青年奖章"
1990年4月	获首届全国教育科学研究优秀成果奖二等奖
1993年10月	获上海市科技进步三等奖
1995年10月	获国务院颁发的政府特殊津贴
1996年12月	获上海市第三届哲学社会科学优秀成果奖著作三等奖
1998年12月	获上海市第二届邓小平理论与宣传优秀成果奖论文三等奖
1998年12月	获第二届中国高校人文社会科学研究优秀成果奖二等奖
1999年9月	获第二届全国教育科学研究优秀成果奖一等奖
2000年9月	获上海市第五届哲学社会科学优秀成果奖论文三等奖
2001年11月	获第七届上海市教育科学研究成果奖著作二等奖
2002年3月	获全国绿化委员会颁发2001年度"全国绿化奖章"
2002年9月	获上海市第六届哲学社会科学优秀成果奖著作三等奖
2002年10月	获上海市员工信得过的好领导称号
2003年9月	获上海市教育功臣提名奖
2005年3月	获上海市第八届教育科学研究成果（教育理论创新奖）二等奖
2006年9月	获第三届全国教育科学研究优秀成果奖二等奖
2008年5月	获上海市第九届教育科学研究优秀成果奖（教育决策咨

	询奖)三等奖
2009年9月	获上海市民政局颁发的"上海慈善奖"
2010年12月	被全国老龄办评为"全国十大老龄新闻人物"
2011年3月	获上海市第十届教育科学研究优秀成果奖(教育改革实验奖)一等奖
2011年3月	获2010年度"上海市社会主义精神文明好人好事"称号
2012年1月	获上海市慈善基金会第五届上海市"慈善之星"称号
2012年4月	获第二届上海市慈善奖
2013年6月	获中国高教学会"从事高教工作逾30年、高教研究有重要贡献学者"称号
2013年12月	获上海高等教育学会"杰出贡献奖"
2014年5月	获上海市慈善基金会成立20周年"贡献奖"
2014年6月	获甘肃省文化厅"联村联户为民富民"行动"突出贡献奖"
2014年11月	被中共中央组织部评为"全国离退休干部先进个人"并受到习近平总书记等国家领导人的亲切接见
2015年2月	获"上海市离退休干部先进个人"称号
2017年7月	被中国教育学会等七单位评为"中国当代教育名家"
2018年9月	被国家民政部评为第十届"中华慈善楷模"
2018年9月	《我为什么做慈善》被上海公益新媒体中心评为"十佳公益故事"

学术成就　硕果累累

杨德广教授是我国著名的高等教育研究专家。为表彰他为中国高等教育学科发展所做的突出贡献,2013年,中国高教学会评他为"从事高教工作逾30年、高等教育研究有重要贡献学者"(全国共30人),2017年,中国教育学会等七单位评他为"中国当代教育名家"(全国共90人)。

一、相关数据

(1) 出版个人学术专著10部。

(2) 主编著作和教材35部。

(3) 主持国家和省部级重点课题10余项。

(4) 20多项研究成果获全国教育科学研究奖、上海市科技进步奖、上海市哲学社会科学奖等不同奖项。

(5) 据CNKI(中国知网)可查到的数据,1978—2019年其公开发表论文和文章共计531篇,不包括被其他期刊或报纸转载的论文和文章。如果算上其他没有上网的论文和文章,合计应超过600篇。

(6) 自2004年从大学校长岗位退下来一直到2019年,共发表论文和文章120篇,平均每年近8篇。其中在《教育研究》和《北京大学教育评论》发表论文6篇,在《高等教育研究》发表论文12篇,在其他CSSCI来源期刊发表论文67篇,可以说是完完全全的"退而不休"。

二、代表性理论

(一) 立体德育论

在1978年提出"要把思想政治工作做到教学领域中去"这一至今仍具现实意义的著名论断之后,杨德广在其所著的国内第一部《大学德育论》专著中,剖析了在当时德育领域一直存在的错误论调,即"渗透论""从属论"和"代替论",明确提出"德育的地位、首位和到位"观念,认为"德育首位是教育规律和人的成长规律决定的"。他认为,"必须改变思想政治教育只是政工干部和思政教师的事,专业教师只教专业知识"的片面观念,明确提出所有课堂都要有育人功能,每一位教师都要有育人的任务。同时还要树立"大教育"理念。此外,他还提出了"变平面教育为立体教育"的理念,即大学生的思想政治教育要采用立体的方式,将"静态教育与动态教育相结合,正面教育与对比教育相结合,统一教育与多元教育相结合,一体教育与复合教育相结合,外部教育与自我教育相结合,思想教育与管理工作相结合"。

(二) 充实教育论

1996年,杨德广针对大学生中普遍存在的"松散懒"现象,提出并建构了"充实教育"理论体系。他认为充实教育应包括三个方面:充实学生的教育内容、充实学生的课余活动和充实学生的精神生活。即让学生从闲到忙,从松懈到紧张,从空虚到充实,从不知做什么到知道做什么。学校党、团组织和辅导员有责任帮助学生做好"充实教育"的规划和设计工作,在大学生活的每一时间段,都要让学生有事可做,知道自己该干什么。尤其对低年级学生,他们刚进大学,还没有掌握大学学习和生活规律,更要帮助他们设计好和安排好每天的时间。引导大学生学会自我设计、自我充实,增强自律意识和自立能力。自我设计最重要的是设计好如何利用好时间,使大学生成为善于驾驭时间的主人,向时间要知识,向时间要本领,向时间要生命。要判断"充实教育"实施效果如何,最直观的标准就是看学生们是否都忙起来了、都动起来了。后来,他又提出,要让"充实教育"落到实处,还需进行三个方面的改革:一是从确保教师有足够教学时间投入着手狠抓教风;二是以"学"为中心进行全面教学改革;三是实行"宽进严出"的招考及学籍管理制度。

(三) 教育产业论

20世纪八九十年代,杨德广发表了一系列关于"高等教育要主动适应市场经济""发展教育产业、建立教育市场"的文章和观点。1987年,他针对当时许多高校机构臃肿、办学效率低下的问题，提出高校要从"大学办社会"走向"社会办大学"，并着重解决三个问题：学校里的非教育活动主要由社会各有关部门去办；学校应和社会加强横向联系；社会有关部门要树立为学校服务的观念；"还地于教"，把校园内由后勤占据的土地让出来办教育。这些观点为我国1999年开始实行高校后勤社会化和21世纪初的高校投资多元化提供了理论依据。1992年，他开始关注中国发展民办大学的理论问题，提出"新型的民办大学要突破旧模式、改变旧体制、转换旧机制，探索社会主义初级阶段新的办学路子"的思想。1993年，他又提出"挖掘教育资源，发展教育产业""关于建立教育市场的思考"。他说："我坚定不移地认为，高等学校不仅要走进市场，而且还要建立教育市场，这样才能走出困境、摆脱困境。"1995年，他又提出"大学校长不但要找市长，更要找市场"这一著名观点。他认为，大学要适应市场经济的发展需要，必须跳出封闭式的小圈子，走向对外开放的道路，他根据上海基础教育和人才市场的需求，充分利用学校资源，拓展中、小、幼教师培训市场，开发成人教育市场。每年发展教育产业的收入高达2亿元，这相当于政府一年的教育财政拨款，大大改善了学校办学条件和教职工福利待遇。此外，他在上海师范大学创办了最早的中美、中法合作办学模式。

（四）教育体制改革论

1988年杨德广提出，教育领域可以效仿社会主义初级阶段经济领域中以公有制为主体、多种所有制共同发展的模式，以公立学校为主，允许办私立学校，也可以办中外合作学校。这为我国兴办民办高等院校和中外合作办学提供了理论依据。1989年，针对我国高等教育"国家统包的办学体制、部门办学的领导体制、政府统管的管理体制、经费单一的投资体制"等困境，他鲜明地提出"改制是我国教育走出困境的出路"的论断，并提出从四个方面来实现，即变统一性为多元性，变包下来为奖优汰劣，变封闭式为开放式，变集权制为分权制。他同时认为，高等教育应当适应经济领域中统一性向多样性的转轨，实现高等教育的多元化，即高等学校办学体制多元化、人才培养规格多元化和招生就业渠道多元化。他提出，高等学校还应当引进竞争机制，充分激励学校和教师的积极性，提高办学效益。他提出的"国有民办公助"的新型高等教育办学模式，得到了很多地区政府和教育界的认同，为后来普通高校独立学院的建立提供了理论依据。此外,他还提出要扩大高等学校自主权。具体应做到:分离政府部门和学校的职能,改变以政代校、政校不分的体制;学校内部实行校长负责制和系主任负责制,实行权力下放;学校实行民主管理,充分发挥教职工的主人翁作用。

上海师范大学奉贤校区

高校管理　真抓实干

杨德广教授先后任华东师范大学团委书记、上海市高等教育研究所所长、上海市高等教育局副局长、原上海大学校长、新上海大学常务副校长、上海师范大学校长、上海震旦职业学院院长。在长期的高校管理实践中，他不仅提出了许多很具针对性和前瞻性的高等教育改革理念和思想，还亲自主导了多次成功的高校治理改革实践，为此被称为"一位性格直爽、直言不讳、观点鲜明、有个性、有风格、有理念的大学校长"。徐匡迪老市长称赞"杨德广思想开放，有强烈的社会责任感和责任意识，是一位不知疲倦、敢想敢说敢做的大学校长"。

他在任上海师范大学校长期间，积极推动改革，取得明显效果，使学校综合排名从全国高校的 150 多名上升到 96 名，教职工的住房面积和经济收入也名列上海高校前茅，由此也被称为我国高教界真抓实干的一个"闯将"，被学界同行称为"行动研究的典范"，被广大师生亲切地称为"绿化校长""平民校长""自行车校长""慈善校长"。以下是几次有代表性的、广受赞誉的高校治理改革实践。

风雨无阻，一辆老式的自行车是杨德广的"坐骑"

一、充实教育改革实践

1996年杨德广任上海师范大学校长后,提出"充实教育"并付诸实践,取得了显著效果。他首先将推进教学改革作为突破口,提出"减少必修课、增加选修课、加强实践课、开设辅修课"的方案,建立"一本一专多能"的培养模式,以改善学生的知识结构,让学生有较多的自主学习、自我发展的机会。他认为,教学改革不仅要改"教",而且要改"学",他提出并在学生中实行四个制,即多张证书制、干部轮换制、半年实习制、综合测评制。为了尊重学生个性发展、开发学生潜能,他还在学校实施学分制、转换专业制、中期选拔制、插班生制等,包括允许和鼓励部分优秀学生一年级时转到其他重点高校就读。要求教师在教学中要布置参考书目、文章,布置作业,培养学生自学能力、搜集信息能力、写作能力。鼓励学生参加课外活动,凡参加校级运动队、校课外活动社团,并有固定活动时间、有教师指导,就给予一定的学分。学校开设八类文化素养选修课供学生选修。

二、"文明修身"活动实践

杨德广在学校提出"德育首位、育才先育人"的教育理念,主张德育要有载体,要落到实处,为此在全校大力开展大学生"文明修身"活动,并作为德育工作的重要载体和抓手。杨德广认为,当代大学生中独生子女多,从小缺少劳动锻炼,开展文明修身活动,有助于增强学生的劳动观念、养成热爱劳动的良好习惯,全面提高学生素质。活动内容包括"十无校园"活动、"12345教育工程"和"告别陋习、拥抱现代文明"活动等,此活动的开展使学生的素质明显提高,学校也由此成为"上海市大学生文明修身基地"示范校。同时,毕业生在社会上"很抢手"(就业率一直在全市高校中名列前茅),学校被教育部授予"全国高校毕业生就业先进单位"。

三、开发教育产业的实践

杨德广到上海师范大学任校长后,一是把"发展教育产业、建立教育市场"的理念落实到办学实践之中,成效显著。如他提出"两个全"理念,即"全面面向基础教育、全方位为基础教育服务"。如何实现?就是依靠市场机制。即在完成国家招生计划任务外,充分利用和挖掘学校资源,开发教育服

1998年,与著名导演谢晋(左一)及上海市委常委、宣传部部长金炳华商议创办"谢晋影视艺术学院"事宜

务产业,拓展教育市场,五年内承担了上海市大、中、小学教师岗位培训累计4 500多人次,承担了上海市中学教师"专升本"学历培训累计8 000多人次,各类师资培训逾10 000人次。全校共有150多个校外师资培训教学班,有一半左右的教师利用双休及节假日到郊区的办学点"送教上门",深受中小学教师欢迎。二是利用市场机制成功地开发了奉贤校区。在20世纪末,为适应高校扩招的需要,上海市教委要求上海师范大学开发闲置的奉贤校区。由于市政府没有增加投资,校内反对者很多,认为没有钱怎么开发?杨德广说,不开发、不发展永远没有钱,只有开发了、发展了才有钱。他据理力争,顶住压力,通过置换、集资、贷款、BT模式等方式,三年内使奉贤校区成为一所富有田园风光、充满现代气息的新型大学校园,办学规模由1 600多人发展到10 000多人,为缓解当时上海高校入学难问题做出了重要贡献,受到上海市和国家教委领导赞扬。三是在20世纪90年代后期与著名导演谢晋合作创办了当时很不被看好的"谢晋影视学院",2002年开始招收本科生,培养了一大批在国内外文艺界崭露头角的新星。四是领导并创办了"上海师范大学老年大学",成为全国高校中最早举办的老年大学之一,被评为全国先进老年大学。

四、教师住房改革实践

杨德广刚到上海师范大学时,教职工反映最多的问题就是住房困难。

他骑着自行车走访教师居住情况,发现原本用来弹钢琴的、每间5—6平方米的琴房都成了教师宿舍,每间仅13平方米的集体宿舍却住着两家五口……他看后潸然泪下,"不能安居,何以乐业?"于是他下定决心要解决教师住房困难,并承诺:"三年内解决教职工住房困难,否则我辞职。"他四处奔走,多方争取,优先解决了困难户和教学骨干的住房。为了从根本上解决住房问题,1996年10月他大胆提出取消福利分房,改革分房制度,争取政府贴一点,学校拿一点,个人出一点。这一政策出台后,立即遭到一部分教职工的反对,尤其是等候多年、近期可以享受福利分房的教职工。他不厌其烦地做说服工作,宣传市政府1比1的配套政策,终于得到大多数教职工的理解和支持。就这样,学校三年内获得住房60 000多平方米,有1 000多名教职工搬进了新居,他自己却没有从中占一平方米。他的这一改革,不仅解决了教职工的住房困难,而且对吸引人才、稳定教师队伍发挥了很大作用。

五、校园环境改造实践

在杨德广刚上任上海师范大学校长时,学校由于长期缺乏资金,校舍年久失修,管道老化,设备陈旧,校园里杂草丛生,垃圾乱倒,一下雨就积水成潭,素有"破落地主"绰号,严重影响了教职工的士气。调研后他提出:"不能树木,何以树人?""以绿气带人气!"并提出三年内把学校"建成土不见天、绿

2002年5月,杨德广陪同市领导参观奉贤校区

树成荫、花不间断、四季飘香"的花园单位。面对校园改造所面临的资金短缺难题,他提出三个"一点":教育经费中"借"一点,创收基金中挤一点,发动教职工捐一点。他带头每年捐出一个月的工资用于学校绿化。面对劳动力不足的状况,他提出"人人动手,绿化校园",倡议在全校开展"双休日义务劳动",他身体力行带头参加。从教职工到学生都加入浩浩荡荡的义务劳动大军,经过三年奋战,不仅实现了他提出的目标,还新建了紫藤园、樱花园、行知园等十大园区。学校可谓"一年一个样,三年大变样",相继荣获"上海市花园单位""全国部门造林绿化四百佳"称号。

杨德广与我国著名导演谢晋签订合作办学协议

学生培养　桃李芬芳

杨德广教授从教50多年，育人成果丰硕，桃李满天下。他主讲过多门课程，共培养硕、博研究生60人，他们奋斗在各行各业。

一、教书育人

杨德广教授是一位勤奋耕耘、教书育人的优秀教师。从教50多年来，从他那里走出一批批高素质的人才。

杨德广给研究生上课

他教学严谨、认真，从未迟到过一次，为了不耽误学生时间，经常饿着肚子上课，甚至带病上课。他针对研究生中存在的"思想境界不够高、理论素养不够高、对自己要求不够高"的现状，提出"研究生教学改革应立足于育人和育能"，要唤醒学生的觉悟，在育人下功夫。他遵循习总书记提出的"教师不仅要传授知识，还要更好担当起学生健康成长指导者和引路人的责任"这一嘱托，每年给新生上的第一课是"当代大学生的责任与使命、成才与做人"。他主要给研究生讲述一代人有一代人的历史使命和社会责任。他用习近平新时代中国特色社会主义思想和治国理政理念,并结合自己亲眼目睹的新旧社会两重天以及自身成长经历,教育和引导学生要有坚定的理想信念、扎实的基础知识,努力做一个有文化、有责任心、身心健康的人。

在课堂上,他勇于开展教学改革,创造性地采取主讲式、讨论式、互动式、实践式、翻转课堂、微课堂、辩论赛、演讲赛等教学方式,激发学生的学习热情和成才积极性,由此受到了学生热烈欢迎和高度评价。

二、关爱学生

每逢节假日,杨德广教授总是一大早就先到菜市场买好菜,回家洗菜、配菜,再把鸡肉或排骨炖在锅里,等准备得差不多了才赶到办公室忙他的工作,然后提前一个小时回家做饭、烧菜。所以,当学生们一踏进他的家门,首先就会发现一桌丰盛的菜肴在等着他们。他一边在灶台上烧菜,一边招呼他的学生赶紧盛上一碗早已炖烂、冒着香气的鸡汤或排骨汤。

节假日邀请学生到家做客,与一些在校学生聚餐、聊天、交流感悟

每年3月份,杨德广教授都会自掏腰包早早在餐厅预定几桌饭菜,召集他四面八方的学生一起来个"阳光大聚会"。

杨德广在"阳光大聚会"活动中给大家讲课

三、学生评价

李玉美：杨老师的课对许多已是研究生的同学而言，不能不说是一份久违的精神洗礼。经他几番语重心长的教导，大家开始有意无意地追忆起先烈们的壮志，开始重温先贤们的豪情。只有把自己的奋斗动力建立在深厚的基础上，才可能有更高远的跨越；只有上紧了发条的钟表，才能经得起时间的考验而动力长久⋯⋯

胡政莲：听杨教授的课，总让人感觉不到时间的流逝，因为他的课，没有说教，没有枯燥乏味的理论，而是能让人在工作、学习和生活中得到验证，从而产生共鸣的观点。⋯⋯他深入浅出、条理清晰、旁征博引的讲解，让我们听他的课感觉就是一种享受。

刘岚：读研究生，是我人生的转折。在杨老师的指引下，体味了学术的魅力。学习、思考、研究，置身学术的氛围，沉静又纯粹。而杨老师的智慧和品格，教给学生远比学问更重要的是怎样有意义地生活、怎样做人。大度、大气、乐观豁达，深深感染了我并一直影响着我。

郑芬：每每上完他的课，除了敬佩他渊博的知识外，最让我感到振奋的就是有了和这样一位学高身正的师者交流的机会，常常有"一语惊醒梦中人"的感觉。杨老师治学非常严谨，当下的学术环境浮躁之风甚嚣尘上，他却依然如故，踏踏实实地做学术。受他的影响，我懂得了什么叫踏实做人、认真做事。后来，我开始对写作充满信心，文笔也变得越来越好，现在我能从事文字编辑工作，不得不说是得益于杨老师的教育和感染。

杨遇春：我的一篇小论文被杨老师改了七遍，这让我懂得，写文章要多看、多思、多写，打好基础，勤于实践，力戒浮躁。每年节假日杨老师都会召集在校研究生到他家小聚，吃的是家常菜，暖的是我们这些外地人的心。

吴海燕：杨德广老师是我的人生导师。他以"无为何入世，入世有所为"作为自己的座右铭，40年如一日，每天早上6点起床，晚上11点半睡觉，一天工作、学习16小时，根本没有双休日、节假日一说。他经常对我们学生说，你们要像我这样努力的话，成就都会比我高，"我是笨鸟先飞能入林"。杨老师总是这样一直激励我们，一如黑夜中的灯塔，心中有暖意，前进有方向。我想学生之所以对老师充满崇敬之情，从来都不是仅仅因为崇拜他的学术成就，更多的是他身上散发出的人性的光辉不断激励自己勇往直前。

荣彬：俗话说"经师易得，人师难求"，起初认识老师时，是崇拜他的学问和管理才能，在自己的读研生涯中，每每遇到难解之问和困惑总能得到老师的悉心指导，一扫阴霾。后来才发现老师对于人生，对于人活着到底是为了什么做出了最真切的表率——生命的意义不在于追求成功，而在于奉献。这对我的人生产生了很大的影响，特别是价值观的转变，有些事一切尽在不言中！

四、学生感言

1993届本科生向旭：

从本科毕业认识作为上海大学校长的"杨德广"，到工作十年后因为项目合作真正认识杨校长，认识了生活朴素平易近人的杨校长、干事雷厉风行有魄力的杨校长。以后十多年里，更看到了一个让人越来越敬佩的杨校长——从卖房捐款到营养午餐，到成立阳光慈善之家，他带动了越来越多的人加入慈善帮困队伍，使我真正体会到其"入世有所为"的积极与向上。

感谢杨校长，让我的人生多了一缕清新绚丽的阳光！

2002届博士研究生张琰焱：

杨老师永远是我们的楷模，是我生活和工作的灯塔，能得师如此，吾之幸也。杨老师为教育事业和慈善事业捧着一颗心来，不带半根草走，是我永远的学问导师和人生导师！

2002届硕士研究生姚栋华：

能够成为杨老师的学生是此生的一大幸事，1999年跟着杨老师学习以来,不仅看到了杨老师的刻苦学习、勤奋工作,更看到了杨老师的两袖清风、一身正气、上善若水。70岁杨老师的"活明白了",让我在30出头的年纪里看到了人生的更高境界。80岁杨老师勇于探索、敢于创新的教育实践和真抓实干的慈善事业,让我在40岁出头的日子里知道不能怠惰而要努力。感谢杨老师一直以来的悉心教导,感恩杨老师无微不至的关心。希望在杨老师100岁的时候,学生还能为您送上祝福!

2003届博士研究生季诚钧:

作为杨老师的学生,仔细想来,为什么我导师能取得这样骄人的成绩,在理论与实践两个领域都做出了重大贡献呢?我认为原因主要有以下三个方面:一是对祖国、对人民、对教育无限热爱的情怀。他出生在旧社会,亲眼目睹旧中国的贫穷落后,矢志要改变我国一穷二白的面貌,他具有强烈的使命感和责任感,立志为国家为社会的利益而奋斗。二是勤奋开拓,求真务实。他把时间视为生命,每天工作16个小时,几十年如一日,勤于思考,善于总结,敢想敢做,淡泊名利,一身正气,使他具有过人的胆略才干。三是虚心钻研,视野开阔。他有感于中国教育理论的落后,下决心要努力探索中国教育发展的理论和道路,创建中国自己的高等教育学。正是这种情怀、胆略、视野,造就了中国本土的高等教育理论家与实践家。

2006届博士研究生张瑞田:

有幸成为杨德广先生的学生,多年来老师为人为师为学各方面值得学习的地方真的是太多了。感触最深的有三个方面:一是始终自强不息,家国情怀深厚。老师小时候身体不是很健壮,家庭条件也很差,硬是靠着奋发图强的拼搏精神,一路走来,从平民子弟成长为大学校长,堪称自强不息的楷模。老师的奋斗不是仅仅为了改变个人命运,而是与国家的发展、社会的需要紧密结合,报效国家、服务人民是贯穿老师成长的主线。心中有信念,头脑有方向,眼里有群众,经事为民的文化传统在老师身上继承发扬。二是人云亦云不云,老生常谈不谈。老师治学不是刻意创新,而是在丰富的实践经验基础上,认真反思总结,以实践智慧和学术品格,敢言人所未言,直面真问题,发表真见解,推动真发展。几十年来,不仅在其擅长的高等教育领域,即使在职业教育甚至基础教育领域,老师的许多见解都是开风气之先,至今看来还具有引领性的作用。为学不萌老态,为人具有童心,就是老师当下的写照。三是对内严以律己,对外宽厚待人。老师不仅在治学方面是榜样,70多岁了还每天看书学习,连出差讲学也抓紧时间在宾馆里写作。生活方面几十年如一日保持简朴本色,并以此为荣为乐,作为家风家训严格要求子女。对待学生却是设身处地为别人考虑,不仅关心学习,而且身体生活全方位地关心;不仅关心带着的研究生,毕业多年的学生也一样时刻不忘他们的发展。和老师相处,完全感受不到大学校长、著名专家的架子,就是平易近人的长者,所谓如沐春风,大概就是这样的状态吧。杨老师即将八十大寿了,还在为慈善事业而奔忙,让更多的学子和需要帮助的人感受到温暖和阳光。仁者寿! 衷心祝福老师健康长寿!

2006届博士研究生朱炜:

在攻读博士学位期间,有好几次因难堪重负而产生了放弃的想法,但最终还是走了过来。能到达现在这样一个阶段性的"终点",与导师杨德广教授的激励和教诲是分不开的。先生不仅给予我思考的"源泉"和研究的"路标",而且他的悉心关切和诚挚勉励"挽救"了我可能逝去的自信与勇气。跟随先生四年,他那渊博的学识、不懈的勇气、宽宏的胸怀和达观的性情深深感染了我。这一段博士生生涯,尽管艰辛,但带给我更多的是美好和满足。

2007届硕士研究生贾改平:

弹指一挥间,来沪已近16年,我的"杨老师"就是我的"娘家人"。幸福时,杨老师送上祝福;困难时,杨老师给予帮助;困惑时,杨老师给予开导;失落时,杨老师给予信心……

我无法用一句话或一件事说清先生对我的影响,因为他的一言一行、一点一滴都能启迪我,点亮我,涤荡我,让我备感温暖,让我心灵澄澈,让我精神振奋。如果非要说一句印象深刻的话,那就是——"要做事先做人,做人要大气、大度、大方"。回想过去,我2004年从西北黄土高坡的农村中走来,在贫困中成长的我仍然封闭在自己的方寸世界里,是杨老师的"做人要大气、大度、大方"犹如一缕阳光,引导我走出自我的狭隘,挣脱短浅的桎梏,逐步走向:言行大气,为人大度,与人大方……杨老师的"三大"成为唤醒我的第一缕阳光,让我的人生视野和格局得以放大和开阔。工作以后,我最期盼的就是节假日有空的时候带着儿子去看看老师,聊聊生活,谈谈工作……"听君一席话,胜读十年书",的确如此,每一次的畅聊或浅谈都能让那些沉睡在自己心底的激情被唤醒。人们说,教育的本质是唤醒,教育的本质是点亮——杨老师做到了! 杨老师犹如和煦的阳光,不仅唤醒了"阳光二代",也点亮了"阳光三代"。我儿子听了杨老师的讲座《我的教育人生》,就提出要买杨爷爷推荐的《钢铁是怎样炼成的》;听到我讲述杨爷爷今年80岁高龄了,仍在废寝忘食地为组织为武汉捐赠,于是他也拿出自己的压岁钱,要交给杨爷爷去捐。

师从德广先生,真是三生有幸。先生的渊博、先生的豁达、先生的高尚、先生的能量……都将成我和家人成长路上的不竭动力。感念师恩,铭记教诲,笑对人生,祝福先生!

2008届硕士研究生华芸:

古人云:"经师易求,人师难得。"一个优秀的老师,应该是"经师"和"人师"的统一,既要精于"授业""解惑",更要以"传道"为责任和使命。习近平总书记说,一个人遇到好老师是人生的幸运,一个民族源源不断涌现出一批又一批好老师则是民族的希望。老师对学生的影响,离不开老师的学识和能力,更离不开老师为人处世、于国于民、于公于私所持的价值观。社会要求广大老师成为有理想信念、有道德情操、有扎实学识、有仁爱之心的"四有"好老师,杨德广老师就是这样一位人生导师。

让我终身铭记的是杨老师给我们上的第一课:"当代大学生的责任和使命"。老师是贫寒农家子弟,出生于旧社会,成长在红旗下,是祖国从站起来、富起来到强起来的见证人。童年的他,就开始上山砍柴、挖野菜。读书时代贫寒的他,省吃俭用,节约粮票帮助同学。看见敌人的飞机侵犯中国领土,发愤图强想做飞行员改变中国的"一穷二白"。他英年早逝的母亲临终时的"要争口气要有本事"的一句话,激励他战胜贫穷、艰难的岁月,经常光着脚跑步锻炼身体,为他实现自己的读书梦、图强梦、教育家梦、慈善家梦奠定了良好的身心条件。

"要争气要有本事"这句话对我的人生影响深远。我也是家境贫寒的学子,它激励我刻苦学习,努力增长知识和本领。在我成为一名大学教师后,这句话鼓舞我突破工作中遇到的瓶颈和困难。杨老师又教育我们"要有能力、有作为才有地位"。当我在个人利益与集体利益发生冲突时,杨老师自己卖房捐款助学的无私善举,让我抛弃"小我",成就"大我",努力成为一个有益于社会的人

我至今还珍藏着杨老师在我们毕业时所赠送的"人生箴言"11条。其中的"无为何入世,入世有所为"指引我在自己有限的生命中全力以赴地去成

为有益于他人、对社会有所贡献的人；"世界上最重要的一个字是'今'"告诫我"岁月不待人"，要牢牢地把握时间；"幸福和快乐从'心'开始"让我学会平淡地看待人生的得失，积极入世，寻求到自己人生的幸福家园。

2009届硕士研究生张华芸：

如果有人问我："你生命中对你影响最大的人是谁？"我会毫不犹豫地回答："我的导师——杨德广老师！"我想把这世上一切美好的事物都拿来比喻他：他乐于奉献，像一个太阳，无私地散着光发着热；他勤奋刻苦，像一枚陀螺，不停地忙碌着奋斗着；他善良大度，像一泓清水，洗净了多少人的烦愁……对于我，他更像一棵大树，这十年来我每遇到风雨，都会躲在大树下遮蔽，而这棵大树却不求回报……我生命中的大树，我们的太阳、陀螺、清水……祈祷您永远健康、福寿绵长！

2009届硕士研究生丁静林：

您不仅教会我们知识，更重要的是教会我们做人做事。您如一缕阳光，想到便觉得心里暖暖的，因为您使我们这些在这个陌生城市里的外地学生有了亲人和家的感觉。如今虽已毕业，但遇到困惑时总会习惯性地向您求解，每每能得到满满的正能量。

教育就是影响，这种影响已融入我们的骨髓，它会转化我们为面对困难和挫折的力量和勇气，对待他人的善意和宽容，对待工作的热情和踏实……我们是幸运的，因为遇到了您这样的好老师；我们是幸福的，因为您一直陪伴我们成长。祝敬爱的杨老师健康长寿！

2009届硕士研究生郑芬：

读研三年，获良师杨德广先生的悉心栽培，深感荣幸。杨老师是高等教育学专业的名师大家，每每上完他的课，除了敬佩他渊博的知识外，最让我感到振奋的就是有了和这样一位学高身正的师者交流的机会，常常有"一语惊醒梦中人"的感觉。杨老师治学非常严谨，当下的学术环境浮躁之风甚嚣尘上，他却依然如故，踏踏实实地做学术。受他的影响，我懂得了什么叫踏实做人、认真做事。杨老师自己爱看书，也教导我要多看书，他的办公室俨然就是一个小图书馆，各类书籍琳琅满目，于是我经常去借书阅览。"博览群书"后，我的见识和心智都得到提升，知识结构也不断完善。杨老师讲课之前喜欢让学生走上讲台谈谈对前一堂课的感悟，以锻炼学生的演讲能力。某次我结合课堂所学说了许多以前读书的经历，杨老师觉得十分有趣，便鼓励我写成文章,后来此文被收录出版。我开始对写作充满信心,文笔也变得越来越好,现在我能从事文字编辑工作,不得不说是得益于此。此外,在杨老师的积极引领下,我光荣地加入了中国共产党,完成了思想上的蜕变,坚定了理想信念。"新竹高于旧竹枝,全凭老干为扶持。"读研期间我的每个进步都离不开杨老师的帮助,作为学生,我将用自己的实际行动来增长才干、奉献社会,不辜负杨老师的期望。"千言万语道不尽,惟有感激在心头。"

2009届硕士研究生张娟娟:

有一种援手,总施于患难困苦之境;有一种关怀,总伴于灰心丧气之时;有一种温暖,总载以雪中送炭之情……这段话终会有结尾,但对您的爱,却总也说不尽。您教会了我太多太多,但教给我的一个爱字,已足够我受用一生!杨老师,谢谢您!

2010届硕士研究生焦贺丽:

杨老师是我的恩师,虽然我不是他正式的"杨门弟子",但一路走来,或欢笑,或伤心,或彷徨,或昂扬,总有杨老师的关注、引导、鼓励和支持。杨老师以他的大爱、率真、质朴、睿智、高尚、乐观、豁达、平等和尊重,给了我教育和启迪,给了我智慧和力量。他的存在,就像一束光,温暖和照亮了我的生活。

初识杨老师是在十几年前,那时我还在家乡的一所高中教书,日复一日单调、安逸的工作和生活,让我有些倦怠。偶然间,读到一本书,书本的序言中,作者传达了一种"无为何如世,入世有所为"的人生价值和信条,分享了自己"立志、勤奋、惜时"的人生座右铭,讲述了自己20多年来,几乎把所有的双休日、节假日都用于工作、学习、研究之中。每天早上6时起床,11时半睡觉,一天可以支配16小时,其中抽出2小时用于学习、写作。字里行间,一股奋发有为的精神力量在挑动着我的神经,我惊讶于作者对工作的那份热爱和激情,对时间的珍视,还有那顽强的毅力。这本书的作者正是杨老师,杨老师积极进取的人生观让我的心灵很受震撼,我觉得自己实在不该虚度光阴,每日浑浑噩噩,也在那时,从心里,对杨老师满是崇敬。高山仰止,景行行止;虽不能至,心向往之。

初见杨老师,应该是在2007年研究生复试时,我至今都无法忘记能和我崇敬的教育大家第一次近距离接触的情景,惊叹于他竟然如此平易近人,和蔼可亲,没有一点架子。在后来的耳濡目染中,杨老师对待学生、对待他人的那份平等和尊重,所传递出来的那份温暖和关爱也深深影响着我对学生的教育。我成为教师后,像杨老师一样用爱温暖每一个学生,让他们明白我的关心与鼓励。看着他们欣喜的模样,一如当年的我。

认识杨老师、敬仰杨老师的人很多,他的身上仿佛总有一股魔力,吸引着周围的人,同学们都愿意亲近他,他也总是时时处处关心着每一个同学的成长,在老师的教导和带领下,同学们认真学习,踏实做事,和睦相处,亲如一家。无论何时见到杨老师,他总是那么乐观,总是那么朝气蓬勃,读书、写作、作报告、搞活动、做慈善,生活过得充实而快乐。我曾经好奇地问过杨老师:怎么有那么大精力,做那么多事儿,不累吗?他诙谐地说:"累不累,想想革命老前辈,苦不苦,想想红军长征两万五。"言语中透出些许得意,一代教育大师,竟然也有如此率真的一面。

展纸持笔,有很多话想说,但怎么也道不尽我对杨老师的崇敬和感激之情,一路走到今天,我接受了杨老师很多的帮助和指点,他引领我成长,给了我无法抹去的珍贵记忆,我无以报答,唯有努力工作、好好生活来回报恩师的关爱与期待。谢谢杨老师,我会努力,永远努力。

2011届硕士研究生郭扬兴:

读研时,杨老师常会跟学生们分享他的一些人生箴言,句句宝贵,其中令我印象最深的一句是"世界上最重要的一个字——今"。时间对于每个人都是公平的,但有多少人在回想昨天时常常会后悔不已。然而,杨老师的人生,就是通过牢牢把握每一个今天,完成了许多大事,做到了成功有为。即使今天,杨老师对教育事业的热爱、对他人的关爱、对社会的贡献依然从未减少。愿这句箴言,鞭策激励我们每个人努力前行。

2012届硕士研究生李梅:

我是上海师范大学教育学院高等教育学专业2009级的研究生,进入学院之后能师从杨德广老师,是我一生最大的幸运与幸福。在见到杨老师之前,我一直忐忑:高等教育学的创始人之一、雷令风行的大学校长会是什么样子?是不是很难相处?经过这么多年,我想这个问题有了答案,在我的眼里,我用四个字来总结我心中的杨老师:勤、实、善、爱。

"勤"是勤学、勤政,杨老师自求学到工作、退休,大部分的时间都用来学习和研究,杨老师不论是工作日、周末,还是假期、出差,都是时时带着文稿,挤时间出来写作,让我因为浪费时间而羞愧万分。"实"是结合实践、落到实处,杨老师做高等教育学的研究基于实践、指导实践,不做空洞的研究。纵观杨老师的工作经历，不论在高教所、上海大学还是上海师范大学，他都积极探索，敢于开拓、勇于改革，做有利于教育、有利于国家的实事。"善"是杨老师为人和善、心系慈善，对于自己的下属、学生，或者是他人，都非常和善，看不到任何架子。杨老师更是将自己多年来积攒的讲课费、书稿费以及卖掉自住房屋的钱共300万元，捐赠给三所学校用于助学。随后，他又创建了阳光慈善专项基金，资助西部省区贫困优秀生，并将自己退休金的一半用于慈善公益事业。"爱"是大爱无疆，他爱自己的母校，在工作之后便进行慈善捐助，接力传递爱心；他爱自己的学生，像爱自己的孩子一样，对学生的学习、工作甚至家庭问题都努力帮忙；他关心祖国的未来，会因贫困山区孩子饥饿、失学而痛心，将爱心传递到远在千里之外的西部贫困地区，推行午餐计划、对口助学。

2013届硕士研究生冷蓉：

从2010年到现在，入学十年，毕业七年。在这十年中，杨老师对我如师如父，感动的事情太多，无法一一提起。最难忘的莫过于毕业时找工作的情形，老师如同亲人般为我忙前忙后，在我最绝望的时候给身处异乡的我带来了希望。杨老师总和我说人与人的相遇是一种缘分，所以我非常感恩能够遇到这样一位导师，他教我学会做人做事的道理，让我学会遇事冷静，待人诚信，无论发生什么事情都要怀着感恩的心对待他人。杨老师平时对我们的言传身教，足以受益终身。

2014届硕士研究生李炜：

"学高为师，身正为范"，三年的研究生学习，杨老师以身作则，用理论和实践为我们生动地解读了这八个字的内涵。犹记得杨老师在课堂上组织辩论赛锻炼我们的表达能力；犹记得杨老师为了操心甘肃五所小学"爱心午餐"生病住院的场景；犹记得每逢节日，杨老师让我们到他家里好好地吃上一顿，给了我们这些异地读书学生一种家的感觉；犹记得杨老师一如既往雷打不动每天准时到办公室看书写文章的习惯；犹记得杨老师每个新年第一天捐款的场景。三年时间很短，人生很长，杨老师的每一句话、每一次身体力行，都够我一生受用，感恩有您。

2015届硕士研究生应浩：

几年来庆幸能与杨老师同处上师大东部办公、生活。每当我在工作、生活、学习中遇到困惑和迷茫时，总能想到杨老师离我很近，榜样就在身边。

想起杨老师多年来的谆谆教导、乐观豁达的人生态度、睿智大气的做事风格,不用扣开杨老师办公室的门也能化解心中的郁闷。无数个夜晚看到黑漆漆的校园里教苑楼11楼明灯高悬,有如灯塔般明亮闪耀,指示我前行;无数个清冷的早晨看到杨老师由远及近熟悉的身影、稳健的步伐,如此亲切和温暖,每次嘘寒问暖总能让我感动一天。有幸拜您门下,使我沐浴在"杨光之下",沉浸于"阳光之家",为我指引了人生方向,提供了精神榜样!写一段感言,以此铭记杨老师的教诲和师生间的情谊:

扬现代教育理念之风帆,育当代德才兼备之新人;几十年风尘仆仆广洒爱心,一辈子无私耕耘培育桃李;点一盏心灯照亮学子前程,捧一片丹心铸就大爱融融;平凡生活造就非凡教育人生,才华飞逸游走浩然天地人间!

2015届硕士研究生柳逸青:

在我心目中,杨老师是一个像"竹"一样的人,他出身贫苦家庭,却能凭借自己坚持不懈的努力"咬定青山不放松,立根原在破岩中",在为人、为学、为师方面取得了非凡的成就。杨老师眼神坚毅,他总是能洞悉规律,明察一切,始终坚持"好做事,做好事",用实干和事实来说话,排除万难!时光的剪影,坚定的心,"千磨万击还坚劲,任尔东西南北风",杨老师的高尚品质,值得我们学习!

2016届硕士研究生孙云:

读研是我整个求学生涯中最开心快乐的时期,能遇到杨老师这样一位导师,我感到非常荣幸和自豪。您亦师亦友,不仅是我学业上的导师,更是我人生的导师。您的谆谆教诲我犹记在心,"笨鸟先飞早入林""无为何入世,入世有所为""今""把名利看淡点,把金钱看轻点,把事业看重点,把人生看透点"……

我最敬爱的杨老师,在这里我想对您说声谢谢,祝您八十岁生日快乐!希望您一切顺利,身体健康!

2017届硕士研究生张雅文:

在上海师大的三年时光,是我在杨老师门下最幸福最充实最难忘的日子。回忆这三年,我的眼睛不觉湿润了。杨老师给我们上课的场景历历在目,正值杨老师八十华诞,我最想真挚地说一声"感谢您"!谢谢您的润物细无声,您的言传身教一直激励着我,您的笔耕不辍一直鼓舞着我,您的慈善大爱一直影响着我。您教育我做事做人,在您身边充满正能量的光芒将一直陪伴着我未来的每一步,希望杨老师您健康快乐!恩师难忘!感谢杨老师!

2018届硕士研究生陈悦:

研究生三年时光飞逝,收获满满。我感到非常幸运,我可以踏入"杨门",跟随杨德广老师学习。杨老师不仅在学识上,更在人生道路上给我指引。在学习上,"立志,勤奋,惜时",勉励着我珍惜时间,努力学习,刻苦钻研;在人生路上,"无为何入世,入世有所为",要挖掘自己的潜力,让自己在社会上发挥重要的价值,要"努力为祖国工作五十年"。这些话语深深印在我的心中,也将成为我一生的财富,感谢杨老师,谢谢您,让我的人生变得更加有意义。

2018届硕士研究生赵德乔:

非常幸运地在研究生期间成为杨老师的学生。杨老师"要争气,要有本事""无为何入世,入世有所为"的教导始终深刻心底。我汲取杨老师的学术经验,与其共同撰写学术文章,这些别样的研究生生涯经历让我明白:人要有坚定不移的目标和信念,不忘初心,砥砺奋进,全面发展,拼尽全力突破自身能力界限。感谢杨老师的谆谆教诲,谢谢您!

2019届硕士研究生史大为:

杨老师那一代人的爱国奉献精神深深地影响着我,"要健康地为祖国奋斗五十年",是杨老师留给我印象最深的一句话。临近毕业,杨老师教育我,要宽以待人,要以德报怨,不能以怨报怨,工作中遇到的烦心事要一笑而过。我在上海举目无亲,朋友不多,工作之余有一次去看望杨老师,杨老师说"就把我这当作你的家,工作中有什么不顺心的事情欢迎你过来聊聊",温暖的话语使孤单的我一瞬间眼眶有些湿润。不仅是对我这样一个普通的学生,对待山区的孩子,对待每一个需要帮助的人,杨老师一直胸怀大爱,走在慈善的路上,无私地送上温暖。杨老师像一颗闪亮的星星,于细微处影响着一个又一个向上的灵魂。

2019届硕士研究生吴琼:

从农民的儿子到大学校长,从一名教育工作者到如今的"绿化老人""慈善家",杨德广老师用自己的学识培育了一代代桃李,用自己慈善的义举播撒着爱的种子。能成为杨门大家庭的一员,我是幸运的、骄傲的、自豪的。"德为人先、学为人师、行为世范",老师做到了,也践行了他的座右铭"无为何入世,入世有所为"。如今,我也步入了工作岗位,成了一名老师。我会以杨老师为榜样,用自己的实际行动"健康地为祖国工作50年"。

2019届硕士研究生张艳霞:

祝杨老师八十华诞,生日快乐!很荣幸能遇见您,也很幸运能成为您的学生!岁月匆匆过,但您曾经给予的温暖却永生难忘!犹记当年,初入上师大,考研复试,第一个进去的我紧张不已,惴惴不安,您柔和的目光,轻声的安慰,让我安定了不少,您是我到上师大记住的第一个老师!而后的岁月,聆听您的教诲,我成长了许多!在您身上,我看到了坚守,坚守初心,坚守梦想,坚守育人,坚守温暖!看到了善良,宽和以待他人,对困难之人施以援手,不求回报!在您家吃饭,让我感受到了亲人般的温暖!写论文焦灼不安,您给予了我宽慰!找工作不如意,您提点我方向,帮我推荐!谢谢您,敬爱的杨老师!愿您今后岁月平安顺遂,健康快乐!

2019届硕士研究生马晓静:

杨老师,新年好!我是2016级高等教育专业学生马晓静,提前祝您八十岁生日快乐,身体健康,永远年轻!回想2016年面试,初见您时就觉得特别亲切!能够成为您的学生,实属荣幸!读研三年间,无论是您的成才先成人的教育理念,还是您勤奋惜时的学习经验,还有您坚持锻炼身体的健康心态,一直以来都是我学习的榜样!我现在也是一名教师,我也将您的教育理念深深地运用到我的教育教学工作中。我也像您一样勤奋惜时,奔着自己的目标不断前进。同时我也每日坚持锻炼身体,永远记得您说过,我们要为祖国健康工作五十年。时光如梭,感谢您的教诲,感谢您的成长、学习、工作经历给我带来的积极影响,您就是我们心目中正能量的代表,您的大爱精神更是我们矢志不渝追求的境界!2020年是不寻常的一年,唯愿您平安喜乐,幸福安康!

讲座讲学　深受欢迎

1987—2002 年,讲学 858 次;
2003—2013 年,讲学 1 004 次;
2014—2019 年,讲学 142 次;
1987—2019 年,讲学 2 004 次。

在高校讲学 465 次,其中包括清华大学、浙江大学、厦门大学、华东师范大学、上海交通大学、复旦大学、同济大学等诸多名校。

在中小学讲学 40 次,在培训班讲学 309 次,在党校讲学 22 次。

总计去过 197 所高校,47 所中小学,152 家教育机构,10 所党校。

2003 年退休,截至 2019 年,退休后讲学总计 1 146 次。

杨德广在做学术讲座

2018 年,79 岁的他退出课堂教学任务后,仍然坚持以专题讲座、学术沙龙等形式活跃在众多学生中间,给青年教师和学生上党课,和研究生们探讨学术热点问题。

杨德广教授无论是上课、讲座、讲学，都深受学生、学员和学界同仁们的热烈欢迎，总能激起听众的热烈反响。从以下一些听众只言片语的反馈中，就可以看出其上课、讲座和讲学的受欢迎程度：

杨德广在给青年教师和学生上党课

（1）杨校长您好！听完您的课受益匪浅，让我对教书育人这份事业有更加深入的启发。您的成长故事也更加激励我，督促自己、也督促我的学生，共同进步！谢谢杨校长！

（2）杨教授，谢谢您的专题分享，受益匪浅，对自己的职业规划、教学、生活都有很大的启示，更加相信学习改变命运。我也是出身于农民，家里还有一个弟弟，小时候一家人都是被看不起，受欺负，还没能力反抗。但真正意识到学习改变命运这件事，是从高一开始的，有点晚了，后来考了上海第二工业大学的专科，之后通过专升本读了上海第二工业大学本科。上学期间的费用也是做兼职赚的，虽然很辛苦，但回想起来很值得。目前在职就读南开大学研究生，未来会继续努力，向您学习，成才，要有出息，感恩父母和帮助过我的人，全心全意为学生、为人民服务。

（3）杨校长好！感人，深刻，受益匪浅，承传大爱大智！

（4）真的很感动，杨校长为教育事业奋斗一辈子，不容易，这种精神值得我们每一个青年教师好好学习！

（5）很喜欢您的授课风格！轻松愉快，让人容易接受、愿意倾听，您的经历和魄力让人钦佩!

(6) 可能因为我是 90 后,很少听以前的教授讲述那个年代作为老师的艰苦,听了您的一些亲身经历,感到我们这代人的幸运和幸福,也丢失了一些你们那代人的重要品质。所以我要向您这代人学习这种品质。

(7) 杨老师您好,很感谢您今天的分享。特别感动,您这样的年纪还有这样的精气神,站着为我们年轻人讲课两个多小时,感谢您!我觉得受到了很大的鼓舞,要向您学习,在今后的工作中努力做到尽心尽责,全心全意为人民服务。谢谢您!

(8) 杨教授,非常有幸上您的课!感谢!今天听您结合自己一辈子的经历来阐释教育的意义,获益匪浅。您不仅在阐述教育的意义,更在告诉我们年轻一辈应该如何自我教育,自我成长,自我完善。我今天的感想如下:① 做一个像您一样严格自律的人,正如您所说"今日事今日毕";② 今后更加勤奋努力,不断地学习,不断地进取,不负时光,不负青春;③ 要吃得苦中苦,在通往梦想的路上,要付出艰辛努力;④ 永远保持一颗善良的心,像您一样,做到无私;⑤ 趁年轻,好好努力,提升自我,争取成为一个优秀的教育者;⑥ 有机会希望能再聆听您的谆谆教导。祝您身体健康,永葆活力!

(9) 杨校长您今天的课非常精彩,可谓是我走出校门后对我内心触动最大的一堂课,作为一名刚进入高等教育领域半年的新人,能有幸听到这次课,使我对今后自己的人生及工作有了更多的希望和信心。今天听您讲课时,您说到的好几个点都值得我们用一生的时间去践行。

杨德广受邀在郑州大学讲学

（10）很感谢杨老师今天的分享,这是一堂人生之课,师生的联通,增进了我对教育的理解和热爱。您用自己的经历为我们讲述教育的价值。内心铭记老师的教诲:无为何入世,入世有所为!

（11）谢谢杨校长!昨晚听了您的报告,深受教育!备受鼓舞!您的学识、意志、爱心和高尚品格,给我们很大的感召。谢谢您,给学生上了珍贵的第一课!

（12）谢谢杨老师精彩授课,受益匪浅。当代物质经济基础飞速提升时代,能有纯粹的为人民服务精神的人越来越少了,杨校长今天为我们青年教师上了一堂宝贵的教育课,让我的心灵受到了透彻的洗礼!

（13）感谢,感恩!我们这一代人,身边的接触同学都缺少点您那个年代的信仰!向您致敬,向您学习!今天听您的报告,对我来说精神食粮的信息量很大,以后我慢慢吸收,一步步向您靠拢。

（14）杨老师,我是山东菏泽农村人的孩子,小时候妈妈也对我说,少埋怨,要争气,要感恩!今天有幸听取杨老师的报告,有了更深的感触,以后要秉承您的精神,让自己行得更远。

（15）杨老师,您保重身体,像您这样德艺双馨、才识卓越的老前辈是祖国的财富!听君一席话,胜读十年书。我们是 90 后,不曾亲身经历,但是我们很爱听老一辈的故事,和共和国一起诞生、成长、成才的故事,会激励我们坚定理想,继续前进。谢谢您的分享!您今天辛苦啦!

感恩母校　涌泉相报

2010年,在他70岁时,杨德广教授用自己积余的书稿费及卖掉一套房子的钱共计300万元,在就读过的小学、中学、大学三所母校设立助学金和奖学金。每年拿出15万元资助250人,10年来共资助了2 000多名学生。更难能可贵的是,10年来他每年自费去南京上坊小学和南京九中,为学生颁发助学金和奖学金,并向母校学生讲述自己的成长过程,鼓励他们学好知识、练好本领,将来报效祖国。如2018年9月26日,他独自一人去南京,一下火车即赶到上坊小学,下午赶到南京九中,办完事后晚上即返回上海。两所母校领导提出派人派车去车站接送,他婉言谢绝了。一位80岁老人的大爱之心,感动了母校的每一位老师和学生。

一、母校机构致信

母校机构致信一:华东师范大学教育发展基金会

大木平易,崇德广行,杨德广是1960级地理系校友。

奋斗和奉献,是杨德广校友实践教育理想中的秉承和坚守。他将最好的年华投身高等教育事业,成了一名潜心学术的研究者、一位治校施政的校长、管理者,更是为后学引路的导师,是可爱、可敬的华东师大人。圆了"读书梦""图强梦""教育家梦",杨德广以"绿色校长"的盛名、"中国当代教育名家""上海市十大教育功臣提名奖"等荣誉退休,为实现"慈善梦",他将自己的书稿、授课费以及售房款计300万元分别捐赠给自己的三所母校,同时感召了200多名慈善人士投入"阳光慈善基金",帮助贫困地区学生实现求学之梦。2011年,杨德广校友在华东师范大学设立"德广励志奖学金",勉励困难学生努力学习,矢志报国。杨德广校友也连续获得了多次"上海市慈善奖",被评为全国离退休干部先进个人,"全国十大新闻老人",在78岁高龄获得第十届"中华慈善楷模"的殊荣。

在华东师范大学,杨德广校友度过了他最宝贵也最难忘的青年时光,在地理学科的学习奠定了他学术的基底,校园文化的浸染厚植了他的教育理想。杨德广校友以实际行动诠释了老校长孟宪承"智慧的创获、品性的陶熔、民族与社会的发展"大学理想的含义。他的成就和善举,在时代大潮下熠熠生辉,将自己青年时代的经历与当下年轻人之间建立了时空对话,让更多的90后、00后学子体会到了前辈学长坚定不移的理想、坚忍不拔的毅力和坚强不屈的定力。杨德广校友在为受助学生讲课时常说:"人的一生应当这样度过:当他回首往事的时候,不会因为碌碌无为、虚度年华而悔恨,也不会因为为人卑劣、生活庸俗而愧疚。"杨德广校友的慈善之举,正在持续影响着下一代的青年。

"爱在华东师大",即是像杨德广校友这样对国家的爱、对教育事业的爱、对晚生后学的爱。他通过身体力行、言传身教,以慈善基金的名义,让这一份爱代代流传,我们也坚信,终会有更多的师大学子,传续理想,将杨德广校友提倡的精神发扬下去,以所学所能,共同建设美丽的国家!

母校机构致信二:南京市第九中学全体师生

您少年立志、勤奋求学、不懈奋斗成为中国一代教育名家的经历,激励着九中学子积极向上、奋发有为;您在九中设立奖学助学金,关怀、帮助后辈学子成长的反哺善举引导着九中师生爱校荣校、报效国家。您不辞辛苦,每年亲自来九中颁奖,与师生座谈,您的一言一行,感动了九中校园,也为全校师生树立了为学、为人的光辉典范。在您八十华诞之际,我们衷心祝福您人生有爱,岁月不老!

母校机构致信三:南京市江宁区上坊中心小学

杨德广教授系我校1953届校友,从小立志成才,勤学上进,成为为数不多的从农村走出去的大学生。工作之后,他更是不丢农村人的勤劳、务实的根本,献身上海教育事业,为高教教育事业做出了杰出的贡献,成为一名名副其实的从农村走出去的大学校长。退休之后,他捐出变卖房产的100万元,在母校设立奖学金,用于奖励品学兼优、经济上需要帮助的同学。从2010年起,在我校成立了"杨德广奖学助学金"和"杨德广助学金",每年捐赠总额为人民币5万元,截止到2019年已捐助了

10年,共捐助50万元,约有2500名学生受到奖励或资助。杨德广教授每年10月都会坚持自费来我校给学生颁奖。他给孩子们带来的不仅仅是物质上的奖励,更是给孩子们带来了一堂生动的"大师成长"课,给孩子们播下了求学梦,注入了立志成才的原动力。杨教授的善举激励着上坊小学的师生,感动着学生的家长,在当地引起了极大的反响,带来了满满的正能量。他是江宁人民的骄傲,更是上坊小学的骄傲,在杨教授八十华诞之际,全体上坊小学师生特别致以诚挚的感谢和衷心的祝贺,祝您身体健康,阖家幸福!

二、受资助学子的感谢信

(一) 华东师大

汉语言文学专业师范生蒲洁:"德广励志奖学金"为很多品学兼优却家境贫寒的师范生带来了福音。它不仅是对优秀师范生既往成绩的表彰,更是在为那些迫于家庭因素而无法顺利实现的梦想助力。家境的贫寒更加激发了我们勤奋学习的斗志,帮助他人回报社会也是我一直以来恪守的人生信条。杨校长无疑就是为我们的梦想实现积极助力的人,他的光芒不仅照耀更引领着我们将这份满载着殷切期望的爱意传递下去,而我们也必将时刻铭记杨校长对我们的期许,激励自己向着学有所成、成为国家栋梁之材的目标而不懈努力。真心感激杨校长对我们广大学子的关心和帮助!

体育教育专业师范生李红刚:感谢杨校长为我们提供了这么好的物质条件,在生活上为我们解决了很大的困难。让我们在人生的道路上不断地迈进,同时也启发了我们对未来的追求。我深刻体会到杨老先生对我们的关怀,千言万语,表达不了我的感激之情,我只能说,我已铭记在心。

思想政治教育专业师范生李溶:在杨校长的身上我看到了什么叫"人生的最大价值在于为社会的发展、为人民的利益做出贡献",他非常值得我们学习。金钱有价,情义无价,在大学非常荣幸获得"德广励志奖学金",它不仅是物质奖励,同时还是对我们勤奋学习、勇于进取的精神的肯定,更是对我们当代大学生价值观念取向的正确引导。

学前教育专业师范生周慧:感谢杨校长的慈善之心,多年以来一直坚持资助众多学校的贫困学生,为贫困学生解决生活上的困难,使我们能全身心投入学习;感谢杨校长在众多优秀学生中选择了我,您的资助确实为我和我的家庭解决了生活方面的部分困难。为人师表是我的目标也将是我的行事准则,我会用自己的行动来感谢您的帮助,我会用自己的言传身教去帮助更多需要帮助的学生,不会枉费您的支持和帮助,愿您帮助的每一个人都能聚如熊熊烈火,撒向满天繁星。衷心祝愿您身体健康,天天开心,等待我们以您为榜样,将真情和爱意回报社会的好消息!

(二) 南京九中

郭然:我始终相信,人生是上天给我的一次回报他人的机会。而我能够回报给您的,唯有将这份温暖传递下去。

郭一依:在拿到奖学金之后的生活里,每当我想起得到了这份荣誉,便更加倍努力。同时也想到了杨爷爷您当时送给我们的一句话:"立志、勤奋、惜时。"于是,我时刻将这句话记在心中,用行动去实践!

曾梦思:我在受到别人帮助的同时,深深感受到社会无比的温暖,并时刻提醒自己要像别人帮助我一样去帮助其他需要帮助的人们。因为我明白获得帮助之后的那份喜悦,明白那份帮助给我带来的巨大影响,所以我也要尽力让需要帮助的人切身体会到那份喜悦,所谓"赠人玫瑰,手有余香"。

钟彦之:您能做到不忘初心,还热爱着教育事业,一直关心着身为学子的我们。在越来越冷漠化的社会中能有您这样一个充满正能量的人物出现,实在是社会的荣幸,也让我深受触动。

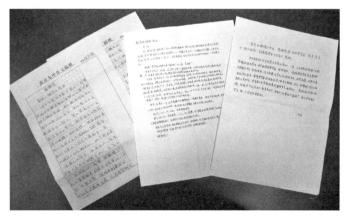

一些受资助学子寄来的感谢信

刘子秀：您给予我的这份荣誉，让我的心中多了一份感恩，多了一份责任，多了一份思考：我应如何做好自己？如何在学习上起带头作用？如何去帮助身边的人？我的内心除了感谢，更多的想到的是我应该如何去回报。

陶雯：每一次拿奖学金，我觉得就是对我那一段时间努力的肯定，它给了我很大的信心，也给了我前进的动力。

(三) 上坊小学

方喜丽：您赐予我们的不仅仅是奖学金，更是一种崇高的精神，让我们都拥有一颗炽热的心。

骆媛说：您只是个平凡的普通人，和我们并没有什么不同，您能通过自己的努力成功，我们又何尝不能？我相信，我们通过自己的努力与奋斗，一样可以闯出一片属于我们的天；一样可以拥有一个精彩的、成功的、辉煌的人生。

陆俊峰：在前一个学期的时候，我语文的基础并不好，但是我想起了您说的那句话——"笨鸟先飞能入林"，别人在学习上花一个小时，我在学习上花两个小时。于是我向您学习，别人七点三十分到学校学习，我六点四十五分到学校学习，就这样，日复一日，月复一月，终于，功夫不负苦心人，我在四年级下学期，语文考了 99 分。因此，我心里边想：只要刻苦学习，不怕苦，不怕累，只要有着目标专一，不三心二意，持之以恒，而不半途而废的精神，就一定能够实现。

祁芸萱：杨爷爷，加上今年您已经来我们学校发了两次奖学金了。每一次，当您说起您小时候的事情时，我仿佛感同身受。我一定会学习您吃苦耐劳的精神，不把时间浪费在手机电脑游戏上。"一寸光阴一寸金，寸金难买寸光阴"，您的教诲，将成为一面永不褪色的旗帜立在我心中。

徐冉：我有一个好朋友家庭经济困难。她因需要买 20 元的习题册而面露难色，很令人心疼。我决定帮助她，第二天我把买好的习题册送给她的时候，她眼眶里流露出感激的眼泪。我也很开心。生活不在于锦上添花，雪中送炭最感人。我还是领悟了杨爷爷的大义凛然的精神，才帮助了贫困同学。

周运：杨爷爷，我听说您为了发奖学金和助学金连火车都坐最便宜最慢的，您真是勤俭的人，我也要像您一样做一个节俭的人。

伊夏：我用您的奖学金订了好多课外阅读书，还有学习用具。杨爷爷，我长大想像您一样做一名老师，教更多的同学。

帮困助学　大爱无疆

一、学校捐赠

2004年以来,每年新年后上班第一天,杨德广给学校"爱心基金"和教育发展基金会捐款,捐款数字与当年年份相对应。至2020年,已17年不间断捐款,总计3万多元。

杨德广分别向上海师范大学"爱心基金"和教育发展基金会捐款

以下为上海师范大学工会官网的一则报道:

1月4日,2016年上班第一天,老校长杨德广教授9点来到校教育发展基金会和校工会,分别向基金会和爱心基金捐赠2 016元,祝愿学校在十三五开局之年取得更大进步。希望更多的同志奉献爱心,使生病的教职员工更多地受到爱心基金资助。校基金会理事长、党委书记滕建勇,校工会常务副主席胡志明热情接待了老校长,接受了捐赠,感谢老校长再次捐赠,并送上新年祝福。

杨德广教授是沪上闻名的"慈善校长"。2003年从校长的岗位上退下来后,每年新年后上班第一天做的第一件事就是给学校"爱心基金"和校基金会捐款,还要捐1 000元绿化款。他说:"这样可以给我带来一年的快乐。"2015年6月,由杨德广捐资发起,并吸纳阳光同学会、阳光慈善之家成员及社会慈善者的捐资在校基金会设立"阳光慈善专项基金",从事以"帮困助学""绿化造林"为主的慈善事业。短短半年,阳光慈善专项基金已收入80余万元。

二、营养午餐

从2012年至2016年,杨德广筹集善款(上海一民营公司出资)200万元,连续五年资助甘肃环县、四川富顺县贫困小学生营养午餐,每年各40万元,共4 000多人(次)受助。每年他亲自去黄土高坡把善款送到学校,并召开座谈会,鼓励孩子们努力学知识、练本领,当地的家长、学生和教师都被他的善举所感动。

杨德广在甘肃环县等地考察小学生"营养午餐"情况

三、"一对一"助学

从2013年起,杨德广从甘肃环县、四川富顺县受助营养午餐的学生中,挑选了35位优秀贫困生,由"阳光慈善之家"爱心人士认领,实施"一对一"助学行动,从小学一直资助到大学毕业。即小学阶段每年资助2 000元,初中阶段每年资助3 000元,高中阶段每年资助4 000元,大学阶段每年资助5 000元。每年3月和9月分两次,由捐赠人直接将钱寄给受助学生。

杨德广在四川富顺县参加帮困助学基金捐赠仪式

媒体宣传杨德广卖房帮困助学的事迹后,相续有10多家企业和200多位爱心人士捐款参加"帮困助学"活动。从2015年至2018年5月,共收到帮困助学捐款300余万元,支出100余万元,尚余150余万元。

2019年9月5日,是我国的"中华慈善日"。上海市民政局和中福会开展帮扶"困境儿童家庭"结对活动。杨德广得悉这一信息后,主动向民政局请缨,并以"阳光慈善之家"的名义与10户"困境儿童家庭"结对帮扶。他自己联系两户,并动员女儿、外甥女参加。目前已有20多位爱心人士加入,国庆节前后已经开始走访慰问工作,把党和政府的关爱和温暖传递到这些弱势群体和困境家庭,产生了良好的社会效应。

杨德广教授的慈善是多方面、多层次的。我们一般所了解的都是他卖房筹款300多万元资助学校教育、一对一地资助西部地区贫困家庭优秀学生。其实,除此之外,他还做了很多其他形式的慈善,比如他买树苗捐给一些学校并多次亲自带领志愿者植树造林,给大学捐助用于师生歇息的校园公共设施等。他不仅通过他创建的"阳光慈善专项基金"捐赠,也以个人的名义捐了很多钱。

但凡是有困难的人,他一旦得知,总会尽力资助,对于品学兼优的学生,他更是慷慨解囊。他说,人才是属于国家的、社会的,我在经济上帮助他们度过困难,顺利完成学业,也是为培养人才出了一份力。以下仅列两

个典型案例:

杨德广曾资助的一位优秀青年

案例一:资助一位素不相识的学生出国留学

一次偶然的机会,杨德广教授从他的一位研究生那里得知一位学生来自革命苏区贫困县农村,品学兼优,以专业第一名的成绩考取上海同济大学土木工程专业硕士研究生,雅思考试成绩7.0,他想出国深造,但苦于父母收入微薄,无力支付其出国的费用。当杨老师得知这一情况后,主动从微薄的退休工资中拿出 10 000 元资助这个学生圆梦英伦。目前,这位学生回国后还光荣地加入了中国共产党,学习也更加刻苦努力。

案例二:资助两位农民子弟攻读研究生

一次偶然的机会,杨德广教授认识了一对来自安徽农村、在校园做门卫保安和清洁工作的夫妇,得知他们家庭困难且供两个儿子读大学,他立马掏钱资助兄弟俩,并时常邀请兄弟俩到他家吃饭和聊天,临走时还塞给兄弟俩红包,勉励他俩保持阳光心态、专心做好学业,不要为了一时的经济困难到外打工挣钱而耽误了学业。目前,兄弟俩学习成绩一直保持优异,在双双考取硕士研究生后,2018年一位被保送到上海交大读博,一位考上了同济大学的博士。

杨德广曾资助的一对博士生兄弟

四、"阳光优秀生"

2016年起,杨德广教授主持设立"阳光优秀生奖学金",每位优秀生2 000元。每年有三四百名"阳光优秀生"受助。受资助学生遍及我国西部地区十二个省份,具体包括:四川省富顺县、重庆市万州区、青海省果洛州、陕西省、贵州省安龙县、新疆叶城县、西藏日喀则市、云南省红河县、甘肃省环县、广西田阳县、内蒙古、宁夏。

以下为受资助学生感谢信选登(原信照录,字句不改):

曾超禄(上海应用技术大学学生):

我认识杨德广爷爷是十几年前读小学的时候。那年,他带了几个来到我们山区小学。听老师说这位花甲老爷爷,本可以在儿女的关怀下,安享晚年,而他做出了不同的选择,他筹集了一笔钱,亲自深入山区,给贫困学生提供营养午餐。很荣幸我就是那些孩子们中的一员,这也是我人生中的第一份特殊的资助——"营养午餐"。我记忆中,学校很快改建了食堂,我们特别开心,新食堂伙食得到了明显的改变,每天中午,不仅有各式各样的荤菜和蔬菜,还会提供汤和水果,并且每天的都不重样的。这样的伙食,在我看来应该可以和那些城市学校的伙食不分上下了吧。我那时还不太懂,就觉得这位爷爷十分友好、善良,希望爷爷能够长命百岁。

再后来,我步入初中。杨爷爷又来了,除了继续关心和资助"营养午餐"

外,这次他从我们这些贫困的孩子中挑选了几十位比较优秀的学生,决定进行一对一的资助,从小学一直资助到大学毕业。经过老师的推荐,学校的筛选,我成为了几十位孩子中的一员。那时在读初中,我每年会受到3 000元的资助,资助我的爱心人士是陈润奇叔叔,后来我才知道他是杨爷爷的硕士研究生,毕业后在上海一家大企业工作。对于在农村读初中的我来说,这笔从天而降的资金,真的给我的生活带来了很大的改善,并为我的父母减轻了沉重的经济负担。再后来我步入了高中,这是人生的一个转折点,不仅学习任务重,而且各种学杂费铺天盖地的袭来,庆幸的是,这时一对一资助也已经变成每年4 000元,陈叔叔总是及时寄给了我,能够分担一大部分的学杂费,使我在读书时,不再担心经济给我父母带来的压力,而能够更加专注于学习。那时,我在心中定下了一个目标,一定不能辜负杨爷爷、陈叔叔他们所寄托的希望,一定不能辜负这份恩情,要努力读书,考进大学,完成我的梦想,争取有一天也能为国家做贡献。

广西田阳高中举办"阳光优秀生"奖学金发放仪式

踏入大学校门是我的梦想,进入高等学府更是莘莘学子的不懈追求。2016年我如愿以偿地考入上海应用技术大学。杨爷爷得悉后非常高兴,还邀请我到他家吃了饭。陈叔叔每年给我寄来5 000元资助金。这5 000元已经足够我一年的学费了呀,大大的减轻了家庭经济的重担,也圆了我的大学梦。我万分感谢资助我的杨爷爷和陈叔叔,我也定会心怀感恩,不忘初心,砥砺前行。

2020年初,新冠肺炎疫情暴发后,杨德广爷爷在"阳光同学会"群里发起自愿捐款赈灾的微信,并带头捐了款,许多人纷纷响应,捐资支援。我也是群里的一员,我想,我本来就是在大家的资助中成长的,再加上我本是四川人,当时,汶川地震我们获得了全国各地人民的支援,现在国家有难,我也应当出一份力,因此我也加入了赈灾行列。当杨爷爷收到我的捐款后,非常高兴地为我点赞,并劝我不要捐,他说你还在读书,很需要用钱。我说,虽然我还在读书,能做的不多,但是我周末有在外面兼职,我也可以把这一部分赚来的钱,捐一部分出去,虽然这是微不足道的,但是能积少成多,更重要的是能把这份我收到的爱传递下去,因为只有充满爱的人间才会更美好,因为"爱之花开放的地方,生命便能欣欣向荣"。

哲学讲道,矛盾既对立又统一,由此推动事物的运动、变化、发展。贫穷亦如此,一方面,贫穷可以说是可怕的,它可以让人饥肠辘辘甚至流离失所,但另一方面,贫穷能够激励人的斗志,锻炼人的心智,它让我更理智成熟的姿态去思考人生,面对人生。在这条布满荆棘的人生道路上,不只有我一个人,我受到了杨爷爷和阳光慈善团队的资助,这些资助对我来说无疑起到了披荆斩棘的效果。经济上,它减轻了我家庭的经济负担,缓解了我父母的压力;精神上,给我的学习以更大的精神鼓励,让我能够扬帆起航。它一路激励着我迈向人生的新台阶。人生中总是不能避免沧桑,但爱心总能给荒芜的沙漠播下新的希望;也许只需一丝暖,受伤的翅膀就翩翩高飞。因为有人伸出双手,让我无望的眼睛从此看到希望;因为有人献出一份爱,共同托起满天星,让黑暗中的我不再害怕。

王鸿(四川省富顺县芝溪九年制义务学校):

2012年,我第一次了解到您是从老师口中,老师说:"有一位上海高校的校长来参观我们学校,看到我们学校学生读书生活条件较差,决定为贫困学生提供营养午餐。这不是他第一次捐赠了,他已经将自己的房产和撰写书稿所得全部捐给了自己的三所母校,他就是原上海师范大学的校长杨德广。杨校长如今又得到一些社会慈善人士的支持来到西部地区继续做慈善事业。"我永远忘不了我当时有多么激动,这是我第一次感到如此敬仰一个人,第一次感受到人性的光辉、社会的温暖。此后,我校贫困学生享受到你们提供的营养午餐。伙食明显改善了,每天的午餐多了一份肉,多了一个水果,心里也多了一位尊敬的长者。2014年,您又带着一批慈善人士来到我们学校,这一次我非常幸运的见到了您,也成为了您所发起的"阳光慈善帮困助学基金"一对一资助的学生。您的模样一直刻在我的脑海里,您和蔼可亲,亲切地称呼我们为孩子们,我们也称呼您爷爷。那不高不低的鼻梁上挂着一副圆框眼镜,正是一位沉着敏锐、博学多才的智者。跟您交流很愉快,在交流的过程中时时刻刻能感受到您对我们的关爱,对教育事业的热忱。

荣获"阳光优秀生"奖学金的一些学生以及他们寄来的一些感谢信

在阳光慈善爱心人士季诚钧教授慷慨无私的帮助下,我很顺利地考上了富顺县第二中学校,经过三年的学习之后又如愿地考入了西华师范大学。今年已经是受资助的第六年,如今我已经是一名大三学生,因为受到您的熏陶,选择了师范大学教育学专业。随着在大学里的不断学习,您的形象在我的心中愈发伟岸,让我对祖国的教育事业充满信心。在这个物质横流的时代,能做到像您那样无私奉献的人屈指可数,您始终让我觉得社会永远会保留一片净土。身为一个青年人,更是一名教育人,我立志将您作为我教育道路上的人生导师,承担起自己的社会责任,实现个人价值。在未来我希望能成为一个像您那样教书育人、关爱学生、心系社会的人民教师。教师这个职业的光辉在您的身上绽放得淋漓尽致。我期望将这份爱心继续传递下去,让社会的温暖一点点地累积。

最后诚挚地祝愿您身体健康,心想事成,在教育领域继续发光发热。

周彩颖(内蒙古自治区赤峰市翁牛特旗乌丹镇乌丹第一中学):

亲爱的杨老师:我是内蒙古自治区赤峰市翁牛特旗乌丹镇乌丹第一中学的周彩颖。很荣幸成为阳光慈善基金会的阳光优秀生,接受来自您的帮助。这个学期我已经收到了您所捐赠的爱心基金2018.0元,并如愿以偿地得到了您的电话号码,有了和您交流的机会。您的雪中送炭减轻了我家庭的负担,改善了我们的生活条件,在这个寒风刺骨的隆冬时节,您把爱心远隔万里传送到我们身边,即使万水千山,依旧不辞劳苦,此时冰冷的天气已不再冷,您对我们的关怀早已温暖了整个冬天!杨老师,我在此对您说声:谢谢您!

  杨老师,据说您今年已经77岁了,可您依旧为国家、为学校、为学生无私地奉献着,向社会传递着正能量,您的奉献精神和无私善举深深地感动了无数国人。而我,就是您施以援手帮助的学生之一,老师,您的无私,您的进取,您的乐于助人,是我的学习目标!在未来的日子里,我会以杨老师您为榜样,以坚韧做武器,扎实地迈出一步又一步,不辜负杨老师您的无私帮助和殷切希望!感谢您的帮助和关怀,我定当不负众望,认真学习,成为有用之人。祝杨老师身体健康,合家欢乐!

植树公益　绿化老人

2015年,他听说有种树苗可以在盐碱地上种植,于是便自费购买了6 000棵竹柳树苗,赠送给上海奉贤地区的三所高校。种植成功以后,他又于2016年、2017年捐资6万元购买树苗,带领1 000多人次,在全市组织了八次大型植树活动,在上海市宝山、青浦、奉贤、崇明等地区种植了10万多株树,目前已成为一片片绿色林区,为上海的绿化做出了重要贡献。他不仅又捐出了6万元现金购树,而且亲自参加了八次义务植树劳动,有好几次冒着雨参加植树活动,这位70多岁的老人也由此被人们亲切地称为"绿化老人"。有人劝他:你这么大年纪,应该在家休息,享受天伦之乐了。他却说:正因为我老了,觉得剩下的时间不多了,就更要在身体还好的时候,抓紧时间多做点事情。他还说:"人生的价值在于奉献,生命不息,奉献不止,我要永远做一个有益于社会和人民的人,践行共产党员全心全意为人民服务的宗旨。"

杨德广带领师生在上海奉贤种植树苗

植树绿化源于杨德广初任上海师范大学校长的时候,他在全校发起了创建"绿色校园"活动。"不能树木何从树人",他身体力行,每年带头捐款集资,参加双休日义务劳动,短短三年时间,便让上海师范大学焕然一新,校园绿化覆盖率从30%上升到50.1%,建立了10个精致的绿化景观苑。"绿化校长"的称号也得于此。

杨德广从1996年至今,坚持每年为学校的绿化事业捐款,资助校园的绿化建设,还分别为上海师范大学奉贤校区和徐汇校区捐赠了两个"阳光亭"。

上海师范大学徐汇校区一角

第三篇
业界与同行述评

以理扬德,以践生德,以身作德
——论杨德广教授的高校德育理论与实践

罗志敏　苏　兰

杨德广教授,1940年2月生,江苏南京人,中国高等教育学的创始人之一,从事高等教育逾30年,高等教育研究的重要贡献者。他不仅因为曾经主导过多次成功的高等教育改革实践而被誉为我国高教界一名敢说敢干的"闯将",也是至今还被广大师生、行政干部时常念叨的"干实事的校长"。与此同时,他还是一位有个性、有风格、有理念、有爱心的教育家。在这之中,有关他在高校德育方面的理论与实践,可以说是他为我国高等教育事业改革与发展所做的又一个重要贡献。从教50年来,他既多次主持相关课题、撰写相关理论性论著以理扬德,也在高校探索、推行多项很有效果的改革以践生德,同时自己也亲力亲为以身作德。以下将主要围绕这三个方面,论述杨德广教授在高校德育方面的一些理论观点、改革实践以及具体做法。

一、以理扬德

杨德广教授著作等身,至今共出版著作49部(含主编),公开发表文章500余篇,先后承担10多项省部级及以上科研课题。在这些丰富的科研成果当中,有关高校德育的著述占比不少,成为他在高校从事德育实践工作的重要基础。可以说,他是我国最早研究新的历史条件下高校德育问题的学者。他除了早期负责撰写潘懋元教授主编的我国第一部《高等教育学》中有关高校德育问题的部分章节之外,还在1978年"文革"结束后不久的一篇文章中旗帜鲜明地提出,要"把政治思想工作做到(高校)教学领域中去"。之后,又先后在《中国青年报》《光明日报》《文汇报》《上海高教研究》《教育研究》《思想·理论·教育》等报纸和期刊上发表了30余篇有关高校德育的论文、文章,并出版了多部专著。他的德育理论自成体系,涉及德育的本质、地位、作用、机理、路径、方法等多个层面。他的很多看法和见解,既对当时高校德育工作具有重要指导作用,也对现今高校德育工作有非常重要的指导性意义与启迪性价值。

杨德广教授是站在"人的发展"的角度来看待德育的。他认为,德育不仅仅是"育才",更重要的是"育人",缺乏德育的教育是"目中无人"的教育,培养出的只能是"目中无人"的学生,所以也不是真正的教育。也就是说,德育是关于"如何成为人"的教育,高校德育在于"唤醒学生",使学生能够"认清当前我国教育面临的严峻形势与挑战,激励他们把促进社会发展、维护国家与人民的利益当作首要需求,形成高度的责任意识,发奋学习,勇猛精进,从而全身心地投入到二十一世纪社会主义现代化建设的伟大事业中"。

基于这一德育认识论观点,杨德广教授认为德育工作要在高校人才培养诸环节中处于基础性、先导性地位。如他在回答"怎样才可以凸显学生在自身成才过程中的内因作用"时,认为"关键是靠德育工作",需要"通过德育来提升学生的自身素质,激发其内在潜能,进而利用外部条件来促成学生如饥似渴的求知与成才的内需实现"。对此,他提出要否定和纠正当时在德育领域中存在的"代替论""渗透论""取消论"等一系列"德育无地位"主张。如当时很流行的一个观点是,德育可以渗透到教学管理之中,既从属于智育也服务于智育,而且可以由"管理育人""教书育人"来代替,亦可由法治来代替。杨德广教授认为这是对德育独立存在的一种消极否定。针对这一现象,他提出一定要给德育相对独立的地位,即德育是学校教育必不可少的一部分,有其重要性。与此同时,他还提出了在大学教育中坚持"德育为先"的重要观点。那么,如何才能确保这一观点的实现呢?他认为,首先要正确认识德育在人的全面发展过程中的不可替代性,肯定德育相对独立的地位。其次主要做到两点:一要建立德育领导管理体制和专门的德育教师队伍做后盾,确保德育相关目标与计划的制定,保证德育时间、经费和落实等。二要确立学校德育工作的考核制度,即把学生的道德品质、日常行为表现等作为重要的德育考核内容,与学生的奖学金评定、直升研究生机会等切身利益直接挂钩。

至于如何有效进行德育这一问题,他结合心理学知识,认为德育与主要是认知问题的智育不同,德育主要是情感问题。为此,在德育过程中,受教育者的内在需要强烈度与对德育内容的接受认同度呈一定正相关关系。基于此,他认为,高校德育不能单纯停留在知识传授、方法运用和形式变革上,更不能仅是讲。此外,他还分析了大学生在学习娱乐和兴趣爱好方面的情况,认为德育应当侧重于激发学生内在需求,矫正其动机不正、动力不足的现象。他指出,大学生"内在需求"不足,究其根源,可能与他们身处的形势和环境有关——让他们没有一种想要学习的危机感和紧迫感。为此,学校的德育工作,就要通过"加强形势任务教育"以激发大学生对学习的强烈内在需求以及对远大目标理想的追求。

此外,他还很透彻地论证了当时形势下高校德育组织及队伍建设。他认为应在高校建立德育领导体制,并提出比较具体的建议:一是主张高校统一建立由党委分管学生德育工作的副书记和副校长分别任组长、副组长,由党委宣传部、学生处、学生工作部、思想教育教研室、马列主义教研室、团委保卫处等部门负责人作为成员的德育领导小组,以便把全校德育工作统管起来;二是成立德育办公室(或德育处),作为全校德育工作的具体职能部门,对其负责;三是教务部门将思想政治理论课纳入德育体系,不再作为一般的业务课程;四是党委及行政在德育工作上要职责分明,紧密配合。而对于怎样解决当时政工队伍不安心、不适应的状况,他又主张高校要逐步建立一支专门从事德育工作的教师队伍。另外,他也意识到,对教师的德育也很重要。为此,他认为教师向学生传授知识的过程,同样是传递思想道德观念、精神风貌以及治学态度的育人过程,可见教师在人才培养中的重要作用。由此他提出,教师要努力提升自身的职业道德水平。只有德才兼备的教师,才会对学生的人格和学识产生巨大影响。教师是国家与人民意志的代表,担当着教书育人的重任,培育出的人才与国家、社会、人民的根本利益直接相关。

纵观杨德广教授的高校德育理论,主要呈现两个方面的特点:

一是具有很强的时代感,即他的德育思想不是静止、抽象的,而往往根据当时社会形势的变化,提出很具问题针对性的德育观点。比如,他针对当时不少高校教师对德育丧失信心、青年学生厌恶和排斥思想政治教育这一不利局面,提出了至今仍有很大影响的"德育效应理论",即正效应、负效应、零效应和潜效应。他认为,德育的这四种效应,对克服"德育悲观论"、搞好德育工作具有很好的启示意义。比如,通过德育工作反而在一部分受教育者中产生了不良效果,这就是德育的负效应,也叫适得其反效应。他认为这是由于教育的内容和方法不适合这部分人的特点和要求,或者由于他们缺乏受教育的主动性和自觉性。他认为,德育的这种效应告诉我们,不能认为只要组织德育实践活动,就会自然而然地产生好的效果,如果做得不好,还会产生相反的效果。因此要善于引导学生,并及时了解学生的"活思想",进行针对性的思想教育。再如,他针对我国改革开放早期大学生刚经历过动荡历史时期的特点,认为不能把大学生放在一个平面上进行考虑,他们的思想也不可能处在一个平面上,而是社会、家庭、学校多方面影响的结果,所以也就不能采用平面的教育方法,而应采取立体的、网络化的教育方法,即静态教育与动态教育(课堂上接受教育与实践中接受教育)相结合、正面教育与积极疏导相结合、统一教育与多元教育相结合、一体教育与综合教育相结合、外部教育与自我教育相结合、思想教育与管理工作相结合。只有这样,才能通过多种方法的综合效应而取得好的教育效果。又如,当我国进入90年代以后,他认为我国高校德育面临经济全球化、国际政治格局的变化、现代高科技发展以及物质生活不断丰富带来的挑战等新形势,教育工作者的责任就是要对学生进行"形势教育",帮助他们认识到社会的发展变化与个人的前途紧密相关,认识到美好前程的获得,需要一代代人的艰苦奋斗。当大学生意识到自身肩负的重任以及把社会主义现代化建设的实现作为自身需求与驱动力的时候,必然会焕发出奋发学习、勇攀高峰的青春活力。

二是他的高校德育理论不是凭空想象的,往往都是建立在他实地调研的基础之上。如改革开放之后,各种西方社会思潮流派传播至我国,给高校德育工作带来了一定的挑战,也影响了大学生。此番背景下,为清楚了解西方社会思潮传播对大学生的影响情况,他对当时近1 000名学生进行了问卷调查,这些学生分别来自上海交通大学、复旦大学、上海戏剧学院、上海外国语学院等高校。此外,他还搜集了其他地区高校的相关调查材料,一并分析了西方社会思潮的传播对大学生的影响程度及其在大学生中传播的方法途径等。再如1987年,他对上海市一些高校进行深入调研之后,撰写了题为《当前大学生思想观念和心理状态剖析》的调研报告,提出要对大学生实行德智体综合测评,受到了上海市有关部门的高度重视,当时全国有40多所高校到上海取经。其撰写的《大学德育论》,在当时已然成为许多高校的培训教材。又如1990年,他对我国华东地区16所大学的2 659名大学生,进行了气质和性格类型的抽样调查,获得了 10 多万个数据,并由此撰写了题为《大学生气质和性格类型剖析》的调查报告。在对我国大学生心理特点进行的调查中,这一次调查取样最多、规模也最大,对当时大学生教育与管理工作具有很大的参考价值与借鉴意义。

二、以践生德

杨德广教授的理论研究成果大多来自实践,并注重把研究成果运用到实践工作中去,以完善和提升他实践工作的水平。对此,我国著名高等教育学者潘懋元教授曾这样评价:"从实践问题出发,进行理论探索,提出自己的主张和观点,再回到实践中检验,是杨德广教授进行高等教育理论与实践探索的特色路径。"他的高校德育工作也是如此,大致可以划分为以下两个阶段:

第一阶段是他担任华东师范大学高校团委书记职务阶段。此阶段,他主要是围绕学生的思想政治教育、学工队伍建设和学生事务管理等实践问题开展研究工作的,也是围绕这些问题进行实践探索的。当时,面对在校大学生在学习和生活中凸显的系列思想问题,学工工作者在工作中出现"德育悲观论""德育代替论"等状况,他边进行理论探索边进行实践改革。这期间,他发表了大量高校德育实践论文,提出了在当时很有影响力的主张和观点。比如,他提出政工干部要走进教学一线和学生课堂,以便在学习领域开展思想政治工作等方面取得主动权。与此同时,为了发挥辅导员在学生思想政治工作中的地位和作用,他还向学校建议,应高度重视学校辅导员队伍建设。在全面育人教育上,他还提出高校要端正思想。此外,学校要确立德育的独立地位,明确培养目标,并从德育的制度规范、内容体系上,加强对高校德育的建设。

第二阶段是他担任教育行政机关领导以及大学校长职务阶段。1996年,他一到上海师范大学校长任上,就全校走透。在深入实地调研中,他发现不少大学生平时松松垮垮,不知道怎样安排自己的学习和活动。针对这一情况,他提出在全校实行"充实教育",即充实学生的学习内容、课余活动以及精神生活,以让学生活跃起来、行动起来,激活学生、激励学生。为了实现这一目标,他在校内实行干部轮换制、多张证书制,开展大学生校园文化、文明修身等活动,让大学生走进社会、亲身实践、参加义务劳动。短短几年时间,以上这些行之有效的措施,就收到了很好的教育效果。

（1）多张证书制。他认为，人才市场竞争越来越激烈，毕业生仅凭一张毕业证书进入人才市场，显然没有优势。为此，学校要积极为学生创造能够获得多张证书的资源和条件，比如举办各种不同类型的活动竞赛。每个学生一年内必须至少参加一两项竞赛或者课外活动，以在这些竞赛活动中取得名次，获得证书。除此之外，多张证书还包括，学生可以通过辅修课程以及特色课程学习，达到一定标准之后，获得单科证书。这种做法，除了可以增强学生在就业市场上的竞争力之外，在当时可以说是好处多多。如可以激励学生发奋学习，积极参加各项活动，提升他们的组织能力、自我评价能力、竞争能力，充实和丰富学生课余活动和学习内容，充分发展学生的个性和专业特长，为他们创造更多的成才机会和条件，同时也有利于形成良好的学风和校风。

（2）干部轮换制，即让每位在校大学生都有当学生干部的经历。他认为，大学生应该具备一定的领导素质和被领导素质，若在校期间担任学生干部，各方面的能力都可以得到较好的锻炼，如人际交往能力、语言表达能力、工作能力、组织活动能力等。此外，他还认为，担任学生干部，不仅可以让学生增强自我约束力与学习自觉性，还可以促进他们勤奋学习，严于律己；不当学生干部，也是对学生思想品德和心理健康的考验。于是，他在学校推行大学生今年当团支书、班长，明年当寝室室长或普通群众，尽量照顾到每个学生，让每个学生都能在干部与非干部岗位上得到锻炼和考验。

（3）半年实习制。长久以来，我国师范院校的学生教育实习时间一般为六至八周左右，上四到六节课。学生刚刚进入状态，步入角色，教育实习就结束了，学生收获不大，锻炼不够，只能说是浅尝辄止。针对这一状况，他从社会对人才培养的需求出发，认为对师范生最需要加强"两基"（基本素质和基本能力）方面的培养与锻炼，若仅依靠课堂教育，这两大问题是解决不了的。于是，他在学校师范生中推行延长实习时间到半年的做法，即半年实习制。半年实习可以集中实施，也可以分散在各年级实施（一年级安排2周见习，二年级安排4周见习和实习，三年级安排12周实习）。经过几年的试点，这一做法取得很大成效。

（4）综合测评制。他认为，德育地位的巩固、权威的维护、效果的增强，都需要通过德育的考核来进行。这样才能将"德育为先"落到实处。基于此，他在学生中推行德智体综合测评制度，把学生的思想品德、行为表现、学习态度等作为重要的德育考核内容,并与学生奖学金的评定、直升研究生的机会等切身利益直接挂钩。如他实行的综合测评一般每学年或每学期进行一次。先是个人测评,然后同学互相测评,教师测评,按数量评出每一个学生的综合分数。德育成绩包括政治学习态度、形势政策课成绩、社会实践、社会公德、集体观念、公益劳动、文明修身、寝室卫生、遵纪守法和考勤情况,等等。可以说,综合测评能够很好地矫正学生中存在的"只注重考试,只关注考分,对发展个人兴趣、参加社会公益活动不热心"的不良现象,对学生的成长起到很好的激励作用,确实是一种既全面而又公正地评价学生的好方式。

(5) 以美化身边环境为中心的文明修身活动。面对多数大学生都是一些缺乏劳动锻炼、"娇气"的独生子女的情况,自1995年起,他在全国各大高师院校中率先开展以清扫校园为核心、创建"十无"校园活动,发动广大学生以"每个班级包干一个教室、一个厕所、一块绿地"等形式参加文明校园建设,并提高自身的精神文明水平。他领导的学校在大学生文明修身行动中取得了很好的成效,荣获了上海市政府授予的"上海市大学生文明修身基地"荣誉称号,也由此揭开了上海师范大学文明修身活动的新篇章。从那年起,学校决定把"文明修身课"作为必修课,纳入教学计划,以学分记。"清洁校园"是"文明修身课"的主要内容。学校将学生宿舍的全部卫生工作以及校园园区90%的清洁工作交给学生承担。除学生宿舍外,划分责任区,设置50个岗位,四年内每个同学要参加文明修身劳动2个半月,每天1小时左右。他认为,将清扫卫生这种小事落到实处,一是有助于学生劳动习惯的养成,二是有利于增强学生的责任感与环保意识,三是有利于培养学生不怕吃苦、团结互助的精神。正如当时一位大学生写道:"文明修身,美化了校园,净化了我们的心灵。作为一名大学生,我们既要学好文化知识,更要学会如何做人。"

此外,为了践行他"德育必须落到实处,让学生在实践中和亲身体验中提高自身素质"的德育思想,他还创造条件,引导和鼓励大学生走向社会,在实践活动中促进素质的全面提高。如上海师范大学在他的带领下,每年有近千名学生放弃假期可以获利匪浅的"打工"机会,到"爱心"学校担任义教。学生举办的"爱心"学校,覆盖范围遍及全上海以及江苏、福建、山东等地,主要任务是帮助家境贫寒的学生以及下岗职工子女补课,开展文体娱乐、知识讲座等活动,深受学生的喜爱和家长的欢迎。

与此同时,在学生这一群体中,他大力弘扬中华传统美德,宣传和学习

《中华美德五字歌》,陶冶了大学生们的道德情操,提升了他们的思想境界。

三、以身作德

杨德广教授认为,人生在世,要立身、立言、立业、立德。而立德是基石,最重要,既要有高度的事业心和责任感,既敬业又尽责,同时还要热爱祖国、人民,廉洁奉公,勤于工作,努力进取。正是基于他要"健健康康为祖国工作五十年"这种强烈的社会责任感和使命感,无论是在华东师范大学、上海高教局、上海大学、上海师范大学担任行政领导期间,还是2003年以来"退而不休",担任普通任课教师以及从事教育慈善事业,他都亲力亲为,践行着自己"立德"的理想和信念。如他在担任大学校长期间,为自己"约法十章",其中包括不要专车接送,每天骑自行车上下班,坐火车不要软卧,也不参加任何旅游性活动等。作为大学校长,他每年至少五六次主动给大学生上党课,以对其进行人文精神教育与人生观教育。每1—2个月,他要到学生宿舍走走、看看,平时就在学生食堂吃饭,与学生一起就餐、聊天,了解学生情况,听取他们的意见。此外,他每学期还会与学生一起清扫马路、做校园绿化,践行文明修身活动。

他看重个人操守,也重视培养学生高尚品德。目前,70多岁高龄的他仍坚持年内给研究生开设三门课程,而且在教学内容、教学方法上,每门课每年他都有更新。一直以来,秉承教书先育人,育人先育德,德育为先、立德树人的从教原则。如他给研一新生们上的第一堂课,即是"当代青年的使命与责任、成长与做人"。而对于他从事的高校教师这个职业,他认为:一是在职业目标上,明确教育是科教兴国、人才强国的重要战略;二是在职业理想上,教师应把"教师"这一职业视为毕生追求的崇高事业,并立志为了推进社会的发展,多培养高素质人才;三是在职业态度上,要尽心尽职,敬业爱生,勇于奉献;四是在职业纪律上,严格遵守学校的规章制度,以身作则,言传身教,为人师表。从教50年来,他是这样说的,也一直是这样做的。

杨德广教授经常讲,德育就是一种影响。他就是通过自己在课堂上、生活上的一言一行、一点一滴来影响他人、感染他人、教育他人。其一,他通过自己的"勤"影响他人。如一位学生就此感言:"杨老师平时除了出差、上课,几乎所有的时间,你都可以看到他在教苑楼的办公室里忙碌着。每次见杨老师辛勤工作的身影,不由深受触动,备受感染——一位即将步入八十高龄的年迈老人都如此勤奋,作为青年的我们还有什么理由虚度光阴,不求上进呢?"另外,一名研究生这样描述杨老师:上课从来不迟到,哪怕工作再忙,社会活动再多,有时甚至忙到顾不上晚饭就直奔教室,给学生上课。而他的大部分论文都是忙里偷闲写出来的。其二,他通过自己的"真"影响他人。无论是在课堂上抑或在课外,他都是"现身说法",敞开心扉与学生进行交流,毫无保留地把自己最真实的样子展现在学生面前。在学生面前,他也从来不介意谈论自己的贫苦出身,曾经遭受过的磨难,反而时常结合自身的过往经历体验、做人原则、生活信条、养身之道、处世之道、做干部及做学问之道,启发引导学生,让人深受教育。同时,他还结合自身做大学校长的经历,教育学生要"对金钱、名利看淡点,对事业看重点"。为此,一位研究生感慨道:"我觉得,杨校长是将自己的一生和为人做教材来给我们传授知识,而不仅是用书本上课。"

近些年来,他的这种影响,还体现在他的"爱"上,他在学习及生活上关心、爱护他的每位学生,成为学生心目中的一位"爱在细微中"的长者。如有研究生统计,他们每年到杨老师家聚餐不下十次,几乎是每逢节日假期,杨老师都会召集研究生到他家聚餐。每次聚餐,他都会提前把食材准备好,并亲自烧饭做菜。同时,他也招呼每人都动手做一个菜,在此过程中聊聊家常,包括了解学生的家庭现状、近期学习情况以及个人婚恋问题等。这让那些远离家乡、父母的研究生们,感受到杨老师慈父般的温暖关爱。此外,他门下的应届、往届学生,每年都会在他的召集下,回母校参加"阳光之家"大聚会,其间的餐饮费、住宿费等所有花费他都坚持支付。谈及为什么这样做时,他说,这样做除了希望在外求学的学生能体会到一点家的感觉、增加彼此间的交流之外,尤其重要的是希望他们在今后的工作以及生活中,有爱心,且大气、大度、大方。

与此同时,杨德广教授还把这种对学生和晚辈的"爱"延展到他所从事的教育慈善事业。如 2010 年,为了捐助三所学校的贫困生和优秀生,他卖掉了自住的房子,筹集了 300 万元;2012 年,为帮助甘肃四所乡村学校的贫困生,他又捐助了 80 万元;2015 年,代表"阳光慈善之家"的他,向上海海湾大学园区捐赠了 6 000 棵树苗,用于校园绿化;每年,他向上海师范大学"爱心基金"和教育发展基金会的捐款数额都在递增;等等。现今,他又给自己定下了目标,即有生之年至少资助 3 000 名贫困生和优秀生。

杨德广教授小时候经常靠吃野菜、豆渣生活，有一次为打捞家中唯一一把镰刀而跳入寒冷刺骨的池塘，冻得险些丧命；现如今也不是坐拥万贯家财的富翁。然而，杨德广教授一直在用他的那种坚韧力，践行着他常给学生讲的道德理想，"大学不仅要有大师、大楼，还要有大爱"，这与他始终坚持的"勤奋有为"一样。

当然，在教育慈善方面，他也深知个人力量有限。近年，他无意中扮演了一个被媒体称颂为"点燃者"的角色。即他也用自己实在的行动，带动了他周围的人陆续加入这一事业中来。在这些受他影响、被他"点燃"的人当中，有不愿透露姓名的企业家，以"杨德广帮困基金"名义一次性捐款200万元；有卧病在床、罹患恶性肿瘤的翁敏华教授，仍坚持认领"一对一"资助对象；也有自己的儿女和未成年的孙辈。更为有意义的是，他的这种"点燃者"角色深深地影响了他的一届届学生。在听说了他资助32名中小学生，并且计划一直供他们读完高中、大学的事迹之后，他已毕业的研究生如陈敏、向旭、陈润奇、李福华、刘岚、靳海燕、朱炜、吴海燕、季成钧、汪怿等纷纷效仿并追随他的行动，认领贫困生，"一对一"予以重点资助，有些专门从外地赶过来认领，有些甚至还拉上家属领取"双份"。2014年初，令人意想不到的是，当杨德广教授打算把当年剩余的四个资助名额全部包下时，他的学生陈敏仅在其微信圈里"一招呼"，不久就涌来20多人争抢。

在本文即将截稿时，笔者忍不住又去上海师范大学拜访了杨德广教授。在他的办公室，我看到，地上堆满了即将运送到山区给孩童穿的一捆捆崭新的衣物，办公桌上摆放着需要他"一对一"扶助的贫困地区学生表格；我还看到，他用微信招呼他的学生们周六、周日去上海远郊义务植树，看到他为发展老年教育事业写的书稿、准备的讲稿；还从教育学院研究生那里了解到他最近在研究生课堂上推行非常受欢迎的"翻转课堂"和"微课堂"……著道德之文，行道德之实，垂道德之范。杨德广教授的大家风度和经世济民的人文情怀，已经为我们这些后辈学者提供了最好的范本，也已影响而且必将影响更多更多的人。

（罗志敏，郑州大学教育学院教授、博士生导师；苏兰，北京理工大学教育研究院博士研究生。本文原载《山东高等教育》2016年第10期，此处略有改动，注释及参考文献从略）

杨德广高等教育理念与校长办学实践述略

樊 军

在我国2500多所普通高等学校中,校级领导人数足有成千上万,且都有各自不同的学术专业,而高校中从事高等教育理论研究的专业人员更是不计其数。但集高教研究与校长职务于一身者,应该为数不多。而杨德广就曾是这些为数不多者中的佼佼者。

杨德广既是著述丰硕、弟子如云的高等教育学专家,也是勇于探索、敢于创新、真抓实干的高等教育实践家。在数十年的职业生涯中,他虽然遭遇过人生曲折,也更换过不少岗位和职务,但学术上始终坚守在高等教育研究的领域中;他先后担任过高校的团委书记、处长、校长,上海市高教局的处长、副局长,上海市高教所所长,其中一半以上时间工作在高校,任职时间最长的是大学校长。正是在这种"天时地利"的机遇中,他以高教研究者兼大学办学者的"特殊"身份,努力实践着他的办学思想和教育理想,实现了理论与实践的相得益彰,学术与行政的互为会通,为我国高等教育理论的发展贡献了丰富的学说,为我国高等学校的办学实践提供了宝贵的经验。因此,研究总结杨德广的高等教育理念和校长办学经验,将有益于繁荣我国高等教育理论研究,促进我国高等院校的建设发展。本文仅就杨德广的若干高等教育理念以及在其校长办学实践中的运用,做简略介绍与分析。

一、"大学校长必须研究教育"

杨德广并非担任校长后才开始从事高等教育研究的,他甚至不是教育学或高等教育学科班出身。他在大学就读的是理科的地理学专业,毕业留校担任团委书记后,就逐步将高等教育研究作为自己毕生的学术方向。他在工作实践中深深体会到,作为一位领导者,如果不以教育研究为基础,就既不能搞好教育管理工作,也领导不好一所学校。因此,他是带着对工作的责任感和历史的使命感,深深沉浸在高教研究事业中的。这就决定了他的高教研究并非仅仅是坐而论道的高头讲章,脱离实际的"空中楼阁",而是面向实践、连接地气,为了从理论上回答和解决现实中和工作实践中的问题。他在实践中发现问题、研究问题,不断提出自己的理论观点,又将自己的理论研究付诸实践,再于实践中不断完善自己的理论。他将这样的过程总结为"'努力工作—努力学习—努力研究—努力工作'的良性循环",这是他的夫子自道,也是他学术生涯和职业生涯的真实写照。

杨德广自言,从事高教研究还得益于我国高等教育学创始人潘懋元教授的知遇之恩。潘懋元十分欣赏杨德广发表在报纸杂志上的研究成果,在1983年主动写信邀请他参与编写自己主编的我国首部《高等教育学》。在潘懋元的感召和激励下,杨德广欣然接受,并自此更坚定了高等教育的研究志向,为我国高等教育学的建立与发展"摇旗呐喊"、奋力拼搏。

执掌大学、领导办学是杨德广开展高教研究的一个重要动力。他旗帜鲜明地提出:"作为一名大学校长,在从事教育管理的同时,必须研究教育。"我国众多的大学校长基本都是专家学者,有着各自所专注的不同学术领域。他感叹道,在我国大学校长中,多数是专家型领导,缺少管理型领导;理工科出身的领导多,文科出身的较少;事务型领导过多,教育研究型领导匮乏。他提出大学校长必须研究教育,并非要求每个领导都需来自教育学科,而是认为作为大学校长,必须在其位谋其政,在任职期间,应立足现实研究教育问题。在一次访谈对话中,杨德广谈到如何界定中国的"著名大学校长",他提出了两个标准,其中第一条就是看这位校长发表过多少关于教育问题的独到见解或者论著,"对教育问题没有研究,没有自己的见解和想法,那不能算著名校长"。基于这一理念,他始终坚持"工作、学习、研究"六字方针,即使在校长管理工作的繁忙之中,也从未间断高教研究工作。潘懋元对他的评价道出了杨德广治学的勤奋与艰辛:"他的著作是在繁重的行政工作中经常午不休、夜不眠,利用周末假期一字一句地写出来的。"

正是有了高教研究的基础、理论观点的指导,懂得大学办学的特点与规律,杨德广在校长岗位上才能深悟治校之道和管理艺术,得心应手地开展工作。如他主张,一校之长不能大权独揽,任何事都亲力亲为,而要敢于放权,善于用人,充分发挥和调动班子其他成员的积极性,用科学的管理方法做好管理工作。校长的主要职责和精力应放在办大事、解难事上。他到任上海师范大学后,有人劝他要分管人事,也有人劝他要管财务,还有人说要管外事。他都没去分管,他认为这些业务性、专业性较强的工作应由熟悉的、懂行的副职分管更好。他把主要精力放在了抓学校发展的大事、难事上,如向上面要钱、要项目,引进高层次人才,与社会沟通,协调校内的矛盾,到学生、教职工中听取意见,开展调研工作等。重大问题在校长办公会上通报、讨论,形成决议后分头去做,让副校长和相关处长大胆工作。

开展调查研究,既是杨德广研究高教理论问题的一种方法,也是他作为校长进行办学决策的重要基础。他的许多学术新见和理论建树,都是建立在广泛和深入的调查研究基础上的;众多办学举措,也是在征询师生意见、掌握校情民意后才出台的。如在上海师范大学校长任上,他经常上学生食堂,与学生、老师一起就餐,边吃边聊,话学习与生活、谈教学与科研、道家常与想法,在轻松的气氛中,师生们能够道平时不敢言或没机会言的真情实感,校长也了解到了许多平时难以掌握的信息。

二、"大学校长既要找市长,又要找市场"

杨德广1993年担任原上海大学校长时,遇到的最大困难是学校办学经费不足。如何解决这一学校发展的瓶颈问题?杨德广心里清楚,要完全依靠政府是不现实的,但完全不依靠政府也是不现实的,必须走多渠道集资的道路。由此催生了他的"大学校长既要找市长,又要找市场"的办学理念。于是,他一方面请相关市领导到上海大学视察,请求市政府的支持。在市领导的关心和支持下,专门召开的市长协调会,解决了国际商学院的征地问题和经费问题。另一方面,他积极发展学校自己的教育产业。上海大学的教育产业很多,在科技开发总公司下面有70个子公司,分散在各学院,但多数效益不好。经过几个月的整顿,学校对效益差的企业实行了关停并轨,效益好的予以保留和继续发展,每年可创收1 000多万元,弥补了办学经费不足。

"大学校长既要找市长,又要找市场"这一理念,成为杨德广办学治校的重要思想武器。它充分反映了杨德广以一个高教研究者兼大学校长的身份,对新形势下大学与政府、大学与社会之间关系的深刻把握。在我国,公办高校都是由国家和政府创办的,办学经费主要依靠国家和政府的投入,在计划经济管理体制下,高校办学没有其他途径和办法,只能依赖"等、靠、要"来求助于政府,因此校长找政府争取办学资金是顺理成章的事情;而政府也以"统、包、管"的思维定式和运行机制对高校实施管理。但随着社会主义市场经济的确立与发展,仅仅依赖政府办学的做法,越来越阻碍教育事业的健康发展。杨德广敏锐地捕捉到了时代变化对高等教育事业发展的影响,及时提出了发展教育产业、建立教育市场的观点,并大声呼吁:高等教育"要努力从计划经济向市场经济转轨,主动适应社会主义市场经济的发展,这是历史发展的必由之路,也是发展高等教育,摆脱教育困境的必由之路"。

他从教育的内外部规律的角度,阐述了教育与社会的关系。他认为教育有两个基本规律,即教育的外部规律和教育自身内部的规律,这两个规律不是相互对立,而是相辅相成的。教育随着社会发展而发展,随着社会变化而变化,这就形成教育的外部规律,要求教育要为社会的发展服务。教育过程中的教学规律、育人规律、传播知识的规律、学校管理规律、德育规律、体育规律等,属于教育的内部规律。总之,一所学校的办学,在教育目标、教育内容、教育方式等方面既要遵循教育的内部规律,而又不能脱离教育的外部规律,应当主动适应社会的需要。

他还通过对教育属性的全面分析,有力论证了教育,特别是高等教育,兼具公益性和产业性双重属性。过去主要强调教育的公益性,而不承认或忽略了教育的产业性。他认为高等教育生产知识、高科技、人力资本、物质财富、信息,也是教育服务的产业,是基础性产业,具有先导性、全局性的地位。

杨德广的观点一问世,便激起社会的巨大反响,也遭到众多的质疑和指责。但他自信自己的观点言之有据,持之有故,符合教育的基本理论和办学的基本规律,符合我国教育的现实要求,也符合高等教育的发展趋势。他一方面直言不讳地批评那些尚停留在计划经济时代的错误思想和落后观念,另一方面不断澄清对他观点的一些误解。他解释道,当下强调教育的产业性,并不是要将其与教育的公益性对立起来,用产业性来否定公益性;恰恰相反,教育的产业性与公益性之间存在着密切的联系。一所学校唯有满足社会公共需要,产生了良好的社会效益,才可能获得其应有的经济效益,因此教育公益性是教育产生经济效益的前提和基础;而发展教育产业,强调教育的产业性,也正是为了能更好实现教育的公益性目的,因为要想保障和促进社会的公共利益,就必须大力发展教育事业,扩大教育受益面,使每位求学者通过接受教育来获得经济和非经济的收益。如果各执一端,只强调公益性与产业性的一个方面,将有碍于高等教育事业的发展。

在这样的理念指导下,一所大学的校长在办学治校中,除了找市长求得政府的关心与支持外,更要主动走向社会、走向市场。"不能等市长,而要抢市场,要找米下锅不能等米下锅,要主动面向社会,面向市场办学。"杨德广领导的上海师范大学奉贤校区的开发建设,就是我国公办高校解决政府投入不足、面向社会和市场筹资办学的典型范例。

1994年9月,经上海市政府批准,上海师范大学与地处上海市郊奉贤的上海技术师范学院合并成立新的上海师范大学,上海技术师范学院原校址成为上海师范大学奉贤校区。该校区在校生1 600多人,大多数是专科学生;占地面积1 200亩,但大部分土地荒废在校园内。1998年,根据上海高等教育要大发展的战略,市教委经过调研,决定开发和发展奉贤校区,使之成为上海高教发展的一个增长点。但当时政府资金有限,拿不出钱,同意学校到社会上吸取资金,也可以通过转换机制筹集资金。由此,在学校引起了不小的争论。大多数人赞成开发奉贤校区,认为这是好事,但对如何开发看法不一,学校领导层意见也不统一,因为学校经济实力不足,当时已有赤字1 600万元,有人担心如果再开发奉贤校区,会把学校经济拖垮。但杨德广深信,当前正是高等教育大发展的最好机遇,不能错失良机。他力主开发奉贤校区,认为只有把学校规模扩大,才能增强实力,而有实力才有地位。他在各种场合反复宣传和阐明自己的观点,并得到党委书记的鼎力支持,领导班子也很快形成了比较统一的意见,决心开发奉贤校区。

经过测算,奉贤校区开发建设需要3亿元。巨额经费从何而来?杨德广以果敢魄力和过人胆识毅然提出,政府投不了,就自筹资金,面向社会、依靠市场,采取多管齐下的方法。一是校园置换:将已并入上海师范大学的原上海师专地块进行置换,置换资金一部分投入奉贤校区作为启动费。二是大力发展教育产业,扩大办学规模:办学收入调剂一部分用于奉贤校区的发展。三是吸引企业投资:由奉贤建工集团投资建设奉贤校区的学生宿舍、食堂、浴室及其他配套设施。四是成立投资公司:利用学校部分基金与社会上两家企业合作,注册成立了厚德教育投资公司,杨德广亲自兼任董事长。投资公司第一个项目就是采用BT模式投资奉贤校区的基本建设,另外又新建

9栋学生公寓。该公司还将通过开发、经营获取的利润主要用于建设奉贤校区。五是依靠贷款：通过厚德公司向银行借贷资金，市教委给予部分贷款贴息。

经过两年多紧锣密鼓的施工建设，奉贤校区校园面貌焕然一新，昔日杂草丛生、坑坑洼洼的沼泽地、盐碱地，变成了满目绿荫、高楼林立、景色优美的生态型大学校园。凡参观过的人无不为之一振，赞叹不已。2003年初，时任教育部周济副部长带领一批重点大学的书记、校长，参观考察奉贤校区。大家一致盛赞奉贤校区开发的成绩。周副部长对随行的各校领导说："参观了上师大奉贤校区，有一种'震撼'的感觉，他们在国家不投入的情况下建成这么好的校园，很值得学习。上海师大发扬自力更生、艰苦奋斗的精神，经费不足自己想办法，为我们树立了很好的榜样。上海师大提出要找市长更要找市场，很有启发，在座的要找部长，更要找市场。高校要跨越式的发展，必须要创新。"

三、"特色是高等学校的生命线"

20世纪末期开始，我国高等教育通过扩大办学规模和招生规模等方式，经历了跨越式发展，到21世纪初期迈入了高等教育大众化阶段。但由此也引发了一系列广受社会瞩目的问题与争论，如大学的教育质量、大学办学的同质化等现象。杨德广也鲜明地亮出了自己的观点和主张。

在数次高等教育大众化全国学术研讨会上，杨德广大胆发出"逆耳"之言，矛头直指北大、清华等校，批评这些名校紧紧攥住传统的专科、专升本教育不放，花大量精力与一般高校、民办高校争夺生源。他认为这种做法必然削弱名校对科研的投入，从而降低学术水平和办学水准。他指出："高等教育满足社会发展对人才的多样化、多层次需求这一重任，必须由各类大学共同承担。……不同层次的大学定位、分工也不同，……各类学校只有强化角色意识，才能各司其职，各安其位。"

杨德广的上述观点，是建立在他的高等教育多样化理论和大众化教育质量观基础上的。他认为，高等教育多样化是实现高等教育大众化的必经之路，并从三个方面阐述论证了高等教育多样化的必然性："一是社会需求的多样化，社会上的行业千千万万，对各类人才的规格、层次、要求也是千千万万的，同一模式下的人才不可能满足社会多样化的需求；二是人的个性、智力、需求、追求的目标以及愿意付出的代价是不尽相同的,只有多样化的高等教育才能满足更多人的不同的学习需求;三是国家的财力有限,只有多样化的高等教育、多渠道集资,才能实现大众化。"既然从社会需求、学校规格到学科门类、学生个性都呈现多样性特点,那么原来精英高等教育单一的学术性质量标准就难以适应大众高等教育的质量标准,树立多样化的高等教育质量观和质量标准是大势所趋。为此,他提出了我国高等教育的多种质量标准:① 以学术"卓越"和"一流"为研究型大学的标准;② 不同类型、不同层次的学校,以合适目标为标准;③ 以满足高校内外学习者的要求为标准;④ 以持续发展为标准。这些标准如何贯彻落实到每所高校的办学过程中?他又明确了三个方面:一是学校办学要有明确的定位和目标,根据社会需要和自身条件制订各学科专业的培养目标,并努力去实现;二是学校人才培养要满足和适应社会和市场的需求;三是学校有自己的办学特色,其他学校取代不了。

由此,杨德广十分关注高等学校办学特色问题。他坚信,高等学校走办学特色之路,是生存之路、发展之路。特色是高等学校的生命线,是高等学校适应社会经济发展与高等学校自身发展的必然选择。他以国内外著名大学办学历史为例,总结出特色的原创性、独特性、优质性、稳定性、实践性、导向性、多元性等高校办学特色的七大特征,提出了创建高校办学特色的基本原则,归纳了高校办学特色创建的八大主要内容:办学理念特色、目标定位特色、学科专业特色、课程建设特色、人才培养模式特色、教师队伍特色、管理模式特色和校园文化特色。他认为这八个方面的办学特色建设是相辅相成、相互促进的,并建议高校从实际出发,从上述某几方面突破,进行重点建设。

早在20世纪90年代上半期,杨德广就已将办学特色建设运用于合并前的上海大学治校方略中。他调任上海大学校长时,上海大学还是一所新建的学校,刚建校十年,科学研究的底子比较薄弱。他认为学校如果放弃科学研究,就无法提高教学质量,也难以培养出合格的人才。他一上任就强调要加强科学研究工作,并从学校实际出发,提出结合教学以及新专业建设和老专业改造来开展科学研究。为了拓宽科研领域,根据上海大学应用学科为主的办学定位,将科研重点引向为上海地方经济建设和文化建设服务,聚焦应用型研究,并逐步建立科研的骨干队伍,使上海大学的科学研究逐步形成应用型研究特色,研究水平跃上了一个新台阶。

在管理模式上,结合上海大学校情因地制宜,发挥综合优势。上海大学是一所专业门类较齐全的综合性大学。当时拥有5个学院,学校管理体制上实行校院两级制,而一些学院又分散在多个办学地点,如果各自为政和小而全则事倍功半。为了集各院所长,发挥综合优势,他在上海大学试行相关学院联合创办复合型专业;学院间教师相互兼课;成立全校性的马列、体育、卫生、外语、图书馆、电教协作组,开展学院间和学科间的相互支持协调,学校管理呈现"形散神不散"的效果。

杨德广在主政上海师范大学等学校期间,也正是遵循这些理念和策略开展办学的。1996年到任上海师范大学校长之初,他就在全校中层干部大会上明确了"全面面向基础教育,全方位为基础教育服务"这一"两个全"的学校办学指导思想,这是上海师范大学办学的根本目的,也是上海师范大学的优势和特色。只有这样,上海师范大学才能在上海高校强手如林的格局中找准立足点,发展生长点。

在办学类型和层次上,他认为上海师范大学不是研究型大学,而是教学型为主的地方大学。上海师范大学的办学特色就是多形式、多类型、多层次、多规格,尽可能满足上海教育市场的需求,这是地方院校的功能和地位所决定的。有特色就是质量,满足需求就是质量。

在学校定位和培养目标上,他提出上海师范大学不要与名牌大学攀比,要正确定位,安于本位。师范专业的目标是为上海中小学培养一流师资,非师范专业的目标是以培养"宽口径、应用型"人才为主,以"基础厚、知识宽、能力强、体魄健、有创新精神和实践能力"为基本要求,以"德、艺、语、技"为特色,把思想品德放在首位,做到"能说会道,能唱会跳",以崭新面貌活跃于社会,服务于社会。

在教学改革上,他积极推行学分制,主张"减少必修课,增加选修课,加强实践课,开设副修课",开展文化素质教育,以培养适应上海社会与经济发展需要的宽口径、复合型的实用人才。

针对上海师范大学学生的实际情况,他倡导实施"充实教育",即充实学生的学习内容,充实学生的课余生活,充实学生的精神生活,让学生吸取诸多营养,充实自己、丰富自己、塑造自己。他首倡的"四个制"在这方面起了重要作用,即"多张证书制、半年实习制、干部轮换制、综合测评制",充分调动了学生专业学习和社会工作的主动性,增强了学生的社会实践能力。

他十分重视大学生德育和精神文明建设,为了让学生牢固树立"一屋不扫何以扫天下"的观念,培养大学生的劳动习惯、责任意识和自主意识,在全校开展以清扫校园卫生为中心的"文明修身活动",逐步实现学生宿舍全部由学生清扫,校内马路全部由学生打扫。他还身体力行,经常与学生一起打扫卫生。

他还积极推动校园环境建设和绿化工作。他指出,"不能树木,何以树人",他把美化学校环境放到提高师生员工生活质量、改善教学环境的高度来认识,通过美化育人环境来实现环境育人,抓绿化促育人,以绿气带人气,把师大校园建成氧气足、绿气浓、负离子高的"大氧吧"。

杨德广退休后,又曾受邀担任上海震旦职业学院院长。为了把一所民办高职院校办出自己的特色,他作了深入的调查研究,梳理出民办高职院校与一般本科院校的不同之处:民办高职生源质量不够高,"学生不愿学,教师不会教,读完三年书,社会不需要",成为社会形容民办高职的流行语;办学突出"职",有明确的职业针对性;高职的本质特征是以就业为导向、市场为目标,培养面向第一线的高级应用人才;教育的逻辑起点是能力本位,而非知识本位;教育的重心落在实践教学;课程顺序是从实践到理论;教育的途径是校社合作、校企结合、工学结合;教学环境是基于实践性的学习场景;学生毕业条件为双证书,即学历文凭证书、职业资格证书;办好高职的关键是建设一支高素质的"双师型"教师队伍。在此基础上,学院重新定位,明确办学思路,按照杨德广提出的"以人为本、育人育能"的教育理念,进行了一系列的改革探索,逐步形成学院的特色,即办学有特色——以人为本,教会做人;教学有特点——教会学习,育人育能;学生有特长——学会学习,学会做人。

杨德广治学研究勤于笔耕,成果丰硕;办学治校勇于探索,成绩斐然。他的研究成果是我国高等教育理论研究领域的宝贵财富,他的治校实践也是我国高等院校办学者的学习范例。

(樊军,上海师范大学高等教育研究所常务所长。本文原载《山东高等教育》2016年第10期,此处略有改动,注释及参考文献从略)

杨德广高等教育研究旨趣及其特点

季诚钧

杨德广教授是我的博士生导师,他人格高尚,学识渊博,情趣高雅,具有强烈的责任感与事业心。作为一名学者,他是继潘懋元先生之后我国又一位著名的高等教育学家,著述丰硕,自成一家;作为一名教师,他关爱学生、诲人不倦,是一位深受学生拥戴的教育传道士;作为一名校长,他勇于探索、敢为人先,是一位有理念、有思想、富于勇气与智慧的教育改革家。每每研读杨老师的文章,总觉得文如其人,措辞造句质朴流畅、深入浅出、娓娓道来;观点立论简明扼要,令人耳目一新。总结概括杨德广教授的高等教育研究旨趣与特点,对于了解和把握我国高等教育研究具有十分重要的意义。

一、在研究选题上,紧扣实际,立足现实

高等教育研究选题宏大杂乱,高等教育学覆盖领域广泛。选择什么样的问题进行研究,既反映了研究者的研究旨趣,又体现出研究者的学术敏锐性与现实关照性。杨老师著作等身,共计发表文章500余篇、出版著作40多部,是一位非常勤奋高产的高等教育理论家。纵观这些文章与著作,可以看出他始终立足现实、紧跟时代,将自己的研究与中国高等教育改革与实践紧密联系在一起。对高等教育现实的深切关照,成为杨德广教授学术研究的鲜明特色。正如有人所说,"要了解中国高教的动态和现状,应看看杨德广的文章"。

梳理归纳杨德广教授发表文章和著作的脉络,可以看到其中鲜明的时代性与现实性。将1978年到2009年发表于各类报纸杂志上的400余篇文章按时间顺序排列,可以清楚地看出杨德广教授研究选题与高等教育发展之间的关联性。在20世纪80年代,伴随着教育体制改革的深入,研究比较

多地关注大学生毕业分配、高等学校人才培养方式、大学生素质测评、高等教育体制机制改革等方面。到了80年代末与90年代初,由于学潮等因素影响,文章选题大都集中于高校德育工作方面,高度密集地发表了关于高校思想政治工作的系列研究成果,并把研究视野拓展到西方思潮与中国学潮等领域,进而延伸到研究邓小平教育思想。90年代中后期,随着市场经济体制的确立,杨教授又研究了中国加入WTO后教育改革与发展问题、经济全球化背景下的教育国际化问题、后勤社会化改革等等。在世纪之交,中国高等教育从精英化向大众化迈进,高等教育在急剧变革发展中出现了许多新问题。杨教授把研究视角聚集在实践迫切需要理论回答的问题上,写出了《改制是我国高等教育走出困境的出路》《中国高等教育的体制改革》《发展教育产业,促进教育发展》等重磅文章。到了21世纪,随着高等教育大众化的到来,研究视角又切换到创新人才培养、高等教育规模与质量、民办高等教育发展、大学特色等问题域中。除了紧紧跟踪高等教育改革与实践之外,杨德广教授一直参与高等教育学学科建设,为高等教育学科建设作出了重要贡献。早在1983年,他就积极参加了由潘懋元先生主编的我国第一部《高等教育学》的撰写,并陆续主持编写出版《高等教育学》《高等教育管理学》等系列著作与教材,为高等教育学学科及学位点建设倾注了心血,以理论促进实践改革,以学术带动学科建设,繁荣高等教育学科,促进高等教育事业健康快速发展。

杨德广教授的研究视野几乎涉及高等教育研究的各个重要领域。然而他的研究选题并非只是对高等教育现状及政策的注脚与解释,而是具有较强的预见性与前瞻性。杨教授对高等教育产业属性、高等教育体制、高等教育质量的研究都走在时代前列,体现出一个高等教育理论家与实践家的敏锐性与洞察性,善于捕捉学术前沿,具有鲜明的问题意识与深邃的洞察力。

二、在研究目的上,推动改革,引领实践

在功利主义盛行的今天,学术不端甚至学术腐败现象时有发生。有人剽窃他人研究成果,有人编造实验数据,急功近利、粗制滥造,名为学术,实为名利。前些年,也有人匿名在网络上声称杨德广教授存在"一稿多投"的学术不端现象。其实,在当时以纸质媒介为主要信息传播渠道的历史条件下,每次学术研讨会与会者自带论文。由于时任全国高等教育学研究会理

事长、中国高等教育学会副会长的杨德广教授知名度较高,更由于他的文章、演讲观点新颖、尖锐泼辣、深受欢迎,总是被多家刊物"抢走",导致"一稿多用",被有些人误以为"一稿多投"。如果换一种视角,正说明他的文章质量高,受到众多媒体的青睐。事实正是如此,杨教授有20多项科研成果(包括专著、论文)获得省部级以上大奖。他高水平的研究成果,一方面是靠刻苦学习、勤奋耕耘,更主要的是出于对教育事业的高度责任感和事业心。他说,他做人做事的出发点和强大动力就是为国家、为社会、为人民的利益而奋斗。"我所从事的研究课题,都是来自社会现实和工作实际,都是我在工作中遇到的,而且必须解决和回答的问题,因此,既有必要也有责任去研究探索。"

杨德广教授的学术生涯正好与我国改革开放年代相吻合。他深切体会到,自从改革开放以来,我国高等教育改革相对于农村改革、经济体制改革等而言比较滞后,因此他有责任有义务大声疾呼,推动改革深入发展。在改革开放之初,我国社会主义市场经济刚刚确立,杨教授就提出了教育必须与市场经济相适应的论断,当时许多人都抱着怀疑的态度;直到1992年社会主义市场经济持续推进,杨教授又进一步思考高等教育如何与市场相适应的问题,提出了"大学校长既要找市长,也要找市场""发展教育产业,建立教育市场"等一系列观点,更引起了高等教育理论界及社会各界的广泛关注与强烈震动。在高等教育大众化、国际化等改革进程中,也随处可见杨教授大声疾呼的身影。这些论断倾注了一位理论研究者与实践工作者极大的热情与责任,反映了杨德广教授对高等教育的拳拳之心。

其实,站在杨德广教授的角度也很容易理解他的选择与做法。杨德广教授出身在江苏贫穷的农村,亲眼目睹旧中国的贫穷落后,深知社会底层平民百姓的疾苦。这样的出身与经历使他天然地关注百姓,矢志改革我国一穷二白的面貌,使得其教育研究总是能从群众与基层需要的立场出发,重视实际问题的解决。也正是这种高尚的觉悟与情操,使他在古稀之年走上了一条更高境界的慈善之路。他退休之后没有过起含饴弄孙、休闲散淡的日子,而是积极投身于慈善事业。他省吃俭用,生活极其朴素,却拿出积蓄的书稿费、讲课费及卖掉一套房子所得,回报母校,捐助贫困儿童。他倡导发起成立教育发展基金会,通过慈善事业继续发挥光与热,为社会传递正能量。他之所以有这样的人生选择,从大的说,是对祖国、对人民、对教育无限热爱的情怀;从小的说,是对人生、财富、名利的彻身感悟,是他淡泊名利的具体行为。他既有"无为何入世,入世有所为""安得广厦千万间,大庇天下寒士俱欢颜"的人生追求与情怀,也有"以出世的态度做入世的事情"的通透达观。现在回头来看,杨德广教授出于推动改革引领实践的初衷研究高等教育这一结论,并非主观臆测或人为贴金,而是有据可循、真实可信的。

三、在学术立场上,平民情怀,本土取向

学者在研究过程中也会有意无意受自身立场所影响,立场决定观点与态度,也决定了治学方法。高等教育研究者在研究高等教育时总是存在着某种出发点与落脚点。刘振天在总结潘懋元先生的高等教育学研究立场时,提出了潘老高等教育学研究的四个立场:本土化、实践化、平民化、科学化。他认为,潘先生一生都在追求高等教育学的本土化,用中国本土的语言研究并叙述发生在中国本土的高等教育故事;潘先生的高等教育学不是纯粹的概念推演,而是源于对中国高等教育实践的理论概括、解释和回答;潘先生的高等教育学是彻彻底底的平民主义立场,没有故弄玄虚与趾高气扬,是真正意义上的人民教育学,潘先生是平民高等教育学家;潘先生致力于高等教育学的科学化,追求揭示高等教育学的一般规律与原则,坚持研究的客观性与中立性,避免偏见与狭隘。

作为老一辈的高等教育学理论家,杨德广教授在学术研究立场上与潘懋元先生有异曲同工之处。杨德广教授出身于旧社会,成长于新社会,从小受到英雄模范人物的熏陶感染,立志要做一个全心全意为人民服务的人,做一个有益于社会、有益于人民的人。正是这样的成长环境与经历,使得杨教授身上具有浓厚的平民心态与民族意识。他的身上没有那种高高在上、盛气凌人的社会精英意识与气质,他是骑着自行车上下班、每天在学生食堂就餐的平民校长,平易近人,与师生打成一片。在进行高等教育研究过程中,他不停留或满足于国外高等教育理论与学说,认为国外高等教育理论必须与中国实际结合起来,才能用于指导中国高等教育改革实践。因此,他下决心努力探索中国教育发展的理论和道路,创建中国自己的高等教育学。正是这种情怀与取向,使他成为中国本土的高等教育理论家与实践家。

这种平民化、本土化充分表现在他朴实的学风与文风上。他总是从实际问题出发,用平实的语言通俗易懂地提出自己的理论观点,并回到实践中

去检验、丰富、发展。我们都知道,理论来源于实践,但不能停留在经验层面上,要通过概括与升华,使理论高于实践,指导实践。杨德广教授众多的研究成果正是源于实践,是中国本土的经验,他的研究很少有故作高深、故弄玄虚的东西,都是高等教育底层面对和迫切需要解决的问题。也正是这种平民意识与本土情怀,使他的研究与观点非常"接地气",具有很强的针对性与现实性。80年代初期、中期,他就提出了高等学校要招收费生,要鼓励发展民办学校,大学毕业生要自主择业,进入人才市场;90年代初,他又提出高等学校要走进市场才能走出困境,要防止高等教育领域"左"的思潮,建立教育市场,建立现代高等教育学理论等观点。当年,他为了研究独立学院问题,曾三番五次与时任独立学院院长的我研讨,了解一个基层单位实际遇到的问题与困难,掌握大量实际案例,分析国家相关政策得失,提出解决我国独立学院问题的对策。他分析研究高等教育问题,总是能立足实际,注重调查研究,以事实材料说话,既有开阔的学术视野,又有微观的具体分析。在分析阐述问题时,杨德广教授从不使用艰涩难懂的概念与术语,也不以西方理论流派作依据,而是采取平实的语言,深入浅出、通俗易懂地表达思想观点,这正是平民化、本土化立场的真实写照与生动体现。

四、在观点立论上,争鸣探究,追求真理

学术的发展需要争鸣辩论,"百花齐放、百家争鸣"是我国优良的学术传统。真理越辩越明,在学术争鸣中可以展现思想的深刻性、见解的独到性。然而,当下高等教育学界缺乏争鸣风气,学者之间不习惯于思想观点的交锋。杨德广教授对中国高等教育的很多热点难点问题都进行了探索,积极投入高等教育学术争鸣之中,并被潘懋元先生称誉为"教育理论界知名的'闯将'"。他写道:"杨教授敏于思维,敢于发表自己独特的见解,往往提出一些具有原创性且超越现行政策的理论观点。有人拍案叫好,有人侧目而视,有人询问:'彼何许人耶?'"潘老寥寥数语生动传神地刻画了杨德广教授善于发表独到见解的学术特点,一个好思善辩的学术形象跃于纸上。

刘尧在《杨德广:探索高等教育真知的争鸣者》一文中,比较系统详细地阐述了杨德广教授所经历的三次有关高等教育的争鸣,认为杨德广教授在高等教育规律、高等教育属性、高等教育体制、高等教育发展与高等教育价值等重大领域都参与了争鸣讨论,发表了自己的真知灼见。20世纪80年代

末,杨德广教授就及时察觉到,随着市场经济体制的确立,教育属性也将被重新认识,因此对教育市场、教育产业等问题进行了系统研究,旗帜鲜明地提出"发展教育产业,建立教育市场"的观点。然而,这一观点遭到一些学者反对,杨德广教授继续撰文论述,深化讨论,推动了教育属性研究的深入开展。90年代初,杨德广教授提出高等教育要走出公办教育这一单一办学体制的困境,必须大力发展民办高等教育,实现多元化办学格局。他指导的第一位博士研究生就是以"一主多元的高等教育办学体系"为选题,产生了较大影响。他这一观点又引起较大争议,杨德广先生不为所动,坚持己见,继续发表争鸣文章,进一步阐述自己的主张。21世纪初,随着高等教育大扩招带来高等教育质量问题,有人发表文章认为高等教育大扩招导致大学生就业困难、质量下降等问题。杨德广教授提出不同意见。他认为,高等教育扩招带来的问题与成就相比微不足道,高等教育大众化进程满足了广大人民群众上大学的迫切愿望,高等教育质量也是多元的,不能用原来的精英质量观来衡量高等教育大众化下的教育质量。可以说,这种学术争鸣伴随着杨教授的全部学术生涯,直到前些年,杨德广教授还积极参加关于高等教育规律的争鸣。2012年,有学者发表文章认为,高等教育必须与社会发展相适应、必须与人的身心发展相适应两条规律是工具性价值观的体现,这种工具理性导致了高等教育独立性的缺失,使得高等教育沦为服务政治与经济的工具,并称高等教育适应论已经过时,"高等教育适应论是历史的误区"。杨德广教授旗帜鲜明地表示反对,他认为,"适应论"并非历史误区,而是高等教育发展的必然选择,有其科学性与合理性,对经济社会发展与高等教育发展都产生了极大的推动作用。

  可以看到,在每一场重要的学术观点与争鸣交锋中,杨德广教授都不会缺席。他或撰文或演讲,旗帜鲜明地亮出自己的观点。尽管没有晦涩难懂的理论术语,但有调查,有实证,摆事实,讲数据,言之有据,以理服人。这种争鸣不是意气用事,哗众取宠,也无关派别圈子,更不是为了个人学术荣誉争个高下,而完全是探讨真知,追求真理。杨德广教授作为一名学者型校长,胸怀开阔,光明磊落,具有"学术乃天下之公器,学术的进步乃是天下人之福音"的文化自觉与胸襟。他平时注意积累,勤于思考,随身携带本子,看到一些重要数据、资料就随手摘抄下来。他说,每每把一篇文章写好,表达了自己的见解,精神就非常愉悦;如果不把它写出来,会浑身难受,寝食不安。这种对学术的态度,一是受高度责任感与使命感所驱使,二是对真知真理孜孜不倦的追求。

五、在研究方法上,注重调查和行动研究

高等教育研究的特点就是多学科研究方法的综合运用。杨德广教授理科出身,自谦没有教育理论修养与文科功底,但他坚持在撰写文章时遵守两个原则:一是讲真话,不讲假话;二是讲实话,不讲空话。这与潘懋元先生的"文章不写半句空"惊人一致,反映了老一辈学人认真求实的治学态度。王洪才在《开拓型校长,行动研究典范——对杨德广校长的叙事研究》一文中,采用叙事研究的方法,用几则典型故事呈现杨教授的行动研究风格,并对开拓型校长这一论点作了生动注解。他认为,杨德广教授在长期工作中,形成了将研究与行动融为一体的风格,在理论上大胆创新,在行动中勇于探索,他提炼了五个故事用以说明杨德广教授理论与实践的完美结合,确立了高教行动研究的典范地位。

注重调查、实事求是是杨德广教授学术研究的鲜明特色。80年代初,我国高等教育无论从专业设置还是人才培养模式,都有着浓厚的传统教育色彩。为此,杨教授从社会需求这一立场出发,提出了高校专业改革的设想,要求减少老专业、增设新专业、发展紧缺专业。他发表了《上海市3万名大学毕业生素质调查及反馈意见》报告,是建立在对3万名大学毕业生开展大规模质量调查基础之上形成的结论。到80年代中后期,杨教授又陆续撰写了一系列关于大学生毕业分配制度改革的文章。这些文章都建立在调查与行动研究基础之上,是厚积薄发的研究成果,而不是一时的应景之作,其观点具有较强的超前性,其方法具有鲜明的实证性。研读杨教授的文章,可以发现有不少调查数据与案例材料,这种重实证的高等教育研究方法在今天同样值得大力提倡。

能把自己的理论付诸实践,在实践中检验改造,实现理论的价值和理想,这是非常幸运和宝贵的,杨德广教授身为校长具备这个条件。杨德广教授比较全面系统地研究了中国特色学分制,他并没有停留于"纸上谈兵",而是在实践中亲自设计改革路径,按照"减少必修课,增加选修课,加强实践课,开设副修课"的原则进行学分制及选课制的探索。杨德广教授长期关注大学教学理论与人才培养模式研究,他也没有止步于理论探讨,而是在上海

师范大学身体力行,积极倡导教学改革。其中比较有影响的有:开展了充实学生学习内容、充实学生课余活动、充实学生精神生活的"充实教育";实行了"多张证书制、半年实习制、干部轮换制、综合测评制"的学生管理改革,调动了学生专业学习和社会工作的主动性,增强了学生的社会实践能力;推行了加强社团活动、调研活动、公益劳动、社会实践等教学辅助环节的改革,让学生在课外忙起来。这些改革举措无论在理念上还是在实践上都产生了积极作用,有力地提升了人才培养质量,即使在今天也具有强大的生命力。以上种种事例都说明,杨德广教授是高教学术界行动研究的典范,他在行动中研究,在研究中行动,研究是为了行动,行动又反哺了研究。这 做法使得他提出的理论与观点不是空中楼阁,而是深深扎根于高等教育实践这一肥沃土壤之上,开出理论之花,结出实践之果。

(季诚钧,杭州师范大学教育评价研究所所长、教授。本文原载《山东高等教育》2016年第10期,此处略有改动,注释及参考文献从略)

上海师范大学徐汇校区操场

杨德广教授高等教育研究的特色及启示

张 兴

杨德广教授，1940年生，先后在华东师范大学、上海市高等教育局、高等教育研究所、原上海大学、新上海大学、上海师范大学任职，从事高等教育研究和管理实践40多年，经历了改革开放以来我国高等教育发展的全过程，有丰富的教育实践管理经验和扎实的理论研究功底。其从事高等教育研究和管理实践的时间之长、成果覆盖面之广、观点之新颖、引发的争议之大，在我国高等教育理论界和实践界都是不多见的。教育部原副部长、中国高等教育学会原会长周远清认为："杨德广同志思维敏捷，思想开放，实践丰富，对许多问题的看法有独到之处，很有深度，是我国著名的优秀的高等教育研究专家，深受广大教育工作者和教育研究界的关注和尊敬。"对杨德广教授高等教育研究经历和成果进行梳理、总结，可以帮助我们了解改革开放40多年来我国高等教育发展的时代背景、不同阶段高等教育发生的重大事件、不同时期高等教育关注的热点问题，并引发人们对新时代高等教育的新思考。

一、杨德广教授高等教育研究的特色

自1978年在《文汇报》发表第一篇文章起，至今杨德广教授共发表文章600多篇，专著及主编的书籍40多部（本），先后承担10多项省部级以上科研课题，有20多项科研成果获省部级以上奖励，其中有3项成果分别获全国第一、二、三届教育科学研究优秀成果二等奖、一等奖、二等奖，2项成果分别获上海市科技进步奖一等奖和三等奖，可谓著作等身，成果丰硕。杨德广教授的研究不因循守旧，不墨守成规，总是能够出新出彩，提出与众不同的观点，具有鲜明的研究特色。

(一)战略性

古语云,不谋全局者不足以谋一域,不谋万世者不足以谋一时。教育是国之大计、党之大计,是民族振兴、社会进步的重要基石,是事关国家命运和前途的基础性、先导性、战略性事业,是功在当代、利在千秋的德政工程,对提高人民综合素质、促进人的全面发展、增强中华民族创新创造活力、实现中华民族伟大复兴具有决定性意义。不管是从事教育实践活动,还是从事教育理论研究,只有站在战略的高度来认识教育,才能有大局意识,才可以大有作为。"战略问题是带全局性的问题。作为一个战略家,必须看到事物的全局,要有'广阔视野',脑子里要有一幅完整的图画,不能只看到局部,要懂得战略和战术的关系。"那么如何才能够站上战略的高度呢?首先当然是要深入研究、准确把握当代中国马克思主义的思想精髓,尤其是其中关于教育的思想和论述。邓小平同志中国特色社会主义理论、江泽民总书记"三个代表"重要思想、胡锦涛总书记"科学发展观"和习近平总书记新时代中国特色社会主义思想,都是马克思主义基本原理与当时和现今中国实践相结合的最新成果,是党和人民实践经验和集体智慧的结晶,是我们一切工作的根本遵循和行动指南,掌握了这些理论,就站在了时代理论的制高点,就有了驾驭全局的视野和眼光。杨德广教授在系统研究马克思主义理论、毛泽东思想的基础上,对邓小平理论、"三个代表"重要思想、习近平新时代中国特色社会主义思想都做了全面深入的研究。他主编的《邓小平教育思想与中国当代教育》从邓小平理论对各级各类教育的指导意义等方面,全方位地对邓小平教育思想进行了深刻的阐述,获上海市哲学社会科学优秀著作三等奖。他个人先后发表了《邓小平理论的历史地位和现实作用(上、下)》《邓小平的教育思想与具有中国特色的社会主义教育》《学习邓小平教育思想,加快教育事业发展和改革的步伐》《邓小平教育思想的主要特点》《邓小平教育思想的主要内容》《邓小平教育思想与高等教育》等多篇专门论述邓小平教育思想的高水平论文。他从邓小平理论的历史地位和作用、理论基础和科学依据、有没有回应和解决中国特色社会主义的理论问题和现实问题等角度,回答了"中国特色社会主义是不是理论"这一根本性问题,驳斥了"邓小平没有多少理论著作,是不是形成了理论,形成了理论体系?""邓小平是不是一位理论家?"等怀疑论观点。从对马克思列宁主义和毛泽东思想的继承和发展、对我国社会主义建设历史经验的总结、对我国社会主义建设的国际环境和时代特征的科学分析入手,深入剖析了邓小平理论的思想渊源;从毛泽东到邓小平的两次飞跃、三次历史转折时期邓小平理论发挥的作用等角度论证了邓小平理论的历史地位;从发展是马克思主义的基本原则、发展是社会主义的首要任务、发展是社会主义优于资本主义的具体体现、"发展才是硬道理"等角度阐明了邓小平理论的主题和体系。与此同时,杨德广教授紧密结合教育的实际情况,对邓小平同志关于教育优先发展的战略地位、教育与生产力的关系、教育与人才培养的关系、教育的"三个面向"、教育的改革开放等重要思想进行了重点阐述。2000年江泽民同志在广东视察时提出了"三个代表"重要思想,2002年党的十六大将"三个代表"重要思想确立为党的指导思想并写进党章。2001年杨德广教授发表了《论"三个代表"的内涵与教育工作的使命》一文,从世情、国情和党情三个维度深刻论述了"三个代表"重要思想产生的背景,从"三个代表"重要思想的内涵与教育工作者的使命这个维度,深刻阐述了教育尤其是高等教育应当如何在代表先进生产力、先进文化和最广大人民群众根本利益中发挥应有的作用。2017年10月18日,习近平总书记在中国共产党第十九次全国代表大会上首次提出"新时代中国特色社会主义思想",同年10月24日,习近平新时代中国特色社会主义思想被写入党章,这是全党全国人民为实现中华民族伟大复兴而奋斗的行动指南。2020年,杨德广教授发表了《习近平教育论述的新理念新思想》一文,从教育的地位和功能、教育方针、人才培养、教师队伍建设、加强党的领导和思想政治工作等方面,深刻剖析了新时代习近平总书记对毛泽东、邓小平教育思想的传承和发展。

其次,要有系统论的观点。系统论认为,系统是由相互联系、相互依赖、相互制约、相互作用的要素组成、具有整体功能的有机统一体。任何一个系统,为了保持它自身的稳定和正常运行,需要和周围环境不断地进行物质、能量和信息的交换。教育同样是一个系统,它不是孤立地存在的,需要与其他社会子系统进行物质、能量和信息的交换。因此,研究和考察中国教育,就必须把教育放在整体社会大系统中进行考察,从国际和国内两个维度,从教育与政治、经济、文化、人的全面发展的关系这样的高度来认识教育。唯其如此,才能真正站在战略的高度来审视教育的改革和发展,而不是就事论事地发表个人的见解。

对当代中国马克思主义全面深刻的把握,加上全局、系统的眼光,为杨德广教授的高等教育战略研究奠定了扎实的基础。早在20世纪80年代末,杨德广教授就提出了研究我国高等教育战略要把握的七大要素:教育观念、教育发展状况、改革开放的形势、中国经济发展战略、科学技术的发展、地理位置的作用、外国高等教育比较。并提出了发展我国高等教育的八大战略对策:观念现代化战略,即在制定战略之前,首先要确立与我国政治、经济、科技、文化等相适应的现代教育观念;教育社会化战略,即一方面教育要为社会服务,另一方面要依靠社会办教育;体制单元化战略,即变条块分割的多部门办学逐步改为单元化的办学体制,同时保证大学的办学自主权;目标多元化战略,即培养多种规模、多种类型的人才,适应社会多方面的需求;挖潜优化战略,即充分挖掘高校内部潜力,提高资源利用效率和人才培养质量;横向联合战略,即打破各自为政、自成系统的格局,加强高校与高校之间及高校与企业、科研单位之间的联合;竞争发展策略,即鼓励高校之间、教师之间及学生之间开展竞争,激发和调动学校、教师及学生内在的积极性;对外开放战略,即打破国家、地域、民族的狭隘界限,鼓励多种方式的对外开放。

在对国际和上海市经济发展特点、科技和文化发展对高等教育的需求、人口和劳动力因素对高等教育的限制、上海财政"滑坡"和经济体制改革对高等教育发展的制约等宏观背景进行综合分析基础上,针对上海高等教育当时存在的规模发展过快、教育质量不高、培养目标过于单一、学校与社会直接联系渠道不畅、高等教育经费不足、效益不高等弊端,提出了上海高等教育发展的战略目标是"提高学生和教师的质量,增强高等教育的社会适应性,提高高等学校的办学效益",并有针对性地提出了具体策略,如"加强教师业务培训,有计划地派教师轮流到工厂、企业、科研等实际工作部门兼职一段时间,聘请各有关部门有真才实学和丰富实践经验的人员担任兼职教师,防止近亲繁殖等,以提高教师的素质";通过"提高师生比例,改变教育经费的投资办法,采取多种渠道集资,实行有偿服务"等多种途径,以增加高等学校的办学效益。

(二)前瞻性

杨德广教授高等教育研究的另外一个特点是前瞻性。前瞻性和战略性这两个特点是相辅相成的,正所谓站得高望得远,正因为杨德广教授站在战略的高度，有长远的眼光，他才能够预见到还未发生的而又有可能发生的事情，做出准确的预判并未雨绸缪地给出解决问题的答案。

早在1978年，全国刚刚恢复高考不久，高等学校的录取比例非常低，被"文革"耽误了十年的青年学生一涌入高等学校的大门，迸发出了强烈的学习积极性和主动性。就在高校学风正浓、大学生们如饥似渴地学习科学文化知识时，针对"文革"后受"左"的思想影响，学校片面强调思想政治工作要为阶级斗争服务的不良倾向，他敏锐地意识到高校政治思想工作与教学存在"两张皮"、效果不佳的问题，撰文提出要打破政治思想教育与专业教育相互隔绝的藩篱，"把政治思想工作做到教学领域中去"，提出政治思想工作干部要深入教学第一线，在学习业务的同时了解、发现进而解决教学过程中的问题，进一步提高政治思想工作的水平和效率。他认为只有深入教学第一线，有目的地、带着问题参加教学工作，才能更多地接触学生，掌握学生的思想状况，从而找到政治思想教育的内容和方法。20世纪80年代末的那场政治风波，既是西方敌对势力对社会主义国家"西化"和"分化"的结果，也是长期以来尤其是改革开放以来高校教学过程中放松了对学生的政治思想教育，任由西方自由主义思潮甚至是反动思想在校园泛滥的结果。这从一个侧面反映了杨德广教授"把政治思想工作做到教学领域中去"的思想是非常具有前瞻性和洞察力的，而且与社会主义新时代特别强调的"将立德树人贯彻到高校课堂教学全过程""推动思政课程与课程思政协同前行、相得益彰，构筑育人大格局""用好课堂教学这个主渠道，思想政治理论课要坚持在改进中加强，提升思想政治教育亲和力和针对性，满足学生成长发展需求和期待"的精神是完全吻合的。

新中国成立后，我国实行"一边倒"的战略，全面学习和借鉴苏联社会主义革命和建设的经验，在经济上实行计划经济，即按照政府事先制定的国民经济和社会发展计划，安排重大经济活动，引导和调节经济运行方向。在计划经济体制下，资源的配置，包括生产什么、生产多少，都由政府计划决定。高等学校作为经济活动的重要组成部分——人力资源的培养单位，同样实行计划管理。高校设置什么专业、每个专业招收多少学生、学生毕业后就业的方向和部门也是按照计划进行的。这在当时是司空见惯而且是政治正确的。但就在大家习以为常时，杨德广教授敏锐地发现了高等学校计划管理的不完善之处，比如招生计划并不完全是从国家需要出发，而往往是根据高校现有办学条件来确定的,这就造成了有的专业招生人数过多,毕业生分不出去,而有的专业招生人数太少,毕业生供不应求的现象。再比如,各高校的主管部门往往仅从本部门的需要设置专业,致使本部门不需要或需求量不大但其他部门需要甚至需求量很大的专业发展受限甚至被取消,一些学校的潜力发挥不出来,社会需求也无法得到满足。在此基础上,他早在1980年就提出了解决这个问题的方案:"高等学校的计划管理应和合同管理相结合",即在完成主管部门下达的计划任务的前提下,在确保教学、科研质量的基础上,允许学校直接同各部委、各省市、各业务部门挂钩,签订合同,由学校按期提供各种专业人才和科研成果,由对方提供经费、外汇、基金、设备等条件,实行合同管理。这样可以把社会主义的大学办活、路子更宽,更加适应四化建设的需要。这在当时计划经济一统天下,政府部门"统、包、管"、高等学校"等、靠、要"思维模式盛行的历史背景下,是非常富有远见和前瞻性的。在计划经济体制下,高等学校人才培养的最终结果——大学毕业生也是计划的一部分,毕业生分配也是按照计划进行的。由于供需双方不对接,经常导致人力资源的浪费。为此,早在1986年,杨德广教授提出要"改革统包统配的毕业生就业制度",把单一的指令性计划为指令性计划、指导性计划和学校自制计划相结合,将25%左右的计划列入国家指令性计划,即将这部分学生按专业分配到具体单位,主要保证重点单位和人才紧缺单位的需要;将50%的左右的计划列入指导性计划,即把这部分毕业生按专业分到各有关部门,不确定专业和具体单位,由学校和用人单位协商制订分配方案;将剩余的25%左右的计划由学校提出分配建议计划,报主管部门审核平衡后下达。在毕业生分配的具体操作路径上,杨德广教授提出了六条具体建议:实行供需见面制,由学校和用人单位互通情况,共同协商制定和落实具体的分配计划。实行推荐录用和考核制,学校按层次推荐毕业生,优才优用,对差生不负责推荐;用人单位根据考核结果择优录用,对不合格的学生有权拒绝接收。实行预分配制,即在学生毕业前一至两年时进行预分配,这实际上是一种提前进行的供需见面。实行服务期制和流动制,即毕业生分配工作后,连续服务六年后允许流动。实行浮动工资制,即改变学生不论好差,毕业生后工资待遇一个样的状况,对重点大学毕业生、优秀毕业生适当提高待遇,对勉强及格、表现较差的学生适当降低待遇。实行有偿分配制,即工矿企业在得到大学毕业生时应付出一定的培养费,以资助教育事业的发展。这些观点和做法在当时计划经济一统天下,高校毕业生全部按国家计划就业的时代背景下,无疑具有振聋发聩的作用。1989年,国务院颁发了《高等学校毕业生分配制度改革方案》,把高等学校的招生计划分为国家任务招生计划和社会调节性计划,国家任务招生计划招收的学生,培养费由国家提供。社会调节性计划招收的学生,是指联合办学、委托培养和自费上学的学生,其中联合办学、委托培养的学生,由学校、学生与联合单位或委托单位签订合同(内容包括双方的权利、义务和服务期限等),培养费按合同或国家有关规定执行。文件中关于变单一的国家计划为国家任务计划和社会调节计划的思想、关于委托培养的学生由委托单位承担培养费的做法,与杨德广教授之前提出的观点是完全一致的,这也从一个侧面证明了杨德广教授的研究是非常富有远见的。

(三) 实践性

没有理论指导的实践是盲目的理论,脱离了实践的理论是空洞的理论。长期以来,杨德广教授坚持"工作、学习、研究"六字方针,围绕工作需要去学习、研究理论,用研究的成果再回过头来指导实践,并由此形成了工作、学习、研究相互促进、共同提高的良性循环。杨德广高等教育研究主要是立足我国教育的现状,立足工作实践,是为了从理论回答和解决现实中的问题和工作实践中的问题。不回避,不隐瞒,甚至尖锐地发现和提出问题,直面需要解决的实际问题并提出解决问题的方案,是杨德广教授一以贯之的工作作风,也是他高等教育研究的鲜明特色。所以有很多学者认为:"要了解中国高教的动态和现状,应看看杨德广的文章。"

1992年,党的十四大提出建立社会主义市场经济的目标后,杨德广教授针对高校办学体制和运行机制不能适应社会主义市场经济发展的需要,学校人才培养工作与社会需求不相适应、办学经费不足、教师待遇低、办学效益不高等弊端,先后发表了《高等教育要主动适应经济的转轨变型》《高等学校要走进市场才能走出困境》《关于建立教育市场的思考》等文章,对高等学校要不要走进市场、能不能走进市场、影响高校走进市场的原因、高校走进市场必须解决的几个问题、高校如何走进市场等问题进行了深刻的剖析;提出了"大学校长既要找市长又要找市场","要克服'等靠要'的传统思想,不要等米下锅,而要找米下锅,主动面向社会、面向市场办学"等著名论断,强调学校必须建立与教育市场和社会的广泛联系,主动走进知识市场、人才市场、科技市场、信息市场,了解市场对高校人才培养和科学研究的需求,并通过市场这一看不见的手调配各种资源。

杨德广教授不仅是高等学校走进市场的倡导者,也是高等学校走进市场的亲身实践者。1994年9月,上海技术师范学院合并到上海师范大学,作为上海师范大学的一个校区,该校区占地1 200亩,建筑面积8万多平方米,大部分土地荒废在校园内,成为沼泽地、盐碱地。当时有在校生1 631人,其中1 152人为专科学生。合并初期,奉贤校区"定位不明确,方向不清楚,人心不稳定",许多干部和教师的情绪都比较激动,认为"合并失败了,好像生了一场大病,提不起精神"。1996年,他刚从上海大学调任上海师范大学校长,就到奉贤校区调研,在获悉市政府因财力紧张不可能给上海师范大学投资时,就明确提出用市场机制开发奉贤校区。当时,在要不要开发奉贤校区的问题上,校内分歧很大,领导班子里意见也不一致,有人认为办学是政府的事,政府给多少钱,就办多少事,不给钱就不办事。而且当时学校经济实力不足,1996年赤字为1 600万元,大家担心开发奉贤校区会把学校的经济拖垮。尤其是当大家了解到市政府投资8个亿建设上海大学,而不给上海师范大学一分钱时,心态更不平衡。为此,杨德广校长力排众议,坚持认为"发展是硬道理",不发展更没有前途,必须抓住这一机遇而不能错失良机。在他的积极倡议下,学校领导班子终于达成了利用市场机制开发奉贤校区的共识。1998年起,学校采取资产置换、发展教育产业、社会集资、成立教育投资公司、融资、贷款等多种措施,在没有政府投资的情况下,经过两年多的努力,把昔日杂草丛生、坑坑洼洼的沼泽地变成了绿树成荫、高楼林立、环境优美的生态型大学校园,把原来只能容纳1 700名学生的旧校区建设成可以容纳2万名学生的新校区。2003年2月,教育部周济部长带领一批部属高校校长来上海师范大学视察新校区建设情况后说,"我看了上海师大奉贤校区,有一种震撼的感觉",赞扬上海师范大学定位正确,有艰苦奋斗精神、有创新精神。

没有调查就没有发言权,注重调查研究是杨德广教授教育研究实践性的另一重要体现。20世纪80年代,大学毕业生虽然都被称为"天之骄子",但用人单位对他们"高分低能""理论知识不扎实、动手能力弱"等诸多诟病已然出现。为了了解社会对大学毕业生的素质需求和用人单位对高等教育改革的意见和建议,杨德广教授曾两次组织用人单位对大学毕业生素质评价的大规模调查。调查对象包括1981—1985届3万名大学毕业生和1986—1988届1万名大学毕业生。第二次调查从事业心、责任心、上进心、政治表现、思想品德、遵纪守法、劳动态度、谦虚谨慎、服从工作安排、业务水平、马列主义理论水平、外语水平、动手能力、应用计算机能力、组织管理能力、与周围同志关系、健康情况、在单位发挥作用情况、安心本职工作、对毕业生素质的总体评价等方面,对上海高校毕业生的素质进行了全面的调查,分析总结了上海高校毕业生的优点和长处、存在的问题和不足,剖析了问题产生的原因,并分层次(研究生、本科生、专科生)、分高校类型(重点大学、部属院校、地方院校)对毕业生的素质进行了分门别类的比较分析,同时总结提炼了社会对大学毕业生的素质要求。在此基础上,提出了"端正办学方向,努力解决为谁服务的问题;纠正学校在培养目标上的片面性,增强大学生到生产第一线的意识;改变经院式的培养模式,发展大学生的能力;改变大学生知识狭窄的状况,拓宽高等学校专业的范畴;加强教师队伍建设,努力提高教师的全面素质"等5条在实践中可操作、落实的政策建议,从而为教育主管部门提供了第一手的决策咨询依据,对上海高校教育教学改革起到了很好的推动作用。为了了解高校教师队伍的现状,杨德广教授于1991年通过座谈会和问卷调查的形式,对华东化工学院、上海师范大学、上海交通大学、上海外国语大学等14所高校800多名教师进行了调查研究,调查发现了上海高校教师队伍中存在的"断层"问题以及教师积极性不高、潜力没有充分发挥的问题,从教师待遇、相关政策、国外优越工作条件和优厚待遇、思想政治工作乏力等方面剖析了教师队伍问题产生的原因,并从解决高校住房困难、改革职称评聘制度、完善教师出国留学和进修办法、重点稳定骨干教师队伍等方面提出了10条政策建议。

1996年担任上海师范大学校长后,杨德广教授通过调查发现,在上海师范大学的学生中普遍存在"庸、懒、散"的现象,即自甘平庸,认为考上的只是上海师范大学这样的非"211工程"学校,将来成不了什么大器;自我放松,认为高中三年很辛苦,到了大学可以偷一下懒了;自由散漫,认为组织纪律性可有可无,整日无所事事。针对这种现象,杨德广教授在全校开展了"从抓充实教育入手,树立良好学风"大讨论,提出在学生中开展充实学生的教学内容、课余活动和精神生活的"充实教育"。为将"充实教育"落到实处,他提出了"减少必修课、增加选修课、加强实践课、开设辅修课"的改革思路,并在上海高校中率先推出"多张证书制、干部轮换制、半年实习制、综合测评制、完全学分制、转换专业制、中期选拔制、插班生制"等具体制度和举措。经过三年的努力,这套改革方案全面实施,取得了明显的效果。实践证明,杨德广教授当年在上海师范大学推出的这些举措,与2018年新时代本科教学工作会议上提出的"对大学生要合理'增负',要提升大学生的学业挑战度,激发学生的学习动力和专业志趣,改变轻轻松松就能毕业的情况,真正把内涵建设、质量提升体现在每一个学生的学习成果上"的精神是完全一致的,也是相当超前的。

二、杨德广高等教育研究的三点启示

杨德广教授的成长经历可谓艰辛,其研究成果可谓丰富,其研究范围覆盖了基础教育、高等教育、职业教育、成人教育、民办教育、老年教育等各级各类教育,但因长期在高等教育研究机构和大学从事高等教育研究和管理工作,其研究成果主要集中在高等教育领域,因此对当今高等教育研究者具有强烈的启示借鉴意义。

(一) 高等教育研究者要有强烈的责任意识

所谓责任意识,就是一个人对自己应当对他人、家庭、集体、国家和社会所负责任的认识、情感和信念。责任意识强,再艰苦的工作也能承担,再大的困难也可以克服,再大的压力也能扛住;反之,责任意识淡漠,再轻松的工作也无法保质保量地完成,再小的困难也无法逾越,再小的压力也不愿意承担。在杨德广教授看来,"人生的最大价值在于为社会的发展、人民的利益做出贡献"。"无为何入世,入世有所为"是他的人生信条,"立志、立业、立言、立德"是他的奋斗目标。保尔·柯察金是他终生学习的榜样,他经常以保尔·柯察金所说的"人生最宝贵的是生命,生命对于每个人只有一次。人的一生应该这样度过:当他回首往事的时候,他不会因为虚度年华而悔恨,也不会因为碌碌无为而羞愧"警醒自己,时时刻刻不忘自己肩负的责任。正是这种对家庭、对国家、对所从事的事业强烈的责任意识,使得杨德广在为人、为学和做领导干部等方面都取得了一般人难以企及的成就。

杨德广教授出生于旧中国江苏农村的一个贫农家庭。因为家庭贫困,无法供养更多子女,他的父母只好含泪把他的双胞胎妹妹送人。改变个人和家庭命运、为父母争气的强烈责任感,使他克服了体弱多病、缺衣少食的困难,发奋苦读,考上了重点中学南京市第九中学,之后又顺利考上了全国重点大学华东师范大学。到上海求学后,目睹大街上背着煤气包艰难前行的汽车,深感落后就要挨打,下定决心要为改变祖国贫穷落后的面貌贡献力量。为此,他一方面努力锻炼身体,每天坚持到学校的煤渣操场长跑,目的是"为祖国健康地工作50年"。另一方面,在努力掌握地理学本专业知识的同时,他又如饥似渴广泛涉猎人文、历史、社会科学等方面的知识,华东师范大学各类讲座现场、图书馆可以经常看到他的身影,几大本的读书笔记忠实地记录了他付出的每一滴辛勤的汗水。正因为他学识渊博、特长突出,大学毕业后即留任学校团委担任团委书记。

在担任上海市高等教育局副局长、大学校长等职务后,行政事务非常繁忙,但为国家、为社会、为教育事业发展做贡献的强烈责任意识,使他在做好本职工作的同时,充分利用业余时间学习、研究、写文章,对教育改革和发展提出自己的真知灼见。每当高等教育改革进入关键时期,他都觉得有责任建言献策、贡献智慧,每当看到高等教育改革发展过程中出现不良苗头,他都觉得有责任指出并进行纠偏。比如,"文革"结束后,在邓小平同志的大力倡导下,"尊重知识、尊重人才"在全社会蔚然成风。怎么样才算是"尊重知识、尊重人才"?很多单位的做法是给名专家、名教授们安排职务,似乎不如此不足以体现尊重。针对这种不正确的导向,杨德广教授撰文提出"重才不在于授官"的观点,强调应该为专家教授们创造专业发展方面的必需条件,并给他们一定的学术权利,以便充分地发挥他们的专长,这比让他们担任领导干部发挥的作用大多了。20世纪80年代末,当我国尚处于有计划的商品经济时代,市场经济尚未建立,高等教育界对政府、学校、市场三者关系争执不休的时候,杨德广教授提出了"国家调控学校,学校自主办学,市场引导培养"的观点。在担任上海师范大学校长期间,甚至在已经退休后,只要不是出差、上课,不管是工作日还是周末,几乎都可以在办公室里看到他忙碌的身影,即使进入耄耋之年仍然笔耕不辍。我曾经问过杨德广教授:"您这样几乎没有节假日,没有双休日地学习、研究、写作,难道不累吗?"他回答说:"不累呀,每当看到自己写的文章发表了,每当看到自己提出的建言献策被采纳了,每当看到自己的改革设想落实了,每当看到高等教育事业发展了,都会发自内心地感到自豪,感到有成就感。"我想,让他 40 多年如一日地辛劳却不觉得累甚至感到自豪、感到有成就感的,正是他心里对国家、对社会、对事业的强烈责任感吧。

(二) 高等教育研究者要有问题意识

问题意识是人们运用积极思维,对学习、生活和工作中碰到的一些难以解释或解决的理论或实践问题,寻求问题解决办法的一种思维品质。科学研究源于问题,没有问题,科学研究就无从谈起。可见,问题意识是一个研究者必须具备的基本品质,也是最宝贵的品质。其中发现问题、提出问题的能力是问题意识的核心要素。正如爱因斯坦曾经指出:"提出一个问题往往比解决一个问题更重要,因为解决问题也许只是数学上或实验上的技能而已,而提出新的问题,新的可能,从新的角度去看待旧的问题,却需要有创造性的想象力,而且标志着科学的真正进步。"1928 年 9 月,英国细菌学家弗莱明偶然发现实验室培养葡萄球菌的器皿里长了绿霉,按照常理,这说明培养液被污染了,实验失败了。但他仔细观察后发现,在绿霉的周围原先生长旺盛的葡萄球菌不见了。他由此提出了一个问题,这是不是意味着绿霉有某种杀死葡萄球菌的作用呢?带着这个问题,他开展了实验研究,不到一年就发现了青霉素,并因此获得 1945 年诺贝尔医学奖。由此可见问题意识对科学研究的重要性。从 20 世纪教育思想史上来看,问题意识也是推动教育科学发展的原动力。进步主义教育思想就是在批判传统赫尔巴特学派存在的问题——"教师中心、教材中心、课堂中心"的基础上,提出新三中心——"儿童中心、经验中心、活动中心",并进而成为当时风靡一时的教育改革风潮的。

没有问题意识,不能发现问题、提出问题,是许多教育研究者的困惑和苦恼。在这种情况下,他们或沉浸于自我的概念体系中,玩概念游戏,津津乐道于教育中出现的新名词、新概念,并纠缠其中而不能自拔。或热衷于构建理论框架,为了发表所谓高水平的论文而无病呻吟,甚至弄虚作假、抄袭剽窃。而杨德广教授总是能跟上时代、社会发展的需要,从经济社会发展的实际、高等教育发展的实际、学生发展的实际中发现问题,围绕问题认真学习,并提出新的观点,找出问题解决的方案和路径。比如,1992 年中共中央、国务院《关于加快发展第三产业的决定》明确提出,教育是对"国民经济发展具有全局性、先导性影响的基础性产业"。1999年江泽民总书记在《关于教育问题的谈话》中又指出,"教育是崇高的社会公益事业"。如何正确理解教育的产业性和公益性之间的关系就成了教育理论和实践必须直面和解决的问题。杨德广教授从分析教育公益性和产业性的表现形式入手,阐明了教育的产业性和公益性之间的关系并不是非此即彼、互相排斥的关系,两者之间不仅不互相矛盾,而且存在着密切的联系;得出了"强调教育的产业性,发展教育产业是为了更好地实现教育的公益性目的,片面强调教育的公益性或产业性都会对社会和教育发展带来不可估量的损失"的正确结论,提出了"发展教育产业,建立教育市场"的政策建议。1999年高校扩招后,为了解决高等教育资源不足的问题,我国诞生了一批公办高校举办的独立学院,并引发了激烈的争论,有的学者认为这是"假民办",扼杀了真正民办高校的生存空间,要把独立学院全部转为公办。杨德广教授从独立学院产生的历史背景入手,分析了其产生的必然性,剖析了独立学院与公办高校和民办高校的不同之处,得出了"独立学院全部转为'公办'不可取"的结论,并在对现有独立学院进行全面调研的基础上,提出了出若干条积极扶持独立学院稳步发展、分类发展的政策建议:积极扶持企业、个人投资的民办学院;鼓励办得好的独立学院,帮助其解决问题;及时整顿少数以营利为目的的独立学院;不鼓励"985"高校继续举办独立学院;等等。

实际上,问题意识不会从天而降,也不会自动产生。它源于两种路径:一是间接路径,即从现有理论的矛盾中推导出问题;二是直接路径,即从实际工作中发现问题。杨德广教授的问题意识更多的源于实践,源于推进工作的实际需要,因此注重实践也是他的研究特色之一。问题意识归根结底源于责任意识,源于做好本职工作的责任感和使命感。没有责任意识,对任何不合理、不科学的教育理论和现象都会熟视无睹,无动于衷。

(三) 高等教育研究者要有铁杵成针的刻苦精神

高等教育研究涉及社会政治、经济、文化等方面,对研究者的综合素质要求非常高。杨德广教授经常自谦称自己不是科班出身,缺乏教育学理论功底,理论水平不高。实际上,杨德广教授是我国高等教育学学科的创始人之一,在我国第一部高等教育学教材——著名高等教育专家潘懋元先生主编的《高等教育学》一书中,承担了"高等学校德育""大学生的集体组织""高校体育与卫生"三章的撰写工作。他也是国内第一本专门研究大学德育的专著——《大学德育论》的作者,是国内最早专门研究大学生德育的著名专家之一。杨德广教授在高等教育研究方面涉及的领域非常广泛,在大学生思想政治教育、拔尖创新人才培养、高等教育体制机制改革、教师队伍建设等诸多方面都有涉猎,并经常有高水平论文在高质量期刊上发表。在大学生思想政治教育方面,先后在《教育研究》上发表了《大学生思想教育中的"变"与"不变"的矛盾》《新形势下的大学生思想教育》等文章。他十分关心拔尖创新人才的培养,先后在《光明日报》发表了《因材施教育英才》,在《中国青年报》发表了《高等学校培养拔尖学生的探讨》等文章。在高等教育体制机制改革方面,先后在《教育研究》上发表了《高等教育要主动适应经济的转轨变型》,在《高等教育研究》发表了《改制是高等教育走出困境的出路》(该文被《新华文摘》转载),在《现代大学教育》发表了《建立中国特色的学生制》(该文被《新华文摘》转载),在《中国高教研究》发表了《招收自费生是深化高教改革的重要措施》等文章。在教师队伍建设方面,先后在《高等教育研究》发表了《高等学校学生政工队伍建设刍议》,在《理论内参》发表了《关于改变高校政治辅导员设置的意见和建议》等文章。扎实的理论功底,朴实的叙述风格,使他的研究有理有据,让人如沐春风、心悦诚服,而不是空洞的口号、机械的教条,更不是虚假的说教。

"立志、勤奋、惜时"是杨德广教授的人生格言。由于责任,他立下了为国家、为社会、为所从事的事业做贡献的宏大志向,为了实现这个宏大志向,他笔耕不辍、惜时如金。他常说,"时间就是生命","浪费自己的时间无异于自杀","浪费别人的时间无异于谋财害命","充分利用时间,提高时间的利用价值,就是延续有限的生命"。作为一个农村出来的新上海人,笔者曾经认为自己最大的优点就是能吃苦,但与杨德广教授一比较,相差不啻霄壤。作为上海师范大学教育学院的青年教师,20年前的两件事情让我对杨德广教授的勤奋好学印象深刻,同时也汗颜不已。大约在2000年秋季,杨德广教授带我到北京和天津参加学术会议。记得当时我们乘坐的是硬卧(他从来不坐软卧,认为那样浪费学校的教育经费),他在下铺,我在中铺。上车后不久,伴随着列车咣当咣当的声音,我迷迷糊糊地进入了梦乡。到了晚上10点多,我一觉醒来,发现在车厢昏暗的灯光下,在下铺窄窄的小方桌上,杨德广教授正在奋笔疾书。下来一问,才知道他正在草拟上海师范大学奉贤校区股份制改革的方案(该方案后来因上级行政部门不同意未实施)。第二件事大约在2003年前后,当时上海师范大学为了落实"全面面向基础教育,全方位为基础教育服务"的方针,在各区县办了很多教育类研究生课程班,帮助各区县提高教师队伍整体素质。有一次,杨德广教授带着我一起到金山给研究生课程班上课。为了给学校节省经费,我们一起住进了一个两床的标准间。从市区到金山路途比较远,耗时也比较长,晚饭后稍事休息我就睡了。半夜起来一看,杨德广教授不在床上,心里正嘀咕他上哪儿了呢,却发现卫生间的灯还亮着,他正在卫生间洗漱台上伏案写作,目的是不打扰我休息。此情此景,让我感动不已,也惭愧不已。一个年逾花甲的老人都如此勤奋,作为青年教师的我却懒懒散散、浪费光阴,真是让人无地自容。冰冻三尺,非一日之寒。没有40多年如一日水滴石穿、铁杵成针的刻苦用功,哪来如此硕果累累的等身著作。正如我国著名高等教育专家潘懋元先生所评价的:"杨德广教授等身的著作是在繁忙的行政领导工作中,午不休、夜少眠,一个格子一个格子爬出来的。"

"半亩方塘一鉴开,天光云影共徘徊。问渠那得清如许?为有源头活水来。""责任"就是杨德广教授高等教育研究的源头活水。因为推动上海乃至全国高等教育改革发展的责任,他立下宏大志向,因为责任,他笔耕不辍,成果丰硕。如果要用一句话概括杨德广高等教育研究的经历和特色,那就是他既有"板凳须坐十年冷"的坚韧隐忍,又有"文章不著半句空"的朴实无华。而这一切的一切,源自对国家、对社会、对事业的责任。

(张兴,教育学博士,原为上海师范大学校办副主任、副教授,现为上海老年大学副校长。本文注释及参考文献从略)

以"问题"为逻辑导向的高等教育研究与实践
——读《杨德广教育文选》有感

吴洪涛

近日拜读了杨德广先生的《杨德广教育文选》(以下简称《文选》),感触颇深。《文选》收录了先生的 193 篇文章,约 180 万字,是在先生已发表、出版的 450 余篇文章中辑取出来的精华。《文选》各篇按发表的时间顺序排列(从 1978 年到 2009 年),生动展现了近 30 年我国高等教育改革和发展的历史与进程,也完满记录了先生对每一时期高等教育中重大理论问题和改革发展问题的思考与意见。从这个意义上来说,读《文选》,也是一次读近 30 年我国高等教育发展史和高等教育思想史的过程。中国高等教育学会原会长、著名教育家周远清教授在为《文选》所作序中说道:"《文选》反映了杨德广教授 30 年来从事教育管理和教学、科研的心得体会及取得的成果,也反映了我国改革开放 30 年来高等教育改革发展的轨迹和历程。"先生在自序中写道:"我不是教育专业科班出身,我从事教育研究主要是立足于我国教育的现状,立足于工作实践,是为了从理论上回答和解决现实中的问题和工作实践中的问题。"潘懋元先生如是评价杨先生的著作:"从实际问题出发,进行理论探索,提出自己的理论观点,回到实践中检验。全书材料丰富,视野宽阔,行文质朴流畅,说理深入浅出。"研读《文选》后,笔者认为在先生的高等教育研究与实践过程中始终有一条逻辑主线贯穿其中,那就是"发现问题—提出问题—争鸣问题—解决问题",为此,试以"问题"为关键词和逻辑导向,从"问题"的不同侧重点,谈一些学习《文选》的体会。

一、敏于发现问题:研究高等教育的起点与基础

20 世纪 60 年代初,杨先生从华东师范大学毕业留校,从此开始了他的

教育人生。工作伊始,杨先生就深深感到中国教育还十分落后,与发达国家之间还存在很大的差距。正是凭着对祖国的无限热爱和对教育事业的钟爱,他当时就下定决心"要努力探索中国教育发展的理论和道路,把马克思主义教育思想与中国的教育实践相结合,要走出一条适合中国特点的办学之路"。为此,无论后来工作岗位如何变动,杨先生始终密切关注中国的时代变革与经济社会发展,并由此敏锐地感知与预测时代与社会发展对我国教育事业提出的新要求与新挑战。诚如先生所言:"工作中会不断遇到问题,这些问题就是我研究的课题,把问题装在脑子里,努力去研究、探索与攻克;这个问题解决了,再去研究一个问题,从来没有间断过。"这一点在他不同时期的论文中得到了充分的反映与体现。

（一）"四化建设"必须依靠人才开发

20世纪80年代初,党的十二大提出了"四化建设"的宏伟目标。杨先生即撰写了《高等教育与人才开发》一文,以一名教育工作者的视角回答了"实现四化主要靠什么"这一时代命题,他的答案就是"人才开发"。文章指出:"人才开发包括人才的培养、选拔、使用,而最主要的是人才培养。我国社会主义四化建设是人才开发的强大动力,智力投资是人才开发的物质基础,办好高等教育是人才开发的根本途径。"由此,高等教育经由人才培养来服务四化建设的主题得到了清晰的揭示,明确了高等教育在四化建设中的重要地位与主攻方向。文章还详细分析了日本等国重视教育与国力快速发展之间的紧密联系,并引用了马克思的论述,"劳动生产力是随着科学和技术的不断进步而不断发展的",进而指出:"应该看到,现代化生产的发展,现代社会的发展,主要不是靠增加劳动力……生产劳动逐步变为科学劳动。"杨先生的敏锐意识与先见之明在之后邓小平同志的讲话中得到了很好的印证。1988年9月,改革开放的总设计师邓小平同志在会见捷克斯洛伐克总统胡萨克时说:"世界在变化,我们的思想和行动也要随之而变。……马克思说过,科学技术是生产力,事实证明这话讲得很对。依我看,科学技术是第一生产力。我们的根本问题就是要坚持社会主义的信念和原则,发展生产力,改善人民生活,为此就必须开放。否则,不可能很好地坚持社会主义。"

(二）高等教育要主动适应经济体制的转型

1993年党的十四届三中全会作出了《关于建立社会主义市场经济体制若干问题的决定》，党的十四大报告中正式提出我国经济体制改革的目标是建立社会主义市场经济体制。杨先生及时把握这一即将深刻改变中国社会的时代主题，在1992年就未雨绸缪地撰写了《高等教育要主动适应经济的转轨变型》一文，文章具体分析了我国经济体制转型的五个方面，并指出："相对而言，高等学校的改革跟不上经济改革的步伐，不能适应经济和社会发展的需要。其主要原因，是高等教育没有顺应经济的转轨，仍然停留在旧的经济体制、经济模式、经济结构上，停留在旧的思想观念的束缚上。因而要改变高等教育的落后状况，必须认真研究我国经济体制、经济结构的转轨，并努力适应这些转轨。"其后先生撰写的《社会主义市场经济与高等教育改革》一文更是全面阐述了他的高等教育改革观，在辨明了市场经济与计划经济的本质区别后，他明确提出："高等教育要走向市场，适应社会主义商品经济和市场经济的要求，首先必须解放思想、更新观念：一是破除经院式的教育观念；二是破除'等、靠、要'的依赖思想；三是破除现有的管理体制；四是破除教育'不宜面向市场'的观点。"我国高等教育学创始人潘懋元先生曾提出了教育的内外关系规律，即教育的两条基本规律，其中教育的外部关系规律表述为"教育必须与社会发展相适应"。这一表述包含两个方面的内容：一是教育要受一定社会的政治、经济、文化科学所制约；二是教育必须为一定社会的政治、经济、文化科学的发展服务。杨德广先生关于高等教育必须主动适应经济体制转型的论断正是依照"两个规律"理论回答了高等教育如何与社会发展相适应的问题。

(三）知识经济急需高等教育创新

20世纪末，知识经济的浪潮开始席卷我国。杨先生意识到一个新的时代即将到来，而这一崭新的知识经济时代正是高等教育大展宏图的最好时机，高等教育应努力去适应、去推动。先生的《知识经济时代教育的功能》一文就是对这一问题的回应与阐明。文章指出："在知识经济时代，高等教育的功能要拓宽，主要任务要转移到培养创造性人才上来。高等教育应把发展和创造新知识作为最重要的任务。为此，大学教师必须与工厂、企业、科研部门合作开展科学研究，组织学生共同参与。"这些观点与后来国家大力提倡的"产学研用合作"政策以及近年提出的"协同创新"理论完全吻合,充分体现了先生的前瞻意识。与知识经济发展紧密相关,先生又把注意力转向了"创新"这一事关民族进步和社会发展的时代主题。他率先发表了《创新教育与创新人才培养》一文,结合西方国家创新教育的经验,分析了我国在创新教育方面存在的问题,并从六大方面对我国高校如何加强创新教育和教育创新提出了建议,成为国内最早倡导创新教育的学者之一。

(四)高等教育大众化是必由之路

同样是在20世纪末,我国开始启动高等教育大众化进程。至2001年,我国普通高校招生数已跃升到250万人,比扩招前的1998年翻了一番还多。对此,当时社会上和教育界不少人士开始担心高等教育质量问题和毕业生就业问题。杨先生意识到如何看待高等教育的大众化与多样化,如何看待大众化、多样化以后的教学质量,以及如何解决教学质量中存在的问题已成为一个十分重要和必须在理论上加以阐明的现实问题。他的《高等教育的大众化、多样化与质量保证》一文恰逢其时地对此进行了解惑。文章旗帜鲜明地指出:"我国必须加快推动高等教育大众化步伐;高等教育大众化的必由之路是多样化;必须树立与教育多样化相对应的质量观,制定多种质量标准;必须正视高校教学质量存在的问题,采取切实措施加以解决。"

二、敢于提出问题:引发高等教育的争鸣与反思

文如其人,学者自身的人品与人格往往决定了他的学术风格。周远清教授在《文选》的序文中写道:"杨德广给我的印象是待人热情、乐观豁达、富有朝气,无论是写文章还是会上发言,总是直言不讳,有自己的独立见解,敢于发表自己的观点。"先生在自序中也写道:"在撰写文章时,我始终坚持两条原则,一是讲真话,不讲假话;二是讲实话,不讲空话。对的坚持,错了的就反省、改正。我自信我大多数文章和观点还是正确的,经得起时间和实践的检验,尽管当时有人不赞成,甚至受到批评。"在半个世纪的教育研究过程中,先生始终秉持了一名学者的独立风格,敢于发问,他的很多观点引发了高等教育界的争鸣与反思。

(一) 坚持人尽其才,反对行政化用人观

近几年来,大学内"学而优则仕"的现象引起了社会的广泛关注,并将其与大学行政化、官僚化一起列为现今大学的弊病之一。而杨先生早在1980年就指出了这个问题,实属难能可贵。《重才不在授官》一文指出:"不适当地安排专家、教授以及中青年骨干担任主要领导工作,兼很多职,是有害的。这不是重视人才、重用人才,而是滥用人才、浪费人才。"杨先生认为:"重才首先要弄清一个人有什么才,是理论研究人才,还是科学人才;是科研人才,还是管理人才。其次要使每个有才能的人扬其所长,避其所短,发挥优势,各显身手。再次要重视有才能人的意见,重视专家、教授的意见,并不是说要让每个人都去担任领导工作。"先生这种敢于直面现实,针砭时弊的精神委实令人敬佩。

(二) 反对"统包统配",呼吁建立供需见面的就业制度

过去我国对大学毕业生一直采取"统包统配"的办法,即先由计划部门统一下达分配计划,再由教育部门统一制定调配计划,然后由用人单位的各大口统一制定分配方案,最后由学校统一制定派遣计划。也就是说,所有的学校要等候主管部门下达的统一计划,所有的基层单位要得到毕业生也是由上面统一调拨。杨先生从1979年开始就在上海市高教局工作,后来担任学生处处长,负责全市高校学生管理和毕业生分配工作。按理说,处在那一年代的那样一个位置上,可以说是大权在握,但先生看到的不是手中的权力,而是毕业生"统包统配"政策存在的弊端,他首先考虑的不是如何"用权",而是如何"放权",甚至还为此与有关部门的领导产生了分歧与争论。先生从1984年到1986年期间,围绕毕业生分配制度改革发表了一系列文章,指出:"大学毕业生的'统包统配'制度已与我国建设的需要,与高等教育事业的发展不相适应,必须进行改革。"他建设性地提出了六点改革的主要目的和指导思想,力主改变制定毕业生分配计划的办法,实行供需见面,实行推荐录用和考核制,实行预分配制,实行服务期制和流动制,实行浮动工资制,实行有偿分配制。令人欣慰的是,先生的这些主张在后来的教育实践中都得到了实现,也算是对当年那些"坚持己见"的领导同志的一种无声的回应。

(三) 支持民办高等教育,鼓励高校走进市场

民办高校现如今已成为我国高等教育的重要组成部分,尤其是随着《民

办教育促进法》的施行,这一队伍仍在壮大。至 2012 年初,我国已有民办高校 676 所,在校生 4 766 845 人,教职工 348 857 人,我国还另有其他民办高等教育机构 836 所,学生数达 921 841 人,教职工 38 140 人。然而在 20 世纪 90 年代初,围绕要不要办民办大学一直有争议。有人支持,有人反对,更多的人认为没有必要办。从 1992 年开始,杨先生开始关注中国民办高等教育发展的理论问题。他认为:"随着我国社会经济的发展,单一的、由国家单独举办大学的弊端逐渐凸显,而且我国的高等教育也无法满足人们对教育的渴求。在这种情况下,我国发展民办大学势在必行。"在《我国应积极稳妥地发展民办大学》一文中,他在分析民办大学的三个特点(经费自筹、办学自主、灵活多样)的基础上,提出了"新型的民办大学要突破旧模式、改变旧体制、转换机制,探索社会主义初级阶段新的办学路子"的思想。他提出:"健康、稳妥地发展民办大学,必须采取如下对策:一是解放思想,积极鼓励和扶持民办大学的发展;二是制订法规,确保民办大学健康发展;三是逐步将部分公立大学改为民办大学。"20 世纪 90 年代初,在我国的经济体制开始由计划经济向市场经济转轨的过程中,高等教育的改革步伐显得比较缓慢,高校的办学体制和运行机制与社会发展不相适应,不少高校出现办学困境。当时,关于高等学校要不要走进市场,能不能走进市场,以及怎样走进市场等问题存在很大的争议。此时,先生立场鲜明,以《高等学校要走进市场才能走出困境》一文亮出了自己的观点。文章深入分析了影响高校走进市场的主要原因和高校走进市场必须解决的几个问题。紧接着,先生又发表了《关于建立教育市场的思考》一文,指出:"我坚定不移地认为,高等学校不仅要走进市场,而且要建立教育市场,才能走出困境,摆脱困境。"

三、善于解决问题:推进高等教育的改革与发展

"无为何入世,入世有所为",这是杨先生的座右铭。依循先生以"问题"为逻辑导向的治学路径,从发现问题到提出问题再到争鸣问题,最终目的还是在解决问题。而各类难题的创造性解决,处处体现了一位高等教育学学者与高等教育管理专家的智慧。

(一)深入教学实际,创新思政教育

先生是众所周知的德育专家,潘懋元教授主编的我国第一部《高等教育

学》中有关德育的章节就是由他主笔的。他善于解决问题的特质与禀赋也充分体现在他的思想政治教育思想中。早在1978年,他就提出要"把政治思想工作做到教学领域中去"。"学生在学校的主要任务是学习,大量的思想问题是从这里反映出来的。因此,怎样把政治思想工作深入到教学领域中去,使之在六分之六的时间中发挥作用,确保和促进学生的学习,是政治思想工作特别值得重视和研究的问题。""政治工作干部就应该深入教学实际,就要以学习为中心,积极开展促进学生学习的各种活动,及时帮助学生排除学习上的障碍。"之后他又提出了"变平面教育为立体教育"的思政工作思路。"我们不能把大学生的思想情况放在一个平面上去研究,而要在立体中去研究。我们对大学生的思想教育也不能只采用平面的教育方法,而要用立体的教育方法。只有用立体教育方法才能有效地解决立体的思想问题。"做到"静态教育与动态教育相结合;正面教育与对比教育相结合;统一教育与多元教育相结合;一体教育与复合教育相结合;外部教育与自我教育相结合;思想教育与管理工作相结合"。

(二)大学校长既要找市长,也要找市场

我国人口基数大,所以长期存在"穷国办大教育"的不利局面。20世纪80年代初,按人均所占教育经费算,我国在全世界151个国家中位居第149位。面对教育经费严重不足的困境,先生在1985年的《关于多渠道增加教育经费问题的探讨》一文中指出:"我认为要解决教育经费问题,首先要解决三个思想问题。一是要使所有部门、所有领导充分认识智力投资的重要性;二是要克服'教育是教育部门的事'的思想;三是要发挥学校(主要是大学)的优势,加强高等教育、科学研究和经济建设的结合,直接为四化建设服务,创造一定的经济效益,从而增加教育经费。"1989年,他又在《中国高等教育的问题及出路》一文中对如何解决我国教育经费不足的问题再次提出了办法和对策。他认为:"要解决我国教育经费短缺的问题,需要采取如下对策:第一,国家和各级政府、部门要调整财政支出结构,切实把教育投资放在首位,改变教育是非生产性投资的观点;第二,大力压缩其他方面的开支,挤出钱来办教育;第三,调整教育结构,提高教育经费的利用率;第四,学校在开展为社会服务中增加收入、积累资金,有条件的学校可以发展产业;第五,建立董事会、基金会;第六,收取学杂费,改变学校包下来的状况。"他提出的这些对策和建议,即使在今天看来仍有很强的指导意义。1996年,杨先生基于对社会主义市场经济体制的深刻认识,更是大胆提出了大学要与市场接轨以化解办学经费紧张的难题。他在《大学校长既要找市长,也要找市场》一文中指出:"现在高教经费严重不足,但在目前情况下,提高高教经费不能全部靠国家增加财政拨款,大学校长既要找市长,更要找市场,只有坚持多渠道筹措经费,努力形成良性循环的教育投入机制,才能发展高等教育。"先生不仅提出了先进的教育理念,还在其治校过程中付诸实践并取得了令人瞩目的业绩。在1998年的高校扩招过程中,当时上海市教委要求上海师范大学多承担一些扩招任务并开发奉贤校区,但办学资金并没有增加。作为一校之长,杨先生对政府的决策表示理解和支持。面对各种困难,他提出了"有困难要找市场,不能只找市长"的应对之策。于是,他走出了一条发展改革之路,在他的建议下,经上级批准,学校成立了投资有限公司,通过各种运作共筹集了3亿多元资金,奉贤校区的开发建设取得了极大的成功,赢得了时任教育部周济部长的高度评价。

(三) 基于实践,构建与完善我国高等教育学学科

假如说以上还是对高等教育某一领域或某一方面问题的解决,那么对建立现代高等教育学的思考及成就则是以宏观的视角科学地解决了高等教育学学科发展的问题。1996年,先生发表了《关于建立现代高等教育学的探讨》一文。他将之前已有的五部《高等教育学》称为传统的"高等教育学",认为随着我国社会的巨大变革和世界知识与技术革命,原有的高等教育理论在很大程度上已无法适应现代社会发展和市场经济发展的需要,在很多方面已无法解释教育过程中出现的困惑和问题,建立新的现代高等教育学已是迫在眉睫。杨先生分析了传统高等教育的三个特点,进而提出要建立现代高等教育学,一方面要吸收传统高等教育学的精华,另一方面要克服传统高等教育学的弊端。他认为现代高等教育有九个基本特点,即方向性、适应性、自主性、多样性、开放性、竞争性、特色性、产业性与先进性。在此基础上,他构建了现代高等教育学的理论体系,主要包括"绪论、大学原理论、大学学生论、大学教师论、大学教学论、大学德育论、大学体育论、大学科研论、大学产业论、大学装备论、大学制度论和大学管理论"。2009年,杨先生主编的新《高等教育学》由高等教育出版社出版,标志着一个重大理论问题得到

了阶段性解决。杨先生说他在初中时读《钢铁是怎样炼成的》,影响了他一生的志向。今读《文选》,让我领悟了一位农民的儿子是怎样成长为大学校长的。前30年为人生命运而抗争,此后一直为我国教育事业而奋斗,这就是杨德广先生平凡而又传奇的教育人生。

(吴洪涛,上海师范大学教育学院博士研究生,浙江师范大学图文信息中心副研究员。本文原载《高教探索》2016年第5期,此处略有改动,注释及参考文献从略)

杨德广参加上海市民政局主办的"中华慈善日"主题活动

开拓型校长,行动研究典范
——庆祝杨德广教授从教50周年

王洪才

众所周知,杨德广教授是一位非常高产的高教专家,已经发表学术论文500余篇,出版著作40多部(含主编),这在国内学术界是比较少见的;但他同时也是一位非常成功的大学校长,在他的治理下,上海师范大学面貌焕然一新,无论是办学条件还是办学声望,都得到了很大提升。作为一位理论研究者和成功校长的综合体,突出的则是他的行动研究风格,即他用行动注解他的理论,他用理论来指导行动。换言之,他在高教改革实践中进行探索,用理论探索的成功进一步指导高教改革实践。所以,他更是一个高教改革的探索者和实践家,他的研究成果很大程度上反映了他在高教实践中遇到的难题以及对难题思考的结论。可以说,杨德广教授是高教学术界行动研究的典范,一个理论与实践结合的典范,他把研究与行动有机地融为一体,在行动中研究,在研究中行动,研究是为了行动,行动又促进研究。无论是在他上海市高教局副局长任内,还是在他上海大学常务副校长任内,都能够体现出他这种用理论指导实践的工作风格。但最能够代表他研究风格的则是在上海师范大学校长任内的开拓性实践。正是他的理论与实践的有机结合,使他的大学校长生涯富于探索性和开拓性。以下几则故事则能够为他的行动研究风格和开拓性校长的实践提供生动的注解。

一、爱惜人才,特事特办

在高校工作过的人都知道,高校教师晋升历来都是矛盾最集中的一个工作环节,因为高校教师对自己被社会认可看得非常重要,职称就是一个非常重要的社会承认标志。对高校管理者而言,把握好职务升迁对于调动教师工作积极性意义重大。所以,能否解决好教师职称晋升问题对于平定教师情绪,激励教师积极投入工作,发挥学术的创造性等影响巨大,不然就会造成教师的不满,严重影响其工作的积极性。

为了给教师的学术水平创造公平的认可条件,所以各个学校在职称评定上非常慎重,都制定了比较严格的程序规定和认定规则,这样才能够显示出一视同仁,使大家获得一种公平对待。如果不按规定办事,则容易造成领导擅权,接受人情请托。但任何规章制度都是针对一般情况而定的,很难将各种特例包含在内。所以,对于一些难以规范的区域,往往需要采取一些特殊的规范或特殊程序来处理,不然很容易造成一些矛盾。作为一个学校领导,面对这样的特殊案例怎么处理,确实很考验校长的胆识、魄力和智慧。因为一旦处理不好,不仅不能解决原有矛盾,还会激化矛盾,造成更大的矛盾。在处理此事时还需要校领导具有人格魅力,即必须办事公道,做事能够让人信服,不然就会埋下许多隐患。

杨德广教授上任之初就遇到了知名作家戴厚英晋升教授职称问题。作为一名知名作家,如果申报职称被拦在外语成绩一关,确实不尽合情理。但制度是一视同仁的,不会因为她是知名作家而有例外。所以,"外语成绩合格"尽管要求有不合理之处,但仍需要尊重。但如果要求一些年纪大的学者必须通过外语考试才能申报职称则明显不近人情。这说明,传统的职称晋升申报程序确实存在一些漏洞,无法对待一些特例。此时就需要大学领导敢于创造,突破原来的程序规定,进行制度创新,弥补原来制度规定的不足。这样一个新的案例,可以为以后类似事件处理提供借鉴,这样可以解决问题,避免矛盾激化。

> 文学院学术委员会多数人不同意,我查阅了评聘教授的有关条例,建议文学院党委书记和院长联名写推荐信报到校部,这样就可以直接报到校学术委员会审批,但必须经过学校学术委员会无记名投票三分之二以上通过。我兼总校学术委员会主任,收到推荐信后,我即给每位委员打电话,通知他们要召开学术委员会,讨论戴厚英可否破格升教授问题。有的委员很有意见,批评我们为什么为她一个人开会,太特殊了吧! 我说戴是特殊人物,特事特办嘛! 多数人表示理解。

但大学领导的创造也需要在自己的职权范围内办事，即必须因循条例办事，这就要求必须善于钻研规章制度，而不是简单地执行条例规定。此时必须善于顶住各方面的压力，一旦自己信念不坚定，不仅不能获得旁人的理解，而且很容易被攻击。

"会上多数人认为戴厚英这样的名作家可以作为特殊情况给予解决，也有人不赞成这一做法，认为这样做是搞特殊化，不公平，如果上海大学还有这样的特殊人物，是不是也能解决？""我说今后上海大学只要有这种特殊人才，均可按特殊办法解决。"

这个事例说明，作为学校领导人不能只图减少麻烦，不能不尊重人才。办学仍然需要把人才放在第一位。所以对特殊人才，就要采用特殊办法。现在许多领导人只图简单，抱着"多一事不如少一事"原则办事，从而可以明哲保身但求无过。这样的官只能是太平官和庸官。但是一个人要摆脱庸俗化、平庸化的困扰并不是一件很简单的事。

"投票结果17票赞成，5票弃权，超过了三分之二，戴厚英老师终于被评为教授。""戴厚英评上教授后，在我建议下，学校聘她担任上海大学教授咨询委员会委员，以便及时听听她的意见。"

勇于开拓的创新型校长的典型特质是善于把困难当成机遇，迎着困难上，通过创造性地工作，最终克服了困难，创造了新的发展机遇。

二、鼓舞士气，做好教学改革

调查研究是科学决策的前提。开拓型校长的一个典型特征就是善于做调查研究。通过调查研究，能够了解群众的心理状态和思想状况，从而找到问题的症结和根源。往往通过调查研究，就能够理出一个科学的工作思路来，从而能够抓住工作重点。我们知道，广泛听取意见，有助于掌握全面的情况，有助于辨明事物真相。如果是走过场的话，就很难听到真实信息。

我一到上师大就着手调查研究，听取意见，寻找工作突破口。到每个学院，每个部门召开了座谈会，听取了离退休干部、民主党派、教代会代表等方面的意见。大家反映了上师大存在的许多困难和问题。听到最多的一句话是："上师大搞不好了。"有人把上师大概括为"地位不高、目标不明、士气不振、人心不稳"，"学生学习积极性不高，教师教得没有劲",报考研究生,全校剃光头。教职工住房十分困难,人均仅 6.8 平方米,低于全市人均 7.4 平方米。在一次中文系教师座谈会上,有位教授尖锐地说,我们上师大的确缺钱、缺房、缺人才、缺设备,但最缺的是精神,我们心急如焚,校领导首先要振作精神。这席话给我很大震动,讲到点子上了。

调查结果反映出,上任之初的杨校长面临一个困难重重、人心涣散的状态。缺钱、缺房、缺人才、缺设备,但更缺精神,这反映出了大学办学中的最为关键要素。"振作精神"成为领导工作的重点!这也说明,智慧藏于民间,在群众中不乏真知灼见之士。

我把调研的情况在党政联席会上作了汇报,提出我们校领导一班人要紧密团结,齐心协力,多做实事,充分调动每个人的积极性,用切实可行的发展目标远景来激励教职工,用改变学校面貌的现实取信于教职工,全校教职工对我们抱有很大的期望,我们每个人要有使命感、紧迫感、责任感,下决心抓几件实事。

可见,做领导的工作不是个人行动,不是树立个人英雄主义,而是要组织团队行动。只有大家齐心齐力,才能最大限度开发组织潜能。而且一个领导人发挥效力的关键,就在于调动群众的积极性,特别是调动团队的积极性。

我到上师大做的第一件事是抓教学改革。1996 年暑期,我提议召开了教学改革研讨会,在外宾楼开了 3 天,各学院负责教学工作的系主任参加。我先做报告,介绍国内外高教改革的信息、动态,大家听了很有兴趣。最后一部分我结合上师大实际,提出了四条改革措施,即减少必修课,增加选修课,开设辅修课,加强实践课。

做教学改革进行观念动员是必须的,不能采用行政命令强制推行。采用研讨的形式是一种非常符合高校教师学术活动特点的动员会,这不仅有利于解放思想,集思广益,同时也可以做改革前期的预先调研。

当我提出四条改革方案后,下面没有反应,我问大家是否同意,无人应答。我说可以提出修改意见,也无人应答。我心中明白,大家不赞成,这是我没有估计到的。我说如果大家不同意,我有另一个方案,就是每节课砍掉5分钟,40分钟一节课。上午安排5节课,下午晚上也可增加两节课,先把选修课开出来。结果大家还是不表态,实际上是不赞成,我一再请大家提出意见,均无人发言。我是满腔热情搞改革,结果是一盆冷水泼下来。

教学改革是一项很复杂的系统工程,牵一发而动全身,单凭理想和热情显然不够的。表面上看,减少必修课,增加选修课,开设辅修课,加强实践课,都是一些常规的改革举措,要真正实践起来也不容易。

作为一个成功的领导者,任何决策方案都不能是唯一的,必须留有预案,这种预先设计避免形成一种粗暴的决策风格,同时表现出决策的深思熟虑和灵活性。"管理就是妥协",这在任何管理中都是对的,管理不可能是一味地推行个别人的主张,必须要进行多边的互动,形成一个折中的方案。这也说明,改革不是突进的,而是一个渐进的过程。

休息的时候,就征求一些系主任的意见,问他们为什么不同意,他们说,你提的第一条就做不到,减少必修课,而且要减掉25%—30%,那么减下来的老师怎么办?要减的课,都是中老年教师开的课,不让他们上课,等于端了他们的饭碗,他们没有饭吃怎么办,我们做系主任的首当其冲,他们整天要缠着我。原来如此,改革总是要触动一部分人的切身利益。我说你们讲的有道理,那么每节课砍掉5分钟,为什么不同意?他们说1节课少讲5分钟,100节课就是500分钟,那么课时费要砍掉多少。又是涉及教师利益问题。我说,那是我没有讲清楚。缩短讲课时间,课时费不减,系主任们放心了,同意第二方案。后来项家祥校长助理又到各系征求意见,大部分系赞成40分钟一节课。1997年3月正式实施。

作为一个行动研究者,时时刻刻需要关注行动中的阻力,找到消除阻力根源的办法。改革作为一种利益调整机制,不能不考虑大多数人的承受能力。消除人们对改革的恐惧是必须要做的一项工作,只有做到这一步,才能团结大多数人,赢得群众的支持。在推行改革方案过程中,与执行者的及时沟通是必要的,这不仅是工作作风问题,而且是工作方法问题,同时也是工作效率问题。当了解到系主任的担心之后,就可以及时地消除系主任的顾虑,这样的话,改革方案就能够顺利推进了。

目前许多改革方案推动都采用"不换脑筋就换人"来强行推动。这从表面上看确实推动了方案的执行,殊不知,这种推动仅仅是表层的,不能真正调动执行者的积极性,时间一久,执行者就会疲惫乏力,陷于无助的被动应付状态。调动基层干部的积极性,解决他们的顾虑,才是改革方案推进的稳妥策略。否则这些基层干部就可能产生一种习得性无助感,工作就缺乏活力,当然也就失去了动力。

但我的教改目标还是第一个方案。为了统一认识,实施第一套改革方案,我在全校组织了教育思想大讨论——"21世纪给学生什么样的知识结构?并组织大家学习邓小平教育思想、学习党的教育方针,让大家认识到教育改革的必要性和重要性。与此同时,学校每年拿出几百万元用于教学改革。哪个系、哪个专业带头改革,则优先增加投入、增加编制、增加设备。在思想认识提高的基础上和切身利益的驱动下,叶文博副教授所在的生物系、李维民副教授所在的体育系率先改革,数学系、中文系等紧紧跟上。

改革方案中必须具有长远目标设计。当长远目标无法直接推行时采用渐进的方式是一种有效的策略。但在采取短期目标设计时,切不可忘记长远目标。进行教学改革,无疑需要加大投入,给勇于改革者以鼓励,这样就容易建立一种良性的改革发展机制。改革需要激发主动性,而不是一下子大面积强制推开,利益激励机制是一种比较有效的激发机制。

三、推行"充实教育",完善学生素质

我在担任校长期间,每隔一段时间都要抽空到学生宿舍去看看,到图书馆、教学楼转转,以了解学生在做什么。我记得1996年9月的一天

晚上,我到11个男生寝室察看,发现7个寝室的学生在打扑克,2个寝室的学生在看电视,2个寝室的学生在聊天,没有人看书学习。第二个月我又去9个寝室看了看,发现5个寝室的学生在打扑克,3个寝室的学生看电视,只有1个寝室的学生在看书。期终考试前,我到图书馆查看时,看到不少男同学拿着笔记本在复印机前排队,我很惊讶,一了解,原来是这些学生平时上课不记笔记,或不去上课,要考试了,向女同学借了笔记本去复印,以应付考试。这些反映出上师大学生松、散、懒状况严重,把宝贵的时间浪费在玩乐之中。我当时提出要在学生中开展"充实教育",让学生"忙"起来。

不得不说,"充实教育"这个名词很形象,很具有针对性,也发现了当前大学教育中存在的普遍问题。虽然问题的根源在于教学方法陈旧,教学内容落后,考试内容简单,学生容易通过。但要改变这种状况着实不易。所以,从渐进的方式着手,首先要使学生生活充实起来,这是一位教育家的责任,是大学校长必须面对的问题。课堂教学问题是多年积攒下来的大问题,很难立即解决,但让学生课下生活充实起来还是有许多办法的,问题就是校长是否积极采取对策,是否敢于大胆推行。可以说,让学生课下参加活动,积极学习多方面知识,不仅弥补了课堂教学的不足,而且扩充了学生的视野,提升了学生素质,缩短了学生对社会生活的适应期。如果对学生采取不干预的态度,则是一种不负责任的表现。

我说中学生要"减负",大学生要"增负",学生不忙就空虚,一空虚就要出事。"充实教育"包括充实教学内容、充实课余活动、充实精神生活三个方面,旨在让学生从松懈到紧张,从闲暇到忙碌,从空虚到充实,从不知干什么到知道干什么。我要求教师在教学中布置参考书目、文章,布置作业,培养自学能力、搜集信息能力、写作能力;鼓励学生参加课外活动,凡参加校级运动队和校课外活动社团并有固定活动时间、有教师指导的,给予一定的学分,学校开设文化素养选修课供学生选修。党团组织和辅导员则要帮助学生做好"充实教育"的设计工作,在每一时间段,学生都知道做什么,有事可做。

"增负"确实抓住了当前中国大学教育的要害。学生课下无事可做,原因是多方面的。表面上看,这是学生学习主动性不强的表现,是学生缺乏学习目标和动机的表现,但从根本上说仍然是教学内容、教学方法问题,而这些问题则是很难触动的。在课堂教学短时间内无法根本改变的前提下,就需要通过其他更直接的方式来改变。给学生布置课下作业是一个最直接的方法,而鼓励学生参加课外活动则是一个更有效的方法。如果配以一定激励办法的话,则效果更明显。所以,在任何问题面前,都不能抱无所作为的心态,都必须坚持坚持积极、主动原则,想办法,想对策,促进问题解决。人才质量是根本,抓住了这一环,就抓住了教学改革的根本。教学要以学生发展为本,表现在学生的主动性和积极性的发挥上,决不是课堂上学生被动地听课,课下无所事事。所以,充实教学内容、充实课余活动和充实精神生活,是找到了解决学生学习问题的基本方法。

  在1998年8月的学生工作会议上,我又强调了"充实教育"。一是支持学生大力开展社团活动,组建运动队、艺术团。每年要办好三大节,即科技学术节、体育节、艺术节,在班级活动的基础上推到系、院、校。充实实践生活,动员和组织学生走出校门、走向社会。二是开展有教育意义的调研活动、考察活动、参观活动以及访问有成就的校友。三是组织周日家教学校,帮助双职工家庭克服周日无法带孩子的困扰,为孩子提供一个娱乐、活动、学习的场所。四是组织好公益劳动,由教师或辅导员带队,做到有内容、有时间、有成效、有学分(1学分)。

进行充实教育,不能仅靠一时的行政举措,必须靠有力的制度建设,需要靠一些具有吸引力的文化设计来保障它持久运转。因此,选择适合学生参与的项目就是能否吸引学生主动参与的关键。"科学学术节、体育节和艺术节"都非常适合学生参加。组织学生参加有意义的调研活动和周日家教活动,不仅能够增强学生实践能力,特别是理论联系实际能力,而且可以培养学生关心社会、关心弱者的爱心,在一定程度上提升学生发现问题、分析问题和解决问题的能力。参加公益劳动,对培养学生公益观念,帮助他们确立正确的人生观和价值观具有非常积极的意义。这些都有助于培养现代公民素质。

必须指出,这些活动设计等都不是非常复杂的设计,但难就难在坚持经常、持续地发挥其吸引力,让学生切身地体会到这些活动对他们的人生成长是必修课。大学校长关心这些看似琐碎的事情,其实是抓住了学校工作的根本。

我们在全校开展了"从抓充实教育入手,树立良好学风"的活动。由学生处和团委主要负责。为了开展充实教育,我提出在全校学生中实行四个制,即多张证书制、干部轮换制、半年实习制、综合测评制。

这些灵活的制度设计,激发了学生的积极性,给学生更多的锻炼机会。如果不走进学生生活,不了解学生发展需求,就很难设计出这些具有针对性的项目。多张证书制,对于培养学生的实践能力具有督促作用;而干部轮换制则对培养责任心和领导素质特别是健康的心态具有积极的作用;半年实习制则是强化了学生的理论联系实际能力,对于弥补现在课堂教学缺陷是非常有益的尝试;综合测评则是一种反馈机制,能够及时地发现问题,同时也能够发挥监督督促作用。

四、建设资金不足,找市场还是找市长?

关于开发奉贤校区大多数人是赞成的,认为这是好事,对如何开发看法不一。尤其当大家了解到市政府给上海大学8亿元,列入市政府重点建设工程,而对我校却一分钱不给,心态很不平衡,认为这是对上师大的不公。校党委常委会上意见也不一致,因为学校经济实力不足,1996年赤字为1 600万元,有人担心如果再开发奉贤校区会把学校经济拖垮。……我赞成开发奉贤校区,因为只有把学校规模扩大,才能增强实力,而有实力才有地位。当前正是高等教育大发展的最好机遇,我们必须抓住这一机遇而不能错失良机。

传统大学办学都遇到办学空间的限制,如何开辟新的办学空间是一所高校能够快速发展的关键。但开辟新的办学空间需要大批的资金投入,如果不能解决资金投入问题,就只能对开辟新的办学空间望洋兴叹。对于开拓型校长而言,决不能放过任何一次有利的发展时机。抓住时机,就需要较高的站位意识,就必须具有克服困难的勇气和解决困难的智慧。在这个时候,必须具有大局意识,不能斤斤计较。特别是领导人必须把自己的认识有效地传递到班子的成员之中,能够形成比较统一的认识,这样才能形成有效决策。为此,就必须向领导班子成员陈述自己认识的科学根据。显然,没有充分的研究就难以做到这一步。

我说:第一,奉贤校区有1200亩地,这是很大的资源,切不可从我们手中丢失,若干年后再要1200亩地,简直是梦想;第二,远郊办学是大方向,国外高校发展多数在远郊,今后交通发达了,就不会感到远;第三,奉贤校区位于杭州湾畔,风景美,空气新鲜,又是上海新的旅游开发区、工业开发区,那里需要有所大学,上海生源不足,可以向外省市辐射。第四,市政府不给我校投资而给上海大学投资是从全局考虑的,因为我校的有利条件是有现成的土地,而上海大学需购地建校。奉贤校区已有20年的办学历史,有一支管理队伍和教师队伍,办学基础较好,只要基建上去,短时间内可形成规模,经济上很快会有转机。第五,只有把学校规模扩大,才能增强实力,而有实力才有地位,上师大如果不发展就有可能被其他学校兼并掉。当前正是高等教育发展的最好机遇,上师大必须抓住这一机遇。

从这个分析中可以看出,杨校长有一种大视野,有一种面向未来发展的眼光,他看到了经济发展趋势和高校发展远景,特别是结合了上海市发展战略进行考虑,充分分析了建立新校区的优势和劣势。在这个决策分析过程中,杨校长善于进行换位思考,他特别分析了上海市政府决策的依据,这对于统一班子成员认识,凝聚人心,鼓足干劲,具有直接的效果。这也说明,杨校长善于理解人们的心理,知道人们究竟在考虑什么。这样知己知彼的分析,才可能出现百战百胜的决策效果。

周副部长一行听了我们的汇报并参观了校园后大加赞扬,他在汇报会上对各校领导说,参观了上师大奉贤校区,有一种"震撼"的感觉,他们在国家不投入的情况下建成这么好的校园,很值得学习,有以下三点:第一,办学要有特色,要准确定位,上师大能正确定位,安于本位,坚持自己的特色,不跟人家攀比;第二,有自力更生、艰苦奋斗的精神,经费不足自己想办法,他们羡慕而不嫉妒(指名牌大学),上师大为我们树立了很好的榜样;第三,上师大提出"要找市长更要找市场",很有启发,在座的要找部长更要找市场,高校要跨越式的发展,必须要创新。

办大学也是一种艰苦创业,不可能坐等其成。如果按照"等、靠、要"的逻辑,新校区建设就不知何日才能建设成功。这种艰苦创业精神,确实是我国近30年经济社会发展的奇迹所在。大学建设也需要这种精神。我国大学校园建设的速度之快也是令世界震惊的,多半也依赖这种创业精神。创业精神显然与大学领导人的作风有直接关系。如果大学领导人不能身先士卒,就不可能率领大家艰苦奋斗。依照自己的办学定位进行办学,就可以避免办学浪费,避免豪华办学;自己想办法解决经费不足问题,恰是创业精神的典型表现。创业本质就是去开辟市场,而非坐等市场上门。所以,只有勇于开拓,才能做到创新。

我于1996年到上师大时,发现我校成人教育规模太小,夜大学在校生仅900多人。我建议大力发展成教事业,经党委同意,在全校努力下,5年后已发展到近1万人,大专自考班学生最高峰时有5 000多人。我们还主动承担了上海市师资培训任务,其中"三结合"班学员每年4 700多人,5年来共培养、培训5万多人次。许多教师放弃双休日的休息,早晨四五点钟起床,赶赴崇明、金山、南汇、奉贤等远郊地区上课,送教上门。我们的教师培训工作还延伸到江苏、浙江、江西、河南、甘肃、新疆、云南、贵州等地,深受各方面热烈欢迎和高度赞扬,既扩大了学校的影响,又增加了经济来源。我也担任人文学院、教科院、师培中心的兼职教授,经常利用双休日、寒暑假去讲课。经过四五年的努力,我校仅各类办班、培训的收入每年高达1.1亿元。

发展成人教育又是开拓市场的典型案例。开拓市场,需要充分认识自己的优势,需要认识市场的潜力。作为师范大学,在教师培训方面具有自己的天然优势,因为专业对口,在培训师资方面条件非常充足。如果不能把这方面的资源开发出来,等于浪费资源。上海市自身的成人教育需求是比较大的,特别是上海市具有区位优势,具有向周边辐射的效应,所以,开发成人教育市场具有巨大的市场潜力。在开发市场过程中,如果能够充分考虑到用户的需求,则可能赢得稳定的市场。如果在成人教育方面能够保证质量的话,就可能实现经济效益和社会效益的双丰收。杨校长的努力确实达到了预期效果,既扩大了学校的影响,又增加了经济收入。特别是他自己亲身作为兼职教授参与培训工作,也在一定程度上发挥了示范效应,这对于激励教师们做好成人教育工作是一个有力的促进。

> 融资被骗事件的发生给学校造成巨大损失,包括经济上、精神上的损失。我和徐干荣书记同样负领导责任,我们在全校中层干部会议上作了两次检查,并写了书面检讨。党委专门开了民主生活会,开展了批评与自我批评。主要是徐书记和我做了自我批评。

当人们走进市场的时候,肯定是有风险的,如果把握不准,就很可能栽跟头。在学校发展资金严重不足的情况下,出现了严重的事故,就会对总体发展造成非常严重的恶劣影响。如何面对困难,走出阴影,不仅考验大学领导人的心态,更考验他是否具有迎接挑战的勇气。如果领导人能够正确面对出现的问题,困难是可以克服的,而且可以成为检阅领导班子内部团结性的一个机会。相反,当出现了问题,大学领导人推诿责任,就可能造成人心涣散,为学校发展造成长期的心理阴影。令人敬佩的是,杨校长在出现了这样的问题后采取的是主动承担责任的态度,而无半点推诿和指责,这样不仅有助于团结群众,而且有利于团体进行深刻反思,从中总结经验教训。正如他说的:

> 有风险也有机遇,不敢担风险,不会有机遇,敢担风险才能抓住机遇。于是我下定决心,继续融资。徐干荣同志完全同意我的想法,并在常委会上通过了。财务处朱宗耀同志在融资方面很有经验,我叮嘱他不要追求高利息,适当即可,必须确保安全,必须规范操作。财务处杨殿雄处长开玩笑地说:"你真是胆子大,还敢融资呀,搞得不好要坐牢的啊!"我也开玩笑地说:"我坐牢了你们一个月来看望我一次吧。"

确实,在市场中经常面临的问题就是风险与机遇同在,如果不敢面对风险,就不可能有发展机遇。人们所能做的是尽可能地规避风险,而最保险的措施就是用人得力,而且不要把追求最高利息作为目标,即只追求适当的目标,而且必须充分保障投资安全。经过这一事件,也考验出杨校长是不惧风险的,也是敢于挑战风险的,而且有一种浪漫主义情怀。这显然对于具体工作人员是一个很大的激励。

五、约法十章,修炼人格

> 上师大人的监督意识很强,动不动就有人写匿名信,在市教委是很有名的。这对领导有约束力,不是坏事,促进领导必须洁身自好。

对于同一事物往往可以从多个方面看待,如果从积极方面去看,就能对自己起到促进作用。但如果从消极方面看待,就可能变得无所作为。就匿名信而言,如果从抱怨角度看,就可能造成非常不良的影响,比如追查匿名信是出自谁之手,可能导致学校内部关系高度紧张。但如果从增强领导自律意识讲,就变成了一件好事。所以,作为大学领导人,不仅要心胸坦荡,而且要懂得辩证法的艺术。杨校长正是深谙辩证法艺术,所以主动接受约束,约法十章就是具体表现。

第一,不要学校住房。相信现在许多人都很难做到这一条,因为住房在今天可以说最昂贵的一宗商品。当人们有正当理由获得时,一般是不会主动拒绝的。杨校长给自己的第一条约法就是不要学校住房,说明杨校长对自己要求非常严格,甚至是比较严苛的。后来杨校长把住房变卖建立助学基金,更能够反映杨校长的高风亮节。

第二,不要专车接送。这可以看成是一种主动去行政化的举措。但此举未必能够获得人们普遍理解。对杨校长而言,这是一个主动选择。无论别人理解与否,自己心下都很坦然。

> 骑自行车既可锻炼身体,又可为国家节省汽油、开支。有人说校长骑自行车影响了学校形象,也有人说我骑自行车是在作秀,我一笑了之。

第三,不公车私用。无疑,这是一种严于律己的体现。党员干部如果都能够防微杜渐的话,就不可能造成党的威信受到严重损害的状况。

第四,不拿兼职费。长期从事一种义务兼职活动,这种精神确实非常难得,因为是在市场经济环境中,按劳取酬是天经地义,所以不要兼职费是人们很难理解的事情。这事实上说明了校长能够主动拒绝利益的诱惑。也可以说这是20世纪50年代的作风的回响。

第五,不拿加班费。这个举措看似小事,其实也是给周围人做了榜样,同时也避免了下级借机讨好领导,影响了领导的正确判断。

第六,不参加旅游性会议和疗养。这是一种典型的廉洁作风的表现,它说明了杨校长自觉地保持了一个党员干部的廉洁自律的作风,同时也是一种艰苦创业精神的具体体现。

第七,不到外宾楼吃饭。这是严于律己的具体体现,说明作风问题是一个很细小的问题。

> 我规定自己不去外宾楼吃饭是迫使自己必须到学生食堂吃饭,一则可以了解学生食堂的质量如何,因为学生对学校意见最多、最大的往往集中在食堂上;二则我可以从学生那里了解到许多现实情况,包括对学校管理、教学质量方面的问题、学生生活等问题。我之所以对有些学院、有些教师情况比较了解,能发现管理中存在的一些问题,渠道之一来自食堂吃饭时得到的。我有时也去教师食堂、教授食堂吃饭,以便多与教师接触,听听他们的意见。

从细微处入手来了解实际状况,关心学生的意见,关心教师的反映,为自己扩大与群众接触和交流的机会。只有这样,在领导决策过程中才能更加符合民意,才能反映群众心声。

第八,出差不乘软卧。这与许多人以成为领导干部后就讲待遇、讲排场截然不同。

> 我不仅因公出差不乘软卧,即使是外出讲学,对方承担来回交通费,我也不买软卧票。我每年要去济南为山东省高校中青年干部培训班做报告,我一般是晚上乘硬卧离沪,第二天清晨到济南,白天讲完课,晚上再乘硬卧返沪。能够为本单位或为对方节省一些经费,我感到很高兴。

可以看出,杨校长一贯严格律己,不铺张,不摆架子,不搞形式主义。这件事给人最大的启发是,中国古人"俭以养德"确系至理名言,杨校长对能够给对方节省经费感到很高兴,说明杨校长已经形成了一种勤俭节约的美德,把为节省经费作为一种内在的激励了。

第九,不要他人代写文稿。这是一种克服官僚化的有效举措,但推广起来是很难的。

> 无论在哪个单位当领导,我的发言稿、讲话稿、报告稿,都由我自己撰写,不要他人代写。自己要讲什么就写什么,能把握好稿子的主题和内容,如果叫别人代写,修改的时间比自己写稿的时间还要长。别人为你代写讲稿是很头痛的事,不知领导要讲什么,绞尽脑汁,反复修改,花费很多时间。我自己写讲话稿,可以促进自己去开展调研,听取各方面意见,如果只是关在办公室里,不了解情况,就写不出东西;我自己写讲话稿,可以促进自己认真学习,不断提高理论修养和政策水平;我自己写讲话稿,开会时表达流畅,讲述清楚,比读别人写好的发言稿效果好。学校里有些重要的上报文件、请示报告,也是由我起草,既节省别人时间,也节省了我的时间。

这一点也是杨校长作为行动研究典范的集中体现,自己对学校情况熟悉并且真正研究过才能写出有价值的东西,所以亲自起草文稿,无须秘书代笔,看似小事,也是一个领导作风和水平问题。不难发现,亲力亲为有助于深入实际,有助于反思批判,有助于提高理论修养和政策水平。这样可以避免讲空话,避免出现官僚主义。

第十,不利用职权为个人和亲属谋私利。这可以说是领导干部最难过的一关,许多领导干部出问题都是因为为自己身边人谋私利而一步步堕落的。

> 当校长是一种责任,要对学校的发展和质量负责,要对全校师生员工负责,有人说你当校长的怎么什么权也没有,我说我有权但不揽权。只有合理分权,才能充分调动各方面的积极性,提高管理效率。我不要这些具体的权,也堵截了以权谋私的通道,既有利于工作顺利开展,又

保护了自己。

"领导是一种责任",许多人确实明白这个道理,但都很难做到。对于分权,许多人都不情愿,因为权和利是不可分的,而很少想到权和责也不应该分开。所以,敢于分权,实质上是领导素质的一种展现,因为:它首先是需要领导人心胸坦荡,没有个人私心;其次是需要领导人具有高度的自信,即相信自己有能力驾驭分权后的复杂局面;再次是领导人具有很高的威信,获得了班子成员拥戴,领导班子是一个团结的整体——可以设想,没有相互信任的关系是不敢进行分权的;最后是需要领导人具有一种高度的担当责任意识,因为相信分权对调动各方面积极性的意义,有助于提高效率。

六、结语

我始终认为,中国高等教育改革不乏理论家,但缺乏实践家,尤其是能够把理论与实践有机结合起来的实践家。杨德广教授是一位理论与实践结合的典范。他的结合的精妙之处就在于他在行动中研究,在研究中行动,是一位行动上大胆、思想上前卫的高教改革家,他最早呼吁毕业生就业制度改革,积极推动招生中引进市场机制,积极鼓励发展民办高等教育,也是大胆鼓励办学转制的提倡者之一,这一切不仅表现在理论上勇于探索,而且特别表现在他对高教事业一番炙热的情怀。中国高等教育非常需要这种改革家的气魄和行动研究者的风格,因为理论脱离实践容易流于空想,而实践脱离理论指导就容易流于蛮干,只有两者的有机结合,才能造就开拓型的大学校长。因此,杨德广教授是当之无愧的开拓型大学校长,也是我国高等教育行动研究的典范。

(王洪才,厦门大学教育研究院副院长、教授、博士生导师。本文原载《湖南师范大学教育科学学报》2016年第2期,此处略有改动,注释及参考文献从略,原标题为《开拓型校长,行动研究典范——对杨德广校长的叙事研究》)

大学校长的学术追求与职业精神
——杨德广教授从教50年学术论坛

张应强　瞿振元　潘懋元　滕建勇　张伟江　李敬来　李建勇　杜飞龙

张应强(中国高等教育学会高等教育学专业委员会理事长)：杨德广教授从教50年来，不仅在多所大学、教育行政部门和高等教育研究机构工作，担任领导职务，而且在高等教育理论和高等教育管理领域，做出了卓有成效的学术贡献，是我们国家著名的高等教育学者。杨德广教授与潘懋元先生在年龄上相差一代，但对我们国家高等教育学的学科建设和发展方面而言，他应该是属于高等教育学科研究和发展方面的第一代学者。潘懋元先生主编的我们国家第一部《高等教育学》，杨德广教授就是其中的撰写者，为我国高等教育学科的创立和发展做出了突出的贡献。他担任过中国高等教育学会高等教育学专业委员会的第三届、第四届理事长，为建设我们全国性的高等教育学术委员会、高等教育学术共同体奉献了自己的聪明才智。杨德广教授学术思想解放，学术眼光敏锐，对我们国家不同历史时期许多重大的高等教育学术思想问题，发表了许多令人敬畏的学术观点。杨德广教授学术兴趣广泛，研究工作涵盖高等教育的众多领域，在每一方面都能有重要的创见。杨德广教授理论联系实际，特别是他从大学校长的角度来研究理论和实际问题，许多研究接地气、能解决实际问题。杨德广教授视学术为事业，视学术为生命，他多次和我们谈到，他常常是在非常繁忙的管理工作的间隙挤出时间从事研究和写作。杨德广教授是一位非常勤勉的高等教育学者。今天我们在这里召开杨德广教授从教50周年的研讨会，对我们高教学科的发展建设，对我们国家相关人才的培养具有重要意义。

瞿振元(中国高等教育学会会长)：中国高等教育学会是在1983年成立的。当时，一方面教育界是"文化大革命"受害者，另一方面受"左"的思想影响还是很多的,那个时候如何突破"左"的思想以及"右"的思想的干扰,面临严峻的挑战。成立一个有中国自己特点的高等教育学会,是中国高等教育界的一件大事,也是一件不容易的事。当时虽然有上级领导的支持,但是最重要的是基层的推动,那个时候有潘懋元先生,还有像杨德广等一批学者积极推动,发挥了很大作用。学会成立的筹备会议是在厦门大学和上海师范大学召开的。杨德广同志在当时对推动中国高等教育学会的成立发挥了积极作用。在成立以后,杨德广教授先后担任了中国高等教育学会的理事和副会长,对推动中国高等教育的发展,做出了重要贡献。同时杨德广教授主持上海高等教育学会的工作,很有特色,出版了一系列上海高等教育义集,也推动了上海高等教育的科学研究,如每年举办青年学者论坛、教师论坛、校长沙龙等等。上海高等教育学会的工作在全国做得很出色,产生了很大的影响,这其中,杨德广教授发挥了很大作用。杨德广教授自身在高等教育研究方面很有成就,他思想敏锐、思想解放,敢于直言,非常直率地讲出自己的想法。当自己不完全正确时,他也会及时地加以纠正。最近在潘懋元从教80周年的论坛上,杨教授在教育是否应当与经济发展相适应这样一个问题上,非常直率地讲出自己的观点和其他学者的争论,这种过程,我觉得本身就是一个很好的学术分析过程。敢于直言、敢于讲出自己的观点,这正是学术组织需要的氛围,而且他的见解引起了高等教育学术界的广泛关注和极大兴趣。杨德广先生爱校,来到上海师大工作,对领导这所学校的发展做出了巨大贡献。在他当校长期间,这所学校的发展很快,进步很大。杨校长领我在校园里转的时候,他是对学校的一草一木、景点、石头,还有建筑,如数家珍,一边走一边跟我讲,对学校的大事小事都放在心上。我想以这种感情来做事情,这个学校就一定能够有所发展,我是直接感受到了杨德广教授对学校付出的心血,推动了学校的发展。杨德广教授把自己所有的稿费,四十几部专著、几百篇论文的稿费全部捐给了学校和学生,还把卖了房子的钱捐赠出来,使得那些家庭贫困的学生得到了帮助,使孩子们可以健康地成长。

潘懋元(厦门大学教育研究院党委书记郑冰冰代读):杨德广教授是我的老朋友,也是高等教育研究的合作者,我所主编的第一本《高等教育学》他就撰写了三章,其后他的著作就遍及高等教育学的方方面面,有许多精辟的关于高等教育的见解,对中国高等教育的改革发展起到引领的作用。在数十年的交往合作中,我深刻理解他的理念、特点和价值。

第一,他的高等教育理念主要产生于他艰难的实践和丰富的经验。他从教50年来,除开始的10年坚持实践外,其后的近40年主要从事高等教育领导管理工作,从大学团委书记到分管大学生工作的高教局副局长,到几所改革发展前沿知名大学的校长,退休之后他还指导新生的民办高等学校,从艰难的实践中所总结提高的理论观点,具有更高的实践价值,能够更好地引领高等教育的改革和发展。

第二,他思想开放,常以批判性思维在高等教育理论研究中提出许多超前的创新见解。有的在当时不为一般人所认同,如关于发展教育产业、建立教育市场的理念常有非议,他坚持正确见解,反复说明论证,他好辩善辩,不唯书不唯上,他的论文许多是针对错误或者保守的言论而慷慨陈词的。

第三,他以过人的精力投身教育事业,行政工作和研究工作两不误,双丰收,他的著作是在繁重的行政工作中经常午不休、夜不眠,利用周末假期一字一句地写出来的,体现了一位高等教育家对事业的热忱和毅力。

滕建勇(上海师范大学党委书记):杨德广是我国著名的高等教育研究专家,在高等教育领域取得了大量的独创性和开创性的研究成果。从教50年以来,他先后承担了10余项省部级以上的科研项目,出版专著40余部,发表论文500余篇,有20多项科研成果获省部级以上奖励。杨德广教授在从事高等教育研究和管理的同时,还积极参与研究生教育和青年人才的培养工作,为高等教育培养了大批后继人才。更加令人钦佩的是,他长期以来从事教育慈善工作,荣获了多项国家和市级的荣誉称号,产生了巨大的社会影响。今天面对我国经济发展的新常态和新一轮科技革命的到来,高等教育的发展出现了许多新的特征和新的走向,高等教育综合改革的帷幕已经拉开,如何办好人民满意的教育,如何培养社会主义的合格建设者和可靠接班人是我们的根本任务。

张伟江(上海市高等教育学会会长,教授):杨德广是一位非常勇敢的校长。他接手上海师范大学的时候,环境没有现在这么漂亮,因为他是绿化校长,改变了学校面貌。奉贤校区1 200亩地,那时候那里就是农田、鱼塘,没有钱、没有政策,也没有支持。杨德广真的是一位勇敢的校长,一方面他在不断地争取,一方面在不断地探索,怎么样运用社会资金来建设学校,他成功了,非常不容易,现在的奉贤校区很美、很漂亮。2003年2月,当时的教育部周济部长一行到上师大奉贤校区视察,他们从杭州下沙大学城到上海松江大学城、到交大闵行校区,最后到上师大奉贤校区。周部长说,一站比一站精彩,上师大奉贤校区最精彩。在政府不投资的情况下,建成这么漂亮的大学园区,不来真的非常可惜。所以说杨德广校长很勇敢,没有当年的勇敢也不会有现在这么美丽的校区。

  杨德广是一位非常勤奋的读书人,数十年如一日,每天早起晚睡。他是一位很优秀的著书人和成功的教书人,在教授当中真的是我们的榜样,包括他成立了阳光慈善之家,是我们上海市的慈善之星,是一位善良的值得我们尊敬的人。他是一位智者,在高等教育研究中涉及的面很广,而且现在还在继续开拓新的研究领域,比如高等教育教学改革问题、高等教育财政问题、大学生管理、招生就业、大学文化、高校的功能和性质以及高等教育大众化问题、民办教育问题等。50多年来,他每天工作之余坚持学习、研究,是非常不容易的。他有很多研究成果和著作,包括指导研究生的论文。而且到现在他还在引领我们高等教育的发展,比如我们上海市高等教育学会每年在高校投资30万元进行高等教育研究,我们高教学会的三个品牌,即校长沙龙、高等教育研究所所长沙龙、青年论坛,这些活动已经扩散到江苏、浙江和安徽,活动丰富,影响较大,仍在继续和发展中,杨德广教授在其中发挥了很大作用。当前,我们高等教育发展取得巨大的进步是不可否认的,但是我们高等教育也碰到许多新的问题。在2008年,杨校长就提出用大学文化来推动大学的发展,这一点我很赞同,我们现在缺的就是文化,这里提出的大学文化包括环境文化、校园文化等等。比如,上海师大由学生自己来打扫卫生,开展文明修身活动等,用一套比较好的大学文化来熏陶我们的大学生,这些做法在我国大学中很少看到,这一点我们要向杨校长学习。如果大学没有文化,那将是一件非常可怕的事情,现在我们许多大学领导把大学仅归纳为三大功能:教书育人、科学研究和社会服务,我认为应该把"文化传承创新"作为第四功能,这方面要向杨教授学习。同时,我也呼吁大学校长要弘扬大学文化,文化是中华民族的根,没有大学文化就很难发展下去。杨校长非常关注大学文化的传承与发展问题,思想意识超前。

  李敬来(上海太敬集团董事长、哈尔滨远东理工学院理事长):在和杨校长一起共事的几年中,我有一种非常强烈的感觉,概括为以下几个字:勤奋,高产,友善,率真。他是一个非常有社会责任感的人。他既是著名的教育学家,也是我们的良师益友。杨校长从教50年以来,有三个方面值得我学习。第一点,是杨校长的勤奋、高产,以及对社会的贡献,特别是他对中国高等教育事业的贡献,这一点我是和大家一样非常的折服。在他从教的50年里,杨校长共出版著作40多本,发表论文500多篇,获得省部级奖项的科研成果20多项。我算下来,一年多他就要出版一本专著,每年有十篇论文发表,两年多一点的时间就有一个科研成果获得省部级奖励。这个数据说起来容易,但是做起来是非常非常不容易。我在远东理工学院创办的二十几年里,很多人说我是拼命三郎,我也非常勤奋,但是和杨校长比起来,我很难做到他这样高产,我想这不是一个简单的数量问题,而是一个水平问题、方法问题,更是勤奋度的问题。作为大学校长、作为学校的主要领导,在繁忙工作之余能够如此高产是非常不容易的,所以杨校长是我的榜样,这是我感受最深的第一点。第二点,是杨校长的和善、率真,他在为人中、工作中体现出来的很多东西,是我们教育工作者学习的样板。在教育慈善方面,我也与杨校长交流过,他这样做非常不容易。我去过杨校长家里和办公室,他个人生活非常简朴,办公室也非常简单,在这样的情况下想到很多贫困的人,甚至卖掉自己的房子做慈善,我觉得这点不仅仅是拿出多少东西,更重要的是释放和传递一种正能量,真的是我们教育工作者要向他学习的。我非常敬佩杨校长的做法,但是杨校长很谦虚,他称赞我是真正的慈善家。搞慈善有很多方式,一个是把有限的存量物资分配给更困难的人,还有一种是用增量的物资去资助弱势群体,让更多人加入增量的制造,去帮助贫困的人。我在上海创办太敬集团,就是有一个这样的价值理念:创造财富,回报社会,服务国家,惠及员工。惠及不仅包括员工,还包括中间的很多人,很多人在不同角度下做不同的公益活动。杨校长说,你在国家政府没有投资的情况下,办了一所大学,解决了那么多人的读书、就业问题,这是更大的慈善。他总是赞扬别人,从不张扬个人,给了我很多鼓励,也增添了我办好企业、办好大学的信心。他的和善、率真令人感动,这是我的第二点感受。第三点,杨校长对民办教育高度关注,热情支持。我觉得杨校长在这些年里,让我特别称道的是,作为一名公办大学知名的校长,高等教育研究专家,对中国民办教育仍然给予高度的关注,我是非常感动的。在我知道的范围内,潘懋元先生是在中国民办高等教育事业发展中支持它、鼓励它、研究它的第一人,之后我所熟悉的杨校长,也对中国民办高等教育积极支持并潜心研究。他在哈尔滨远东理工学院工作期间,亲自深入第一线,对学校、学生、教师等一点一点作深入的调研。在哈尔滨远东理工学院办学过程中,杨德广校长参与了许多重大事项的决策,给予我们很大的支持,才一路坚持下来。在民办高校的文化建设、特色办学和软实力的打造等方面,杨德广校长做了很多创新性的研究。在我们创办全国首家机器人学院的过程中,杨校长给予我们很多方面的帮助。

李建勇(上海大学教授):由于时间有限,我就想讲三句话。这三句话是指我们有三种官员、有三种学者、有三种为人。第一句话,有三种官员。第一种官员,是在位的时候人家很尊敬他,不在位的时候人家就不睬他了;第二种官员,是在位的时候人家尊敬他,不在位的时候人家仍然尊敬他;第三种官员,是在位的时候人家尊敬他,不在位的时候人家更尊敬他。杨教授就是第三种官员,不在位的时候大家更尊敬他。这是我们评价官员的一种最好的指标。高校需要排名,人也需要排名,这个排名就是看你不在位的时候有多少人真心实意地爱戴你、尊敬你。今天大家的发言,就是对杨校长最好的排名。杨校长在位时的一点一滴、一言一行都感染着我们。他送给我好几本书,有一本我是精读的,就是《从农民儿子到大学校长》。在这里面讲了很多生动感人的故事。比如说戴厚英老师评职称的事(我在大学的时候就读过她的书《人啊人》)。由于她英语不好,没有被评上教授,杨校长就不拘一格降人才,用特事特办的方法帮她评上了教授,很不容易。还有上海大学的邓伟志教授,当时他还没有到上海大学,是杨校长三顾茅庐,放下他作为校领导的身段,一次请他,两次请他,三次请他,把他请到上海大学,这种事情非常多。杨校长又是一个非常简朴的人,过年的时候我去他家,发现他半斤面条要吃三顿,非常感人,这样的官员现在不在位了,人家更尊敬他,那是发自内心的。第二句话,有三种知识分子。第一种是官方的御用文人,今天刮东风他也刮东风,明天刮西风他也刮西风;第二种就是把教学和研究作为自己的职业而已;第三种就是具有社会的引领性、批判性、独立性,不怕自己的思想遭到抨击。杨校长在他写的文章里面,一开始我对他的有些观点不赞同,比如教育产业和教育市场问题,不少人是反对他的,后来我仔细研究了并不是这样,他的观点是正确的。他直言批评北京、上海的几所名校跟一般高校抢市场去办班,太不值得了,严重影响了创新型人才、创造性人才的培养,重点大学应该去承担培养创新拔尖人才的社会责任,而不应该去和民办大学抢市场办班。杨校长是指要区别对待,不是一哄而上。最近几年,他连续写了多篇争鸣性文章,很有力度和批判性。第三种知识分子,不唯官、不唯权、不唯势,敢于直面现实,也敢于直面别人的挑战,敢于发表自己的观点。杨德广教授就是第三种知识分子。第三句话,有三种为人。第一种为人,就是自私自利,唯利是图。我自己接触过不少校长,我认为出生于五六十年代的校长不如出生于40年代的校长,后者是在艰苦奋斗的环境下成长成才的,都很有感恩之心。而现在的校长,不少人只知道自己评优评职称,自私自利。第二种是主观为自己,客观为别人。一方面为自己在奋斗,但是也为别人服务,这也是可以的。第三种就是把自己的爱,把自己的一份力量全部贡献给社会。杨校长在这方面做得很好。他把一生都奉献给社会和人民,从不考虑个人的得失。直到晚年还倾其全力资助贫困学生,成立了"阳光慈善之家",我有幸也加入了帮困助学的行列。正如翁敏华教授说的:"做人要做杨德广,跟着杨德广搞慈善。"

杜飞龙(上海震旦职业学院院长):杨德广校长在我们震旦学院当院长时,提出的教育理念,就是"以人为本,育人育能,德育为先,教会做人",核心就是"做人加技能"。刚开始有些专家到我们学校评估的时候对"教会做人"提出异议,说是学会做人可以,怎么能教会做人?杨校长在我们学校对学生、对教师反复强调要"教会做人",这一点是非常重要的,就是教会学生怎么样对待这个社会,怎么样做对社会有贡献的人,怎样做一个德智体美全面发展的社会主义建设者和接班人。后来这些专家也认为是对的。第一,杨教授提出"高职院校要以职业能力教育为本,要培养学生的上岗能力"。在这个基础上,我们提出以综合素养为基础,以职业能力为本位,制定教学计划——就是一个专业技能,一组课程,一张职业资格证书。现在我们已经在这样做了。杨校长还提出要建立学分银行,学生获得的岗位资格证书可以抵学分,所以我们学生现在考职业资格证书的积极性很高,从过去只有20%到现在的70%,充分调动了学生的学习积极性,这些都是杨校长奠定的基础。第二,杨校长非常注重学生行为养成,我们民办高职学生不少人刚开始不认真学习,学风不好,上课不带书、不带笔,在课堂上玩手机,不好好听讲,杨校长提出抓好学风建设,从"三带,三不带"开始,就是要求每个学生上课时要带书、带笔记本、带笔,不能带开启的手机、不能带吃的东西、不能带与教学无关的东西。刚开始不少教师不能接受,认为对大学生提这样的低要求是"小儿科",但是杨校长非常注重行为养成,而且亲自到教室里面督促学生,直到产生效果,他言传身教、一抓到底的精神,我们非常感动。第三,杨校长确实是一位开拓型校长。我和杨校长同是1991年市委党校中青年干部班第一期的学员,杨校长是老大哥,是我们支部的领导。后来他推荐我去震旦职业学院做常务副院长,成为他的助手,我和杨校长接触很多,他对工作认真负责,对同志真心真诚,他经常告诫我们,一个人要做到四个一点:"把名利看淡一点,把金钱看轻一点,把人生看透一点,把事业看重一点。"杨校长正是这样的人。杨校长是一个高尚的人,是一个纯粹的人,是一个为高等教育贡献出自己一切的人,是一个脱离了低级趣味的人!

(本文原载《高校教育管理》2015年第6期,此处略有改动,原标题为《大学校长的学术追求与职业精神——杨德广教授从教50年学术对谈》)

杨德广参加教育慈善研讨会

以勤为师 以真为师 以实为师 以爱为师
——论杨德广教授的研究生培养之道

罗志敏

杨德广教授曾经主导过多次成功的高等教育改革实践而被誉为我国高教界的一名敢说敢干的"闯将",也是一位著作等身的高等教育专家,还是至今仍被广大师生、行政干部时常念叨的"干实事的校长"。对于他的这些成就,已有文献多有论及。作为学界的"晚辈",笔者很难再有什么新的论述,也不敢妄加一些难有什么分量的评论。但例外且很荣幸的是,笔者曾担任过杨德广教授近两年的助教,也多次向他请教过教学、科研乃至生活上的一些问题,在此过程中除了能亲身感受到他的人格魅力之外,对他在研究生教学过程中那种独具"杨氏风格"的人才培养理念和实践也深有体会。基于此,能写成一篇专门分析杨德广教授有关研究生培养方面的文章,就成了本人这两三年以来一直的心愿。

杨德广教授从1995年起就开始招收硕士研究生,1998年开始招收博士研究生,截至目前共培养出40多位研究生,并至今仍为高等教育学、教育经济与管理、发展与教育心理学等专业的研究生讲授高等教育学、高等教育管理学、现代教育理念等学位课程,被广大研究生誉为"教书育人的良师益友"。今年(2015年)恰逢杨德广教授从教50周年,为了尽可能全面且客观地梳理出他在研究生培养方面的思想及做法,本文一是采取文本分析法,收集他曾主讲过的学位课程的最近十届研究生(2005届至2014届)所提交的课程作业,从中发现并抽取了147份,它们直接或间接涉及其所讲授课程的教学情况。二是访谈法,对于文本中所反映出来的一些事实或感想,有针对性地与一些研究生进行了面对面、邮件或电话访谈,访谈对象既有以他为导师的研究生,也有曾选修其课程的研究生。他们有的已经工作多年,有些还未毕业。而在已工作的研究生中,既有大学校级领导这样的行政干部,也有普通的教师和企业员工。三是依据笔者担任其助教以来的有关谈话记录、观察和体会所获得的一些质性数据。此外,笔者还获取了一些与其相关的研究论文、新闻报道和评论、论坛发(回)帖、微博以及微信,作为本文研究的辅助资料。整个调研从 2013 年 6 月开始,直至 2015 年 4 月结束。经过内容分析、关键词提取以及词频统计等流程,笔者发现,对杨德广教授在研究生培养方面的描述或分析,主要体现在他的课堂教学、课外及生活交往等层面,并可以浓缩为四个单体词:"勤""真""实""爱"。本文就以此为解析框架,论述他的为师之道。

一、以"勤"为师

作为师者、长者,杨德广教授经常在课堂上给研究生强调为人为学一定要勤奋,而这又主要体现在他对时间的利用和珍惜上。数十年来,基于践行他"无为何入世,入世有所为"的人生信条,他几乎放弃了所有的休息时间,全身心地投入工作、学习、研究之中。他被认为是个惜时如命的人,他经常说,"时间就是生命","浪费时间无异于自杀","充分利用时间,提高时间的利用价值,就是延续有限的生命"。目前,他虽已 75 岁高龄,却依然精神矍铄,耳聪目明,步伐矫健,延续着他退休之前那种一贯的、起早贪黑的忙碌生活:一天工作学习十余小时,双休日、节假日也是如此。

就这样,他把"立志、惜时、勤奋"作为激励自己和研究生的人生警世格言,他常对学生讲,"世界上最重要的一个字就是'今',牢牢地抓住今天,而不要等待明天",也常告诫他的学生要"管理好自己 8 小时之外的时间"。也正是如此,他在工作之余仍笔耕不辍,至今出版有关高等教育方面的专著 40 余部,发表文章 500 多篇。我国著名高等教育专家潘懋元先生对他的评价是:"杨德广教授等身的著作是在繁忙的行政领导工作中,午不休、夜少眠,一个格子一个格子爬出来的。"离开大学校长这个工作岗位后,他更没有闲着,如从 2004 年至 2012 年,他撰写并公开发表的科研论文就达 97 篇,平均每年有 12 篇之多。在他看来,教师是他的天职,而科研则是他的生命之光。作为一名高校教师尤其是主要从事研究生教育的教师,科研与教学两者皆不可或缺,教师不断进行科研,能充实自己的教学内容,也是提高教学水平、培养创新型人才的基础和关键。

他的这些丰硕的、不断推陈出新的科研成果,同时也给他的课堂增添了极为丰富的素材,使他能将那些新颖的学术观点和自己的研究心得运用到自己的教学中,从而丰富了教学内容,在一种娓娓道来式的讲授中拓宽学生的思路和视野,大大增强了教学效果。对于这一点,来自上海师范大学教育学院的张艳辉博士深有体会,"(他的课)能紧紧抓住时代的脉搏,站在时代发展的高度,对教育的挑战、问题、应对措施等提出自己的观点,给人耳目一新的感觉"。

明白一个道理,采取一种做法不难,难就难在坚决地执行,一如既往地坚持。在他长达50年的从教生涯中,他身体力行,要求学生做到的,自己首先做到。动人以言者,其感不深;动人以行者,其应必速。杨德广教授就是用他的实际行动教育了学生,感染了学生。如2006届研究生丁静林说:

> 如果不是亲眼所见,也许连我自己也不会相信,只要不是出差、上课,不管是工作日还是周末,几乎都会在教苑楼的办公室里看到他忙碌的身影。每每看到杨老师辛勤工作时,我都会深受感动和感染:一个已届古稀的老人都如此勤奋,作为青年的我们还有什么理由懒懒散散、浪费光阴呢?

另据一位研究生(2007届周红霞)描述,杨德广教授工作很忙,社会活动也多,但上课从来没迟到过一次,有时因为刚从校外开完会回来,连晚饭也顾不上吃就直奔教室上课。而他撰写的那些论文,大都是在他忙里偷闲中写出来的。对此,2012届研究生柳逸青则描述他亲眼所见的一次"震撼":

> 有一次我跟随杨老师到西安参加一个课题调研。第二天清早我去他入住的房间叫他去楼下吃早餐,发现他居然正趴在卫生间的盥洗台上写东西。我很惊讶。没想到他却说:"在宾馆写东西,只有卫生间的光线好些。我的好些文章都是我在外出差时在卫生间里写出来的。"说实话,我真不知该说什么才能表达我当时的惊讶和感受……

此外,杨德广教授善于接受新知和新方法(如他近期对"翻转课堂"教学模式的借鉴应用），惯于终身学习，坚持他自己提出的"工作、学习、研究"六字方针，并一直提倡要积极动脑。为了能形成他常讲的那种"努力工作—努力学习—努力研究—努力工作"的良性循环，他提倡要锻炼好身体。他常以他年幼时的体弱多病到现在的好身体为例，教育学生一定要坚持每天锻炼身体，"身体好是勤奋工作的本钱""健健康康为祖国工作50年"是他常叮咛研究生们的话。

二、以"真"为师

所谓"真"，有先哲对之有很好的解释："真者，精诚之至也。不精不诚，不能动人。"其大意就是：真就是终极的精炼、诚意，不是这样就不能打动人。杨德广教授在研究生培养过程中就恰恰体现出了这种"真"，从而能让学生在一种潜移默化中学到做人做学问的大智慧，领略大境界。

一方面，体现这种"真"就是他常以"真的自己"来教育学生。无论是在课堂上，还是在课外，他都是敞开心扉地与学生交流，甚至"现身说法"，把自己真实且完整地展现在学生面前。如他从不在学生面前忌讳自己的贫苦出身以及曾经遭受的磨难和缺憾，常结合自身的过往经历、生活信条、做人原则、处世之道、养身之道、为官及为学之道对学生进行启发引导，让人深有感触，深受教育。再如，"成才先成人——和研究生谈做人的责任与使命"是他常给研究生上的第一节课。他认为，研究生要做一个有知识的人，但更要做一个有文化、有追求、有信仰的人。于是，他在课堂上也往往以自己为例，谈他的苦难的童年、艰难的青年、磨难的中年、幸福的老年，讲成就他的三大"法宝"：一要有坚定的信仰和志向，二要勤奋，三要有抗干扰能力。他还结合自己做大学校长的经历教育学生要"对金钱看轻点，对名利看淡点，对事业看重一点"。2005届研究生谢青为此感慨道："我觉得杨校长不仅仅是用书本上课，而且是用自己一生和为人作为教材来给我们传授知识。"

这种做法，再加上他那种充满亲和力、语气铿锵有力的讲解，使学生在他那种对"自我"真挚的述说中受到"春风化雨、润物无声"式的教育和影响，这也使他成为"善言""善道"的师者。如2013届研究生饶阿婷认为："结合自己的经历进行教学的方法，首先让我们感受到的是榜样的力量，这使我们在学习中更深入地、全面地懂得了许多做人和做事的道理。"2007届研究生王俊也持同样看法："杨老师的课看似平常，但细细品来，却发现他一点一滴的言谈举止都蕴含着他的良苦用心。"2007级研究生李玉美对此也感叹：

> 杨老师的课对许多已是研究生的同学而言，不能不说是一份久违的精神挑动。经他几番语重心长的教导，大家开始有意无意地追忆起先烈们的壮志，开始重温先贤们的豪情。只有把自己的奋斗动力建立在深厚的基础上，才可能有更高远的跨越；只有上紧了发条的钟表，才能经得起时间的考验而动力长久……

另一方面，体现这种"真"就是他常以"真的事情"来教育学生。这些"真的事"要么是一些现实生活中大家所熟悉的实例，要么是从他多年从事教育管理工作的实践中亲身体验、摸索出来的，学生听后，往往不需太多的思考和分析，就能通其条理、明其精髓。对此，2007届研究生赵玲玲评价道：

> 杨老师在讲到中国教育面临的形势和挑战时，就会联系到中外教育发展的历史进程和当今世界政治、经济发展的格局以及这种趋势对中国教育的影响；在涉及教育的产业性和公益性的问题时，他会联系到教育的属性问题、教育产业的市场支持以及现实性和可行性问题。无论涉及到任何章节的内容，杨老师都能联系到各学科的相关知识，而且他的记忆力非常好，有关教育问题的统计数字他都能脱口而出。

以上这种做法，虽然使他的教学没有什么所谓的"花俏"，但却脉络精密，言近旨远。如2007届研究生胡政莲就认为：

听杨教授的课，总让人感觉不到时间的流逝，因为他的课，没有说教，没有枯燥乏味的理论，而是能让人在工作、学习和生活中得到验证，从而产生共鸣的观点。……他深入浅出、条理清晰、旁征博引的讲解，让我们听他的课感觉就是一种享受。

三、以"实"为师

与他实打实、不愿坐而论道的行事作风一样，杨德广教授在研究生教学中的"实"主要体现在他教学的实践性很强，并在此过程中培养学生多方面的能力。如他曾强调，要通过让研究生主讲课程、专题研讨、教师点评的方式,努力提高和增强他们学习与研究的自主能力。随着近年来研究生招生规模的扩大、招生类型的增多,研究生的培养质量成了广受社会关注的话题。如我们经常会听到,有些研究生导师抱怨自己带的学生"连一段完整的话都写不好"等令人不解和泄气的话。对于这一问题,杨德广教授便提出了"能说会写"这一很具针对性和实用性的研究生培养目标。

"能说会写",看似普通平常,却恰恰抓住了当前研究生培养尤其是教育类硕士研究生人才培养的核心和关键。在杨德广教授看来,所谓"说",绝不是简单的谈话聊天,而是能就某一话题在公开场合清晰地表达自己的见解或观点;所谓"写",也不是简单地写一段文字,而是能够把自己的见解或观点完整无误地用文字表达出来,并能写出符合规范的、达到公开发表要求的学术论文。为了贯彻他力主的"站起来能说、坐下来能写"这一思想,杨德广教授的教学形式多样,在他的课上,不仅要求研究生们以小组形式或独立在讲台上讲授某一个章节、做读书报告、专题研讨和参加学术辩论赛等,还要求写心得感想、写短评、写课程论文。这样做,无疑是克服了目前许多高校研究生教学实践中存在的形式单一(大多以研究生协助导师做科研课题为主)的弊端,大大地提升了学生的动手能力和创新能力。

如对于读书报告,2010届研究生余倩和杨娜就谈道,"杨老师一直坚持课前给我们一刻钟时间进行一次简短的读书报告。这项作业不仅仅是在自己的准备中学到了很多东西。作为听众,我也在其他同学的报告中相当于在一刻钟内了解了一本书。这学期,我们好像都分别读了二十多本书,受益匪浅……";至于专题研讨,2014届研究生周洋的感受是,"他安排我们'一人主讲,人人都讲'并要求我们不要拘泥于某一方的观点,多角度看问题,这样每位同学都要思考并阐述自己的观点,真不轻松……";至于课程论文,杨德广教授对研究生的要求很严格,每一篇他都会认真、仔细地批改。对于他发现的一些质量比较高的课程论文,他都会悉心指导、反复修改,然后帮助学生向一些学术刊物推荐发表。这种做法让研究生体验到了写论文的快乐,提升了他们潜心做科研的动力;至于学术辩论赛,所选主题都是经过师生几轮讨论后才确定下来,既是当前的社会热点、难点话题,也是学术上很有研究价值和意义的问题。为了能让学生充分地准备辩论赛而不流于形式,杨德广教授不仅自掏腰包准备奖品,还会在当天聘请一些老师、高年级研究生作为评委,并邀请其他学院的研究生前来观战,所以现场"火药味十足"。

另外,这种"实"还体现在他的课从来不拘泥于某种固定的模式或套路,总是根据学生以及课程的特点不断做出新的调整,但是有一条不变的逻辑就是,他给学生安排的学习任务与他的授课内容一样,由浅入深,由易到难,逐步培养研究生的能力。对此,2013届研究生陈欠时以他所讲授的"高等教育学"课程为例,总结道:

> 杨老师的课一开始需要我们每两个人一组,选择一个章节以合作的形式主讲。这需要我们首先阅读材料,理解书本知识,同时将自己阅读的内容、将自己的理解表达出来,并且能在阅读过程中思考一些问题,提出自己的想法。第二项任务是学术辩论赛。这需要我们在协作的过程中查找资料,认真讨论,找出自己辩论的切入点和基本点,并揣摩对方可能提出的论点。接着的第三项任务就是针对该课程中的一些难点、热点问题进行专题研讨。这又需要我们查阅大量的资料,对资料进行分析和整理,并且在此基础上提出自己的想法而不是简单罗列他人的观点。最后,再根据所讨论的内容,整理成一篇论文。这又是对该专题的再一次加工。……这种既"说"又"写"、循环往复、层层递进的学习过程使我有一种"成就感":这不仅让我能以比较专业、思辨的口吻,清晰地向他人表达我的观点,还能尝试着写论文了……

所以,凡是选修过他的课的研究生,一学期下来一个比较深的感觉就是"很忙""很累",但又很"充实","收获很大"。目前,为了体现他的这种"实",杨德广教授又尝试把"翻转课堂"的教学模式整合到2014级研究生的课堂教学中,让学生在类似"头脑风暴"式的研讨中经受学术锻炼,也培养了他们信息的收集、消化能力以及多角度分析和解决问题的能力。

四、以"爱"为师

在研究生们的心目中,杨德广教授不仅是一位在学习上"严在当严处"的师者,也是一位"爱在细微中"的长者。他的办公室、他的客厅里常常坐满来访的学生,大家或坐或站,听他谈人生的智慧、交流做学问的方法。学生们每临人生选择的重要关头,如找工作、调换工作、是否继续学习深造乃至婚恋等问题,第一个想到的总是杨老师,希望听听他的想法和意见。

他在学习及生活上关心、爱护他的每位学生。每逢节日假期,他都会召集研究生到他家聚餐。有研究生统计过,每年到他家聚餐不下十次,几乎是逢节必聚。每次聚餐,他一方面忙前忙后,准备食材并亲自动手烧饭做菜,一方面也招呼着大家每人都自己动手做一个菜,并在此过程中亲切地与大家拉家常,了解他们的学习情况、家庭状况以及个人婚恋问题等,这尤其让那些远离家乡、远离父母的研究生们感受到慈父般的关爱。除此之外,他每年还会召集他门下的应届、往届学生回母校参加"阳光之家"大聚会,并坚持包括餐饮、外地学生住宿在内的所有花费都由他来支付。

谈到这样做的原因,杨德广教授认为:一是他们大都是外地学生,每逢佳节倍思亲,把他们邀请到我家里来,聚在一起,希望他们能体会到一点家的感觉。二是教育不仅是传授知识,也是一种相互影响,请学生过来吃饭也是一种教育方式。因为,同学相聚,自然能增加包括学习方面在内的交流,培养感情。我每次还邀请一些居住在附近的往届毕业生加入进来,这样就能更大范围地促进他们之间的交流。三是还希望在此过程中能培养他们在生活以及工作中的大气、大度、大方,并且要有爱心。

卢梭在《爱弥儿》中有一句极有内涵的话,"教育需要爱"。近些年来,除了延续对学生的关爱之外,杨德广教授还把这种关爱延展到整个教育,即从事他的教育慈善事业。2010年,他将自己多年来积攒的讲课费、书稿费100万元以及卖掉一套自住房子后的收入,共筹集300万元,全部用于捐助他曾就读过的小学、中学和大学三所母校的贫困生和优秀生。2012年9月,他又向甘肃的四所乡村学校捐助80万元,用于帮助解决当地贫困学生的上学难问题。从2004年起,上海师范大学"爱心基金"和教育发展基金会每年各收到的第一笔捐款都是来自杨德广教授的,且捐款数额逐年递增,这也是他每年新年后上班的第一天必须要做的第一件事。每年植树节,他都早早地来到学校绿化科,为学校的绿化建设至少捐款1 000元。2015年3月,他自掏经费代表"阳光慈善之家"向上海海湾大学园区捐赠了6 000棵柳竹树苗,用于三所高校校园的植树造林。

需要补充说明的是,杨德广教授每到一处捐款,都事先与对方约定:不要迎送,不要宴请,不收礼物,来回路费、食宿费均由自己支付。他说:"作为一名教育工作者,我愿身体力行,带给学生善的教育;作为一名老共产党员,做慈善是我义不容辞的责任,为国家和社会作出哪怕一点贡献,对我自己也是最大的宽慰。"

他曾是一位生下来经常靠吃野菜、豆渣养活、小时候因为跳入寒冬刺骨的池塘里打捞家中唯一一把镰刀而冻得险些丧命的农民儿子。现如今，他也不是财大气粗的老板，更不是坐拥万贯家财的富翁。但是，与他一直坚持的"勤奋有为"一样，杨德广教授在用他的那种坚韧的实际行动，践行着他常给学生讲的"大学不仅要有大师、大楼，还要有大爱"的思想。他这十多年来捐出的一笔一笔的金钱，除了自己的工资、书稿费、在外上课积攒的收入之外，剩下的就是靠他的节俭。他一日三餐要么在教工食堂，要么就在家里将就一顿，留来访客人吃饭也是在教工食堂。2015年春节期间，笔者一家人到他家里去拜访他并被留着一起吃午饭，替他收拾厨房时，发现一碗应该是上一天就剩下的饭菜，下意识要倒掉，没想到却被正在挽着衣袖做饭的他发现并拦了下来，说是留着下午自己热着吃。他还说，自己平时一块钱的面条、五角钱的鸡毛菜就可以吃上两顿，营养够了就行了，吃那么好干嘛。

现如今，杨德广教授又给自己定下了"有生之年至少要资助3000名贫困生和优秀生"的目标，以实现他退休后能继续做一个有益于社会和人民的人的夙愿。但是，他也深知在社会慈善方面个人力量的有限，于是近年来他还在无意中扮演着一个被媒体称颂为"点燃者"的角色，即他用实实在在的行动而不是言语带动了他周围越来越多的人加入这一事业中来。在这些被他"点燃"的人当中，既有不愿透露姓名、以"杨德广帮困基金"名义一次性捐款200万元的企业家，有罹患恶性肿瘤、在病床上仍坚持认领"一对一"资助对象的、年逾六旬的翁敏华教授，有回国在上海老年大学举办阿尔茨海默病系统护理公益讲座班的海外侨居华人杨健，也有自己的儿女，甚至还有自己年仅六岁的小孙子。

更为重要且有意义的是，他的这种"点燃者"角色还影响了、教育了他的一届届学生。如他已毕业的研究生李福华、陈润奇、靳海燕、陈敏、朱炜、刘岚、汪怿、向旭、季成钧、吴海燕等，在听说他资助32名中小学生并计划一直供他们读完高中、大学的事迹之后，也纷纷追随和效仿他的行动，认领贫困生并"一对一"予以重点资助，有些还拉上家属领取"双份"，有些还专门从外地赶过来认领。2014年初，当杨德广教授打算全部包下当年剩余的四个资助名额时，没想到他的学生陈敏只是在其微信圈里"一招呼"，竟一下涌来20多人前来争抢。

五、结语

杨德广教授不仅是教职员工眼中的"平民校长""绿化校长""自行车校长",对学生更是平易近人、坦诚待人,没有一点校长或大教授的"架子"。但他在研究生培养方面的成就,不仅使他赢得了学生的崇敬和爱戴,也获得了来自政府和社会的众多赞誉。2014年末,他作为老干部的杰出代表,受到了习近平总书记等国家领导人的亲切接见。对于他在这方面所取得的成就,他却延续着与他在高校管理、科研等方面同样的谦逊,这就如同他时常对学生讲的那样:"我一直认为自己水平不高,但是我认为,水平不高,态度就要好。""要做好自己,但求有为,无愧。"

方寸讲坛载仁者心怀,广阔人生显智者风范。杨德广在研究生培养过程中所付出的真情和心血、所体现出来的精髓思想、独到的见解以及方式方法,既是他仁者、智者人生的体现,也是永远值得我们这些高校教师自我鞭策的动力和效仿的典范。

(罗志敏,郑州大学教育学院教授、博士生导师。本文原载《学位与研究生教育》2015年第9期,此处略有改动,注释及参考文献从略)

杨德广：探索高等教育真知的争鸣者

刘 尧

我认识杨德广先生，是从研读他发表的大量高等教育著述开始的，首次偶遇是在"99中国南京·大学教育思想国际研讨会"上。1999年，我到浙江工作之后，在更多的接触中深切感受了杨德广先生的学术与人格魅力。2010年，有幸收到了杨德广先生赠予的《我的教育人生》一书，仔细品读，犹如游历杨德广先生的教育人生。叶圣陶曾说，教育与人生的关系有三点：以教育认识自己；以教育革新自己；以教育成就自己。事实上，杨德广先生正是以教育认识、革新和成就自己，书写自己的教育人生。为此，我曾写过《一位大学校长的教育人生》一文，从农村生活铸就了教育人生基础、研究教育开拓了教育人生视野、教书育人传承了教育人生经验、出任校长实践了教育人生理念、资助教育升华了教育人生理想五个方面，谈了对杨德广先生教育人生的点滴认识。

转眼之间，杨德广先生从教50周年学术研讨会就要召开了。收到会务组的邀请函后，我思绪万千，应该向会议提交一篇什么样的文章呢？我再次研读了杨德广先生的大部分教育著述，尤其是近年来杨德广先生参与过三次高等教育争鸣的论文，再次感受他从教50年来，无论是从事教育行政管理、大学管理还是教育教学工作，始终坚持"工作、学习、研究"的六字方针，在自己的工作实践中发现教育问题，通过学习教育以及相关理论，对教育问题进行科学研究，并将研究成果转化为解决教育问题的有效对策，再经过教育实践或争鸣的检验获取教育真知。在此，我就不谈自己对杨德广先生教育人生的全部感受了，仅仅从三次高等教育争鸣梳理出的五个主要高等教育问题，谈谈作为争鸣者的杨德广先生，对高等教育真知的不懈追求和艰辛探索。

一、高等教育规律:"适应论"还是"本体论"?

高等教育规律是高等教育学学科建设的基本问题,也是高等教育理论研究的核心问题。2012年,陈先哲发表文章认为,中国高等教育的价值在高速发展的经济形势下,迅速从本体价值观向工具性价值观转变。在工具性价值观的驱使下,高等教育脱离了生命的本原,成为满足社会政治、经济需要和个人追逐物质利益的工具,沦为政治的婢女和经济的侍从。针对陈先哲的观点,杨德广先生发表争鸣文章提出质疑,难道高等教育主动适应"高速发展的经济形势"是"工具价值观"吗?不受社会的欢迎,大学毕业生找不到合适的工作,这样的高等教育是有价值的吗?实践是检验真理的标准,同样,实践也是检验高等教育是否有价值的标准。这次的观点交锋,实质是对高等教育"适应论"强调高等教育必须与社会和人的发展相适应的争鸣。事实上,"适应论"并不像"本体论"指责的对人的价值和地位重视不够,过分注重高等教育适应社会的价值而忽视促进个人发展的价值,导致高等教育"目中无人",沦为政治的婢女和经济的侍从。"适应论"不仅强调高等教育适应社会发展,也强调适应人的发展,并且立足人的社会实践,把人的主体性发展看作高等教育活动的基础,把培养人成为社会发展的主体看作高等教育的最高理想。

2013年,展立新和陈学飞发表文章认为,"适应论"不仅颠倒了认知理性与各种实践理性的关系,试图用工具理性、政治理性和传统的"实践理性"等取代认知理性在教学和科研中的核心地位,使国内高等教育难以走上正常发展的轨道;而且在选择某种实践理性为主导的时候,又不惜压制其他实践理性的发展,以至于在高等教育的各种目标之间、不同的目标与手段之间,造成了极大的矛盾和冲突。因此提出,回归认知理性、建设完善的学术市场,是摆脱"适应论"思想束缚的客观要求和未来发展趋势。杨德广先生发表争鸣文章认为,纵观世界高等教育功能的演变和发展、高等教育的本身特征、高等教育的发展历史以及我国的教育方针,可以清晰地看到"适应论"是符合高等教育实际的,是高等教育生存和发展的必然,也是经济社会变革和发展的必然,并非"历史误区"。"认知理性"从理性分工的角度审视高等教育,对于寻求真理有积极的意义,但它属于认识论、思维方式的范畴。我们应该从实践论的角度,而不是"从理性分工的角度"审视高等教育。总之,

"适应论"在理论与实践上,对我国高等教育以及社会发展都起到了积极的推动和引领作用。

事实上,高等教育规律是教育科学的一个永恒主题。古今中外的教育家对高等教育规律都进行过不同视角、不同层次的艰辛探索,取得了一些认识成果。这些成果与当时的高等教育、社会、科技以及人类的认识水平相适应,并随着社会的发展得到进一步深化,向真理一步一步地逼近。概括高等教育规律应考虑几个条件:一是看问题应抓住高等教育的本质,不被各种现象所迷惑。二是概括出的高等教育规律应符合逻辑且是高等教育所特有的、语言应是简洁的、便于理解和运用的特性。三是应对高等教育理论和实践有意义,便于理论体系的形成并能指导实践。从目前研究的成果看,"适应论"是符合上述条件的,是我国高等教育界运用科学方法研究获得的最好成果。高等教育理论与实践在发展,社会也在进步,人们对高等教育规律的认识也将不断地逼近真理。但无论何时,人们对高等教育规律认识的真理性只能是相对的,而且趋近真理的方式也是多方位的,这就有多条相对真理的存在,形成流派纷呈的局面也是很正常的。

二、高等教育属性:"产业论"还是"事业论"?

高等教育属性是高等教育理论的基本问题。关于高等教育究竟是产业属性还是事业属性,一直是有学术争议的问题。20世纪80年代末,杨德广先生就开风气之先,发表《建立教育市场,走出教育困境》《发展教育产业迫在眉睫》等系列文章,旗帜鲜明提出"发展教育产业,建立教育市场"的观点。然而,有些人把高等教育出现的"乱收费、招生受贿、制造假文凭、假学历、假学位"等怪象,通通归罪于教育"产业论"。陈先哲发表文章认为,我国在第一次转型的经济增长,是以GDP为导向的"增长主义"。进而推论,在第一个社会转型期中,高等教育是采取"经济主义路线"为主导,在教育"产业化"导向下发展起来的。杨德广先生发表争鸣文章认为,我国高等教育大发展并不是所谓的教育"产业化"的产物。高等教育是非义务教育,大学不是国家全额拨款的事业单位,理应通过发展教育产业不断壮大自己,增强经济实力,提高办学效益。

2011年,杨东平发表文章认为,90年代末的大学扩招,是当时教育"产业化"思潮的产物,具有很强的经济主义属性。杨德广先生发表争鸣文章认为,这种观点是片面的,不符合事实的。高等教育既有公益性、事业性的特点,又有非公益性、产业性的特点。发展教育产业、拓展教育市场,是促进高等教育发展的重要途径。我国高等教育之所以至今没有走出计划经济的困境,对高等教育的本质属性认识不清,以及没有很好地发展教育产业是重要原因之一。在发达国家,教育产业的观念和实践很早就有了。美国的高等教育体制机制之所以比较灵活,能培养出大量杰出人才,很重要的一个原因是走了发展教育产业的道路。

事实上,教育是不是产业,早已有了定论。在中国加入WTO时,就已经将教育划归第三产业。1998年亚洲金融危机,为了拉动经济发展,我国政府确实是把教育与基础设施、房地产、汽车产业作为刺激经济复苏的途径。发展教育产业是大学扩招的直接动因,但并不是唯一的甚至根本动因。杨德广先生认为,大学扩招不能简单地归咎于某一方面的因素,应全面地、客观地从多视角来分析。改革开放后,我国经济社会蓬勃发展,人才的重要性越来越凸显,各行各业都感到人才紧缺是制约发展的瓶颈。这是第一个动因。20世纪90年代中期以后,随着经济快速发展,人才供需矛盾非常突出,浙江、江苏等地因人才紧缺,高校便"擅自"扩招。这是第二个动因。随着经济社会的发展,"知识能够改变命运""人才是第一资源"的观念越来越深入人心,广大家长都希望子女接受高等教育。这是第三个动因。

三、高等教育体制:"多元论"还是"一元论"?

改革开放以来,伴随着我国经济体制的根本性转变,仅仅由国家单独举办高等教育的弊端日益凸显,不改革就难以满足国民的高等教育需求。针对这一实际,1992年杨德广先生发表文章提出,高等教育要走出困境,实现可持续发展,应该大力发展民办高等教育,实现办学主体多元化。陈先哲发表文章认为,大量民间资本纷纷进入民办高等教育……造成穷人要花更多的钱,接受高昂的民办高等教育。杨德广先生发表争鸣文章认为,这一观点不仅是无稽之谈,也与民间资本进入民办高等教育毫无关系。相反,国家可以把更多的钱投入公办高等教育,为"寒门弟子"提供更多享受公办高等教育的机会。因此,把"寒门弟子"问题归罪于民间资本投入与民办高等教育的发展,是"风马牛不相及"的。2012年,杨德广先生在接受《中国社会科学报》专访时提出,我国民办大学的发展壮大,为发展教育事业、推动高等教育大众化，为更多学生实现上大学的梦想创造了条件。

2011年，杨东平发表文章认为，"公办大学举办的假民办的独立学院造成的不公平竞争，损害了真正的民办大学的发展"。杨德广先生发表争鸣文章认为，这种批评太过武断，也不符合事实。独立学院是我国高等教育改革发展的产物，是在大学扩招与民办高等教育发展过程中异军突起的一批新型大学。无论是"民有民营""公有民营"，还是混合所有制的独立学院，都是真民办，而非假民办，其共同特点是非政府投资举办的大学，主要办学经费不依赖政府而依靠学费及社会投资，这是"中国特色"的民办大学。杨德广先生还强调，独立学院挤占民办大学招生名额是不公平竞争的说法也难以成立，因为每所大学的招生名额都是独立下达的，不存在谁挤占谁的问题，民办专科院校只能招收大专生，与独立学院存在与否没有直接关系。独立学院不仅不会损害其他民办大学的发展，而且有力地推动了民办本科教育的发展，也满足了人民群众多样化的高等教育需求。

事实上，独立学院是我国高等教育大众化的特殊产物，前身是公办大学下设的民办二级学院。它是在人民群众接受高等教育热情高涨，而公办高等教育的投入不足和民办高等教育发展困难的背景下，我国大学探索出的一种新型办学模式。杨东平说独立学院是"假民办"，主要是指独立学院既利用了民办的机制便利、收取高额学费，又在实际上借助公办大学的教育资源办学，具有优于民办大学的资源与学历优势，与民办大学处于不公平的竞争地位。因此，教育部本着"积极发展、规范管理、改革创新"的思路，对公办大学的民办二级学院进行规范后称为独立学院，并提出了"六个独立"的具体办学要求。这些措施实际上是对民办二级学院普遍存在的公共治理结构不合理、管理体制不健全、民办机制不完善等重大不明晰关系的积极调整，让民办二级学院转变为真正的独立学院，真正回归民办大学的属性。

四、高等教育发展："规模论"还是"质量论"？

改革开放初期，我国大学毕业生全部由国家包分配，如果不服从分配，不仅即"取消分配资格"，而且不发毕业文凭。许多毕业生因"不服从分配"而受到处分，教育主管部门和学校都为此感到头痛。针对这一情况，杨德广先生先后发表了《改革大学毕业生分配制度的几点建议》《现行大学毕业生分配制度的弊端及改革意见》等一系列文章认为，大学毕业生分配制度改革是人事制度改革的重要组成部分,必须与我国农村经济改革、城市经济改革相适应,并要为经济改革和各方面的改革输送人才起促进作用。基于此认识,杨德广先生提出,大学毕业生分配计划应实行弹性制,允许适当调节计划,把毕业生分配工作纳入人才市场。近年来,对于解决大学生就业难,杨德广先生发表《大学生就业难"难"在哪里》等文章,提出解决大学生就业难的建议:一是社会要完善就业市场,建立毕业生就业的多元化、多渠道的人才市场;二是大学要适应就业市场,切实改变"重招生轻就业、重培养轻使用"的问题;三是大学生要走进就业市场,在知识、能力等各方面努力适应人才市场的需要。

2011年,杨东平发表文章认为,扩招导致大学出现了庞大的贫困生阶层,造成教育质量滑坡,大学生就业难等突出问题。杨德广先生发表争鸣文章认为,这些问题在一部分地区和大学确是存在的,但与扩招为各行各业培养的大量人才相比,与对经济社会发展的贡献相比,与满足了广大人民群众上大学的需求相比,是次要的、非主流的。表面上看,扩招后贫困生多了,实际上是贫困生上大学的人多了,这是好事并非坏事。至于"教育质量滑坡",不能笼统地、抽象地说质量滑坡。扩招后,完全可以通过抓改革不断加以解决。从整体而言,高中毕业生变成了大学毕业生,质量肯定提高了。至于"大学生就业难",表面看就业压力很大,但如果不让高中生上大学,他们在知识、能力、整体素质等方面没有提高,就业则更加困难。杨德广先生强调,应充分肯定扩招的必然性、必要性以及所发挥的巨大作用,不能一叶障目全盘否定。扩招的主流是好的是积极的,是顺应社会发展和人民群众意愿的。扩招也加快了高等教育大众化的步伐,为我国从人口大国迈向人力资源大国奠定了坚实的基础。

任何改革措施都有其利弊,扩招也不例外。近年来,扩招确实出现了杨东平提出的问题,这是客观存在无法否认的事实。如何解读这些问题,关系到我国高等教育未来的发展。事实上,扩招不仅实现了高等教育大众化和改善了大学办学条件,更为重要的是优化了高等教育结构,推动了人才培养模式改革与专业结构调整,增强了质量意识、激发了办学活力,同时也使社会对高等教育的看法、社会的就业观念发生了深刻变化。从西方高等教育发展看,规模扩张随之而来的是不同程度的质量下滑。从高等教育发展规律来看,规模与质量交替成为矛盾的主要方面,在规模大发展时期,由于师资准备不足、生源质量的较大差别、对学生不同要求的迁就,以及校舍和设备的不足等,质量必然会受到相当大的影响;在规模扩张后的时期,就需要狠抓质量和效益的提高,协调好数量、质量与效益的关系。因此说,扩招出现的问题,是改革发展中的问题。今天反思扩招的利弊,应该实事求是地分析,既要找出问题吸取教训,又要肯定成绩总结经验。

五、高等教育价值:"效益论"还是"公平论"?

长期以来,如何处理好高等教育发展中的"效率优先"与"公平优先"的关系,一直是有争论的热门话题。2011年,杨东平发表文章认为,今天我们反思和构建高等教育发展,讨论发展模式的问题,应当在以人为本,全面、协调、可持续的科学发展观新视野中,告别对规模、速度、数量、升学率等被称为"教育GDP"的片面追求,摒弃单一的"效率优先"和发展主义导向,转变发展模式和增长方式,走向内涵式发展,提高质量和效益。同时,按照责任政府、有限政府、法治政府、服务政府的理念,转变政府治理方式,建设中国特色的服务型政府。政府的教育责任和服务功能,首先是保障教育公平。显然,杨东平坚持"公平优先"的高等教育发展观,强调政府的责任就是保障教育公平。

杨德广先生发表争鸣文章认为,效率和公平是辩证的统一,要统筹兼顾,不能厚此薄彼,也不能顾此失彼。追求公平是社会主义制度和社会主义教育的本质规定和内在要求,教育改革必须坚持公平原则。在不可能做到绝对公平的情况下,教育政策的选择要倾向于实现多数人利益的公平。但在教育资源非常紧张的情况下,必须坚持"效率优先,兼顾公平"的原则。对于杨东平的"政府的教育责任和服务功能首先是保障教育公平"的观点,杨德广先生则认为,政府首先应抓发展,大力增加高等教育资源。没有充足的高等教育资源,何以"保障教育公平",只能是纸上谈兵。公平是目标,发展和效率是实现目标的手段。两者是相辅相成,互相促进的。效率的提高有助于机会的增加,从而促进公平的实现;公平也有助于效率的提高,当人们从切身利益中感受到公平时,便会主动积极地投入生产劳动产生巨大的社会效率。在坚持"效率优先"的同时,必须通过制度安排和政策调整来推进教育公平。

在谈到公平与效率时,许多人都有认识误区,认为公平与效率共同构成了一架天平,增加了公平的砝码,会带来效率的下降;增加效率的砝码,又会产生不公平。似乎公平与效率是鱼和熊掌不可兼得。事实上,从公平与效率的关系看,效率决定公平的发生,只有当效率提高到有剩余物品产生后,社会才出现公平的问题。公平的实现要以效率的提高作为保证。公平对效率也有制约作用,社会不公平增加时,会引起社会不满甚至影响社会稳定,这样势必会影响效率的提高。教育公平属社会的生产关系范畴。教育公平是人类的一种理想,是社会公平在教育领域内的反映。教育公平是有原则的、相对的公平,是人类永恒的追求。从教育史看,教育公平是随着社会生产力的发展,教育规模的不断扩大,以及教育资源配置效率的提高而不断向前推进的。教育公平与效率是相辅相成的关系,要保持教育公平与效率的平衡,就要在效率中求公平,在公平中求效率。

六、高等教育争鸣:"问题论"还是"胜负论"?

科学哲学家波普尔说:"科学的第一个特征就是始于问题。"其实,高等教育争鸣也同样要从问题开始,或者说始于问题。高等教育争鸣如果不针对问题、不回答问题、不从问题开始,就会失去争鸣的价值。高等教育争鸣的价值,在于启发和引导人们发现、认识和解决高等教育问题。那么,为什么不同的人会有不同的高等教育争鸣选择?一个重要原因就在于所关心的高等教育问题不同。为什么不同的高等教育争鸣会有不同的命运?一个重要原因在于是否正确地提出了高等教育问题。就是说,高等教育对争鸣的需求程度和争鸣的价值实现程度,在一定意义上取决于争鸣是否正确分析与解决了高等教育问题。没有问题意识,不关心、不关注问题,不分析、不解答问题的高等教育争鸣,势必得不到人们的关心和关注。

高等教育争鸣不是自言自语,不是私下的观察或背后的议论,而是一种面对社会的广泛交流。高等教育争鸣是一项严谨的学术争鸣,要以严肃负责的态度去发现、研究、判断、表述高等教育问题。古人云,能正确地指出我的长处者,该是我的朋友了;能准确地指出我的错误者,就是我的老师了。高等教育争鸣也是这样:是其是、非其非,最终目的在于实事求是地分析与解决高等教育问题,而不是争鸣者之间的意气之争,更不是在争鸣者之间论出胜负。"静坐独思己过,闲谈莫论人非"这种儒家独善其身的理论,不适应高等教育争鸣。争鸣就要提倡多批评议论,形成健康争鸣环境,培养良好的争鸣风气。因此,对争鸣者来说,不仅要准确、深刻地认识并提出高等教育问题,还要以高度的责任感坦然地向社会宣布自己的见解。

鉴于社会风气和学术风气等种种原因,不少高等教育学者从消极方面吸取教训,遂使其求真的勇气冷却了不少,从而弱化了争鸣的求真功能。然而,杨德广先生乐于探索高等教育真知,积极参与高等教育争鸣,为沉闷的高等教育界增添了活力,也为年轻学者树立了榜样。从三次高等教育争鸣的问题与争鸣的态度来看,杨德广先生满怀实事求是之意,全无哗众取宠之心;尽显直面问题之诚,毫无看人论事之嫌;张扬直言不讳之理,从无是非不明之行。虽然,今日的高等教育争鸣还不尽如人意,但有如杨德广先生一样的乐于争鸣的学者,有勇于编辑争鸣文章的编者,以及敢于刊登争鸣文章的报刊……我相信,探索高等教育真知的争鸣之火就不会熄灭,星星之火可以燎原。

(刘尧,浙江师范大学教育评价研究所所长、教授。本文原载《高等理科教育》2015年第4期,此处略有改动,注释及参考文献从略)

一位大学校长的教育人生

刘 尧

新中国成立60年来,高等教育与祖国共命运、与时代共进步。在党的领导下,我国高等教育在一个经济落后、文化教育很不发达的基础上,在探索中不断改革,不仅在规模、条件、实力、质量等方面实现了跨越式发展,而且在人才培养、科学研究、文化创新与和谐社会建设方面扮演了日益重要的角色。可是,国人无不遗憾地感叹,60年来我国再没有出现过像蔡元培、梅贻琦、竺可桢等具有典范意义的大学校长。笔者在为此倍感惋惜的同时,也很欣慰地发现朱九思、刘道玉、张楚廷、杨德广等一批富有教育思想与个性的大学校长,以高等教育研究与实践为职业,成为新中国大学校长的优秀代表。2010年初,我收到上海师范大学原校长杨德广的《我的教育人生》一书,仔细品读后有颇多感受,如同游历了杨德广校长的教育人生。叶圣陶先生认为,教育与人生的关系有三点:以教育认识自己;以教育革新自己;以教育成就自己。从《我的教育人生》可以看出,杨德广校长就是以教育认识、革新和成就自己,书写着自己辉煌的教育人生。

一、农村生活铸就了教育人生基础

杨德广出生在江苏省江宁县(今南京市江宁区)上坊村的一户农民家庭,曾祖父、祖父、父亲都是以务农为主维持一家人的生活。杨德广在农村生活到13岁,小学毕业后考入南京市第九中学;高中毕业后考入华东师范大学,大学毕业后留校工作;"文革"中下放到吉林延边劳动,1977年返回华东师范大学工作;后调上海市高教局、上海市高等教育研究所、上海大学、上海师范大学任职,其间担任了10年大学校长,一直没有离开高等教育领域,也没有间断过高等教育研究。就在退休以后,依然活跃在高等教育战线,曾出任民办震旦职业学院院长,支持民办高等教育发展;现在仍继续担任中国高等教育学会等学术团体的领导职务,深入研究高等教育理论与实践问题。2010年,在他70岁生日时,毅然决定将自己的稿费、积蓄和房产捐出,筹足300万元,细水长流地资助贫困学生,资助范围包括他就读过的小学、中学和大学。

杨德广校长坚定不移的信念,刚直不阿的个性,吃苦耐劳的精神,勤俭节约的习惯,以及对工作的责任心、事业心,无不与农村生活的磨炼有关。在农村生活的13年,留给他极其深刻的印象,为他的教育人生奠定了坚实的基础。正因为有童年和少年时代农村艰苦生活的宝贵经历,他才知道应该怎样做人、做一个什么样的人,才知道应该怎样做事、做什么样的事。因此,在后来长期的教育工作中,他以"立志、勤奋、惜时"为人生的座右铭,形成了自己"有一种无私奉献的精神、有坚韧不拔的毅力、有抗干扰的能力"的教育人生三大法宝。他把教育人生的最大价值定位于为社会发展、为人民利益做出贡献。无论在什么工作岗位上,他都立志、立业、立言、立德,干一行、爱一行、钻一行,全心投入,全力以赴,以高度的责任感和事业心,敬业尽责,爱祖国、爱人民,勤奋工作,勇于进取,廉洁奉公。几十年来,他的业余生活均奉献给了高等教育研究,对我国高等教育的发展和改革发表了一系列积极的意见和建议。

杨德广校长在高等教育研究中,一贯坚持理论研究、坚持改革创新,尤其注重把理论研究与实际工作紧密结合起来。长期以来,他一直坚持"工作、学习、研究"六字方针,即:干什么工作就要努力去干好,要干好就围绕这一工作努力学习,并对工作、学习的结果进行研究,进而上升到理论层面,然后将研究成果应用到教育实践中,以研究成果指导实际工作,形成了"努力工作—努力学习—努力研究—努力工作"的良性循环。他虽然工作繁忙,但从来没有间断过对高等教育的研究。他在工作实践中深深体会到,不从事教育研究就无法搞好教育管理工作,就无法领导好一所学校。他从事高等教育研究和管理工作以来,始终把高等教育研究与实践紧密结合在一起,成为我国对高等教育现实问题进行理论研究的杰出代表之一。

"无为何入世,入世有所为",这是杨德广校长的教育人生哲言。教书育人、改革创新、捐资助学……他用丰富的教育人生故事诠释着"所为"的内涵。韩愈在《师说》中说:"师者,所以传道授业解惑也。"杨德广校长无疑是出色地完成了"传道授业解惑"的"师者"职责,同时,他更是以身立教,以自己的光辉实践"传道",廉洁自律,公而忘私,成为"人之师表"。《我的教育人生》一书,生动具体地画出了一个"师表"形象,张扬了珍贵的师德、师风、师能、师魂。杨德广校长如今倾毕生所蓄资助教育之举,正是他一以贯之的高尚师德师风的闪光。

二、研究教育开拓了教育人生视野

杨德广校长在高等教育研究中,观点鲜明、直言不讳,具有理论创新的勇气和科学探索的精神。1965年从华东师范大学毕业留校从事教育管理工作时,他就下决心把马克思主义教育思想与中国教育实践相结合,努力探索高等教育发展的理论和道路。我国高等教育发展的不同时期,他都能敏锐地发现高等教育实际问题,开展高等教育理论研究,为我国高等教育的健康发展提供了有效的咨询服务。因此,我国著名高等教育学家潘懋元教授曾这样评价杨德广:"从实际问题出发,进行理论探索提出自己的理论观点,再回到实践中检验。视野宽阔,行文质朴流畅,说理深入浅出。……凝聚了一位高等教育专家对高等教育事业的热诚和毅力。"很多学者讲,"要了解中国高等教育的动态和现状,应看看杨德广的文章"。下面我们随手截取点滴,即可以窥见全貌。比如:20世纪80年代初,我国正面临世界新技术革命的严峻挑战,最根本对策是培养人才、提高民族素质。而我国高等教育的数量与质量都无法适应新技术革命的需要,大学毕业生普遍存在着专业面窄、能力不强等问题。对此,杨德广在1984年就提出"必须认真研究高等教育的具体对策,搞好结构改革"。针对当时我国高等教育的专业结构不能适应新产业、新产品结构发展的情况,他提出应建立合理的专业结构的观点,即"减少和合并一部分专业,建立综合性的大专业","增设和发展新专业与紧缺专业"。他的这些见解,对当时我国高等教育专业结构调整具有借鉴意义。

改革开放初期,我国对大学生实行包分配的制度,大学毕业生全部由国家包分配,如果不服从就"取消分配资格",不发毕业文凭,许多毕业生因"不服从分配"而受到处分,教育主管部门和学校都为此感到头痛。针对这一情况,杨德广校长提议研究大学生毕业分配问题,并通过深入调研论证,率先提出毕业生分配计划应实行弹性制,允许适当调节计划,召开"供需见面会",把毕业生分配工作纳入人才市场。为此,他先后发表了一系列文章,其主要观点和建议均被上海市政府主管部门采纳,上海市率先在全国召开了大学毕业生供需见面会,并调节分配计划,使上海市大学毕业生的分配制度改革得以比较顺利地进行。

改革开放以后,西方各种社会思潮传入我国,对大学生影响很大,给大学德育工作带来许多新问题。在此背景下,杨德广校长承担了"西方思潮与当代中国大学生"研究课题。为了弄清西方社会思潮在大学生中的传播情况,他先后对复旦大学、上海交通大学、上海外国语学院、上海戏剧学院等大学的近1 000名学生进行了问卷调查,并搜集了其他地区大学的有关调查材料。经过深入研究,最后形成了《大学德育论》研究专著,批评了当时存在的"德育从属论""德育取消论""德育代替论""德育悲观论"等消极观点,提出的德育首位论、地位论和到位论,以及大学德育的原则、方法、途径,得到了高等教育界的广泛认可,对新形势下大学德育工作起到了咨询与引导作用。

针对我国教育经费严重不足、影响了教育事业发展的实际。杨德广校长在1989年发表的《中国高等教育的问题及出路》一文中,提出了解决我国教育经费不足的办法和对策。他指出,要解决我国教育经费短缺的问题,需要采取以下对策:第一,国家和各级政府、部门要调整财政支出结构,切实把教育投资放在首位,改变教育是非生产性投资的观点;第二,大力压缩其他方面的开支,挤出钱来办教育;第三,调整教育结构,提高教育经费的利用率;第四,学校在开展为社会服务中增加收入、积累资金,有条件的学校可以发展产业;第五,建立董事会、基金会;第六,收取学杂费,改变学校包下来的状况。他提出的这些对策和建议,对于我国形成高等教育经费多元筹措机制起到了积极的咨询作用。

随着我国社会经济的发展,高等教育已经无法满足国民对教育的需求,单一的、由国家单独举办大学的弊端逐渐凸显。针对这种情况,1992年杨德广校长积极关注发展民办大学的问题。在《我国应积极稳妥地发展民办大学》一文中,分析了民办大学应具有经费自筹、办学自主、灵活多样的三个特点,提出了"新型民办大学要突破旧模式、改变旧体制、转换旧机制,探索社会主义初级阶段新的办学路子"的观点。他建议,健康、稳妥地发展民办大学,必须采取以下对策:一是解放思想,积极鼓励和扶持民办大学的发展;二是制定法规,确保民办大学健康发展;三是逐步将部分公立大学改为民办大学。在以他为代表的一批专家学者的倡议下,在政府的大力推动下,我国民办高等教育得到了快速的发展。

改革开放以来,我国的经济体制发生了根本性的转变。经济体制的变化必然要求教育做出相应的变革。杨德广校长针对这一实际,撰写了《经济全球化与教育的发展与改革》一文,从加入WTO后我国教育面临的挑战、知识经济时代教育的功能等问题入手,分析了新时代教育面临着来自发达国家的政治、经济、文化、意识形态等各方面的严峻挑战,论述了时代给教育发展带来的机遇,提出了可充分利用国际教育资源和对我国教育发展有力的经验发展教育。他在这些研究的基础上提出,中国应树立现代教育观念、建立现代教育体制、构建现代教学内容、培养现代化的人才。这些研究成果,无疑对丁我国应对经济全球化的教育改革具有启发作用。

三、教书育人传承了教育人生经验

杨德广校长在关注高等教育实际问题的同时,积极参与高等教育学学科建设,构建现代高等教育学学科体系。早在1983年,他就参与了由潘懋元主编的我国第一部《高等教育学》的撰写工作,随后又主编了四部"高等教育学"著作。1989年,他发表了《对十年来高教理论中若干问题的探讨》一文,对高等教育学学科的相关问题进行了理论研究。在文章中,他探讨了教育的本质属性、教育方针、高等学校职能、现代教育思想、培养目标、教学论、高等教育与商品经济相适应等高等教育学科发展过程中必须明确的问题。同年,他还撰文探讨了教育理论贫乏及其出路问题,为构建现代高等教育学学科体系提出了宝贵的建议。20世纪90年代后,随着社会的发展变化,原有的《高等教育学》已不适应时代的要求,于是他开始积极探索现代高等教育理论。1995年在发表的《关于建立现代高等教育学的探讨》一文中提出,建立现代高等教育学有三方面的原因:一是现代科学技术的高度发展,对人才素质和高等教育功能提出了新的要求。传统的高等教育学关于高等教育的任务和大学功能的理论,已不适应现代社会的要求,应建立现代高等教育学来阐明和论述这些问题。二是社会主义市场经济的建立和发展,对人才素质和高等教育功能提出了新的要求。大学在培养目标、教学内容、教育方法等方面都将发生较大的变化,迫切要求建立现代高等教育学。三是要解决高等教育面临的困惑和问题,必须建立现代高等教育学。杨德广认为,现代高等教育学应有自身的理论体系。其理论体系主要包括绪论、大学原理论、大学学生论、大学教师论、大学教学论、大学德育论、大学体育论、大学科研论、大学产业论、大学装备论、大学制度论、大学管理论。他指出,建立现代高等教育学,一方面要吸收传统高等教育学的精华,另一方面要克服传统高等教育学中的弊端。

杨德广在高等教育学的学科建设方面,除了积极探讨学科理论体系之外,还参与高等教育学人才的培养工作。他自1995年开始招收高等教育学研究生,至今已经培养了数十名硕士、博士研究生。他的教学一直以新、广、实而闻名。新,就是在教学中紧紧抓住时代的脉搏,站在时代发展的高度,对教育的挑战、问题、应对措施等提出自己的观点,给人耳目一新的感觉;广,就是授课内容涉及的范围非常广、资料丰富翔实、视野宽阔;实,就是理论功底扎实,结合教学实际进行讲学。同时,他结合自己的教育人生信条、做人原则、做领导干部之道进行启发引导,培养了一批富有教育人生理想的高等教育工作者。

四、出任校长实践了教育人生理念

杨德广在高等教育实践中是一位有个性、有风格、有理念的大学校长。作为大学校长,他的突出特色是,以自己对高等教育的研究成果指导教育实践。早在1993年,他任上海大学校长时,就到全国许多地方进行调研,提出"高等学校要走进市场,才能走出困境。1995年,他继续思考建立教育市场的问题,并提出"大学校长不但要找市长,更要找市场",逐步形成了"发展教育产业,建立教育市场"的观点。在1996年6月,杨德广出任上海师范大学校长后,针对办学经费严重不足的实际,提出不能"等、靠、要",必须适应市场经济,探索新的教育理念,开拓新的发展路径。他边研究边实践,改变计划经济时期"等、靠、要"的思维模式,主动找米下锅,使上海师范大学在短时间内就发生了巨大变化。

杨德广校长在教育实践和研究过程中,发现我国不少大学领导和教师对学校的发展存在一种急躁情绪、烦躁情绪、盲目攀比情绪,其实质是定位观问题。于是,他提出各类大学要"正确定位、安于本位、各就各位",并运用到自己的教育实践中,受到教育部领导的充分肯定。他到任上海师范大学后,明确提出"全面面向基础教育,全方位为基础教育服务"的办学指导思想,不与名牌大学攀比,正确定位,安于本位,主要培养"宽口径、应用型"人才,强化"规模大、品种多"的优势,做到大中有小,多中有精。与此同时,他针对学校实际,积极进行教学改革,推行学分制,实施"充实教育",加强大学精神文明建设,优化育人环境,使学校的教育教学质量大为提高。

杨德广校长其所以成为上海师范大学校史上烙下印记的成功校长,不仅在于他是一位有理念的校长,还在于他是一位"平民校长":严于律己,两袖清风,克己奉公,身先士卒。他到上海师范大学任校长之时,就公开为自己"约法十章",包括不要学校住房,不要专车接送,不拿兼职费,不要别人代写文稿,不利用职权为个人和亲属谋私利,等等。"为官一任,造福一方",这是"平民校长"的执政誓言。他相信,只有两袖清风,才能一身正气。正是这"一身正气",他取得广大师生的信任和支持,用魄力与智慧在上海师范大学创造出辉煌的业绩。"平民校长"不是作秀的姿态,而是发自内心的。《我的教育人生》一书冠名"从农民的儿子到大学校长",他的人生观根植于生他养他的土地,他的权力观始终与普通人的命运紧密相连。

改革开放以来,高等教育战线上的诸多争论,无不与教育理念有关。在对现代大学特点的讨论中,杨德广校长明确表示,不赞成追求"大、全、高",即规模大、学科全、楼房高。他认为,大学的根本使命在于推动社会的发展和促进人的发展。大学应有"四大":大师、大业、大度、大雅。就是说,大学要有精神,大学精神实质上是大学人的精神,是为社会发展、人的发展而追求真理、探索新知、勇于创新的精神。因此,他在上海师范大学的教育实践中,坚持以人为本、德育为先,努力提高学生的全面素质。这些,都显示了他的教育理念的先进性与教育实践的科学性。

有记者曾经问杨德广,什么样的人可以当校长?他说,当校长应具备四个力,即能力、精力、魄力、效力。这是杨德广当校长的切身体会,也是他研究大学校长的成果。能力指校长要有管理能力,最重要的是有善于调动各方面积极性的能力。大学校长只有把主要精力投入学校管理中去,才能把全校教职员工的积极性调动起来。魄力指做任何一件事情不可能让每一个人都满意,凡是对多数人有利、对全局有利、对长远有利的事就坚决去做。当校长,必须讲效率,办事必须有效果,效率加效果统称效力。从1996年起,杨德广校长提出,在上海师范大学每年做10件实事,都取得了很好效果。

五、资助教育升华了教育人生理想

杨德广校长在他70岁生日时,分别与母校南京市第九中学和南京上坊小学签约,将在两校设立帮困助学金和奖学金。每年向每所学校捐赠 5 万元,首期连续资助 5 年,共 50 万元。这是杨德广捐资助学"蓝图"的一部分。他郑重承诺,将自己的稿费、积蓄和房产捐出,筹足 300 万元,细水长流地资助贫困学生,资助范围将从小学、中学母校,拓展到大学母校。这一倾毕生所蓄、助贫困学子的高尚行为,赢得社会的广泛赞赏。杨德广校长说:"当年,我这个农民的儿子背着一个旧麻袋,口袋里装了 3 元钱到上海读大学,后来成了大学教授、校长。我对贫困生的困窘深有体会,希望尽自己一份力帮助部分学生顺利完成学业。""我是个有 50 年党龄的共产党员,永远做一个有益于社会、有益于人民的人是我的人生宗旨。我年事渐高,感觉在事业上很难再有大的作为,因此想多做一点慈善事业。"

其实,杨德广资助教育的殷殷之情绵延悠长。每年 1 月 4 日,杨德广都要去上海师范大学工会,捐出 2 000 元入"爱心基金"。2009 年,上海师范大学成立了学校教育发展基金,杨德广校长又是"第一捐":2 009 元;2010 年又捐了 2 010 元。学校 50 周年校庆,他又捐出 1 万元。每年植树节,杨德广校长都会向上海师范大学捐出 1 000 元"绿化款"。

杨德广校长以共产党员的浩然正气,以大学校长蓬勃朝气,以教育专家的求真勇气,书写着自己辉煌的教育人生,几十年如一日,无私奉献,辛勤耕耘,不断探索,大胆实践,为我国高等教育事业做出了贡献,成为新中国大学校长的优秀代表。

(刘尧,浙江师范大学教授、教育评论研究所所长。本文原载《高校教育管理》2011 年第 5 期,此处略有改动,注释及参考文献从略)

人格魅力、育人理念和管理智慧

——教育家杨德广的大学治理之道

蒋进国　桑华月

大学校长,一个让人心生敬意的称谓,长时间以来,被赋予智慧、胆识、坚守和远虑的内涵。教育家陶行知说:"校长是一个学校的灵魂,要想评论一个学校,首先要评价该校的校长。"当翻开上海师范大学原校长杨德广先生的这本《从农民儿子到大学校长——我的教育人生》时,会觉得这本书迥异于那些从理论上对大学校长指点江山的文字,质朴无华的语言闪烁着长者的人生感悟,身临其境的叙述流淌着教育家的睿智谦和,一个农民儿子的成长历程徐徐展开。捧读这本书,笔者认为与其说他向我们展示了一个大学校长的真实人生,不如说在教我们如何做人;与其说他让我们认识了一个出身贫苦的农民儿子,不如说他提醒我们关注人的价值;与其说他在阐述大学校长应该做什么,不如说他在告诉我们大学校长不应该做什么。

一、农民儿子的人格魅力

2010年2月,杨德广先生在其70岁生日时,拿出积蓄变卖房产,筹集300万元,资助他曾就读过的小学、中学和大学的贫困学生,勉励学子们奋发有为。他也许是在用这种行动传达一个信息:贫穷和苦难是一笔宝贵的人生财富。杨先生自幼家境贫寒,七八岁就下地干活、上山砍柴,从小学到大学都是典型的贫困生,但正是苦难生活的磨砺,为杨先生的人生注入坚守、执着和淡然,教会他如何做人。作为大学校长,首先要从自己的成长历程中汲取做人经验,明确人生目标,写好一个大写的"人"字。

大学校长的人格魅力是全方位的综合体,是智力、精力、体力和魄力的结合,是理性、意志、心胸和操守的统一。数十年来,杨先生晚上11点半休息,早上6点起床,每天工作学习16个小时,精力充沛。从初中一年级开始,他每天坚持体育锻炼,在华东师大的五年里,每天两次长跑,一年四季坚持用冷水洗脸洗澡,练就了一副铁脚板和强健的身体。同时,杨先生是一个惜时如命的人,决不让宝贵的时间白白流逝,他说:"立志、勤奋、惜时,是我人生的座右铭。要有一种无私奉献的精神,要有坚韧不拔的毅力,要有抗干扰的能力,这是我前进道路上的三大法宝。"

20世纪80年代初,杨先生在上海市高教局工作时,空余时间比较多,就忙于学习、写作和研究,阅读大量的关于人才学、科学学、未来学等方面的书籍,撰写相关论文。他感到"不从事教育研究工作,就无法搞好教育管理工作,就无法领导好一个单位、一所学校"。因此,他坚持用教育理论指导教育实践,每天抽出两个小时用于教育研究和写作。

除了坚强的意志和强健的体力,大学校长还要有开阔的心胸。杨先生在书中坦言:"当你想不开的时候,到两个地方走走,一是殡仪馆,参加向遗体告别,我们总有这一天的,人生不过如此,有什么好计较的呢?二是到大海边,在浩瀚无垠的大海面前,自己多么渺小,个人不过是沧海之一粟,倘若离开大海,很快便会蒸发掉,则一事无成;只有汇入大海,才能产生汹涌澎湃的巨浪。"有了这样的超脱和淡然,就把"金钱看得轻一点,把名利看得淡一点,把人生看透一点,把事业看得重一点",自己行得正走得直,工作中就会不令而行、不怒而威。

杨先生在上海师范大学"约法十章":不要学校住房,不要专车接送,不公车私用,不拿兼职费,不拿加班费,不参加旅游性会议和疗养,不到外宾楼吃饭,出差不乘软卧,不要他人代写文稿,不利用职权为个人和亲属谋私利。大学校长时常处于风口浪尖,需要大智若愚的人生智慧。这个"约法十章",既是他的做人准则,又是他的保护神。坚持这个准则,是对个人毅力和勇气的考验。比如骑自行车上下班,"有人说校长骑自行车影响了学校形象,也有人说我骑自行车是在作秀,我一笑了之。我说我骑自行车上下班,是个人选择,不是优点也不是缺点,不要为这一件小事说三道四;我也不怕别人说三道四,骑自己的车,让他人去说吧"。在许多人苦苦追寻的权力符号面前,杨先生有清醒的选择。

大学校长肩负重任,不同于教师教好一门课程、班主任管理好一个班级、教授带好一个学生团队,而是带领数万师生组成的大家庭。从杨先生的文字里,我们深贴体会到,大学校长面对的人群十分复杂,从打扫卫生的清洁工到食堂的厨师,从思乡心切的大一新生到忙于找工作的毕业研究生,从锋芒初露的青年才俊到术业专攻的知名教授,从专业学科的带头人到独当一面的副校长,还有普通群众、商人、学界名流和各级官员。鉴于此,不具备崇高的道德坚守,缺乏干事创业的气魄,没有让众人钦佩的人格魅力,大学校长是无法履行职责的。

二、以人为本的育人理念

教育的一切目的最终归结为人,大学的成功,不是建筑之宏大,校园之华美,而是大学育人的成效。在大学里,起点是人,终点也是人,大师也好,美景也罢,都是为了育人。为此,学校的一切工作都要围绕育人服务,以人为本。大学校长不仅要培育学生,还要培育教师;不仅要在学生面前做典范,还要在教师面前做榜样。大学校长的育人途径比较复杂,首先是大学校长本人言传身教的榜样力量;其次是大学校长的育人理念,贯穿在教育教学活动中,对在校大学生施加影响;此外,大学校长还通过大力营造校园物质和文化氛围,潜移默化地实施育人活动。

事实上,杨先生本人的成长历程就是大学育人的典型例证,使他完成从农民儿子到大学校长身份转变的关键时期,恰恰就是大学教育阶段。华东师大常溪萍副校长对杨先生的影响很大,常校长"身体力行,亲自参加打扫卫生,自己包干一个垃圾箱,我们经常在操场、食堂、宿舍、游泳池见到他,至今难以忘却"。多年来,杨先生认为自己习惯于经常到宿舍走走,到学生食堂吃饭,与学生一起扫马路,上下班坚持骑自行车,以及对自己的"约法十章"等作风,都与大学期间的教育熏陶以及常校长的人格力量影响分不开。就大学校长育人的途径而言,个人言传身教的范围是有限的,至少需要借助另外两种载体:大学教师和大学校园文化环境。前者是人的因素,后者是物的因素,两者最终还是为了服务于人。为此,教师队伍和校园文化建设,自然成为大学校长的工作重心。

首先,在师资培育上,杨先生爱护人才,尊重知识分子,致力于改善他们的生活条件。1994年3月,在上海大学任教的作家戴厚英因故无法评上教授。戴虽然个性极强,但很有才华。时任上海大学校长的杨先生,着眼于发挥知识分子的才能和长处,力主破格为戴厚英一人评审教授,并建议她担任上海大学教授咨询委员会委员。1996年，上海师范大学教师人均住房6.8平方米，不能安居，何以乐业，这令刚到上海师范大学履职的杨先生十分惊讶和焦急。为了解决教职工的住房难题，便于引进优秀师资，他多方努力筹措资金、寻找房源。三年后，学校的分房标准为教授110平方米，副教授90平方米，到1999年底，全校有1 075户教职工分到新房。这一举措至今仍然让上海师范大学的老师们从中受益，为学校的发展开拓了空间。1999年春节，从初一到初七，杨先生骑自行车先后到37户教授家拜年，最多的一天爬了四五十层楼梯。他主动上门交流，置身学者的书斋之中，坦诚听取教授们对办学的建议，体验老师的生活状态。他着眼于人与人之间的心灵沟通，用默默的实际行动，传达着一个基本的理念：世界有无数奇迹，最美妙者莫过于人！一个有智慧的校长，就是赋予大学灵魂的人。杨先生用街坊邻里之间最朴素的拜年方式，感召着一个个历经书卷淘洗而变得沉默的头脑。他的朴实和坦诚，感染了不少对学校事业冷眼旁观的老师。

其次，着力营造育人环境。大学精神是大学文化的灵魂和核心，是大学发展的推动力，大学物质文化是大学文化建设的基础。杨先生坚信要以绿气促人气，育人必先育树培绿，让所有学生能在一个清静、洁净、美好的校园环境中安定情绪，修身养性，研究学问。他在上海师范大学实施的最具有现实意义的工作，就是校园绿化。他力排众议，建立绿化基金，带头捐款，亲自植树种花。几年时间，樱花园、知行园等十大园区相继建起，上海师范大学由"破落地主"变成"土不见天、绿树成荫、花不间断、四季飘香"的全国绿化先进单位，全校上下面貌一新，育人环境大大改善。学校老师这样评价这位"绿化校长"："抓一座高校的精神面貌，居然从绿化抓起并卓见成效，这，大概只是'农民儿子'出身的校长才会有的灵感。毕竟是自然之子呵，懂得大自然母亲在安抚、矫正、滋养人心方面的巨大作用。这可是'非物质'从'物质'抓起的成功经验，是'物质''非物质'相结合的成功经验，所谓'功夫在诗外'，值得后人记取。"一个优秀的大学校长，往往因其对教师和学生发展的关注而留名，因其对大学文化氛围和精神面貌的营造而被铭记。

三、为与不为的管理智慧

克拉克在《大学的功用》一书中认为，校长集多种社会角色于一身，既是领导者、教育家、创新者、教导者、信息灵通人士，又是官员、管理人、继承人、寻求一致的人、劝说者、瓶颈口。大学校长面对着千头万绪的局面,必须快刀斩乱麻,有所为,有所不为,聚焦大事,处理难事。从某种程度上说,当管理者感到忙得不可开交的时候,就该反思是否干了不该干的事情。有学者认为:"大学校长是学校的灵魂,即大学校长对一所大学的成功创建、平稳运行、革故鼎新、进步发展都具有决定性的影响和作用。"大学校长的精力有限,如果什么都想做,就什么也做不成,人事、财务、教学等方面的事务并不一定都是大学校长的熟悉领域,专项业务由专业人士管理,校长就能腾出时间和精力谋划学校的未来。

首先,杨先生认为大学校长要果断放权,管理就是调动他人工作的积极性,果断放权就是对他人的信任、理解和支持。用人不疑,疑人不用,校长不要抓住某些核心权力不放,使得其他班子成员在工作中捉襟见肘。杨先生在上海师范大学,将人事、外事、财务等专业性较强的工作交给熟悉业务的副校长分管,自己只管理办公室和高教研究所,把主要精力放在诸如要拨款,跑项目,要土地,动迁、开发新校区,购置教师用房,引进高层次人才,社会沟通等难度大、矛盾尖锐的事情上,集中精力为学校发展扫平障碍,赢得机遇。

其次,杨先生倡导高校的角色意识,不追求全能。"大学校长的首要职责,就是要以战略家的眼光,确立先进的办学理念,明确学校的发展使命、发展方向和发展目标,制订既具有前瞻性又切实可行的远期、中期和近期发展规划,提出发展思路、发展模式、发展内容和重大战略举措。"杨先生认为重点大学参与低层次的生源争夺,是一种资源浪费,一般大学去搞"麻雀虽小,五脏俱全",结果什么都搞不好。他提上海师范大学不要与名牌大学攀比,要正确定位,安于本位,即以培养"宽口径,应用型"人才为主,以"基础厚、知识宽、能力强、体魄健、有创新精神和实践能力"为基本要求,以"德、艺、语、技"为特色,把思想品德放在首位,做到"能说会道,能唱会跳",以崭新面貌活跃于社会,服务于社会。在新时期中国高校办学规模高速膨胀的形势下,这样的定位显示出理性和务实,同时也透露出自信和坚守。杨先生在上海师范大学当了六年半校长,从不看排名榜,结果学校在排名榜上提高了50位。如果大学校长对学校缺乏理性的定位,一味追求做大做全,紧盯大学排名榜,往往会把一所大学带到无所适从的泥沼,进退两难的境地。

此外,杨先生提出在新的市场经济条件下,"大学校长既要找市长,又要找市场"。现代大学校长的使命之一是大力拓展学校发展空间,资金的筹措不能等、靠、要,不能一味眼睛向上等米下锅。

当前,我们面临新的历史使命,新时期的大学校长要有政治家的敏锐、学问家的眼光、教育家的襟怀和管理家的魄力。早在1996年,杨先生就提出提高教育经费不能全部靠国家增加财政拨款,要坚持多渠道筹措经费,努力形成良性循环的教育投入机制。他倡导通过开展对外交流与合作,与企业合作办学等方式,发展教育产业,走多元集资之路。在他的带领下,中美合作犹他科技学院、厚德教育投资公司、谢晋影视艺术学院等先后建立,奉贤校区也在BT模式下得以迅速开发,上海师范大学也随之进入新的发展时期。苦难可以让人沉沦,也可以让人成长。一个人可以从苦难中汲取深厚的营养从而受用终身,因此,苦难也是一所大学。杨先生已到古稀之年,历经数十年的教育人生,至今仍然活跃在高等教育界。从苦难中成长为一名大学校长,他的人生经历本身就是一部教材,《从农民儿子到大学校长》这本书凝聚着人生哲理、育人智慧和管理经验,值得我们从中汲取营养。

(蒋进国,中国计量大学副教授、文学博士;桑华月,浙江旅游职业学院教师。本文原载《当代教育与文化》2011年第4期,此处略有改动,注释及参考文献从略)

平民校长·教育勇士·精神富翁
——贺杨德广教授《教育文选》及《我的教育人生》出版

陆建非

今天(2月5日)我非常高兴地参加《杨德广教育文选》及《我的教育人生》的首发仪式,这是杨教授迈入古稀之年的喜事,也是上海师范大学一个重要文化事件,因为从1996年至2003年杨德广曾是上海师范大学的校长,即便退岗了,甚至现在退休了,我们依然称他"杨校长",中国的称谓文化有这个习惯。

必须承认,校长的作用至关重要,他主导着学校的轨迹,决定着学校的品级,甚至影响着教职工的职业生涯。校长的伦理道德是整体素养的内核,他的专业水平和价值取向决定他能否成为"文化校长"。当然,成功的校长拥有得力的领导团队,激发并利用每位成员的潜能和特长,公平善待每位个体。杨德广成为校史上烙下印记的成功校长,不仅在于他是一位"文化校长",更在于他是一位"平民校长":两袖清风,克己奉公。到任上海师范大学伊始,给自己定的"约法十章"令人敬畏。"为官一任,造福一方",这是"平民校长"的执政誓言。为了破解教职工住房难题,他亲自到筒子楼实地调查,与房产商艰难谈判,赴现场勘察所需房型,向主管部门游说争取配套资金,并主张取消福利分房,大胆改革,成立房产公司,通过贷款、集资在学校周边建房,向教职工优惠出售,终于在2000年让1075户教职工欢天喜地迁入新居,为学校增添4.8万平方米住房,自己没拿一平方米。

为美化校园,身先士卒,亲做表率,他提出捐款搞绿化,以"绿气"带人气,全校动员,人人参与,三年教职工捐款150万元,每年开展两次万人义务植树劳动。他每年捐献绿化款1000元,每次义务植树活动中都见他欢快劳作的身影。

记得在我任校长助理的那几年中,每逢节庆,一大早他总带着我骑自行车探访贫困教职工家庭。

每逢聚餐结束时,他总要催促大家把剩余的菜打包带回家,不忍浪费。这使我想起他教育人生的起点,50多年前的他,背着一个旧麻袋,兜里装着3元钱只身来到上海读大学。

"平民校长"不是作秀的姿态,而是发自内心的,《我的教育人生》一书冠名"从农民的儿子到大学校长",他的人生观根植于生他养他的黑土地,他的权力观始终与普通人的命运相连。

中国的教育既是一个持续高温的宏大话题,也是一场充满艰险、令人担忧的博弈,强国之路也好,望子成龙也好,都指望着教育。杨德广教授自大学毕业后,始终扮演着教育战线上的勇士一角,一心一意从事教育教学,专心致志研究教育理论,殚精竭虑谋求教育发展,不畏艰险开拓教育创新之路。他既是一位著述丰硕、桃李芬芳的教育专家,也是一位勇于探索、敢讲真话、追求效能的教育实践家。近几年来,杨德广教授以上海师范大学为点,以高等教育理论研究为线,以全国各地教育工作者为面,通过点、线、面的交叉结合,理论与实际融会贯通,不懈地演绎着他的办学思想和教育理想。他的话语系统独具特色,简洁易懂,朗朗上口,如"全面面向基础教育,全方位为基础教育服务""宽口径、应用型""基础厚、知识宽、能力强、体魄健""德、艺、语、技""要找市场,不要只找市长""减少必修课,增加选修课,加强实践课,开设辅修课""多张证书制、半年实习制、干部轮换制、综合测评制""一屋不扫何以扫天下""抓绿化促育人,以绿气带人气,把师大校园建成氧气足、绿气浓、负离子高的大氧吧""土不见天,绿树成荫,花不间断,四季飘香"等。教育勇士的言语不介意音量的抑扬顿挫或者音调的美妙奇奥,看似简约的词语,力透纸背的是他思维的睿智、前行的坚毅、追寻的真谛。厚厚的三卷教育文选展示了他探索教育规律,实践教育理想的30年崎岖不平但又精彩感人的历程。

他先后在四所大学和教育行政部门、教育研究机构工作过,身兼行政、教学和研究多职,事务繁杂,头绪众多,但他始终坚持"工作、学习、研究"自定方针,以"立志、勤奋、惜时"为座右铭。30多年,几乎把所有的双休日、节假日用于工作、学习、研究。闻鸡起舞,半夜入睡,一天可支配16小时,其中抽出2小时用于学习、写作。

托尔斯泰说过"兴趣是最好的动力"。杨校长对教育确实有一种使命感,这没错,但 30 年如一日,坚持不懈地把履行这一使命感的点滴感悟和每枚足印如实记下,他的写作兴趣始终盎然,他的探索激情一日不减,令人折服。如果一个人爱学爱写的东西和他从事的工作相匹配的话,他是世上幸福的人,杨校长的精神世界因此充盈富足,令人羡慕。据我所知,他还喜欢看电影,拉二胡,吹笛子,趣味多样,自得其乐,并以此调适枯燥冗长的劳作过程,修身养性,抗压排忧。这也是精神富翁杨校长的一大法宝。

我对世界教育大师的思想很感兴趣,如孔子的有教无类和因材施教理念、苏格拉底的教育定义、柏拉图的城邦教育、亚里士多德的自由教育、耶稣的平民化教育、奥古斯丁的精神世界教育、夸美纽斯的人权教育、卢梭的自然主义教育、杜威的面向未来教育、陶行知的生活教育等。我对杨教授的教育思想同样感兴趣,因为他的诉述发生在我们身边,昨天和今天,而且从 1997 年 8 月至 2002 年 12 月我担任校长助理,他的很多述说我见证过、体验过并实践过。1997 年我校在上海高校中率先公开竞聘校长助理,我参与了,杨校长是力荐我的校领导之一,事后他赠我一绰号——"黑马"。

在此,后辈"黑马"恭贺他的三卷教育文选及个人自传出版,并衷心祝愿杨校长的教育探险之路不断,教育强国之梦实现。

(陆建非,上海师范大学原校党委书记、教授。本文原载《上海师大报》2010 年 3 月 10 日,此处略有改动)

忘我精神与经营理念：中国大学校长稀缺元素
——读《从农民儿子到大学校长》

付八军

杨德广先生于1940年出生，先后担任过华东师范大学团委书记、上海市高等教育研究所所长、上海市高等教育局副局长、原上海大学校长、新上海大学常务副校长、上海师范大学校长等职务。我第一次了解杨老师，是在2011年江苏大学举办的第五届"大学经营与管理"国际论坛。他作的报告给我留下了深刻的印象，从而写进了我的一本教育随笔中。不过，那次会议，我没有与杨老师建立联系。2018年参加厦门大学教育研究院四十周年庆典，我再次听取杨老师的报告。78岁的杨先生，精神矍铄，声如洪钟，声情并茂，极富感染力。此时，我已经知道杨老师在其70岁之际，将卖房所得200万和书稿100万，平分三份捐给三所母校——南京上坊小学、南京九中和华东师范大学。于是，被称为"绿化校长""平民校长"的杨先生，又戴上了"慈善校长"的桂冠。有了这种先入的印象，又受其演讲的鼓舞，再加上许多观点的相近，我迫不及待地与杨老师建立了联系。随后，我从网上购买到《从农民儿子到大学校长：我的教育人生》一书，在茶余饭后利用零碎时间将该部厚厚的"自传体"文集认真地读了一遍。读其书，见其人。杨老师那种雷厉风行、勤勉努力、朴素无华等个性特征，清晰地呈现在我的面前。"我生活节奏比较快，讲究效率，喜欢雷厉风行，看准了就干，干错了就改。错了，我承担责任。反对拖拉，反对议而不决。"特别让我感动不已并且收获多多的，是具有大学经营理念的杨老师那种刚毅正直、两袖清风的人物性格，这在当代中国数不胜数的大学校长中并不多见。如果中国高等教育领域能有更多这样的高级别领导干部，中国高等教育体制改革的破冰之旅或许会完成得更快一些。本文以该书为基准,梳理我从杨老师这里所获所感。

一、坦荡无私才能敢于改革

一方面,改革就是资源的重新分配,必然影响部分人的利益,产生各种各样的阻力甚至危及改革者个人安全。对此,杨老师非常明白。"我清楚地知道抓发展、抓改革是要得罪人的。""搞改革的人可能不会有好下场,因为改革就是权力再分配、利益再分配,一部分人的权力和利益将会受到影响。"另一方面,只要符合人类社会的前进方向,代表广大人民的共同利益,这样的改革就值得去做。"改革就要不怕非议、不怕阻力,不怕困难和曲折。"然而,在动辄就被举报、一点小事可能"翻船"的文化环境中,还有多少领导勇于去做这样的改革呢?毫无疑问,杨老师就是这样的一位领导。

在该书,我们能够看到杨老师做了许多"冒天下之大不韪"的改革。例如,1996年,他在全校干部会上表态,保证3年内解决教职工住房困难,不解决就辞职;保证3年内把学校建成上海市花园单位,成为"土不见天,绿树成荫,花不间断,四季飘香"的绿色校园,不解决就辞职。他顶着各种压力与非议,拆通"钉子户",发动全校捐款,有几位大学校长敢于迈出这一步?正如杨老师所言,"我刚开始抓绿化时,非议很多,压力很大,有人说我不务正业,不抓教学科研,有人说我乱折腾,只种草不种树,有人说我在为自己捞好处,为自己树碑立传。有人说我是'绿化校长',到园林局当局长蛮好。"不断有人举报,甚至说他在"刮共产风"。又如,1997年,1 600万元的融资款被骗走了。但是,杨老师没有放弃继续融资的办学思路。试想,又有几位公办大学校长敢于顶着如此大的风险,在遭受一次重大挫折后继续面向市场来融资?再如,因英语考试未能达标,一直评不上教授,杨校长多方做工作,破格为戴厚英一人评审教授。杨老师在日记中写道,"她给我总的印象是:很有才华,但目中无人;能直言不讳,但言过其实;能忧国忧民,但杞人忧天……我们应发挥她的才能和长处,要引导她全面地看待社会,了解党的路线、政策。"当前,还有几位大学校长敢于为这样的一位教师不畏流言蜚语而上下奔波?还有,杨老师费尽周折开展中外合作办学,所获利益悉数上交,个人不从其中拿兼职费,给的劳务费都交给学校财务处,并给他开了收据。这么好的一个中美合作项目,得到了大多数人的支持和肯定,但在校园内却议论纷纷。不断有人告状、写匿名信,莫须有编出各种传言。尽管如此,杨校长依然坚持下去,尽善尽美地做好中外合作项目。试想,还有几位领导会去做那些吃力不讨好的改革呢?

许多校长不敢如此改革,为何杨校长敢于如此改革呢?道理很简单,最重要的一点在于杨校长坦荡无私,一身正气,经得起被举报与被检查。对此,该书在许多地方都体现了杨老师对这条逻辑的深刻认识。"只有两袖清风,才能一身正气。""当领导怕得罪人必将一事无成,怕得罪人的领导是平庸、懦弱的领导,是有私心的领导。""我的阅历、经历、亲眼目睹的事实告诉我,一个人要干番事业,有所作为,一定要洁身自好、无私无畏。"杨老师认为,当领导应具备能力、精力、魄力、效力"四力",或者说,"以其智力、精力、体力和魄力凝结成的人格魅力引领全体师生"。在他看来,魄力建立在忘我的前提下,有了"忘我"精神才有魄力。所谓"忘我",有两层含义:第一,忘我就是无私,不要有私心。第二,不要太在乎别人怎么说。这种"忘我"精神,或者说抗干扰能力,还是杨老师总结的自我成功三大法宝之一。我也曾经总结过成功的三个要素:目标、勤奋、效率,而且其排序决定了每个要素的先导性与重要性。看了杨老师的书,我发现前面两个要素完全一致,只第三个要素不一样。也就是说,我关于成功的定义为"成功=目标+勤奋+效率",而杨老师关于成功的定义可以概括为"成功=理想+勤奋+忘我"。为了达到"忘我"状态,杨老师还制定了"约法10章",成为他的保护神:第一,不要学校住房;第二,不要专车接送;第三,不公车私用;第四,不拿兼职费;第五,不拿加班费;第六,不参加旅游性会议和疗养;第七,不到外宾楼吃饭;第八,出差不乘软卧;第九,不要他人代写文稿;第十,不利用职权为个人和亲属谋私利。

一个人的性格是生成的,还是养成的,或者哪个比例重一些,一直是我特别好奇的问题。事实上,这也是教育史上一个至今没有统一答案的问题。血型是生成的,如果血型与性格有关,那么,性格毫无疑问具有生成的因素。但是,教育与环境确实影响人乃至改变人,这些外在影响又是后天的,从而性格必然具有养成的因素。杨老师的这种无畏、坚毅、忘我的性格,也应该既有生成的因素,也有养成的因素。例如,杨老师在书中提到,他"坚定不移的信念,刚直不阿的个性,吃苦耐劳的精神,勤俭节约的习惯,以及对工作的责任心、事业心,无不与农村的磨炼、童年的苦难有关。"他的父母都是文盲,上面有一个姐姐与哥哥,还有一个同胞妹妹,一家六口人。"父母担心我们这样下去会饿死,与其活生生饿死,不如掐死算了。我和妹妹差一点就被掐死。"1951年,43岁的母亲因病去世,那时他才11岁。由此可见当时生活的艰辛,以及对于一个人性格的影响。我有时在想,一个从贫寒中爬出来的孩子,如果有了高尚情怀与高贵品质,对人类社会的贡献是不可限量的;反之,如果种植了一颗邪恶的种子,那么他对人类的危害也是相当大的。

二、大学面向市场才能展现活力

我是一个极力推动大学面向社会、面向市场办学的高等教育研究者。在我看来,大学就像一个企业,甚至也是一个企业,这一点也不影响大学的品性与贡献。我认为,如果一位教育研究者还以为大学应该像神坛上的菩萨一样被供奉着,过着高高在上、自娱自乐、与世隔绝的生活,这样的研究者对人生、人性与社会的认识一定是不够透彻的。我是一位人文社科学者,在我看来,人文社会科学研究不仅是高等院校学者们的事情,而是每一个人的事情,谁都可以参与进来。许多人文社会科学,不应该变成大学中的一种专业,只能作为一门课程,所有学科专业的基础性必修课程。我写下这段话只是表明,大学面向市场办学、体现经营理念就是一个常识问题。然而,这个常识,又有多少大学校长完全透彻地领悟并且努力践行?在该书中,我能够看到杨校长已经充分领悟,并且在受限的制度环境尽可能践行。这就是一位对人生、人性与社会大彻大悟的研究者,就是一位真正把握高等教育研究真谛的实践者。

杨德广在担任上海大学校长之后,他提出了五条办学原则或者说五个要点:"一是坚持方向,坚持党的基本路线,坚持社会主义办学方向,加强德育工作;二是转换机制,面向社会,面向市场办学,简政放权;三是提高办学质量,以育人为中心,促进学生全面素质的提高;四是加强队伍建设,抓好管理队伍、教师队伍、学生骨干队伍建设;五是发展校产,树立教育产业观念,发展校办产业,增加经济来源。"这五点,既简明扼要而又全面周到,抓住了中国大学改革与发展的基本逻辑。而且,其中有两点直接体现了杨校长经营大学的理念。本文在此结合该书的具体论述,试从以下几个方面进一步解读杨老师关于大学经营的理念。我认为,杨德广校长的理念至少有以下几层涵义。

首先,大学要成为面向社会、面向市场的真正法人实体。杨老师指出:

"要变革现行的高等教育管理体制,使大学不再属于全社会,直接面向社会自主办学,逐步成为有独立法人地位的办学主体,……还可以把一部分国家办的高校转制为'民办公助',建立起以政府办学为主、社会各界共同参与办学相结合的多渠道、多形式的办学新体制。""要让大学成为独立的办学实体。""变高度集权的管理体制为学校成为面向社会、面向市场、独立办学的实体。"杨老师赞成部分公办大学转制为民办大学,彰显大学在教育市场中的主体地位,提高办学效率与效益。"改制是我国高等教育走出困境的出路,提出要把上海师范大学奉贤校区改制为民办大学的建议。""现有的公立大学应该有1/3转制为国有民办公助,走高等教育多样化之路。"

其次,大学不仅要获得政府的资助,更要能够主动从市场中筹措办学资金。"办好一所大学,必须有强大的财力支撑,校长的主要职责之一就是生财、聚财。"生财与聚财之道,仅仅依靠政府的核心资助以及学费收入,对于一所追求卓越的大学来说是不够的。"在国外,私立学校的政府投资经费也达到办学总经费的20%,学生收费最多占所有办学经费的一半。"那么,如何解决办学经费不足的问题呢?杨老师认为,"一要靠国家和社会增加投入,二要靠学校挖掘潜力,提高办学效益。""大学校长既要找市长,又要找市场。"要从"等米下锅",转换到"找米下锅"。"计划经济时代的'等靠要'一去不复返了,市场经济不可逆转。"他搜集了国内外大量资料,并到全国许多地方进行调研,从而更加坚定了他"发展教育产业,建立教育市场"的观点。

再次,大学从市场上筹措办学资金,正是凭借其优质的教育服务。"从广义上说,教育服务就是教育产品。"在杨老师的论述中,隐含着这样一条主线,那就是大学从市场获取办学资源,正是依靠高质量的教学育人水平与科学研究成果,亦即广义上的教育服务。没有高水平适切性的教育服务,大学也不可能从市场上持续地取得办学资源。杨老师指出,"大学要充分依靠自身的力量,发挥自身的潜力,主动地在为社会服务中筹集办学资金,主动地根据社会需要制订招生计划、教学计划,改变依赖思想。""大学要走向市场,要靠学校自身的努力,走内涵发展的道路,在'办学育人'四个字上下功夫,充分利用学校的智力优势,大力开拓教育市场。"这种思路,正是笔者近年正在研究与倡导的创业型大学理念。

最后,建立教育市场并不意味着要实行彻底的教育市场化,让创业型大学变成唯利是图的创收型大学。对于大学经营的理念,学界抵制者不乏其人。事实上，在倡导者这里，他们都不会把经营赚钱当作目的。正如杨老师所言："我们不应该把教育产业、教育产业化当作贬义词，当作洪水猛兽，不应停留在计划经济思维定式上看问题，更不该不做调查研究就乱加指责，把莫须有的罪名强加于人。"在杨老师这里，教育市场化与教育产业化是两个不同的概念，市场化更多地意味着商业化，即一切以利润作为追求目标与评判标准。因此，杨老师赞成建立教育市场，发展教育产业，但不接受教育市场化。

三、大学公平竞争有赖于自主招生权

中国高等教育存在的问题，体现在方方面面。从根源性问题而言，我认为主要还是大一统的管理体制。中央政府该管什么，地方政府该做什么，高等院校能做什么，教师与学生可以做什么，各自应有相应的权力边界，总体目标是为了培养更多的优秀人才，生产更多的原创性以及应用性成果，真正体现高等教育的社会贡献率。但是，目前师生都在高校的管束下开展学术活动，高校在政府的管束下开展学术活动，整齐划一、千校一面、千篇一律就是必然结果。杨老师指出，我国在办学体制上存在"国有化的办学体制、条块分割的领导体制、高度集权的管理体制、单一的投资体制"四大问题，以及在教学方面存在以知识为本而不是以人的全面发展为本的指导思想、学生缺乏选择权的刚性教学模式、繁难偏旧的教学内容、以传统三中心为基本特征的灌输式教学方法、偏重知识记忆而不是能力培养的考试内容等五大问题，而且，这九个方面的问题主要缘于几千年的封建主义和几十年的计划经济固化的传统教育观念。在我看来，这九大问题，都可以从大一统的管理体制找到原因。

大一统的管理体制在短期内能够改变吗？尽管高校办学自主权自20世纪80年代以来不断增强，例如教学科研权、职称评审权、校内机构设置权等逐渐下放，但高校对政府的依附与从属关系没有从根本上改变，高校面向社会、面向市场的法人独立地位在较长时间内根本无法实现。至于其原因，关键在于制约高校自主发展的不少关键性权力，仍然牢牢掌握在政府而不是高校手上。在该书中，杨老师较多地论及招生自主权的问题。在西方国家，高校往往有较大的招生自主权。例如，2006年，"美国一所名校到上海招生，发现有位学习成绩一般的考生，曾跳进河中救人，这一见义勇为的行为感动

了考官,他就破格录取了。"然而,我国不仅高校缺乏招生自主权,而且由于政策设计的原因,地方院校很难有机会招收高分学生。为此,杨老师建议,"应改变高分者全部进名校的政策导向,取消由政府钦定的重点大学对高分考生的垄断,……让学生任意填报志愿,各类学校可自主录取,同时录取。另外,扩大高校招生自主权,首先对名牌大学和高职高专院校开放,让他们自主招生,即在计划招生数内,由各校自行命题,自行招生,自行录取,让学生自己选择最喜爱的学校和专业。"

师资与生源是相互影响的。有了好的师资,更容易吸收好的生源;有了好的生源,也容易吸收好的师资。当优秀生源都被政府圈定的一些高校垄断之后,我们就在人为地对高校进行了分层。这种分层又进一步固化了高校既定的身份,不利于高校之间自由平等地竞争,不利于高等教育可持续地快速发展。杨老师说"重点大学、名牌大学应在办学过程中、竞争中自然形成,是社会公认的,不应由政府加封,更不能搞'终身制''铁饭碗制'。考核重点大学不仅要考'科研成果',更要考'育人成果',考培养拔尖创新人才的成果。""我曾考察过美国、德国、澳大利亚等国的教育,它们也有重点大学、名牌大学,但不是由政府敕封的,也不像我国这样分等级,而是社会公认的。"杨老师由此进一步建议,要"坚决果断地取消高校等级制,……把高校人为地分成等级是封建社会留下的劣根,是导致我国中小学应试教育愈演愈烈的祸源,与市场经济、改革开放格格不入,不合时宜。"

杨德广认为,我们不仅要下放招生自主权,而且在招聘时也不宜"以校取人"。确实,清华大学出现了硫酸泼熊猫事件、北大毕业生有范跑跑、云南大学有杀人犯马加爵、复旦大学学生宿舍有饮水机投毒事件……;说明名牌大学并非都是优秀生,"爱因斯坦、居里夫人、李四光、华罗庚、鲁迅、郭沫若……都不是毕业于名牌重点大学;""据调查,我国100名有成就的青年企业家,也是仅有10%毕业于重点大学、名牌大学,10%是小学到高中文化水平,而80%的人来自于一般高校。"这就表明,"以校取人是不公平的,应该让非重点大学的毕业生和重点大学的毕业生在同等条件下竞争,在竞争中决定和取舍优劣。"如果高校拥有了招生自主权,德育为先的办学理念就更容易落地,因为高校在选择学生、评价学生以及跟踪校友方面更能关注他们的品德与贡献,而不仅仅是分数与荣誉。落实高校招生自主权,也能指引高校选好自己的定位,体现适应市场的质量观。正如杨老师所言,"'适应'就是质量。办好一所学校,必须正确定位、安于本位,不要攀比越位。正确的质量观,包括发展的质量观、合适目标的质量观、需求性的质量观、多元性的质量观、特色性的质量观和渐进性的质量观等。"事实上,如果中国高校哪一天真正实现了招生自主权,那么许多关键性的办学自主权也自然下放,高校面向社会自主办学的春天也就到来了。

四、德是个人社会化的最高境界

杨老师在高等教育理论的许多方面,均提出了自己创造性的观点。第斯多惠在《德国教师教育指南》中提出的"教学的艺术不在于传授本领,而在于激励、唤醒、鼓舞"就是广为传诵的论述之一,杨德广老师则从教学评价角度,进一步提出动态的教学质量评价观,包括亲和度、自由度、参与度、激活度、延展度。从前面的论述亦可以看出,杨老师的许多论述大多来自于教育实践与教育反思,富有鲜活的时代气息。通过该部著作,我认为杨老师最为耀眼的理论贡献有两:一是前面论述的教育经营理念与实践,二是德育地位的理念与实践。杨老师曾受潘懋元先生邀请,担任我国第一部《高等教育学》的编著工作,其中有关德育的章节就是由他主笔的。同时,他还撰写了国内第一本《大学德育论》,深刻论述了大学德育的地位、首位和到位。

对于同一个事物,一个人在不同的阶段会有不同的认识。对于德育,我就有过不同的发展阶段。记得在 32 岁之际,我曾在某篇文章中表达过类似观点:人与人的品德大体都差不多,也不是能够通过学校教育可以大大提升的。进入不惑之年,我越来越觉得,德育工作实在太重要了,我甚至提出,"德是一个人发展的最高境界"。因此,我在浏览该著作时,能够对杨老师提出的"育人为本,德育首位",产生深切的认同与共鸣。"高等学校的中心任务是育人。育人,包括德育、智育、体育、美育。千重要万重要,育人工作最重要;千忙万忙,育人工作不能忘;千头万绪,育人工作放第一。在育人方面,德育应放在首位。"杨老师还从中外教育学者对于教育的论述出发,认为不少教育家都将德育作为人才培养的首要甚至惟一任务。外国资产阶级学者在论述教育时也往往将德育置于首位。例如,17 世纪捷克教育家夸美纽斯提出,"德育先于智育";19 世纪德国教育家赫尔巴特说,"教育的唯一工作与全部工作,可以总结在这概念之中——道德","道德普遍地被认为是人类的最高目的,因此也是教育的最高目的";英国教育家洛克说,"我认为一个人或一个绅士的各种品性中,德行是第一位的,是最不可缺少的";美国教育家杜威强调,"教育主要是培养儿童的德性"。杨老师还提出并阐述了德育的四个效应:正效应——立竿见影效应、负效应——适得其反效应、零效应——劳而无功效应、潜效应——滞后效应。这些见解,对于德育乃至人才培养工作都提供了重要的理论武器。

确实,"一个人学习不好是次品,身体不好是废品,品德不好是危险品。"这个道理,人人都懂。但是,如何培育良好的品德,许多学者往往重视不够。杨校长作为一所大学校长,具有能够将许多大学理念转化为实践的机会与平台。与大学经营理念的实践运作一样,杨校长的德育为先理念也得到较好的实践。例如,杨校长注重在文明修身的具体实践活动中落实德育工作。正如一些参加过卫生保洁的同学自信地说:"我捡过垃圾,扫过厕所,将来走向社会还有什么不能面对、不能接受的呢?"事实上,杨老师在学生时代就有助人美德。例如,"大学里发的各种票子,如肉票、糖票、糕点票等,我从未用过,全部上缴或送人。"在该书中,有一则故事让我印象非常深刻,也让我特别感动,体现杨老师的助人美德已经内化为他的修养与性格。杨老师在高教局工作时,有一位研究生不满毕业分配,来到他的办公室与他理论。这位学生很激动,一拳将他打倒在地。隔壁办公室的同志听到声音后过来,杨老师爬将起来,说自己不小心滑倒了。当杨老师建议这位学生坐下来慢慢说时,学生没有坐就走掉了。一个月后,杨老师收到了这位学生的感谢信,他说:"那一拳使我看到了你的为人,那一拳使我头脑清醒了。"确实,在那个年代,只要一句话就可以让该学生断送前程,然而即便是拳头相向,杨老师也忍让下来了。我觉得,除了豁达的胸怀与至善的修养,那就是对待年轻人无私"忘我"的关爱。

中国虽然重视德,但在评判德的制度上,有时是不太恰当的,甚至想起来有点让我们后怕。例如,杨老师介绍,20世纪80年代中期以后,高教局内部推荐局级领导后备人选,他是其中之一,但主管部门有关领导说:"杨德广发表那么多文章,做了那么多报告,难道没有问题吗?"多次把他所有文章、讲话稿要去审查,没有查出问题。这种制度只会让人变得谨小慎微,不能像杨老师那样敢说敢做,在正义与仁爱的旗帜下率性直言。在这样的文化环境下,杨老师自然吃过不少亏,被"误解"多回。例如,"有人对我说,你的个性不适合在机关工作,我知道是指我不够'圆滑'。在上海高教局工作了八年,可谓风雨八年,终于被调走了。"1987年,调到上海高教研究所工作,这是直属高教局领导的科研机构。经过了这么多事情,正如杨老师所言,"苦难的童年、艰难的青年、磨难的中年、不幸的老年、幸福的晚年",他当然能把人生看得透透彻彻。"当你想不开的时候,两个地方走走,一是殡仪馆,参加向遗体告别,我们总有这一天的,人生不过如此,有什么好计较的呢?二是到大海边,在浩瀚无垠的大海面前,自己多么渺小,个人不过是沧海一粟,倘若离开大海,很快便会蒸发掉,则一事无成;只有汇入大海,才能产生汹涌澎湃的巨浪。"在视死如归的情怀下,能有这么崇高的社会使命,这样的人还有什么重要岗位不可以委托?还有比这更高要求的道德品质吗?

五、强身健体是一个人成功的重要条件

一个人能否取得成功,勤奋努力是关键。毫无疑问,从小到大,杨老师一直都是勤奋无比的。例如,在大学年代,杨老师用高尔基的名言"我扑到书籍上,就像饥饿的人扑在面包上"来形容他的学习情景。正如他概括指出的,"一个人若不读书、不学习,必然会缺氧缺血。"在繁重的行政事务工作之外,"我培养了10名博士生,20多位硕士生,至今出版著作42本(含主编),在公开刊物、报纸上发表文章430多篇,"勤奋就是最好的注脚。另外,成功往往与年轻做伴。确实,年轻人精力充沛,思维活跃,敢于创新。正如李政道教授所言,"如果把20世纪的重要科学列成一个表,对于每次科学的挑战都是一批新人。新的科学家取胜的,都是在他们20多岁、30多岁或近40岁时完成的。这个规律相当清楚。"近两年我阅读了好几位著名大学校长的著述,发现他们在学生年代就属于积极分子,二十岁左右就体现出了政治热情与管理才华。在我看来,这对于研究人才成长规律都是重要素材。例如,杨老师在26岁时,担任华东师大团委书记,成为上海高校最年轻的团委书记。除了以上因素之后,该书带给我最强烈感受的成功因素之一便是强健的体魄。

杨老师认为,长年以来,他每天都有16个小时的繁重工作、学习与研究,这得益于健康的身体和心理素质。他在上师大任校长时经常给学生上党课,作报告,好几次与在场的大学生比赛体育成绩,"我说读大学时我100米短跑成绩是12.7秒,跳远5.4米,跳高1.45米,引体向上20次,游泳是我的强项,黄浦江横渡过两次,长江畅游过一次。"他还写了一首诗,总结出六条健身经验：胸襟开阔、与人为善、节制饮食、动则为纲、毋求当官、知足常乐。看完杨老师的这首打油诗，我不仅领会了杨老师身强体健的原因，也领会了杨老师豁达开朗、乐于助人、谦谦君子的秘密。作为一位过得还算体面的你而言，你会勇于晒出自己不幸的成长经历吗？你敢捐出相当于自己大半辈子积蓄的一套房子吗？你敢公开表明自己坦荡无私、秉公办事的"忘我"品质吗？在这个潜规则大于显规则的环境下，还有多少人能做到"两袖清风""率性而为"？杨老师做到了，这是杨老师健康长寿的法宝，也是杨德广老师让我崇敬有加的理由。

（付八军，绍兴文理学院教授、博士）

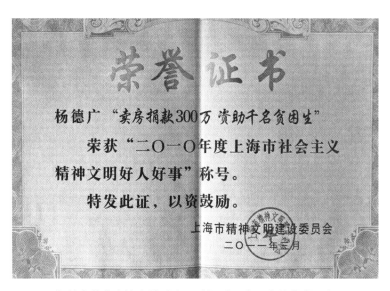

杨德广荣获上海市精神文明建设委员会颁发的荣誉证书

杨德广：绿色校长的绿色人生

翁敏华

一

杨德广先生调任上海师范大学校长的 1996 年 6 月，我刚从日本第二次游历回来，心很散，便写写散文过日子，对于新校长的到任、施政演说什么的，一概不怎么关心，像煞个局外人，冷眼旁观。后来学校有了最后一次福利分房，我没捞到，更消极了。后来有了校外的优惠商品房，我买了秀峰翠谷的一套三室一厅，搬过去感觉很好，于是写了一篇《搬家》发表在《文汇报》上。不久的 1999 年春节，杨德广校长从初一到初七，骑车到 37 位教授家拜年，我家也是其中之一。我七宝秀峰翠谷的家，在六楼，杨校长和校办主任金志华老师，就这样骑了六七站路，再爬六层楼到我家来了！当时的感动不小。说实话，我原先对学校对事业已没多大热情，属于事不关己、高高挂起一族，校长亲临造访、促膝谈心的事，也从来没有经历过。杨校长甫坐定，就提及我在报刊上发表的几篇文章，表扬我勤奋与健康的文风。这可不是临时做"功课"能达到的。一校之长如此关注自己的部下，令人动容。

校长还详细讲了建房经过：怎么锲

杨德广

而不舍地四处求助,拿到地皮,拿到房源,给住房困难的教工们改善居住条件。"我刚到学校调查研究中,看到一些学有所长、学生拥戴的中青年教师,一家三口住六七平方米的琴房,或公用厨房、卫生间的筒子楼,眼泪都下来了,我在校长会议上立下军令状:给我三年时间,我一定改善广大教工的住房条件,不然我辞职!"

原来事情的经过是这样的!我惭愧,只知享受成果,却没有参与甚至连了解都谈不上!看着校长像老朋友一样和盘托出,我对眼前这位校长的最初印象是:一位实干家,一位心直口快的人,一位不装腔作势、能与部下交心的人。同时还是一个童心未泯的性情中人。杨校长还说:老师们纷纷搬进新房,却很少有人谢谢他这位劳苦功高者,"好像理所当然似的。所以读到翁老师《文汇报》上的《搬家》,心里得到很大的安慰,特来表示感谢"。

我无地自容。我是这位校长三年艰苦努力的得益者,我也仿佛理所当然似的享受起三倍于原来面积的崭新公寓,尚没有表示过谢意,却因一篇文章,颠倒转接受到他的感谢!是啊,校长也是常人哦,做了好事也希望得到肯定、得到表彰,若是满眼冷漠,谁都会心寒的呀!

记得住在原来38平方米斗室时,每来一位日本朋友,看厨房也说"起萨伊(小)",看阳台也说"起萨伊(小)",如今到我94平方米的新房来,都说"噢克伊(大)"了,还说日本国土面积小,日本人"才不会造这么大住宅供人居住呢"!听得我满满的自信和骄傲。

那天三人坐着闲聊了许多做学问的事。听金志华老师讲杨校长小故事,这才了解到:这位教育家校长非常勤奋,没有双休日寒暑假,业余时间全用于读书写作,校园通向他居住的小区有一道小门,晚上10点关门,常常是埋头写作忘了时间,等醒悟过来已近10点,只好百米冲刺跑着回家,甚至回不了家返回办公室将就一夜。听了这些,我深受感染。是杨校长的热情点燃了我的热情,校长的精神振奋了我的精神。正是在这一年,我开始魂归学术、用心教学,申报了国家社科项目,争取当教授、当博导,带研究生,后来又参与创建女子学院,出任妇委会主任,成了一个学有所成的学者和合格的老师。1999年成了我人生的一个转折点。这不能不归功于杨校长的感召力,把我从"放弃"的边缘拽了回来。

杨德广校长出身贫寒农家,拥有苦难的童年、艰难的青少年、磨难的中

杨德广每天伏案工作

年。如今,年届80的他,已经从事慈善事业十年,堪称"慈善的晚年"。或许,这"慈善"一词前面,还能再加上"绿色"二字。杨校长刚来上师大时,除了盖房子解决教工蜗居问题外,还做过一件大事:绿化校园。初来乍到,百废待兴,千头万绪不知从何抓起,新校长竟从绿化抓起,提出"以绿气促人气"的口号,很出大多数人的意料。当时反对声音不是一点点,更多的人是冷眼观望。甚至,人们管他叫"绿化校长",这一半开玩笑的称谓里,自然带了点或浓或淡的嘲讽意味。

杨校长力排众议,带头建立绿化基金,亲自利用节假日参加义务劳动植树种花,让师大人心往一处想,劲往一处使,坚持了下来,大见成效。当一座"土不见天,绿树成荫,花不间断,四季飘香"的花园校园真正出现在人们眼前时,大家这才回过味、寻思过劲儿来:啊!原来"绿化校长"有这样大的好处!

近年来,学校上下众口一词,都念早已退休的老校长的好。每当研究生复试面试,问及为什么投考上师大,十有八九考生会说,是"美丽校园"俘获了他们的心;每当召开全国性、国际性会议,听着来自各地各国的学人赞美我们学校风景如画,我们就无比骄傲,也为自己曾经在杨校长的带领下,作出过一点点贡献而自豪。

杨校长跟我说过,刚到上师大时,黄刚教授说过的一句话给他留下深刻印象,他说:上师大缺这缺那,最缺的是"精神"。从那天起,杨校长就在寻觅精神建设的切入口。抓一所高校的精神面貌,居然从绿化抓起,并卓见成效,这,大概只是"农民儿子"出身的校长才会有的灵感。究其本质,农民儿子毕竟是自然之子,深切懂得大自然母亲在安抚、矫正、滋养人心方面的巨大作用。这可是"非物质"从"物质"抓起的成功经验,是"物质""非物质"相结合的成功经验,所谓"功夫在诗外",值得后人记取。

校长任上的杨德广,每天骑着自行车上下班,"低碳"得很。连到校外去交涉要地皮,也骑车去。在校园里,常常可以看到他骑在车上,与你擦肩而过或者擦轮而过,不加注意,谁也不会知道这位就是我们的校长。有一张杨校长骑车从东部门口出来的照片,周围四个女子学院的女生谁也没拿眼睛看他,他骑他的车,她们走她们的路,没想到这衣着朴素、个子不高的中老年男子正是这一校之长。

那时候,同事间常有议论,说杨校长有"二无",一无专车,二无绯闻。这是非常值得提倡的绿色"低碳"人生。一个农民的儿子通过努力,可以成为一名大学校长,这已经被杨德广的人生证明;但是,我们要的不是每个农民儿子都去当校长,我们从他身上学得的是人生底色。绿色,这是最青春、最健康、最朴素、最拒腐败的颜色。如是观,就能不局限于只将其看作"平民校长""绿化校长"、实干家、爱校如家的好校长,而能在不论农民儿子还是什么家庭的儿子都可以学习、借鉴的普适层面上,总结杨德广的意义。

二

杨德广先生70大寿那年,2010年,出版了一本自传体大书——《从农民儿子到大学校长——我的教育人生》,我甫一到手,先睹为快的,是写他们伉俪情深的段落。因为,我对杨夫人郭淑麟老师的熟悉程度,甚至超过杨先生。我看到郭淑麟老师小时候是报童出生,10岁,就每天凌晨4点起来去卖报,"啦啦啦,啦啦啦,我是卖报的小行家……"卖完报,再赶去报童小学上学。幸好赶上解放,她和杨德广都成了共和国自己培养的大学生——华东师范大学地理系1960级本科生。同窗五年,情深意长,终成连理,杨德广是郭淑麟的入党介绍人。两人一个留校当团委书记、一个参军到东海舰队当气象员,"文革"中会少离多,初为人母的郭老师吃了更多的苦。终于熬到改革开放,两人先后来上师大工作,一个当校长,一个当统战部部长,都是作风正派、认真负责、和蔼可亲的人,群众关系很好。一儿一女两个孩子也很争气,那是一段夫妻生涯中最美好的生活。笔者因为是民主党派人士,所以与统战部部长打交道更多些。记得我有一段时间颈椎不好,郭老师还专程陪我去东华大学一个研究部门,买了一个特制的枕头。

杨德广与家人其乐融融

不幸的是,郭老师60岁刚刚退休不久,就得了致命的重病,一病不起。2003年5月2日去世,正值"非典"横行之时,追悼会不能开。那天杨校长一脸悲切地找我去,说:郭老师生前非常喜欢女教授联谊会,多次怀念联谊会姐妹们在一起度过的欢乐时光。我惊叹:原来郭老师也有童心、也有玩心,可惜,在她有生之年,玩得实在是太少了!可惜,作为同事加姐妹的我们,知道得太晚了,不然,说什么也要把她时不时地从繁忙的、没完没了的工作中拽出来,劳逸结合,调剂身心,说什么也不能让她就这么积劳成疾呀!杨校长也后悔莫及道:"老郭生病后,也不让我们给她找护工,说不忍心看别人为她辛劳。我后悔,我没有说这是解决一个人的就业呀,不然,她也许就会同意了。唉,来不及啦!"杨校长泪流满面。

一个忘我的人!两个忘我的人!

两个穷孩子出生的大学同窗,走进婚姻,三观相同,人生态度一致,性格朴素低调,生离死别,一个后悔过去照顾她太少,一个遗憾今后不能再照顾他了。35年的夫妻从此别过。夫人去世前,两人就说定之后要从事慈善,夫人去世后,夫君正式实施,夫人九泉之下当亦欣慰。比照当今社会多少家庭亲人去世后同室操戈,为房子为遗产大打出手,在这对一辈子没红过脸的、工农兵、知识分子集于一体的夫妇面前,羞愧煞!

2003年,女教授联谊会出面,举行了一个简单朴素而真诚的告别仪式。我在告别词中说:"郭老师是为工作来到这个世上的,如同有的人为文学,有的人为科学,有的人为爱,甚至有的人为金钱。我觉得,郭老师来这世上一遭,全然是为了工作,不然,何以解释她刚刚退休就匆匆离去呢?"事后杨校长说:听到我的这句话,他的心,为之一松。

郭老师去世至今16年了。杨先生精力与财产都投入慈善事业,至今独身,亦是一奇。

三

杨德广教授首先是一位高等教育学研究者,教授,博士生导师,享受国务院政府特殊津贴的专家。杨德广的勤奋在上师大有口皆碑。他的研究生们都有点"怕"他,因为这些个二十郎当的莘莘学子,尚不能与年届八十的导师比勤奋,甚至有的人连手腕也掰不过他。有一年国庆长假刚过,杨老师问研究生们这七天都做了什么,有的一两天用于学习,有的三四天看了点书,七天里全在看书、写作的,唯有他们爷爷辈的导师杨德广。那几天他还去外地开了个会,晚上就在宾馆看书写字,房间里灯光幽暗,他就到卫生间写作,他把写于卫生间的文章拿出来给学生们看,让学生们大受刺激。第二年国庆长假,就有两位同学步导师后尘,放假七天学习了七天。

杨德广老师高教研究硕果累累,发表论文500篇,出版专著40余部,完成各级研究项目、课题20余项,获得各级奖项也让人眼花缭乱。他让他的学生和朋友们看到:罗马城不是一日造成的。笔者虽然不是杨老师的学生,却也深受过他的感染影响,从1997年出版了第一部学术专著后,这20余年里陆续出版了28本,与此前的吊儿郎当20年里,判若两人。当然,与杨老师比,小巫见大巫了。杨校长在学校里是许多老师的学术榜样、人生楷模。如今,有时休息日在校园散步,抬头看到他的研究室开着窗,或者晚上开着灯,就知道他老人家又在读书思考写作了,于是急急赶回去,也将自己埋进书堆。

杨老师又是一位生动活泼、有情有义的人。他对学生很好,是位好老师。他竟能记得哪位同学饭量大,吃工作餐时会拨一点饭给他;他的研究室里有一小冰箱,里面塞满水果饮料饼干,也是随时给年轻学子垫饥的;他的研究室墙上还挂有一把二胡,与学生讨论学术问题累了,或谈论文谈"僵"了,就"学子唱歌师奏琴"地来上这么一段。联欢会不用说了,杨氏二胡独奏,保留剧目。每个学期结束时,他还会给学生印发"良言",如"世界上最重要的一个字是'今',牢牢抓住今天,不要等待明天"云云,把自己的座右铭与弟子们分享。他一直心中有他人。我在一篇文章中透露过自己有写日记的习惯,杨校长在一个新年里就送了我一本非常漂亮的日记本,并题词鼓励我把健康的、有意义的写作进行到底。

杨德广与学生在一起排节目

杨德广在培养研究生成人成才方面,很有一套。记得叶圣陶先生有一句关于教育的定义很深刻,他说:教育是农业,不是工业。教育是讲究播种的,而不是批量生产。这就与德国教育家第斯多惠说的"教育的艺术不在于传授本领,而在于激励、唤醒、鼓舞",有异曲同工之妙。杨德广是这两位教育大师理念的实践者。在讲课之前,都要先让一两位学生谈谈上一节课的体会,慢慢的就培养了学生的听课能力、思考与概括能力。有的课他让学生准备、串讲,导师点评,让学生得到了很大的锻炼,备课与讲课能力、笔头与口头表达能力,得到了飞速的进步。"高等教育管理学"课程,他别出心裁,聘请其他校领导来讲课,有的讲本科教育改革,有的讲新校区开发,有的讲国际交流与合作办学,有的讲学生宿舍管理,等等,这些鲜活的例证和接地气的经验,让这些不久的将来要走上教育管理第一线的学子们,懂得了研究生深造是为了经世致用,而不是空谈理论。这样的教学相长过程中,学生们在老师和同窗的"镜子"映照下,还同时克服了诸如皱眉、抖腿、目光低垂、腰背不挺等形体毛病。杨老师有段时间双休日给在职教师培训班上课,就带着研究生去听课,令他们时时触摸教育最前沿的脉搏,使他们保持"时刻准备着"的状态。"杨门弟子"管这种形式叫"走课"。

杨德广与研究生在一起

杨门师生的关系非常好,非常健康,非常和谐。每每到节日,师生们聚集一起,或会个餐或联个欢,或游个园什么的,欢声笑语的,弦歌声声的。记得20多年前的一个中秋节晚上,走过食堂,看见杨先生与他的一批研究生在食堂聚餐,菜肴也不过比平常加炒几个菜而已,但是气氛极好,热烈、和谐,其乐融融。上前打招呼,得知这些都是外地来的学生,我心里冒出一句沪语:"杨校长对学生子介好,等我也招研究生了,一定要向伊学习!"后来,我向杨校长学到不少。

今天的大学师生关系,病象亦多。教师把学生当打工的有之,学生管老师叫"老板"什么的有之,甚至师生反目,仇眼相向。反观杨门之师生关系,堪称绿色。

学者校长杨德广,还是个性情中人。他告诉我比他小近一个甲子的年轻学子,跟他掰手腕竟输给了他,得意得哈哈大笑,怕我不信,还翻开手机给我看现场照片。一次我到校长室汇报工作,结束后,他让我唱一首《北风吹》,他给我二胡伴奏,等我唱完告辞出来,一看,走廊里站满了人,副校长、副书记、各处处长的,他们都用惊讶的眼光看着我,不明白大夏天的,"北风"打哪里吹来。2000年,杨校长请我作为教师代表,上毕业典礼去给毕业生讲话,我别出心裁地讲了自己是大学毕业时"倒霉蛋"的往事,以及"得意不忘形、失意不失进取心"的人生感悟。偌大的礼堂鸦雀无声。最后杨校长致辞,他走过我身边,轻声道:"翁老师,你讲了以后,我都不敢讲了。"这一刻,我就认定这位校长是个性情中人,朴素、不装,有啥说啥。

四

70岁那年,杨德广做出了一个决定:把自己的300万元,分别捐赠给培养教诲自己成人成才的小学、中学、大学,以资助学习勤奋的贫困学生,每年有250名学生受助,十年逾2 000人。两年后,在一位企业家帮助下,杨德广集资200万元,资助西部两个贫困县小学生营养午餐,每年受益学生1 000人,连续五年。这亦事出偶然,某日杨先生有机会参观了甘肃省环县、四川省富顺县两所小学,亲见学生们的午餐非常简单,缺乏营养,他流下了泪。他仿佛看见了自己处于战乱的少年时代。青少年是祖国的未来啊,可不能让他们再成为发育不良、个子矮小的一代! 这正是资助营养午餐的全部动力!

杨德广个人向上海慈善基金会捐赠100万元成立德广基金

那落在简陋课桌上的眼泪,与1996年落在上师大教工陋室里的一样,是同情之泪、使命之泪、责任感之泪。

正是在营养午餐资助过程中,杨老师发现,这两所学校有一些优秀勤奋的学生,家庭经济条件困难,面临辍学。2013年,杨德广带着30多个优秀贫困生的名单返回上海,为他们寻求"一对一"帮困助学的热心人。小学生每人每年2 000元,初中生每人每年3 000元,高中生4 000元,考上大学的5 000元。杨先生先从身边的子女亲戚动员起,延伸到学生,又展延到同事朋友。正是在那年秋季某一天,我到杨先生的办公室去,原是打算聊聊写作什么的,忽看到他办公桌上摊着一叠表格,幼稚的字体,认真的填写。原来,这是甘、川的30多名优秀贫困生名单。我已经听说了杨校长卖房资助母校、为贫困生提供营养午餐等事迹,也曾经想过要参与其中出一份绵薄之力。这下,机会就在眼前,于是我一边翻看表格一边说:我认领两个吧,但必须是表格上没有错别字的。

杨校长笑了,说不愧是中文教授,要求跟别人不一样,我要把这一点转告这些学生。

我说:既然是优秀生,我就严格要求。

不久,我生病住院了,杨先生来看望我,说看病养病会需要很多钱的,翁老师你就不要参加帮困助学了吧。我说,生病了,更得参加了,做好事是最有效的调理疗养。

如是,对这两个学生的资助,已有六年,其中一名女生已从初中升到了高中考上了大学,一位男生则从小学升到了初中又上了高中,他从四川转学到贵州,我的善款也跟着转了过去。读着他们发来的感谢短信,心里暖暖的就像沐浴在冬阳里。

每年年初,我还随杨老师一同为学校捐款,筹集爱心基金或发展基金。年之初,事本善。正如杨老师所说:一年中的第一天就做好事,会带来一年的快乐幸福。杨先生从2004年起捐,如今已经十多年,我从2014年起追随,也有五年了。后来他还自购6 000株竹柳苗木送给奉贤地区三所大学,还多次组织义务植树活动,绿化祖国河山,改善生态环境。

杨德广先生所创的慈善基金名"阳光慈善"基金,Logo是一颗浑圆的太阳,由三色组成,顶上是金红色的,中间的海浪波纹有一线白色,底下是绿色的,那是一片正在茁壮成长的青葱植物苗苗,浓郁得将太阳的一角染绿。这一Logo设计,与我曾经下乡的北大荒集团标志:一颗绿色的太阳和一片黑土地,多么相似乃尔!是啊,教育事业是太阳底下最崇高的事业。慈善事业的底色,是纯净的绿色!

我写过一首小诗,记下自己"追随阳光"的"三部曲"。那年年底在"阳光慈善"的总结大会上,我把她献给了尊敬的杨德广老师:

> 我曾经艳羡阳光
> 艳羡阳光下的桃李芬芳
> 也想借一缕阳光驱逐阴霾
> 也想携一片阳光消融冰霜
>
> 我曾经向往阳光
> 向往阳光下的慈善担当
> 黄土坡学堂的营养午餐
> 小山村深处的书声琅琅
>
> 如今我追随阳光
> 追随阳光下的崇高奔忙
> 爱心催发出中国梦的实现
> 善行托举起一代新人的成长
> 我追随慈善团队的领头杨
> 愿人世间正气盎然、志高德广

(翁敏华,上海师范大学人文学院教授、博士生导师,兼任中国民俗学会理事、中国戏剧家协会上海分会会员、上海作家协会会员、上海民间文艺家协会理事、上海中国戏曲学会副会长等职。本文原载《上海纪实》2019年第3期,此处略有修改。此文荣获首届"永业杯"现实题材纪实文学大赛"优秀奖",2020年5月)

论杨德广高等教育思想的精神特征

王 伟 韩 曦

著名的高等教育学家杨德广教授的文集《杨德广教育文选》(华东师范大学出版社2010年出版)付梓发行了。书中充盈着深刻的哲学精神和浓烈的现实关怀,令人感动不已。这部与中国当代史相互印证的教育学著作,记录着中国改革开放时代巨大的教育历程变迁中教育家的思考,在当代中国高等教育发展史中将占有重要的地位。杨德广教授把高等教育学的研究与教学紧密结合起来,与中国特色社会主义现代化建设紧密结合起来,为中国高等教育的发展和繁荣做出了重要贡献。《杨德广教育文选》编入了作者从1978年至2009年的代表作,主要有两个方面的内容:一是高等教育学原理的研究、阐述和教学;二是结合当代中国发展的实际,探讨我国高等教育发展的逻辑。《杨德广教育文选》中这两方面的内容紧密联系在一起。这是一部语言流畅精练、分析透彻入理的高等教育学著作,每一篇都值得细细品味与研究。

杨德广教授长期从事高等教育的管理及教学、科研工作,先后在四所大学工作过,在教育行政部门工作过,又在高教研究所工作过,30年来,他一直在高等教育领域内工作。尽管工作繁忙,但始终坚持教育研究,从未间断。30年来,杨德广教授辛勤工作、尽力尽责、勇于进取,为教育的改革和发展做出了巨大贡献。他每天坚持十几小时的工作,从来没有双休日,除繁忙工作外,还挤出时间从事研究工作,至今已出版专著(含主编)40多部,发表文章430余篇。他的文章里充满了对教育事业的无限热爱和忠诚,充满了对改革开放、市场经济的热忱拥护和执着,充满了对邓小平理论、邓小平教育思想的无比深情。

一、改革创新的时代精神

杨德广教授对中国高等教育的很多现实问题进行了独立的思考、系统的理论分析,其思想深刻,见解独特。他的学生曾经说过:"因其言论大胆甚至曾经被中央领导关注,在有关材料中批注'杨德广何许人也',教育部领导还专门约见他就高等教育发展问题提出意见。"

杨教授在论述教育理念、分析教育现象时,并非简单地就事论事、就教育问题谈教育,而是站在时代变迁、现实变化的高度上来分析教育问题,体现了时代性、把握了规律性、富于创造性。杨教授提出了许多自己的独特观点。在分析研究高等教育发展过程中出现的热点与难点问题时,杨德广教授从实际出发,与世界教育的发展趋势对比,以事实材料为依据,观点客观辩证,把宏大的学术视野与微观的具体分析结合起来。他的不少文章颇有前瞻性,也具尖锐性。正如我国一位资深教育家所说:"杨德广教授是教育理论界知名的'闯将'。他有丰富的教育行政管理实践经验,接触过许多实际问题,并且亲自处理过许多教育难题。他敏于思维,敢于发表自己独特的见解。"

早在1979年杨德广就提出"把政治思想工作做到教学领域中去",1980年8月在《人民日报》撰文《高等学校的计划管理应和合同管理相结合》,同年12月在《中国青年报》上发表了《高等学校培养拔尖学生的探讨》一文,分析了如何培养和造就拔尖人才。今天回过头来看,在那个计划经济的时代,杨德广敢于提出这样大胆的见解,需要有一定的理论勇气,实属不易。可见,杨德广教授既是一位思想解放的教育思想家,也是一位富有改革勇气的教育实践家。杨德广发表文章《对大学排行榜争论的辨析》,反对盲目攀比,反对跟着"排名榜"跑,而主张高校要在质量、特色上下功夫,对促进学校健康发展起了积极作用。我国教育在发展改革的道路上也取得了很大成绩。但杨德广在工作实践中感受到,与农村改革、城市改革、经济体制改革相比,我国的教育改革比较滞后。计划经济下的管理体制,以及"统、包、管""等、靠、要"的思维模式对教育影响很深,妨碍了教育的发展和改革。杨德广先后发表论文《高校毕业生分配改革的探讨》《改革"统分统配"制度的必要性及实施建议》,发表见解。正是一种强烈的社会责任感和使命感一直在驱动杨德广努力学习,努力工作,努力研究,为改革高等教育提供了新思维。他对邓小平教育思想以及高校教学改革、教师队伍建设、大学文化建设、大学生德育等也有较深的研究,并取得了可喜的研究成果。

杨德广勇于探索、敢于创新、真抓实干。他的办学理念与时俱进,取得了卓有成效的办学效果,在上海师范大学定位和培养目标上,杨德广认为,培养宽口径、应用型人才为主要目标,要求学生基础厚实、知识面宽、能力很强、体魄健康,注重培养学生的创新精神和实践能力。把德育放在首位,以德、艺、语、技的特色教育为突破口,要求学生能说会写、能歌善舞,符合社会对人才的要求,做到就业能称职,创业有能力,深造有基础,发展有后劲,服务于社会。在学校发展上,杨德广主张学校发展要面向市场,依靠社会,"找米下锅",大学校长既要会找市长,又要善于找市场。在教学改革上,杨德广主张实行学分制,消减必修课,适当增加选修课,增加实践课,增开辅修课。在学生培养上,杨德广在上海师范大学倡导充实教育,即充实学生的学习内容、课余活动、精神生活,主张学生拥有多张证书,推行半年实习,学生干部学年轮换制,推行综合测评制度,目的在于调动学生的学习和社会实践的主动性、积极性。杨德广提倡以清扫校园卫生为重点的文明修身活动,让学生牢固树立"一屋不扫何以扫天下"的观念,实现了由学生清扫全部的学生宿舍,由学生参与打扫校内马路,培养大学生的责任意识、劳动理念和自主意识。通过这些改革,使上海师范大学成为应用型、复合型人才培养的摇篮,毕业生深受用人单位称赞,提升了学校的名誉。

二、不断反思的哲学精神

反思精神体具有批判性思维的特征,是认识主体对认识对象辩证否定的结果,是理性分析与激情碰撞密切结合的创造过程。马克思指出:"批判不仅仅是头脑的激情,而且是激情的头脑。"反思精神富于批判性,"辩证法不崇拜任何东西,按其本质来说,它是批判的和革命的"。批判思维是培养创新能力的前提,因为没有批判的精神,难以获得创新性的成果。马克斯·霍克海默认为,对前人的理论成果"无论科学概念还是现实生活方式,无论是流行的思维方式还是通行的原则,都不应该盲目接受,更不能不加以批判地仿效"。杨德广对高等教育中存在的问题作了系统的阐发,丝丝入扣而又入木三分。在对现实教育实践问题的根源进行分析时,以反思的精神坚持和发展马克思主义教育理论,杨德广教授以反思的精神和与时俱进的品格,坚持、丰富和发展了中国高等教育学理论。杨德广认为,中国是教育大国,但还不是教育强国,无论是基础教育还是高等教育,与发达国家相比,都存在一定的差距。人才的培养满足不了社会发展的需要。在教育理论方面,教科书上、报刊上宣传和介绍最多的是外国的教育家和教育思想,从夸美纽斯到赫尔巴特,从杜威到凯洛夫等。实际上外国的国情与中国大相径庭。当时,他反思中国高等教育的现状,暗下决心要努力探索中国教育发展的理论和道路,把马克思主义教育思想与中国的教育实践相结合,不要老是跟在外国人后面转,要走出一条适合中国特点的办学之路。他发表了论文《世界教育兴邦与教育改革透视》,力求探索出一条中国特色教育发展道路。正是这种反思精神,造就了杨德广不同寻常的情怀、胆略、视野,产生了中国本土的高等教育理论家和实践家。

杨德广具有深刻的反思精神,常说:"人贵有自知之明。"杨德广教授反思中国高等教育发展的历程,对中国高等教育的未来发展趋势,在一些方面做出了科学预测,这些预测经得起高等教育实践的检验,被证明是正确的理论,引导着中国高等教育的健康发展。他发表了论文《高校体制可采取多种的形式》《高等教育发展战略探讨》,得出的结论,一些被实践证明具有前瞻性。回顾过去的30年,杨德广尽了自己的最大努力反思教育现状,为教育工作做了一些事,没有碌碌无为、虚度年华,因此也取得了一些巨大的成效。30年来,杨德广争分夺秒,反思高等教育发展过程中存在的问题,在工作之余撰写了不少文章,他始终坚持两条原则:一是讲真话,不讲假话;二是讲实话,不讲空话。对的坚持,错了的就反省、改正。杨德广的大多数文章和观点体现了反思精神,经得起时间和实践的检验,尽管当时有人不赞成,甚至受到批评。

三、勇于探索的实践精神

杨德广教授在高等教育研究中往往切中中国高等教育存在的弊端,观点新颖,直言不讳,不仅具有不断创新的理论勇气,而且具有勇于探索的实践精神,在高等教育实践中,个性鲜明,风格迥异。杨德广教授不但理论建树颇丰,是著名的高等教育研究专家,同时在高等学校管理方面成绩突出。杨德广从事的研究课题,大多数来自社会现实和工作实际,是在工作中遇到的而且必须要解决和回答的问题。30余年来,他一直从事高等教育的理论研究,坚持理论联系实际,将理论研究成果运用到教育实践中去,接受实践的检验。杨德广不是教育专业科班出身,从事教育研究主要是立足我国教育的现状,立足工作实践,这不同于书斋式理论,而是为了从理论上回答和解决现实中的问题和工作实践中的问题。历史的前进、时代的变革、社会的发展和人民生活水平的提高,都对教育提出了许多新的要求,教育事业遇到了许多新的挑战和问题。杨德广积极应对面临的挑战,坚持学习,深入研究,积极探索,不断找到解决问题的答案。

历史的前进、时代的变革、社会的发展和人民生活水平的提高,都对教育提出了许多新的要求,教育事业遇到了许多新的挑战和问题。杨德广从事的研究课题,"大多数来自社会现实和工作实际,是我在工作中遇到的而且必须要解决和回答的问题"。杨德广文章的一大特点,就是立足现实,注重调查研究。他是一个教育工作者,长期主要从事管理工作,对每一时期高等教育中重大理论问题和改革发展问题,都参加了讨论,发表了文章或看法。在他撰写的论文、著作中,绝大部分是反映现状的。杨德广在原上海市高教局和高教研究所工作时,每年都要到一些高校和用人部门去学习、考察、调查研究。由于工作之便,他访问过数十所外国的大学、数百所国内的大学以及上海市所有的大学。杨德广主管或分管过科研、教学、学生、研究所、人事、计划、财务、后勤、办公室、外事等方面的工作,这些经历对他的研究工作起了很大的作用,也促使他主要从事应用性研究,兼顾理论研究。杨德广从事高教研究,主要是从工作实际出发,为了更好地工作。

作为一名研究高等教育的学者,杨德广一直立足现实,重视调查研究。有的学者说,"要了解中国高教的动态和现状,应看看杨德广的文章"。杨德广学术活动的显著特点就是,紧密结合中国的高等教育实践,关怀高等教育的现实。对于当时高等教育所处的环境和背景,各个阶段关注的重大事件和热点问题,杨德广教授都十分关注,他发表了论文《中国教育面临的形势》《中国教育面临的挑战》《经济全球化与教育的发展和改革》。非常幸运的是,他亲身沐浴了中国改革开放30年来的阳光雨露,亲身体验到中国改革开放30年来的艰难历程。这部《杨德广教育文选》正是他目睹和参与我国高等教育改革和发展的佐证和经历。

四、以人为本的服务精神

杨德广把立志、勤奋、惜时,作为人生的座右铭。他认为,立志是成功的动力,勤奋是成功的源泉,惜时是成功的诀窍。而他立的志向就是为人民服务,体现了以人为本的教育观念。他还认为,人要有一种精神,人要有坚韧不拔的毅力,人要有抗干扰能力,并把这些作为他投身于祖国教育事业道路上的三大法宝。杨德广发表了论文《树立"以人为本"的教育观》《树立"以学为中心"的教育观》,体现出他的教育理念:人生的最大价值在于为社会的发展、人民的利益做出贡献。

杨德广认为,无为何入世,入世有所为。人生在世,要立志、立业、立言、立德,最重要的是立德。德就是要有高度的责任感和事业心,要敬业尽责,要爱祖国、爱人民,勤奋工作,勇于进取,廉洁奉公。因此,他具有强烈的使命感与责任感,立志为国家的利益,为人民教育事业而奋斗。除了尽力搞好本职工作外,杨德广利用业余时间学习、研究、写文章,对教育的发展和改革发表一些具有创新性的看法,提出一些宝贵的意见和建议,真正做到为社会与人民贡献自己的终生。

杨德广对祖国、对人民、对教育无限热爱。杨德广出生在灾难深重的旧中国江苏农村的一个贫农家庭。苦难的童年生活,艰难的青年生活,使他更加珍惜幸福、光明的新社会,珍惜来之不易的中学和大学生活。杨德广于1954年至1960年在南京市第九中学读书,1960年至1965年在华东师范大学读书,这11年是他人生中最重要、最关键的阶段,受到了系统的、严格的、良好的教育,在德智体美劳等各方面得到了全面提高、全面发展。家庭的熏陶,老师的教导,党团组织的培育,使他懂得了怎样做人,做一个什么样的人;懂得了怎样求知成才,为什么要求知成才。在他成长的道路上,保尔·柯察金、吴运铎、白求恩、张思德、老愚公、雷锋等都是他学习的榜样,他立志像他们那样为社会、为人民多做点事,多出点力,做一个有益于社会、有益于人民的人,做一个高尚的人,全心全意为人民服务的人。杨德广感到受到党与人民培养多年,有很强的感恩意识,并把这种对党与人民的感恩意识,化作为人民教育事业作贡献的服务意识。他发表论文《农民工子女受教育问题的思考》,关注农民工子女的教育。因此,面对高等教育发展中出现的问题,杨德广有很强的紧迫感与责任感,感到既有必要,也有责任去研究、去探索。虽然很辛苦,却常常有一种"山重水复疑无路,柳暗花明又一村"的感悟,觉得苦中有乐,苦尽甘来。杨德广教授出身贫寒,困难大学生一直是他心中最软的一块,不但帮助他认识的困难学生就业,而且退休之后热衷慈善事业,号召并组织社会热心人士帮助许多贫困学生,致力于精准扶贫,践行自己的高等教育思想。

杨德广发表论文《科学发展观与高等教育大众化》,坚持以人为本的办学理念,时刻把学生的利益放在心上,工作作风平易近人,诚恳地为大学生服务,人格高尚,一身正气,时刻牢记党的教育宗旨,一切为了学生,充分体现了

"科学发展观"的重要精神,为全国高等教育事业的发展做出了突出的贡献。

杨德广教授勤奋学习、勤于思考、锐意进取。"杨德广教授是我国知名的高等教育研究专家,在高等教育理论、教育管理、大学德育及教育改革等方面发表了许多论著、论文和新的观点,引起了教育界的瞩目。"这个评价在《杨德广教育文选》有很好的体现。《杨德广教育文选》反映了杨德广教授30年来从事教育管理和教学、科研的心得体会及取得的成果,也反映了我国改革开放30年来高等教育改革发展的轨迹和历程。杨德广思维敏捷,思想开放,实践丰富,对许多问题的看法有独到之处,很有深度,是我国著名的优秀的高等教育研究专家,深受广大教育工作者和教育研究界的关注和尊敬。这部文选对广大教育工作者、教育研究人员有很好的参考价值。我国高等教育研究专家潘懋元教授如是评价杨德广教授的著作:"从实际问题出发,进行理论探索,提出自己的理论观点,回到实践中检验。全书材料丰富,视野宽阔,行文质朴流畅,说理深入浅出,凝聚了一位高等教育学专家对高等教育事业的热诚和毅力。"这个评价实事求是,形象生动,中肯贴切。《杨德广教育文选》针对高等教育中存在的问题,观点新颖、见解独特、理念超前,引起教育界理论家、教育行政部门领导和社会各界人士的广泛关注,产生了强烈反响与激烈的争论。随着时间的变化,《杨德广教育文选》提出的教育理论禁得住实践的检验,这些教育理念大多为社会所认同,有的为政府部门所采纳实施,有的已在改革中显示出实效,有的还一直处在探索之中。《杨德广教育文选》对教育中存在问题的论述简明扼要,深入浅出,平常论述中蕴涵着深刻的哲理。杨德广教授对国家政策反应快,是高等教育领域的政治学者。例如比较早地利用国家住房改革政策,争取上海市政府资金,解决上海师范大学教师的住房问题。杨德广教授善于运用马克思主义哲学的方法论,是高等教育领域的哲学学者,根据高等教育的发展趋势,提出的教育管理理念具有超前性。例如,杨德广教授在90年代就把生态文明思想运用到校园绿化中,提出了"美丽校园"的口号,在上海师范大学有"绿化校长"的称号。杨德广教授的见解,总是有理有据,有事实依据,有独立的思考,客观辩证,有重大的理论与实践意义。

(王伟、韩曦,井冈山大学教师。本文原载《周口师范学院学报》2018年第1期,此处略有修改)

无为何入世,入世有所为
——记著名高等教育专家杨德广教授

罗志敏

杨德广,1940年2月生,江苏南京人,1965年毕业于华东师范大学,中共党员,教授,博士生导师。杨德广长期以来从事高等教育管理和科研教学工作,是国务院特殊津贴获得者,中国高等教育学的创始人之一。杨德广曾任上海市高教局副局长、原上海大学校长、新上海大学常务副校长、上海师范大学校长、震旦职业学院院长,兼任中国高等教育学会副会长、全国高等教育学研究会理事长、上海市高等教育学会常务副会长、中国高等教育管理研究会顾问等职。目前,杨德广虽已70多岁高龄,却依然精神矍铄,耳聪目明,步伐矫健,继续从事教学科研、社会活动和教育慈善工作,延续着他退休之前那种一贯的、起早贪黑的忙碌生活,践行他"无为何入世,入世有所为"的人生格言。他的"所为"可以用四个"一"来概括:一位勇于探索、真抓实干的大学校长;一位笔耕不止、成果丰硕的教育学人;一位德高望重、教书育人的良师益友;一位心怀大爱、帮困济贫的慈善之星。

一、一位勇于探索、真抓实干的大学校长

杨德广于1996年6月从上海大学调到上海师范大学任校长。在他任职的六年半的时间里,上师大人都可以看到他每天骑着自行车上午7点多钟上班,晚上9点多钟下班,双休日也在学校。在做校长期间,他给自己"约法十章",勇于探索、真抓实干,从不考虑个人的得失、荣辱。对此,有学者对他的评价是,"杨德广教授是一位有个性、有风格、有理念的大学校长,性格直爽,直言不讳,观点鲜明,敢想、敢说、敢做"。

(一) 寻找工作的突破口：从狠抓教与学改革开始

抓教学改革是杨德广主政上海师范大学的第一件事,也是其开展工作的突破口。1996年暑期,刚到校一个多月的他即提议召开教学改革研讨会。他根据自己几十天以来调研的结果,首先做了一个有关学校教学情况的报告,并介绍了国内外高教改革的信息、动态,然后根据学校的实际,提出了四条很具前瞻性的改革措施：减少必修课、增加选修课、加强实践课、开设辅修课。经过三年的努力,这套改革方案在全校全面铺开实施,取得了明显的效果。

杨德广认为,教学改革不仅要改"教",充分调动教师的积极性,而且要改"学",要调动学生的学习积极性。杨德广通过在教室、图书馆、学生宿舍调研发现,不少学生存在松、散、懒的不良习惯,把宝贵的时间浪费在玩乐之中。于是,他就提出在学生中开展"充实教育",即充实学生的教学内容、课余活动和精神生活。包括继续贯彻实施前任校长时期提出的"三个一"和"一本一专多能"的培养模式,"三个一"即学生毕业后到了中学能上一门主课,一门选修课,能指导一项课外活动；"一本一专多能",即学生学一个本科专业,学一个专科专业,具备多种能力；包括在全校组建"尖子"班,培养拔尖创新人才；大力开展社团活动,组建各种体育运动队、艺术团和每年组织三大节——科技学术节、体育节、艺术节,吸引大多数学生参加,并在班级、年级活动的基础上推到系、院、校；加强实践活动,鼓励和组织学生走向社会,开展有教育意义的调研活动、考察活动、参观活动,访问有成就的校友；组织周日家教学校,帮助双职工克服假日及放学后无法带孩子的困扰,为他们提供一个娱乐、活动、学习的场所；组织公益劳动和公益活动,增强学生的社会责任感和爱心。

与此同时,他号召在全校开展了"从抓充实教育入手,树立良好学风"的活动,由学生处和团委主要负责。为了开展充实教育,促进学生德、智、体、美全面发展,他还提出实行四个制：其一,多张证书制。鼓励学生积极参加各种竞赛活动获取证书,多张证书还包括开设各种辅修课程、特色课程,学生可以任选,达到一定的学分可授予单科证书。其二,干部轮换制。让每个学生都有当干部的经历和不当干部的经历。其三,半年实习制。即师范生的实习时间延长至半年,非师范生的实践时间延长至十个月。其四,综合测评制。即每年对学生进行德、智、体、美综合测评,先是个人测评,然后同学互相测评,教师测评,按权重评出每一个学生的综合分数。此外,为了尊重学生个性发展、开发学生潜能,他还率先在上海师范大学实施学分制、转换专业制、中期选拔制、插班生制以及干部轮换制等。

还需要补充的是,杨德广主张大学也应有教无类。如在1998年,上海有三位盲人学生参加高考进入录取分数线,市招办征询多所高校意见,无一所高校愿意录取。杨德广得悉后毅然决定由上海师范大学录取这三位盲人大学生,安排在外语学院英语专业学习。他说,录取盲人大学生体现出教育平等以及对残疾人的尊重,也是为在校生树立很好的学习榜样,他们不怕困难、刻苦学习的精神必将在广大学生中产生激励作用。实践证明,杨德广的理念和做法是正确的。

(二) 不能安居何以乐业:着力解决教师住房问题

杨德广刚到上海师范大学时,教职工反映最多的问题就是住房困难。在三个月时间内,走访了几十户住房困难的教职工,他感到很震撼:"社会主义大学的教师居然住在条件如此差的房子里!"如原本用来弹钢琴的房间(每间5—6平方米),却都成了住宅,住了讲师、助教等几十户人家,一住就是十几年;原集体宿舍每间仅13平方米,没有独立的煤、卫,住有一家三口的副教授;结婚户没有住房,一间房子轮流住,13平方米的房子一隔为二,两对结婚户住在里面。看到这种情况,他难过地流下了眼泪,"教师是太阳底下最光辉的事业,却住在没有阳光的房子里"。于是他下定决心千方百计解决教师住房困难。1996年下半年,他在全校干部会上表态,保证三年内解决教职工住房困难,不解决就辞职。

为此,杨德广多次奔走于街道办事处、区政府和市教委,多方争取,优先解决了困难户和骨干的住房。为了从根本上解决教职工住房困难,1996年10月在学校党政领导班子的支持下,他提出取消福利分房,多渠道集资购买,不要上面给的小蛋糕,要自己做大蛋糕,争取政府贴一点,学校拿一点,个人出一点。这一政策出台后,立即遭到一部分教职工的反对,尤其是等候多年、近期可以享受福利分房的教职工,反对声更为强烈。杨校长不厌其烦地做说服工作,宣传市政府1比1的配套政策,终于得到大多数教职工的理解和支持。就是这样,在短短两年时间内,学校就通过筹集的资金购置了2万多平方米的住房。房源充足了,三年内有1000多名教职工搬进了新居,不仅解决了本校教职工的住房困难,而且对吸引人才、稳定教师队伍发挥了很大作用。

还有不得不提的是,杨德广在任校长期间,不仅每天在学生食堂就餐并借此机会听取学生的意见,而且经常深入学生宿舍、课堂和图书馆了解学生的学习及生活情况。每逢节假日,他都会到教职工的家中去家访,嘘寒问暖。1999年2月23日上海的《新民晚报》还专门为此报道:"市人大代表、上师大校长杨德广从初一到初七,天天骑着自行车在外面奔波,先后到37户教职工家中拜了年,最多的一天爬了四五十层楼梯。"

(三)以"绿气"促"人气":师生眼中的"绿化校长"

当时,上海师范大学虽有着40多年的历史,但由于长期缺乏资金,缺乏规划、改造和必要的调整,校园到处是杂草丛生,裸露的泥土以及雨后的积水也是随处可见,因此就有了一个"破落地主"绰号。杨德广就任校长后的当月就意识到这一问题,他说:"不能树木,何以树人?一所大学连树木花草也管不好,何以育人、管人?"他提出三年内把上海师范大学建成"土不见天、绿树成荫、花不间断、四季飘香"的花园式绿色学校,为全校师生员工创造一个良好的生活环境、学习环境和工作环境。为此,在他的提议下,学校成立了绿化委员会,他亲任绿委会主任,并定期召开会议,确定和实施全校绿化建设总体规划。面对在改造校园过程中资金短缺的问题,杨德广提出了三个"一点":教育经费中"借"一点,创收基金中挤一点,发动教职工捐一点。杨校长带头捐款,并且每年坚持不懈。人多力量大,学校先后收到绿化捐款150多万元,当时市教委为表彰上海师范大学绿化搞得好,三年内增拨600多万元用于改建运动场及绿化工程。

杨德广要求"人人动手,绿化校园",并亲自带头劳动。如1998年暑假,他几乎每天都要到大操场去看看、走走。看到民工们在烈日下挥汗劳动十分辛苦,但每天伙食很差,口渴了只能喝自来水,他就自掏腰包买了20斤绿豆、40斤大米送到工地,叮嘱工地食堂每天给工人们熬绿豆粥喝,并吩咐学校饮食部门每周送两次荤菜到工地让民工加强营养、改善伙食。民工们都感慨万分,更加尽心尽力地工作,工程不仅提前完工,而且因质量高受到当时国家体委的称赞。

杨德广对校园绿化建设永不满足,屡出新招,并注重科学性、观赏性、功能性。1998年起的三年时间内,学校基本完成了樱花园、行知园等十大园区的改建。学校可谓"一年一个样,三年大变样",相继获"上海市花园单位""全国部门造林绿化四百佳"称号。这一切,离不开校长杨德广多年来大力倡导、高效组织和以身作则。上师大人都亲切地叫他"绿化校长"。2002年,他由于在组织社区绿化工作方面的贡献还荣获"全国绿化奖"。

(四) 大力发展教育产业,走内涵发展的道路

杨德广刚担任上海师范大学校长时,学校办学经费严重不足。在这种状况下,他提出,要在"办学育人"四个字上下功夫,即学校要大力发展教育产业,走内涵发展的道路。

杨德广说,上海师范大学是地方高校,应主动为地方经济社会发展服务,为各类人才培养服务,为大众教育服务,应充分利用学校资源办学育人。如上海师范大学原有的奉贤校区因缺乏资金而使大部分土地闲置。为适应高校扩招的需要,杨德广提出运用市场机制开发奉贤校区。由于市政府没有增加投资,校内反对者很多,认为没有钱怎么开发?谁愿意到那么偏远的地方去读书?他说,不开发、不发展永远没有钱,只有开发了、发展了才有钱;破旧的校园学生不愿意去,校园建好了、建美了,一定会有学生去。在学校领导班子支持下,杨德广提出依靠置换、集资、贷款等方式共集资3亿多元,3年内使上海师范大学奉贤校区成为一所富有田园风光、充满现代气息的新型大学校园,学生从1700人发展到1万多人。

再如,20世纪90年代末著名导演谢晋创办的"谢晋—恒通明星学校"步履维艰,连校舍也没有,由于是非学历教育,多所高校都不愿接受该校进入。于是,谢导来到上海师范大学找杨德广,提出搬进上海师范大学,与上海师范大学合作办学。他仔细听完谢导的介绍后,立即代表学校表示欢迎。三天后就召开校长办公会讨论通过。他认为,与"谢晋—恒通明星学校"合作办学,有利于资源共享、优势互补,有助于培育优秀的影视人才,但要从非学历教育向学历教育转变。谢导表示同意。2000年3月,上海师范大学谢晋影视学院正式成立,开始招收大专学生,2002年经批准升格为本科。现在已有4个本科专业、700多名学生,培养了一大批在国内外文艺界崭露头角的新星。

实践证明,根据社会和市场需求办学,不仅弥补了学校资金的不足,增

加了老师的福利待遇,而且也大大促进了学校的内涵式发展,提升了学校的知名度。在杨德广任职期间,上海师范大学的学科专业的发展速度很快。1995年全校本科专业为20个,专科专业为19个,博士点2个,硕士点25个。到2003年,本科专业有47个,专科专业有26个,博士点有14个,硕士点有62个,专业覆盖了除医学以外的所有学科门类。除此之外,上海师范大学所获得的科研项目以及科研经费也有了大幅提高,学科实力大幅提升。如在武书连的"全国高校排名榜"中,1996年上海师范大学名列第158位,2003年则提升到第96位。

杨德广在学校管理中的先进理念、实干精神和出色贡献,也得到了全校师生和上级主管部门的赞誉和认可。2002年,经全校无记名投票,杨德广被评为"上海市员工最信得过的好领导"。2003年9月,他还被中共上海市教育工作委员会、上海市教育委员会授予"上海市教育功臣提名奖"。

二、一位笔耕不止、成果丰硕的高等教育学人

杨德广是我国一位优秀的高等学校管理者,又是一位著名的高等教育研究专家。这既与他30余年不断进行高等教育的理论研究有关,更与其坚持将自身的理论研究成果不断运用在教育实践中有直接的联系。我国著名高等教育学创始人潘懋元对他的评价是:"杨德广等身的著作是在繁忙的行政领导工作中,午不休、夜少眠,一个格子一个格子爬出来的,凝聚了一位高等教育家对高等教育事业的热诚和毅力。"教育部原副部长、中国高等教育学会原会长周远清的评价则是:"杨德广同志思维敏捷,思想开放,实践丰富,对许多问题的看法有独到之处,很有深度,是我国著名的优秀的高等教育研究专家,深受广大教育工作者和教育研究界的关注和尊敬。"

(一) 献身于中国的高等教育研究事业

杨德广曾先后在华东师范大学、上海市高教局、上海高教研究所、上海大学(1983年)、上海大学(1994年)和上海师范大学工作,这为他从事高等教育研究和实践奠定了良好的基础。长期以来,他一直坚持"工作、学习、研究"六字方针,即:干什么工作就要努力去干好,要干好就必须围绕这一工作而努力学习,并对工作、学习的结果进行研究,进而上升到理论,然后将科研成果应用到教育实践中,以科研成果指导实际工作,这样就形成了"努力工

作—努力学习—努力研究—努力工作"的良性循环。

杨德广虽然不是教育专业科班出身,但他30多年来一直致力于高等教育理论的研究。纵观他所撰写的论著,一个最显著的特点就是他始终立足现实、注重调查研究,也因此被很多学者认为"要了解中国高教的动态和现状,应看看杨德广的文章"。对此,中国教育学会教育学分会理事长、人民教育出版社副总编辑吕达先生的评价则更为全面。他在一本专著的序言中写道:"通读杨德广的著作,非常明显的特点就是,现实性与时代性相结合,宏观与微观相结合,国内与国际相结合,传统与现代相结合,理论与实践相结合。"

截至目前,他共出版著作49部(含主编),公开发表文章500余篇,先后承担10多项省部级以上科研课题,有20多项科研成果获省部级以上奖,其中有3项获全国第一、二、三届教育科学研究优秀成果二等奖、一等奖、二等奖,2项获上海市科技进步奖一等奖和三等奖。他发表的文章"高被引"率排列也在同行的前列。他的一本《现代教育理念专论》2001年由人民教育出版社出版后,连续印刷了四次,每次都全部售罄,在上海及其他一些省市举办的各类培训中也广受学员们的欢迎。以上所取得的成就,在全国高等教育研究界为数不多,在大学校长中更是屈指可数。2013年,中国高等教育学会授予杨德广"从事高等教育逾30年高等教育研究重要贡献者"荣誉称号。全国仅30人获此殊荣,杨德广能名列其中,当属实至名归。

(二) 时刻关注高等教育实践中的热点、难点问题

杨德广敢于面对我国高等教育现实中存在的一些热点、难点问题,不回避矛盾,对我国教育改革和发展中存在的问题进行深入的剖析和研究,并提出了许多至今仍很有价值的观点和见解。

如在20世纪80年代初,在世界新技术革命面前,第三世界国家面临着严峻的挑战。但当时,我国高等教育的数量与质量都无法适应形势发展的需要,而且大学毕业生普遍存在着专业面窄、能力不强等弱点。因此,杨德广早在1984年就提出"必须认真研究高等教育的具体对策,搞好结构改革"。针对当时我国高等教育的专业结构不能适应新产业、新产品发展的状况,他提出应建立合理的专业结构的观点,即"减少和合并一部分专业,建立综合性的大专业""增设和发展新专业、紧缺专业"。

再如,1986年,杨德广对工厂、科研机构、医院、学校等30多个单位的1 000多名近年毕业的大学生进行了调查。调查结果显示,63%的毕业生的知识结构不能适应工作的需要,59.5%的毕业生的能力不太适应工作的需要。他为此撰写了《加强学生智能培养的几个环节》一文。他提出了"适应性教育"的观点,并认为要拓宽学生的知识面、使其尽快适应工作需要,应在教学内容上做到基础实、知识宽、专而新、量适当。基础实,指应使学生掌握坚实的基础理论,这是学生毕业后工作适应性强、后劲足的基础;知识宽,指让学生具有较宽的知识面,为此,应精简教学内容和课时,应加大选修课,允许学生跨系、跨专业听课;专而新,指专业课的比例不应过大、不宜学得过深,而且教学内容要反映本专业、本学科的新知识、新技术和新动向;量适当,指给学生的知识量要适当,少会达不到要求,多则影响学生的全面发展,不利于培养学生的创造力。

又如,针对我国高等教育存在的"国家统包的办学体制、部门办学的领导体制、政府统管的管理体制、经费单一的投资体制"等困境,他鲜明地提出了"改制是我国教育走出困境的出路"的论断,并以翔实的数据做出了"'改制'会使高等教育的效益明显提高"的判断。他还提出,高校"改制"应积极稳妥地进行,上海可率先改制试点。他提出的"国有民办公助"的新型高等教育模式得到了很多地方政府和教育界的认同,也为普通高校独立学院的建立提供了理论指导。

(三) 从长远构思高等教育学科建设

早在1982年,杨德广就参与了由潘懋元教授主编的我国第一部《高等教育学》的撰写工作,嗣后又主编四部"高等教育学"著作,为高等教育学的学科建设以及现代高等教育学的建立做出了积极贡献。

1989年,杨德广发表《对十年来高教理论中若干问题的探讨》一文,对高等教育学科的相关问题进行了理论研究。在文章中,他探讨了教育的本质属性、教育方针、高等学校职能、现代教育思想、培养目标、教学论、高等教育与商品经济相适应等高等教育学科发展过程中必须明确的问题。同年,他还撰文探讨了教育理论贫乏及其出路问题,为构建现代高等教育学体系奠定了基础。

20世纪90年代后,随着形势的发展变化,原有的《高等教育学》已不适应时代的要求,于是杨德广开始积极探索现代高等教育的理念。他说,"为使我国高等教育走出困境,使高等教育适应现代化社会发展和市场经济发展的需要,也为了高等教育学科的不断发展,迫切需要建立现代高等教育学"。为此,杨德广于1995年发表《关于建立现代高等教育学的探讨》一文。他在文中提出,随着社会的发展,高等教育已经发生了很大的变化并在发展过程中出现了很多的困惑和问题。这些困惑和问题是传统的高等教育学所不曾涉及的内容,因此必须建立现代高等教育学。

对此,杨德广总结了现代高等教育的九个基本特点:方向性、适应性、自主性、多样性、开放性、竞争性、特色性、产业性、先进性。而作为研究现代高等教育的科学,杨德广认为现代高等教育学应有自身的理论体系。其理论体系主要包括绪论、大学原理论、大学学生论、大学教师论、大学教学论、大学德育论、大学体育论、大学科研论、大学产业论、大学装备、大学制度论以及大学管理理论,这与传统高等教育学在内容上有很大区别。

(四) 致力于理论创新,以指导高等教育的办学实践

杨德广始终关注并高屋建瓴地论述中国教育面临的形势和挑战,他的文章有理有据、观点鲜明、现实针对性强,这不仅给人以紧迫感、危机感的警示,更重要的是他总有前瞻意识,致力于理论创新,以指导高等教育的办学实践。

如在20世纪80年代初,我国高等教育的数量与质量都无法适应形势发展的需要,而且大学毕业生普遍存在着专业面窄、能力不强等弱点。杨德广针对当时这一现状提出应建立"综合性的大专业""增设和发展新专业、紧缺专业";1987年,他提出变"学校办社会"为"社会办学校",学校应和社会加强横向联系。他提出的这些观点,为我国1999年开始实行高校后勤社会化及21世纪初的高校投资多元化提供了理论依据。1988年他提出,我国可以允许办私立学校,也可以办中外合资学校。这为我国兴办民办高等院校和中外合作办学提供了理论指导。1989年,杨德广就我国教育经费不足的问题发表了《中国高等教育的问题及出路》一文,他提出要"改变教育是非生产性投资的观点""调整教育结构以提高教育经费的利用率""建立大学董事会和基金会""收取学杂费以改变学校包下来的状况"等。他在文中提出这些解决问题的思路以及办法和对策,不仅在当时引起了教育主管部门、高校以及

《中国教育报》《光明日报》等媒体的关注和重视,而且对今天的高等教育发展仍具有指导作用。

进入20世纪90年以来,杨德广开始关注中国发展民办大学的理论问题。在《我国应积极稳妥地发展民办大学》一文中,他在分析民办大学的三个特点(经费自筹、办学自主、灵活多样)的基础上,提出了"新型的民办大学要突破旧模式、改变旧体制、转换旧机制,探索社会主义初级阶段新的办学路子"的思想。他提出,健康、稳妥地发展民办大学,必须采取如下对策:一是解放思想,积极鼓励和扶持民办大学的发展;二是制定法规,确保民办大学健康发展;三是逐步将部分公立大学改为民办大学。杨德广还公开撰文提出"上海办十几所民办大学不算多",当时受到不少人的非议,后来事实证明他的预测是正确的。

杨德广退休后,依然笔耕不止,及时对高等教育学界存在的一些理论误区进行匡正。如2011年,包括国内一些高等教育界著名专家在内的众多人士否定高校扩招,认为"高校扩招是教育产业化的产物""高校扩招造成教育质量滑坡、大学生就业难等突出问题",杨德广立即就此撰文反驳,指出应充分肯定高校扩招的必然性和必要性,不要只看到不足的一面,更不能一叶障目,全盘否定。高校扩招是我国经济社会发展的需要,是人民群众对高层次教育的需要,是邓小平"教育优先论"的有力推进。高校扩招不仅加快了中国高等教育大众化的步伐,而且为我国从人口大国迈向人力资本大国奠定了坚实基础。2013年,他针对有学者提出的"高等教育适应论是历史的误区"这一观点,及时撰写了长篇商榷文章,认为高等教育"适应论"是经济社会变革和发展的必然,是高等教育生存和发展的必然,对推动经济社会和高等教育事业的发展起了重大作用,而不是什么"历史误区",并充分肯定了潘懋元先生提出的"高等教育两条基本规律"的理论。这既体现出他作为一个老教育工作者的高度责任心,又体现出他作为一位学者的严谨治学精神。

三、一位德高望重、教书育人的良师益友

杨德广不仅有丰富的人生阅历、令人叹服的科研成就,而且还是一位有个性、有风格、有理念的教育家,由此也被广大研究生誉为"教书育人的良师益友"。

(一) 教书先教人,育才先育人

在杨德广的课堂上,研究生学到的不仅是专业知识,还有许多做人的道理。听过他的课的研究生们都有一种如沐春风的感觉。按照杨德广本人的话讲,就是教书先教人,育才先育人。

其一,他的育人体现在他的身体力行上。在课堂上,他往往为研究生们"现身说法",以自己为例,谈他的苦难的童年、艰难的青年、磨难的中年;讲成就他成功的三大"法宝":一要有坚定的信仰和志向,二要勤奋,三要有抗干扰能力。他以自己的人格魅力和实际行动感染着学生、教育着学生。2005级研究生谢青为此感慨道:"我觉得杨校长不仅仅是用书本上课,而且是用自己一生和为人作为教材来给我们传授知识。"2006级研究生丁静林也深有感触地谈道:"如果不是亲眼所见,也许连我自己也不会相信,只要不是出差、上课,不管是工作日还是周末,几乎都会在教苑楼的办公室里看到他忙碌的身影。每每看到杨老师辛勤工作时,我都会深受感动和感染:一个已届古稀的老人都如此勤奋,作为青年的我们还有什么理由懒懒散散、浪费光阴呢?"

其二,他的育人体现在他给每一届研究生上的第一节课上。对此,2007级研究生李玉美的评述很具代表性:"杨老师的开堂之篇颇具特色,不是讲本课程的综述,也不是说本课堂的规则,而是析旧中国的千疮百孔,叹新中国的一穷二白,进而引出当代青年的历史责任。这对许多已是研究生的同学而言,不能不说是一份久违的精神挑动你……。经杨老师首节课几番语重心长的教导,大家开始有意无意地追忆起先烈们的壮志,开始重温先贤们的豪情……杨老师如此的开篇方式正是给我们的前行领跑,给我们的思想以鞭策,让我们用自豪而充分的理由说服自己:把个人的价值与国家、社会的利益捆绑在一起,动力不竭,奋斗不止!"

其三,他的育人体现在对学生的思想教育上。杨德广在课堂上总是通过不同的方式对研究生进行思想教育,教给他们做人的道理,根据自身的阅历和体会阐述处世之道。例如,他每次课都会郑重地送给研究生们一句"不可不思的良言",深刻而富有哲理。2007级研究生王俊就曾感慨:"杨老师每节课都送大家一句话,看似平淡简单,细细品来,却发现每句话都蕴含着对生活态度的积极思考、对人生理想的深远召唤、对目标追求的不懈执着、对成功定义的理性阐述以及对人生在世的精辟诠释,他的每一句话都为我打开了视野,使我能够站在全新的高度和维度去审视世界、品味人生。"2007级研究生褚贵忠则对之概括认为:"杨老师把德育教育贯穿于整个课程的教学,使我在学习中更深入地、全面地懂得了许多做人和做事的道理。"

其四,他的育人体现在他的讲课风格上。2007级研究生赵玲玲对此的评价是:"听杨老师的课让你精神饱满、注意力高度集中……他一踏进教室就精神气十足;虽然是'杨氏普通话',但讲起课来生动风趣、幽默十足……"

此外,杨德广在学习上严格要求学生,在生活上关心他的每位学生。如每逢节日假期,他都会召集研究生到他家聚餐,亲自动手烧饭做菜,亲切地与研究生们拉家常,了解他们的学习情况、家庭状况以及个人婚恋问题等,这让那些远离父母的学子们感受到慈父般的关爱。

(二) 形式多样,培养学生能力

随着研究生招生规模的扩大、招生类型的增多,研究生的培养质量成了近些年来广受社会关注的话题。如我们经常会听到有些研究生导师抱怨自己带的学生"连一个请假条都写不好"等令人不解和泄气的话。针对这样的问题,杨老师提出了"能说会写"的研究生培养目标。所谓"说",并不是简单的说话,而是能就某一话题清晰地表达自己的见解或观点;所谓"写",也不是简单地写一段文字,而是能够把自己的见解或观点完整无误地用文字表达出来,并能写出符合规范的、达到公开发表要求的学术论文。为了贯彻"能说会写"这一思想,杨德广的课堂形式多样,在他的课上,不仅要求研究生写心得感想、写短评、写课程论文,还要独立讲课、做读书报告、参加辩论赛等。这样做,无疑是克服了目前许多高校研究生教学实践中存在的形式单一的弊端,大大地提升了学生的动手能力和创新能力。

如对于读书报告,2010级研究生余倩就谈道:"杨老师一直坚持课前给我们一刻钟时间进行一次简短的读书报告。这一刻钟使所有人都受益匪浅。对于听报告的人来说就相当于在一刻钟内了解了一本书……"2010级研究生杨娜在谈到读书报告时也感慨道:"当然,这项作业不仅仅是在自己准备中学到了很多知识,全班二十多名同学,每个人读一本书(我听了他们的读书报告),那么我这学期就等于读了二十多本书,大大地为我们节省了时间……"

而辩论赛则是他的"高等教育学"课程的一个"保留节目"。2010级研究生李俊就描述了自己参加辩论赛的过程和感受:"我和其他三名同学是辩题的正方。我们几位积极查找资料,认真讨论,找出自己辩论的切入点和基本点,揣摩对方可能提出的论点,然后进行模拟辩论。后来,我们终于在比赛中获胜。通过这次辩论赛,不仅仅是我,我想大家都学到了一点:只要有正确的态度,认真地去做,没有做不好的事情。除此之外,我们也学到了团结就是力量。……这样的活动不是简单的一场辩论,其实它还活跃了班级氛围,调动了同学们的积极性,为我们提供了一次团结协作的机会。"

至于课程论文,杨德广对研究生的要求很严格,每一篇他都会认真、仔细地批改。对于发现的一些质量比较高的课程论文,他都会悉心指导、反复修改,然后帮助学生向一些学术刊物推荐发表。这让研究生体验到了写论文的快乐,提升了潜心做科研的动力。

所以,凡是选修过杨德广课的研究生,一学期下来一个比较深的感觉就是"很忙""很累",但又很"充实",收获很大。

(三) 把课堂交给学生,让学生成为主人

"自主能力"是现代科学研究的必备能力,也是整个研究生教育的核心内容。由于课堂教学是研究生教育的主要方式,如何激发研究生的自主性也就成为课堂教学中的一个关键问题。为此,如何充分调动研究生学习与研究的主动性,就显得尤为重要。也正是基于这一认识,杨德广强调,教师在教学过程中应与学生积极互动,教学相长,注重培养学生的独立性和自主性。为此,他在研究生教学实践中,通过让研究生主讲课程、课堂讨论、教师点评的方式,努力提高和增强研究生学习与研究的自主性。

在杨德广主讲的几门研究生学位课程中,他安排"高等教育学概论"这门课程由学生主讲。这是因为该课程教材由其本人主编,属于高等教育学专业中的最基础的课程教材,也是高校教师资格考试的主要参考书目,其知识结构层次清晰,逻辑性强,便于学生把握。为了使这种教学安排能达到预期的效果,杨德广一般把该课程以章节的形式,在学期初结合学生自身的兴趣进行分工,每一位学生都有机会至少主讲一个章节的课程内容。

对于这种教学安排,研究生给予了充分肯定。2010级研究生成丹丹说:"这种做法让我感到很新鲜。一位或两位同学以主讲者身份出现,其他同学以评论者身份参与,这有力地调动了大家的学习热情。课后讨论中,大家各抒己见，畅所欲言，不同看法得以充分交流，既增强了课堂的信息量，又避免了认识上的片面性。"2007级研究生杨遇春说："这种方式体现了以学生为主体的教育理念，它使师生得以在平等的基础上进行交流，给予同学充分展现自我的空间。"

2012级研究生蒋璟在谈到自己的备课过程时认为："如果想顺利地把课讲完，最重要的一方面就是备课……在备课过程中，我们每个人首先必须充分发挥自己的自学能力，对自己所负责的章节进行反复研读，必须做到吃透（所讲授的内容），并且还要能够融会贯通，合理地结合与书本内容有关的课外材料进行拓展阅读，做到重点突出、条理分明、内容充实。这不仅能锻炼我们的能力，也为我们充分学习书本以及课外的知识提供了一个很好的平台。"

有些研究生则从效果上给予肯定。2012级研究生应浩说："这种模式很适合研究生阶段的学习，能大大提高课堂效率。这种教学方式的每一个环节都能攀近我们与学术的距离。在讲课准备中，我们培养了收集材料、梳理知识的能力；在讨论过程中，我们锻炼了思辨能力；在老师的总结中，我们又了解到了自己的不足和片面性。""在杨老师的课堂上，谁都不愿意在讲台上出丑！"一位研究生就此说道。研究生们在确定选题后都会给予充分准备，而不是照本宣科、应付差事。与此同时，这样做也训练了研究生检索文献、搜集资料的能力，由表及里、去伪存真的思辨能力，有理有据、阐发观点的表达能力。

（四）注重实践，博采众长

杨德广的课还有一个最大的特点，就是从来不是仅仅讲解一些理论知识，而是其所讲的教育理论背后都有实践经验支持和实证，这些实证实践经验大都是他多年从事教育工作亲身体验、摸索出来的。2007级研究生赵玲玲为此评价道："在讲到中国教育面临的形势和挑战时，他会联系到中外教育发展的历史进程和当今世界政治、经济发展的格局以及这种趋势对中国教育的影响；在涉及教育的产业性和公益性的问题时，他会联系到教育的属性问题、教育产业的市场支持以及现实性和可行性问题。无论涉及任何章节的内容，杨老师都能联系到各学科的相关知识，而且他的记忆力非常好，有关教育问题的统计数字他都能脱口而出。"

2007级研究生胡政莲的感受是："听杨德广的课,总让人感觉不到时间的流逝,因为他的课,没有说教,没有枯燥乏味的理论,而是能让人在工作、学习和生活中得到验证,从而产生共鸣的观点。……他深入浅出、条理清晰、旁征博引的讲解,让我们听他的课感觉就是一种享受。"

2010级研究生于广磊对"现代教育理念"这门课程教学的感受则是："在杨老师的课堂上,你听不到那些枯燥无味的照本宣科,他把现代教育理念的内容分成若干个小专题,在讲解的过程中,每一个理念后面都能加进几个生动形象的案例帮助我们理解,而且他所列举的案例都是他自己在高等教育管理实践中亲身经历或实践过的,因而更有说服力和感染力。"

另一方面,杨德广的课堂教学还博采众长,他根据其所讲授课程的特点(如他所讲授的"高等教育管理学"研究生学位课程),特邀分管教学、人事、科研、财务等不同工作的学校领导来给研究生授课,而这些领导除了给研究生做常规的学术讲座之外,还介绍他们各自在高校管理中的经验和一些最前沿的高等教育管理知识。2006级研究生李真为此感慨道："作为一名学生,能在一间小小的教室里聆听多位校领导的精彩讲座,这也是人生的第一次,我们要感谢杨老师。"2010级研究生高琦也就此感慨道："作为一名教育经济与管理专业的研究生,能在一学期时间内与这么多的校领导近距离地接触,一起畅谈高校管理中的话题,真是难得!"

总之,在杨德广的研究生教学实践中,他把教学当作一门艺术,贯通古今,博采众长,让研究生们在欣赏和享受中吸取宝贵的营养。对此,有学者把他的教学特色概括为"新、广、实"三个字。所谓"新",就是紧紧抓住时代的脉搏,站在时代发展的高度,对教育的挑战、问题、应对措施等提出自己的观点,给人耳目一新的感觉;所谓"广",就是其讲课的内容涉及的范围非常广,所采用的资料丰富翔实,视野宽阔;所谓"实",就是其能结合现实和教学实际进行教学,同时结合自己的生活信条、做人原则、养身之道、做领导干部及做学问之道对学生进行启发引导,娓娓道来,让人深有感触。

四、一位心怀大爱、帮困济贫的慈善之星

他不是拥有雄厚资金的民营企业家,也不是财大气粗的房地产老板,更不是坐拥万贯家财的富翁,只是一位靠工资、讲课和稿费收入生活的教育工作者,但他却做出了"一个令常人难以理解的举动":2010年,杨德广将自己

多年来积余的书稿费、讲课费以及卖掉一套房子所得,共筹集300万元,用于捐助就读过的小学、中学和大学三所母校的贫困生、优秀生。此举被媒体披露后,在社会上广为传播。他的善举被评选为2010年全国"十大老龄新闻人物",并荣获"2010年度上海市社会主义精神文明十佳好人好事",2011年和2012年"上海市慈善之星"等荣誉称号。

《解放日报》对此的报道是:"70岁的师大原校长杨德广,将自己的积蓄、稿费、讲课费和房产捐出,向市慈善基金会捐赠100万元,专门用于资助华东师范大学品学兼优的困难学生。为了助学,他已先后捐出300万元善款,用于资助自己小学、中学和大学母校的困难学生。"(2010年9月28日)《中国青年报》在题为《上海师大原校长"裸捐"300万元设奖学金》的报道是:"杨德广出身农家,曾在这三所学校读书,并成为一名教育家。在他70岁寿辰时,他卖掉一套房子,外加多年来积累的100万元的书稿费、讲课费,筹资300万元设立奖学金资助贫困学生。"(2010年10月30日)……

面对众多媒体和社会人士的争相报道和褒扬,杨德广很低调,他并不认同一些同事、朋友给他的诸如"真了不起""崇高""伟大"之类的赞誉之词。他说,一位华东师范大学85岁高龄老教授的话让他听了很舒心,很感动:"我看了你的事迹报道了,你做得好,你是活明白了!"

杨德广说,"活明白了",这四个字太确切了,太了解他了。大多数人见到他除了夸奖、赞扬外,还很关心地问他为什么不把钱留给子女,为什么自己不出去旅游,为什么不买套好房子住,为什么不吃得好一点,穿得好一点,等等。他说,我往往无言以对,很难说清楚。而这句"活明白了!",却帮他最好地回答了这些人的问题。

杨德广回顾自己70多年来的人生历程,认为自己从不明白到明白,直到活明白。他说,他的童年和少年时代是在苦难深渊的旧中国度过的,要明白自己原来也是受助过的贫困生,要明白自己多余的钱是从哪里来的、应如何使用。

他认为,捐赠的300万元不完全属于他个人,而是属于社会的。它来源于社会,来源于其他人的劳动成果,应该回报社会和人民。他谈道:"目前我们的国家还不十分富裕,社会上还有不少弱势群体,学校里还有不少贫困学生,我将结余的300万元用于资助我就读过的三所母校的贫困生、优秀生,帮助他们度过学习上和生活上的困难,让积余的财富发挥最大的效益。如果把钱存放在银行的个人账户上,这犹如把社会、把他人给我的钱私饱中囊,占为己有。如果把积余的财富未处置好就离开人间,是一种悲哀和耻辱。"

他接着深情地说:"每年10月,我去三所母校为贫困生和优秀生颁发奖学金。当我看到那些贫困生、优秀生用感激的目光、灿烂的笑脸,接受我的助学金、奖学金时,我感到快乐和幸福。当我收到一封封受助学生的来信,汇报他们的学习成绩和取得的进步时,我感到快乐和幸福。我明白,从表面上看,我帮助了这些学生,实际上是他们帮助了我,给了我快乐和幸福。"

从2004年起,上海师范大学"爱心基金"和教育发展基金会每年第一笔捐款都是来自杨德广的。这也是他每年新年后上班的第一天必须要做的第一件事。

每年3月12日的植树节,他都早早地来到学校绿化科,为学校的绿化建设至少捐款1 000元。

杨德广的善举不仅在社会上产生很大反响,而且也带来了他人的效仿和追随。如2012年,一位不愿透露姓名的上海企业家赞助200万元,以杨德广的名义设立了"杨德广帮困基金",用于甘肃环县、四川富阳县部分小学生的营养午餐。他的一些研究生,也纷纷表示要向他学习,参加慈善助学事业。

日前,杨德广又给自己定下了"有生之年至少要资助3 000名贫困生和优秀生"的目标,以实现退休后能继续做一个有益于社会和人民的人的夙愿。

(罗志敏,郑州大学教育学院教授、博士生导师。本文原载《高等理科教育》2013年第6期,此处略有改动)

以身立教的师表
——读杨德广的教育人生

江曾培

上海师范大学原校长杨德广教授,在他70岁生日时,决定将自己的稿费、积蓄和房产捐出,筹足300万元,细水长流地资助贫困学生,资助范围包括他就读的小学、中学和大学三所母校。这一倾毕生所蓄、助贫困学子的高尚行为,赢得社会的广泛赞赏。

按杨德广教授的自述,他经历了"苦难的童年、艰难的青年、不幸的老年、幸福的晚年",是教育使他从一个农民的儿子成长为大学校长,他一生也都奉献给了教育。百年大计,教育为本。他对教育事业情有独钟,对莘莘学子充满热爱。近日,由上海交通大学出版社出版的"上海高等教育文库",推出了他的一本著作,展现了他的教育人生,书名就叫《从农民儿子到大学校长》。

这本书,呈现了杨教授的办学理念。改革开放以来,教育战线上的诸多争论,无不与教育理念有关。在对现代大学特点的讨论中,他明确地不赞成追求大、全、高,即规模大、学科全、楼房高。他认为大学应有"四大":大师、大业、大度、大雅。大学精神,实质上是大学人的精神,是为社会发展、人的发展而追求真理、探索新知、勇于创新的精神。而大学的根本使命在于推动社会的发展和促进人的发展,因此要坚持以人为本、德育为先,努力提高学生的全面素质。这些,显示了他的教育理念的先进性和科学性。

这本书,展现了杨校长的丰富教育经验。德育与智育、体育、美育等,组成学校教育的系统工程,他十分重视德育,但如何有效地进行这一教育,却大有讲究。他从实践中总结出,德育会有四个效应,即正效应、负效应、零效应、潜效应。在教学活动中,应从学生的思想实际出发,注意学生的差异和个性特点,克服形式主义,讲究实效,大力提高德育的正效应率,为潜效应打下雄厚基础,尽量避免负效应,减少零效应。实践出真知,类似的可贵经验体会甚多。

这本书,还记录了杨教授对教育改革的思索。内中涉及教育发展观,高校科学定位观,教育创新观,新的教育体制观,宏观的教育时空观,教育服务产业观,适应性的质量观,以人为本的人才观,以能力为重点的素质观,动态的教学质量评价观,以学为中心的教学观,等等。如果不是在教育领域涉了"深水",不是为此朝思暮想,深思熟虑,他是难以提出这样系统性真知灼见的。

从书中还可以读到杨校长对如何当好大学校长的看法。他退休后,有记者问他,什么样的人可以当校长?他说,如果由有管理能力又能承担责任的院士、博导当校长当然是好事,但这不是必备条件。必备条件是要具备这样"四种力":能力、精力、魄力、效力。这是他的亲身经历的体会。当好校长自然要有必须的水平与能力,但是,"能承担责任"是关键一条。为此,就必须将自己的全部"精力"用到工作上,不可心有旁骛,精力分散。杨德广常年兢兢业业,每天都是工作10多个小时,对应该由他处理的事情,都是咬住不放,胜而后已,哪怕要花再多精力,也在所不惜。为了迅速果断地处理问题,不让事情扯皮不前,校长还要有"魄力"。怎样才能有真正的魄力?杨校长的体会是要有无私忘我之心。他到上海师范大学任校长时,就公开为自己"约法十章",包括不要学校住房,不要专车接送,不拿兼职费,不要别人代写文稿,不利用职权为个人和亲属谋私利,等等。他相信,只有两袖清风,才能一身正气。正是这"一身正气",让他取得了广大师生的信任和支持,用魄力与智慧在上海师范大学创造出精彩。

韩愈在《师说》中说:"师者,所以传道授业解惑也。"杨德广先生无疑是出色地完成了"传道授业解惑"的"师者"职责,同时,他更是以身立教,以自己的光辉实践"传道","立志、勤奋、惜时",廉洁自律,公而忘私,成为"人之师表"。《从农民儿子到大学校长》一书,生动具体地画出了一个"师表"形象,张扬了珍贵的师德、师风、师能、师魂。杨德广先生如今倾毕生所蓄做爱心助学之举,也正是他一以贯之的高尚师德师风的闪光。

(江曾培,原任上海文艺出版总社社长兼总编辑、上海出版家协会主席。本文原载"东方网"2010年3月2日,此处略有改动)

当代教育名家杨德广教授：退休 15 年笔耕不辍　心系教育矢志不移

罗志敏

> 作者注：2019 年 3 月 18 日上午，习总书记在北京主持召开学校思想政治理论课教师座谈会，这样的座谈会由党中央来召开是第一次。在这次由众多一线思政教师代表受邀参加的座谈会上，习总书记强调，要不断增强思政课的思想性、理论性和亲和力、针对性。我国当代教育名家杨德广教授，不仅是习总书记在座谈会上所讲的"为学为人的表率"，其退休 15 年来的奋斗事迹也可以说是能"给为学生心灵埋下真善美的种子"的一堂绝佳的思政课。

2014 年 11 月，在人民大会堂隆重召开的颁奖会现场，来自上海的一位年近 80 高龄的老人获评国家民政部颁发的第十届"中华慈善奖"慈善楷模，这是由国家民政部颁发的我国政府最高规格的慈善奖项。作为此次全国唯一一位获此殊荣的教育管理工作者，近些年来他通过他个人数百万元的捐赠以及他创办的"阳光慈善基金"，已使包括我国西部地区在内的 8 000 多名学生受益。这位老人，就是当代教育名家、上海师范大学前校长杨德广教授。

笔耕不辍　硕果累累

2003 年，63 岁的杨德广从大学校长的位子退了下来。已经在高等教育战线从事管理、教学和研究 40 载并取得成丰硕成果的他，应该是颐养天年的好日子来了。但事实上，这却只是他人生奋斗的又一个起点。

除了日常的教学、指导研究生之外，他撰写了大量在高教界很有影响的论著。据粗略计算，在他退休的15年时间内，他共撰写并公开发表了117篇文章，其中在学科顶级及权威期刊就发表了18篇，在CSSCI来源期刊发表64篇。这些炫目的科研成果，即便是一位年富力强的中青年学者，也很难做到。这还不算，在这期间，他还主编了被许多高校选为教材的《高等教育学概论》，主编了洋溢着积极老年学观念的《老年教育学》。这是继他在1990年撰写了国内第一本《大学德育论》之后，在新时期出版的很有重要学术和应用价值的两部教材。此外，他还出版了一套三卷本的教育文选，撰写和主编了三部有关高等教育方面的著作。

学术如此高产的背后，是他日复一日、坚持不懈的辛劳。在他的学生眼中，不管是周六、周日，还是节假日，你几乎都能在教苑楼11层的一个办公室里看到他忙碌的身影；而在与他同住一楼的邻居们看来，时常一大早就见到他拎着一个很沉的皮包，急匆匆从家里往学校赶，到了晚上，也总会在居民小区路灯光中瞅见他拖着疲惫的身子登上回家的台阶。

杨德广由于不习惯使用电脑，他的文章大都是用笔和稿纸一个字一个字写出来的。举一个2017年暑假发生的例子。当时，杨德广说他到哈尔滨待一段时间，我原以为他去度假，没想到他一人住在一间简陋宿舍里，房间里只摆有一张单人床、一套写字桌椅，没有电脑，也上不了网。他自己动手洗衣做饭，剩下的时间几乎都用在看书和写作上。30多天，杨德广居然用完了一堆笔芯，一笔一画地写出了四篇万字长文。他说："平时工作忙，有些要写的文章被耽搁了，现在正好趁假期可以多写一些。"每逢长的寒暑假，就是他写文章最得心应手、最出活的时候。他在退休前发表的400多篇文章、30多部著作，也都是这样写出来的。谈到这一问题，我国著名高等教育专家潘懋元先生曾在多年前就这样评价过他："杨德广教授等身的著作是在繁忙的行政领导工作中，午不休、夜少眠，一个格子一个格子爬出来的。"

这些成果的背后，也来自他对现实问题的观察、体悟、思考和精准把握。按他的说法，对于一个问题一旦有了一些想法，就一定想办法把它写出来，尽快地写出来，要不写出来心里就会很难受。他还说，对于写文章，他感到最高兴的时候就是，当一篇文章写出来后，他又发现了需要新修改的地方。

心系教育　矢志不移

杨德广从教50多年，出生在当时积贫积弱中国、贫苦农民家庭的他，一直对"教育改变人生""教育强国"有着比常人更为深切的感受,也有着更为炙热的情怀。所以,无论是他在 20 世纪 90 年代艰难条件下推动的诸如住房分配社会化、新校区建设、充实教育等前瞻性改革,还是他当时那些总能"带风向"的文章、学术报告和演讲,都成为许多老教师、老管理工作者以及那些现已成长为学界中坚的学者教授们至今还常常念叨的、那个时代激情澎湃的集体记忆,所以长时间以来他都被称为我国高教界真抓实干的一个"闯将",同时也被学界同行尊称为"行动研究的典范"。如今退休后,他也没有闲下来,而是用另一种方式去诠释教育、去推动教育改革。

一方面,基于他几十年来研究与实践所沉淀的理性和情感,他极力求索高等教育的真问题、真知识。随着进入新世纪以来我国高等教育改革实践的逐步深入,一些理论及现实难题也相继浮现出来。为了匡正人们在认识上存在的误区,为高等教育改革实践累积共识,他就像 20 世纪 80 年代末就带动起来的诸如"高等教育体制是'多元论'还是'一元论'"等学术大讨论一样,多次积极参与乃至主导高等教育问题争鸣。对此,他往往针锋相对,提出的质疑也是一针见血,从而以一己之力,引发了我国高教界的几次大讨论,为当时略显沉闷的高等教育学界增添了活力和动力,也为年轻学者树立了榜样。

如 2011 年,杨德广针对国内一著名学者发表观点认为"高校扩招导致大学出现了庞大的贫困生阶层,造成教育质量滑坡,大学生就业难等突出问题",先后发表多篇争鸣文章认为,这些问题在一部分地区和大学确是存在的,但与扩招为各行各业培养的大量人才相比,与对经济社会发展的贡献相比,与满足了广大人民群众上大学需求相比,是次要的和非主流的。他还同时结合许多实证和经验数据强调,应充分肯定扩招的必然性、必要性以及所发挥的巨大作用,不能一叶障目、全盘否定。再如 2013 年,他针对国内一知名教授提出的"认知理性是高等教育的核心价值""高等教育适应论是历史的误区"等观点,先后跟进撰写了两篇长篇商榷文章。他认为,高等教育发展的历史就是高等教育不断适应社会发展变迁的历史,高等教育职能的演变体现了大学不断适应社会变化发展的需求;高等教育的本质则是培养人的实践活动而非认知活动,认知理性仅仅是认识论中的思维方式,而远非高等教育的核心价值。他由此指出,"高等教育适应论"是历史的必然,不会"导致大学的知识生产功能的边缘化"。

对此,国内有学者这样评价他:杨先生满怀实事求是之意,全无哗众取宠之心;尽显直面问题之诚,毫无看人论事之嫌;张扬直言不讳之理,从无是非不明之行。对于我国高等教育发展过程中存在的一些热点、难点问题,杨德广敢于直言,敢讲真话,他驳斥关于"独立学院是公办大学举办的假民办"的论调,指出这是极不负责任的说法,指摘"一些名校自主招生拒收偏才怪才"丧失了自主招生的意义,批判用人单位招聘时"唯211、985高校论""以校取人"的行为,认为这挫伤了广大学生的上进心、助长了应试教育,等等。对流转在国内外媒体中一些歪曲或贬低我国教育改革成果的文章,他也毫不留情,及时进行批驳,以正视听。如2016年,杨德广针对有网络大V发文所称的"大学成为赚钱的机器"等错误观点,结合翔实的数据和案例,从五个方面逐一进行了批驳。他认为,无论是过去还是现在,中国高校的收费标准远远低于发达国家,根本不存在"赚钱"的问题。对于有些重点高校,由于办学成本更高,学校总经费支出中,学生的学费也仅占培养费的一部分。

杨德广退休15年来,从来没有想到要躺在过去的功劳簿上,也从来没有觉得自己年岁老了该停停了、该歇歇了,而是总在寻找新的研究方向和研究问题。比如今年春节期间,他将关注的重点转向了中小学教育,并一连撰写了四篇长篇论文。其中一篇是他针中小学生课业负担重问题的,他认为社会上那种普遍认为"学生课业负担重的源头是培训机构"的说法是错误的,根本就没有找到问题的源头,中小学生课业负担重的直接源头在那些从事"双超"(超教学大纲、超考试大纲)教育的"超级学校",而主要责任则在教育主管部门。而另外一篇相关文章则是关于如何破解"钱学森之问"的,他猛烈批评"三个一切"阻碍了对"超常"学生的选拔和培养,他呼吁教育主管部门和学校千万不能以"公平""平等""均衡""稳定"等为理由矫枉过正,忽略了对那些占人口极少数的、智力超常儿童的选拔、教育和培养。

心怀大爱　慈善助学

杨德广是一位慈祥的、浑身充满爱的阳光老人。在这方面,他的学生们体会最深。每年3月,他都会自掏腰包早早在这个餐厅预定几桌饭菜,召集他四面八方的学生一起来个"阳光大聚会",而这只是一个较大范围的聚会。每逢节假日,他总是一大早就先到菜市场买好菜,洗菜、配菜,再把鸡炖在锅里,等准备得差不多了才赶到办公室忙他的工作,然后提前一个小时回家做饭、烧菜。所以,当学生们一踏进他家的家门,首先就会发现一桌丰盛的菜肴在等着他们。他一边在灶台上烧菜,一边招呼他的学生赶紧先盛上一碗早已炖烂、冒着香气的鸡汤补补营养。自从他夫人十多年前过世以来,家里什么事都是他一人忙活,当问他常这样做是不是太麻烦时,他总是说,"有什么麻烦呢,做饭对我来讲就是一种工作之余的放松"。他坚持认为,请这些学生过来吃饭,不仅是给他们提供一个相互交流学习、增进情谊的机会,也是给远离家乡的他们一种家的感觉。

与此同时,他又把他的这种"爱"延伸到整个学校和整个教育事业。2004年,也就是他退休的第一年元旦,他一大早赶到学校,将2 000元钱送到教育发展基金会工作人员的手中。从此以后,每年的这个时候,上海师范大学的"爱心基金"和教育发展基金会每年各收到的第一笔捐款都是来自杨德广,且捐款数额逐年递增,这也是他每年新年后上班第一天要做的第一件事。

2010年,已进入古稀之年的他决定做一件思虑已久的事情:捐资助学。他将自己多年来积蓄的讲课费、书稿费100万元以及卖掉一套自有住房所得,合计300万元,分别捐赠给他就读过的小学、中学和大学三所母校,设立"杨德广帮困助学金",用以资助贫困生和优秀生。此后,他一发不可收拾,又筹集200万元用于甘肃、四川等地贫困小学生营养午餐。这种大"爱"精神,也感召了他周围越来越多的人加入他创建的"阳光慈善基金"。目前,以助学奖优为主旨的慈善活动已经从上海延伸到我国西部的新疆、西藏、内蒙古等12个地区。

做慈善,远不是捐些钱出去那么简单!无论是对外宣传和推介,还是去偏远地区考察和挑选需要资助的学校和学生,抑或是给捐赠者邮寄捐赠证书,每一个环节他都亲自上手,这之中涉及的花费却由于基金会没有管理费,也大都由他另掏腰包。2017年冬天,为了把资助西部学生这件好事做好,他居然坐飞机先后辗转十多个小时到新疆喀什去慰问那里的孩子,返回后顾不上休整又匆匆赶到教室给学生上课。

现在,他把退休工资的大部分捐出来做慈善,除了大家可能知晓的他通过基金会所捐的、动辄一笔就几万元的捐款之外,他常做的就是私下去接济一些需要帮助的人。这么多年来,从小区门口的保安到从素不相识的青年学生,他都不同程度地帮助过、资助过。比如,一对来自安徽农村、打算大学一毕业就立马找工作挣钱贴补家用的兄弟俩,最后硬是在他持续的资助和感化下,双双考上了名校的博士。谈到这一问题,他感慨道:我就资助了一点钱而已,就为国家的将来带来了两位人才,没有什么比这更划算的事了。

  这些年,他源源不断拿出来做慈善的钱,除了他的一些稿费和讲课费之外,主要是靠他平时的节俭。在他家,除了一些简陋的家具就是堆满书桌的书籍和报刊,一个用过多年的饭锅他也舍不得丢掉换个新的。成天伴随他进出的行头,除了两件换着穿的老式外套,就是一个早就磨破了皮的手提包。他平时一日三餐,工作忙时就在学生食堂吃上一顿,或在家下一碗速冻水饺或馄饨,闲时也无非就是在家里下点面条再加上几毛钱的鸡毛菜。按他的话讲,营养足够了,没有必要吃那么好。有一次他乘飞机误点,舍不得在机场餐厅就餐,只是买一包方便面充饥。

杨德广教授在西部农村地区参加慈善助学活动

看他整天这么忙,一次我忍不住问他,您整天这么忙,图什么呢？他说,人的生命是有限的,每天多把一些时间用在学习和工作上,多做一点对人民、对国家有益的事情,就是延长自己的生命。多年来,他将"无为何入世,入世有所为"作为自己的人生奋斗格言,还曾在上中学时立下誓言:健健康康为祖国工作50年！现在来看,他早就实现了这一誓言。但是,现在的他仍然在奔忙着:忙着写一篇研究论文,忙着整理一部即将出版的书稿,忙着筹备一个学术研讨会,忙着修改给一所学校上党课的PPT讲稿,忙着给一位考上大学的受资助学生写回信,忙着筹集用于资助下一年度阳光学生的钱款……仁者寿,智者乐,敬祝杨德广教授在80岁生日到来之际健康长寿！快乐长久！

(罗志敏,郑州大学教育学院教授、博士生导师)

杨德广在做学术报告

杨德广教授的多个"首次"和"第一"

罗志敏

杨德广教授是我国著名的高等教育研究专家。他不仅是一位很开明、敢于担当、很有开拓精神和能力的高教管理者,也是一位极具战略眼光和前瞻性思考能力的研究者。为表彰他为中国高等教育学科发展所做的突出贡献,2013年被中国高教学会评为"从事高教工作逾30年、高等教育研究有重要贡献学者",2017年被中国教育学会等七单位评为"中国当代教育名家",2019年当选为"共和国70年70位教育人物"。从教55年来,杨德广在科研、管理、育人等方面创造了多个国内"第一"或者"首次",可以说是完全实现了他的"无为何入世,入世有所为"的人生诺言。

一、第一次提出"政治思想工作与教学工作结合论"

杨德广是我国粉碎"四人帮"后最早关注和研究高校思想政治问题的少数几位专家之一,比如他除了早期负责撰写潘懋元教授主编的我国第一部《高等教育学》有关高校德育问题的章节之外,1978年12月14日还在《文汇报》发表题为《要把政治思想工作做到教学领域中去》的重要文章。在当时,由于受"左"的思想影响,学校片面强调思想政治工作要为阶级斗争服务。因此他就认为高校思想政治工作要转移到为培养人才服务,要贯穿到教育教学中去。在此背景下,他在文中提出"要把政治思想工作深入到教学领域中去"的著名论断。在他看来,要提高高校思想政治工作的水平和效率,就要把它做到教学领域中去,并且与平时的教学工作紧密结合起来。

至于如何做,杨德广提出两点:其一,高校的政工干部应该深入教学实际。蜻蜓点水似的下去转一圈就上来,是不可能发现问题的,更不能解决问题。他们只有深入教学第一线,有目的地、带着问题参加教学工作,才能更多地接触到学生,掌握学生的思想状况,从而找到政治思想教育的内容和方法。也只有这样,政工干部才能有更多的发言权,也才能取得开展政治思想工作的主动权。其二,要以学习为中心,积极开展促进学生学习的各种活动,及时帮助学生排除学习上的障碍。这样做,就可以使学生感到生活很充实,有成就感,也才能抵御社会不良思想的影响。

2016年12月7日,习近平总书记在全国高校思想政治工作会议上强调"要把思想政治工作贯穿教育教学全过程"。联系到总书记在新时代背景下的讲话精神,杨德广所提出的"要把政治思想工作做到教学领域中去"这一早在38年前提出的观点及其相关论述仍具有很重要的现实意义。

二、出版国内第一部专门研究大学德育问题的学术专著

1992年,杨德广在上海交通大学出版社出版《大学德育论》,这是国内第一部专门系统论述大学德育问题的学术专著。

在该专著中,他剖析了在当时德育领域一直存在的错误论调,即"渗透论""从属论"和"代替论",明确提出"德育的地位、首位和到位"观念,认为"德育首位是教育规律和人的成长规律决定的"。他认为,"必须改变思想政治教育只是政工干部和思政教师的事,专业教师只教专业知识"的片面观念,明确提出所有课堂都要有育人功能,每一位教师都要有育人的任务。同时还要树立"大教育"理念。

此外,他在该专著中还提出了"变平面教育为立体教育"的思路,即大学生的思想政治教育要采用立体的方式,将"静态教育与动态教育相结合,正面教育与对比教育相结合,统一教育与多元教育相结合,一体教育与复合教育相结合,外部教育与自我教育相结合,思想教育与管理工作相结合"。

三、首次提出并成功施行"充实教育论"

1996年,杨德广针对大学生中普遍存在的"松散懒"现象,提出并建构了"充实教育"理论体系。他认为充实教育应包括三个方面:充实学生的教育内容、充实学生的课余活动和充实学生的精神生活。即让学生从闲到忙,从松懈到紧张,从空虚到充实,从不知做什么到知道做什么。学校党团组织和辅导员有责任帮助学生做好"充实教育"的规划和设计工作,在大学生活的每一时间段,都要让学生有事可做,知道自己该干什么。尤其对低年级学

生,他们刚进大学,还没有掌握大学学习和生活规律,更要帮助他们设计好和安排好每天的时间。引导大学生学会自我设计、自我充实,增强自律意识和自立能力。自我设计最重要的是设计好如何利用好时间,使大学生成为善于驾驭时间的主人,向时间要知识,向时间要收获,向时间要生命。

杨德广认为,要判断"充实教育"实施效果如何,最直观的标准就是看学生们是否都忙起来了、都动起来了。后来,他在任上海师范大学校长期间通过采取多种新颖且具创见性的手段和措施成功地推行了"充实教育"实践,后又提出,要让"充实教育"落到实处,还需进行三个方面的改革:一是从确保教师足够教学时间投入着手狠抓教风;二是以"学"为中心进行全面教学改革;三是实行"宽进严出"的招考及学籍管理制度。

2018年6月21日,教育部陈宝生部长在成都召开的"新时代全国高等学校本科教育工作会议"提出"大学生的成长成才不是轻轻松松、玩玩游戏就能实现的""对大学生要合理增负""高校要严把出口关,改变学生轻轻松松就能毕业的情况"等观点。这次旨在扭转"快乐的大学"、要给大学生合理"增负"的会议,由于影响很大,被称为"成都会议"。随后,也就是2018年9月,教育部先后颁布《关于狠抓新时代全国高等学校本科教育工作会议精神落实的通知》《关于加快建设高水平本科教育全面提高人才培养能力的意见》等文件。联系到"成都会议"精神以及近几年教育部及高校密集出台的有关加强本科教育的政策措施,杨德广在22年前提出的"充实教育"理论,迄今仍具有重要的理论价值和现实意义。

四、首次提出并系统论证高校"计划外管理"论

1980年8月23日,杨德广在《人民日报》撰文在总结我国高校管理体制长期实行计划管理的优点和不足的基础上,认为要克服国家和地方计划管理存在的缺陷,充分发掘高等学校的潜力和活力,就要"除改善计划管理之外,还必须辅之以合同管理制",即"在完成主管部门下达的计划任务外,允许学校直接同各部委、各省市、各业务部门挂钩,签订合同,由学校按期提供各种专门人才和科研成果,由对方提供经费、外汇、基金、设备等条件"。他还认为,高等学校对外签订合同的内容很多,并列举了对高校可实行合同制管理的四大类别:"利用高等学校的实验室和校办工厂为社会服务""为带单位代培急需人才""对外承担有偿科研技术项目""实行知识输出"。在此基

础上,他专门以高校教师管理和毕业生分配管理为主题,具体论述了"计划外管理"在高教管理领域中的运用。

对于高校教师管理,他首次提出"教师流动制"。1980年9月12日,杨德广针对当时由于在教师管理上统得过死而导致师资配备(布局)很不均衡的现状,与他人合作在《文汇报》撰文《打破"死水一滩",促进教师流动》。他在该文中,主张要"敢于打破教师集中分配制度,采用促进师资流动的措施,这样也才能进一步落实知识分子政策,做到人尽其才,才尽其用"。为了避免师资管理"收就死、放就乱"的情况,他在文中又提出师资流动应当有领导、有计划地流动,提出并分析了当时历史条件下六种可行的师资流动方式:一是允许教师到外校兼课;二是鼓励"厂校合作",允许教师到工厂、研究所兼职;三是灵活地开展人才输出活动;四是试行任聘制和招聘制;五是积极推广讲座制;六是建立教师休假制度。对于高校毕业生分配,为了改变当时在毕业生分配上存在的弊端,杨德广在1986—1987年先后发表5篇文章,专门论述高校毕业生的分配问题。主张改变毕业生"通包统配"的按计划分配的办法,实行供需见面以调动学校和用人单位两方面的积极性,制定合理政策以鼓励毕业生到基层。在此基础上,他还在文中提出并具体阐释了很多极具创意的优化毕业生分配的策略和方式,如实行"预分配制""服务期制""流动制""浮动工资制"和"有偿分配制"等。

以上这些论点虽然放在现在不足为奇,但在当时我国还在实行计划经济体制(中国1992年党的十四大决定开始实行市场经济体制)、《中共中央关于教育体制改革的决定》(1985年)还没有颁布的情况下,杨德广发表的有关合同管理这种带有市场经济特征、体现高校办学自主权以及社会化办学的思想和观点是很可贵的,很具前瞻性和战略眼光,"允许教师到外兼课""任聘制和招聘制""建立教师休假制度"等观点和提法,对随后我国有关高等教育管理体制改革的理论研究以及实践推进都产生了很重要的引领作用,也体现了他很大的理论勇气和社会担当精神。

五、提出了系统且具独到观点的高校人才培养论

杨德广认为,在人才培养上要"产""销"对路,这样才能有效利用教育资源且不至于在当时国家紧缺人才的情况下还产生人才浪费的现象。至于怎样才能"产""销"对路,他在1980年10月9日刊发在《解放日报》的一篇文章中提出了四条建议：一是在招生上实行计划管理与合同管理相结合的办法；二是高校在专业设置上、教材内容上要适应现代科学技术的需要，要及时更新陈旧的专业和教材；三是学校和用人单位要加强"产""销"的联系和合作；四是对毕业生实行招聘制，允许人才流动。

对拔尖人才的培养，杨德广早在1980年12月20日刊发在《中国青年报》的一篇文章就做过比较详细和前瞻的阐述。他深入工厂和学校，通过对1953—1965年的大学毕业生的调查发现，绝大部分"平而不尖"，甚至还有一些不合格的"产品"。于是他认为，必须将"高校如何较快、较多地培养较多的拔尖学生"作为一个亟待的研究问题。他就此分析认为，造成大学生"平而不尖"的根本原因在于高等学校"平而不尖"，为此就要"建立造就拔尖学生的第一流重点大学"，同时还要做好拔尖学生的"育种"和"选种"工作。另外，在这篇文章中，他在分析拔尖学生所需必备的知识结构的基础上，提出并详细论述要处理好在拔尖人才培养过程中灌输知识与能力培养的关系，同时要注意"扬长避短、鼓励竞争"。

他针对当时学界对"通才教育"存在的普遍认识误区以及在实践层面人才培养普遍存在知识结构比较单一的局面，在《文汇报》（1981年2月11日）发文专门阐述"通才教育"的积极意义，认为"通才不是样样学、样样通"，"通才教育一般以有一定的专业方向或学科方向为前提，建立比较广博的、适当的知识结构"。

对于如何培养拔尖人才，他在1981年的《上海高教研究》（第二期）刊文专门论述"如何因材施教培养优秀学生"。文中提到高校要"减少必修课，增加选修课""对各类优秀学生采取多种方式，破格培养"等观点，在当时是很具前瞻性的。

此外，他在另外的一系列长篇文章中论述了如何在平时的教学实践中培养拔尖人才，如开发大学生智力的方法（1982年）、如何掌握学习规律（1982年）、高校如何进行人才开发（1983年）、大学生学习动机和动力（1984年）、大学生的能力培养（1989年）等。后来，他还主导进行了针对3万名大学毕业生的素质调查，以翔实的调查数据佐证自己的观点，并向政府主管机构献言献策。

六、首次提出并系统论述高等教育的"三个主动"论

20世纪八九十年代，杨德广在潘懋元教授有关理论的基础上，开拓性地提出高等教育的"三个主动"：一是高等教育要主动适应经济社会发展，即高

校要走出困境就需要走出市场,要改变"等、靠、要"的思想,要依靠社会办教育;二是高等教育要主动为社会经济服务,如高校要走教上门,到社区上课;三是高校教育要主动建立教育产业,发展教育市场。

如仅就教育产业来讲,杨德广发表了一系列关于"高等教育要主动适应市场经济""发展教育产业、建立教育市场"的文章和观点。1987年,他针对当时许多高校机构臃肿、办学效率低下的问题,提出高校要从"大学办社会"走向"社会办大学",并着重解决三个问题:学校里的非教育活动主要由社会各有关部门去办;学校应和社会加强横向联系;社会有关部门要树立为学校服务的观念;"还地于教",把校园内由后勤占据的土地让出来办教育。这些观点为我国1999年开始实行高校后勤社会化及21世纪初的高校投资多元化提供了理论依据。1992年,他开始关注中国发展民办大学的理论问题,提出"新型的民办大学要突破旧模式、改变旧体制、转换旧机制,探索社会主义初级阶段新的办学路子"的思想。

1993年,他又提出"挖掘教育资源,发展教育产业""关于建立教育市场的思考"。他说:"我坚定不移地认为,高等学校不仅要走进市场,而且还要建立教育市场,这样才能走出困境、摆脱困境。"1995年,他又提出"大学校长不但要找市长,更要找市场"这一著名观点。他认为,大学要适应市场经济的发展需要,必须跳出封闭式的小圈子,走向对外开放的道路,加强与工厂企业、科研部门、社会有关方面的联系和合作。他在上海师范大学创办了最早的中美、中法合作办学模式。

七、提出了具有远见卓识的教育体制改革论

1988年杨德广提出,教育领域可以效仿社会主义初级阶段经济领域中以公有制为主体、多种所有制共同发展的模式,以公立学校为主,允许办私立学校,也可以办中外合作学校。这为我国兴办民办高等院校和中外合作办学提供了理论依据。1989年,针对我国高等教育"国家统包的办学体制、部门办学的领导体制、政府统管的管理体制、经费单一的投资体制"等困境,他鲜明地提出"改制是我国教育走出困境的出路"的论断,并提出从四个方面来实现,即变统一性为多元性,变包下来为奖优汰劣,变封闭式为开放式,变集权制为分权制。他同时认为,高等教育应当适应经济领域中统一性向多样性的转轨,实现高等教育的多元化,即高等学校结构多元化、人才培养

规格多元化和招生就业渠道多元化。他提出,高等学校还应当引进竞争机制,充分激励学校和教师的积极性,提高办学效益。他提出的"国有民办公助"的新型高等教育办学模式,得到了很多地区、政府和教育界的认同,为后来普通高校独立学院的建立提供了理论依据。此外,他还提出要扩大高等学校自主权。具体应做到:分离政府部门和学校的职能,改变以政代校、政校不分的体制;学校内部实行校长负责制和系主任负责制,实行权力下放;学校实行民主管理,充分发挥教职工的主人翁作用。

1989年,他还提出并具体论证了要"建立高等教育新的运行机制",即"国家调控学校、学校自主办学、市场引导培养"。

八、主动为学生上党课最多的大学校长

1996年杨德广到上海师范大学任校长后,主动提出要给学生上党课,从1997年至今连续22年没有中断,不仅广受学生欢迎,也教育了一批又一批的青年学子。他说:"我们高等学校一定要培养和造就一批又一批坚定的青年马克思主义者,把我们党的事业坚定不移地传承下去,让社会主义、共产主义事业后继有人。"凡听过他党课的人,都一致评价:很感动!很受教育!充满正能量!收获满满!

例如,上海师范大学人文学院学生崔禾雨听了他的党课后感慨道:"杨校长一开始就讲,我们需要培养一批坚定的马克思主义者,把我们的事业进行到底。我一定要牢记这位老共产党员的话,努力成为一名合格的、优秀的青年马克思主义者。我从杨校长身上找到了学习的榜样。从他亲身经历、真实的感悟和坚定的信仰中,我看到了一位在追寻马克思主义的路上大步前进的勇士,我相信我也会坚定不移、无畏地向前进!"再如,同样来自该校的一位大二学生也就此谈道:"杨老师今天的党课很精彩,使我对党的性质和本质有了进一步理解,使我学到了很多,认识到中国共产党始终坚持人民利益高于一切,坚持全心全意为人民服务,认识到要做一个有理想、有目标、有梦想的人。我一定立志勤奋,积极进取,持之以恒,苦干实干,以更纯净的思想境界不断深入学习,主动靠拢党组织,以实际行动早日入党。"

九、第一位卖房筹款捐资助学的退休老教师

2010年,年届70岁的杨德广除了继续从事教学、培养研究生和科研工

作之外,决定投身教育慈善公益事业。他把多年来积蓄的 100 万元书稿费和讲课费,以及卖掉一套房子,共计筹集 300 万元,用于捐助三所母校的贫困生和优秀生。八年来共资助 2 000 多名学生。2012 年又筹集 200 万元用于帮助甘肃、四川五所乡村学校贫困生的营养午餐;用"一对一"的方式重点资助 35 名西部贫困优秀生;在西部 12 个省区设立了"阳光优秀生奖学金"。2015 年,自费购买 6 000 株速生树苗,代表"阳光慈善之家"赠送给上海海湾大学园区三所高校。试种成功后,2016 年组织了五次大型义务植树活动,共种植 13 万株树苗。五次义务植树都亲自参加,并捐了 5 万元购树。今年又组织了三次义务植树活动,6 所高校数百名大学生参加义务植树,他指导的研究生全都参加了。每年的新年伊始,他都向上海师范大学"爱心基金"和教育发展基金会捐款且捐款数额逐年递增。他每年都把退休工资的一半用于慈善公益事业。

他的做法不仅带动了周围越来越多的人加入阳光慈善事业,也影响了许多慕名前来的人士,他们都先后加入他组织的"一对一"帮困助学行动。截至目前,在他辛劳组织下,共有 6 000 多人(次)受到杨德广及其慈善团队的资助。

十、首次接收残疾学生入大学就读

杨德广在担任上海师范大学校长期间,曾力主普通大学应该接收(招收)残疾学生。2002 年,上海有三位盲人高中毕业生虽然具备高校招生资格,但市内无一所高校愿意接收。杨德广力排众议,接收了这三位学生入校就读。他当时的理由有二:一是高等教育应该从教育公平、有教无类出发,创造条件接收残疾学生,其实质都是为国家培养人才;二是接收这些身有残疾的学生,同时也是在以另一种方式来教育和感化其他同学。他曾就此在校园教育学生:"这几位盲人同学能克服这么大的障碍和困难通过高考,来我们学校生活和学习,我们这些同学不仅应该伸出温暖的双手帮助他们,还应该向他们学习,学习他们那种身残志坚、勇往直前的精神。"后来,这几位盲人大学生都顺利地毕业且都找到了满意的工作。

在杨德广任大学校长期间,许多优秀学生中途进入(转入)复旦大学、华东师范大学等名校就读。对于学校的这种做法,很多管理干部和老师都不理解,认为不能把自己的优秀学生"放走"。对此,他曾讲道:"上海师大不仅是为学校培养人才,更是为国家培养人才,我们有什么理由去阻止优秀的学生进入他们认为更好的学校和专业学习呢?我们应该从国家利益出发,从培养人才的角度出发,支持学生到最适合的地方去。"

(罗志敏,郑州大学教育学院教授、博士生导师)

杨德广在写文章

杨德广,一个"活明白了"的人

戴 平

杨德广和我相识在1965年,他刚从华师大毕业,两人当时都只有20多岁,是上海最年轻的大学团委书记。我们的友谊保持了54年之久。"文革"中,两人都是铁杆"保皇派",受到造反派批斗,他曾悄悄到上海戏剧学院来看望我,诉说心中的疑虑和苦闷,我们有许多共同语言。改革开放后,他担任上海市高教局、上海大学、上师大的领导,因为他的古道热肠,坦诚待人,我一直把他视为自己的兄长和挚友。上世纪90年代,有几年我们两家住得较近,还多次相约在江苏路华山路口会合,互通有无,交换一只新鲜的大鱼头或半个鸭子。

杨德广当上师大校长时,被称作"自行车校长",每天骑自行车上下班,传为美谈;他当市人大代表时,敢于直陈己见,触及时弊,不怕得罪人;2003年从上师大校长岗位退下来后,自2004年开始,新年第一天上班,就按年份,捐款给学校爱心基金会和教育发展基金会2 004元;如是,以后每年递增1元,连续捐了15年。他表示,还要一直捐下去。

最令人感动的是,他不是拥有万贯家财的富豪,却在多年前变卖了自己名下一套130平方米的房子,加上稿费、讲课费的积蓄,还向女儿借了23万元,凑足300万元,分赠小学、中学、大学三所母校,设立贫困学生奖学金。此举轰动上海,他又被誉为"慈善校长"。他两次被评为上海市慈善之星,去年又获得第十届中华慈善楷模的称号,都是实至名归。

华师大有位80多岁的孙教授,有一天碰到杨德广说:"你卖房助学的事迹我看到了,你做得对,你做得好,你活明白了。"三句话的评价,言简意赅,含义极深。

杨德广真是"活明白了"。而"活明白了"的基础,来自"想明白了":钱从哪里来,应向何处去?

有人曾问杨德广:你为什么不把房子和钱留给子女?他回答说:"我完全可以留给子女,这也是人之常情。如果这笔钱给我子女的话,他们无非是日子过得再好一点,多吃几块红烧肉,多到外面旅游几次,那是锦上添花。但是,他们都有稳定的工作和收入,生活过得去。与其锦上添花,不如雪中送炭。雪中送炭要比锦上添花更有意义。"

这的确是他的肺腑之言,也是事出有因。2013年,杨德广第一次到中国西部地区学校考察,看到当地有些坐在黄土墩上吃午饭的孩子,从书包里拿出几个冷窝窝头啃,什么菜都没有,连井水也没有,只舀一点积在缸里的雨水,就着吃窝窝头。杨德广眼睛湿润了。他想起了自己苦难的童年。他生活在江苏农村,父母亲都是文盲,每年三、四月,家中断粮,靠挖野菜度日子。一个妹妹在褓褓中就送了人。求学更是十分艰苦,享受国家全额助学金,中学六年,还靠在上海当学徒的哥哥接济,每月总共只有10元钱生活费。20岁,他背一个装着书和旧衣服的麻袋,带上家中仅有的三元钱,到华东师大报到。

杨德广万万没想到,到了21世纪,在中国农村还有这样生活贫苦的学生,他万万没有想到他们的午餐是这样的简陋。他心里十分激动,下定了决心:一定要把自己多余的钱捐出去,用到这些贫苦的孩子身上,让他们的午餐不再吃冷窝窝头,这样自己才能心安一些。他这样做后,收到了很多受助学生来信,说他们把钱用在给父母亲看病,或自己买了学习用品。孩子们很开心,杨德广很开心。杨德广的儿女也开心。杨德广的善举影响了一家人。他的女儿学习老爸,每年元旦也捐一笔善款,自己过生日必捐出两万元;现在连外孙女过生日,也抢着去捐钱献爱心,外孙女从小觉得,这样过生日特别有意义。

杨德广对困难学生一直倾囊相助,而自己的生活却十分节俭,甚至俭朴到近乎苛刻的程度。他到外地讲学,从没在机场餐厅里吃过一顿饭,原因是嫌价格太贵。有一次,他从哈尔滨到上海,飞机误点四、五个小时,到候机室的餐厅里一看,一碗面条68元,一大碗汤,小小的一团面,他估计还吃不饱,想起那些山区农村的贫困孩子,想起他们吃的冷窝窝头,他舍不得,到小卖部买了一包方便面,8元钱,节省了60元,可以资助20个贫困生吃一顿有一个鸡蛋的午餐。这一顿方便面,他吃得很乐胃。前几年,杨德广受邀到美国参观,有一项活动:乘直升飞机看大峡谷,但需要自费,另交250美元,很多人都交了,杨德广也想去看一看,但想到要付近2 000元人民币,这笔钱,可以用来资助一个贫困中学生一年的学习费用,他便犹豫了,最后还是舍不得去。

记得20多年前,有一天晚上,我和几个朋友约他在南京东路一家西餐馆吃饭,他匆匆赶来,手上拎了个大纸袋,说是到附近的中央商场去买了一套西装,一件夹克衫,价钱十分便宜。我们笑他想不开,一个大学校长,穿这种大卖场里的地摊货西装,似乎有点掉价。杨德广不以为然,他认为穿衣服主要是干净合身,至于外套,只要场面上过得去就行了,高档名牌衣物从来与他无缘。这不是寒碜,不是小气,也丝毫不妨碍他出席各种场合公共活动时的自信。

"活明白了",包括想明白人为什么要活在世界上。杨德广说过两句名言:"无为何入世,入世有所为"。这是他的人生观、世界观。现在老了,从领导岗位上退下来了,不如把自己的积蓄拿出来奉献社会。现在,他每月都拿出一半的收入,用于资助贫困学生,帮助他们圆大学梦。现在他资助的学生中,已有36名考进大学,安徽的江冬冬、江录春兄弟俩,一个考入同济大学读博,一个在交大硕博连读。这的确是一种"入世有所为"。杨德广谈到此事,很有成就感。十年来,他领衔的阳光慈善团队,一共资助了8 000多名贫困生和优秀生。他做助学的好事不是一年两年,被助的学生不是一个两个,而是十几年来一以贯之,数量居然有近万人之多,令人惊叹!

杨德广做慈善,还有一点意外收获:就是慈善是对健康的最好投资。做慈善,为他带来一种别人很难领略、富有乐趣的生活方式。因为多做好事,心情舒畅,身体也格外健康。他虽已年已80,依然精力旺盛,思维敏捷,走得动,写得快,睡得着。每个节假日,对杨德广来说,几乎都是"劳动节",也是他提升生命价值的最佳时刻。一些重要科研课题、长篇论文、书稿,都是利用双休日和节假日在办公室里完成的。因为他的挚爱的、志同道合的妻子郭老师不幸早逝,他更不敢一日闲过。退休16年来,他指导和培养了40多位研究生,出版了8本专著,撰写和发表了200余篇文章,作了1 000多次讲座。人生如斯,生命在勤奋快乐中得到延长,在劳动专研中得到乐趣,在爱心奉献中更有价值。

杨德广,一个品德高尚、学问深广的人,一个真正"活明白了"的大写的人,可敬可佩!

(戴平,教授,原任上海戏剧学院党委书记)

勉力捐款　勤苦向学

刘海峰

一个人的经历往往会影响其行为方式和决策选择。2010年初,两位中国人为母校捐款的新闻,便典型地体现了这点。

耶鲁大学公共事务办公室网站1月4日消息,美国耶鲁大学校长理查德·莱文教授宣布,耶鲁2002届硕士毕业生张磊(音)承诺,将向耶鲁大学管理学院(SOM)捐赠8 888 888美元。这是到目前为止,耶鲁管理学院毕业生捐赠的最大一笔个人捐款,也创耶鲁管理学院中国毕业生个人捐款纪录。

中国人民大学本科毕业的张磊却向美国的耶鲁大学捐出巨款,一时在国内引起轩然大波,人们议论纷纷。通常一个人对接受本科教育的学校印象更深刻,为什么张磊没有向人民大学捐款却向耶鲁大学捐款?耶鲁已经够富的了,为什么不向更需要经费的中国的大学捐款?

锦上添花与雪中送炭,两者之中,有许多人喜欢或者习惯于前者,因为给著名机构捐款往往影响更大,更容易扬名。但是,帮助弱者或特别需要者,其实更有价值,也更不容易。

2010年2月5日,我到上海师范大学参加了一个特别的活动,即"《杨德广教育文选》《我的教育人生》首发式暨杨德广从教四十五周年学术座谈会"。座谈会上,杨德广请来母校南京江宁县上坊村小学和南京市九中的校长。他与两校签订了共计50万元的捐款协议书,每年给小学、中学各提供5万元,资助15名到20名学生。杨德广说:"从明年开始,要为母校华东师大捐助贫困学生。我的经济实力有限,捐助要一步步来,要可持续发展,而不是搞一阵子。"杨德广先生回报母校的捐款数额占其收入或财产的比例,远远高于张磊捐赠给耶鲁大学的美元占其财富的比例,因此更令人感佩。

杨德广先生过去在领导岗位上清正廉洁,到上海师范大学担任校长后曾"约法十章":不要学校住房、不要专车接送、不要加班费、不拿兼职费、乘火车不要软卧、不要别人代写发言稿……他的积蓄并不多,如何能保证持续捐款?在座谈会上,杨德广先生当众表态:工作几十年后,目前他们家有两套住房,他准备卖掉原本为家人准备的一套房子来资助贫困学生,而且得到了家人的理解。

自传体文集《我的教育人生》一书冠名"从农民儿子到大学校长",便体现出杨德广先生不忘本的质朴本色。他说自己有一个苦难的童年,一个艰难的青年,在大学里是个典型的贫困生,因此现在非常理解贫困生的困难,如果能给他们提供资助,对他们是莫大的帮助。他说:"退休后,我想得最多的是两件事:一个是如何度过余生,一个是如何回报社会。"勉力捐资助学是他回报社会的方式之一,从中可以看出杨德广先生崇高的精神世界,张伟江先生送给杨德广一副楷法遒美的题词便是:"厚德广学"。

参加座谈会给大家留下深刻印象的还不止杨德广先生勉力助学方面,许多老同事、师友还回顾了杨德广先生仕学兼优的业绩。在高教研究方面,杨德广先生常常领先潮流,敢为新奇可喜之论。中国高等教育学会周远清会长说:"他给我的印象是待人热情、乐观豁达、富有朝气,无论是写文章还是会上发言,总是直言不讳,有自己独立见解,敢于发表自己的观点。"(《杨德广教育文选》序)尽管人们不一定都完全赞同他的观点(例如关于高考改革的看法,我与杨德广先生就很不一样),但多数人都认为杨德广先生确实经常发表很新很特别的观点。

70岁的杨德广先生出版了著作40部,发表论文430余篇,可谓著作等身。长期担任重要的领导职务,每天的工作几乎都处于高密集的状态,如何能写出这么多论著来呢?他在《杨德广教育文选》自序中这么说:"我每天早上六点起床,晚上十一点半休息,一天可以利用的时间有16小时,如果每天挤出两个小时用于学习和写作,一年按280天计,可以累计560小时;我双休日除了给研究生上课外,一般可挤出四小时用于学习和写作,按60天计,一年可累计240小时。这样,全年有800小时,其中一半时间用来写作,平均每小时写400字,一年至少可写16万字。时间就是这样挤出来的。"

记得有一次杨德广先生来厦门大学教育研究院主持博士论文答辩,当我去宾馆找他的时候,发现他正在房间的卫生间里写论文。我问他为何躲进狭小的卫生间写东西,他说现在多数宾馆的灯光都相当昏暗,只有卫生间的灯光比较亮,因此出差时总是在卫生间写作。通常出差的时候相对在学校里更不忙一些,于是外出开会、参加各种学术活动的时候便成为他挤时间写作的机会。

可见,关键是要有思想、有写作的意愿。无论再忙,一个人若有将自己的想法和观点表达出来的强烈冲动,总有办法挤出时间来写作。天道酬勤,勤苦向学者总会得到丰收的喜悦。

(刘海峰,浙江大学资深教授、厦门大学教育研究院原院长、长江学者。本文原载《科学时报》2010年4月20日)

杨德广作为评审专家参加上海第四届公益微电影评审会

杨德广高等教育管理改革理念与实践述略

梅是菲

杨德广的学术研究和工作实践涵盖高等教育的众多领域,他以其前瞻性和开创性的高等教育理念为高等教育改革发展做出了重要贡献。

笔者平日有幸能亲耳聆听杨德广讲述他的教育人生和教育理念,亲眼看见他的教育实践,一直以来笔者对杨德广的个人求学经历、从教经历深感敬佩。年届八十的他已经做到了"健康地为祖国工作五十年",并且至今仍坚守在教育和研究的岗位上。杨德广与潘懋元先生一样,属于高等教育学科研究和发展方面的第一代学者。

笔者将杨德广的高等教育管理改革理念与实践分成宏观和微观两大部分。将探究高等教育体制、高校与外部联系的理念和实践,归入宏观的范畴;将有关高等学校内部的管理改革的理念和实践归入微观的范畴。

一、杨德广宏观高等教育管理改革理念与实践

(一) 关于办学体制改革

杨德广早在1988年就意识到,我国高校的办学体制与日益发展和完善的社会主义商品经济不相适应,在世界新技术革命的大环境下,更是无法适应全新的挑战。我国当时采取完全的国有化办学模式,高等教育全部由国家包办,成为世界上少有的"包办型""供给型"高校,致使学校缺乏活力和动力,培养的人才无论是在数量还是质量上都不能满足社会的需要。于是他提出必须改革高等教育的办学体制。杨德广办学体制改革理念主要包括所有制改革以及高等学校的领导体制改革两方面。

1. 建立一主多元的高校所有制

杨德广认为,我国高等学校的所有制结构,可以仿照经济结构进行改革,以国家(包括省、市、自治区、中央各部门)办的全民所有制学校为主体,企事业单位办的集体所有制学校为重要组成部分,私立学校为补充,形成多种办学形式长期并存的所有制结构。也就是说以公办为主,允许民办、私人办、中外合作办学等多种体制并存。

2001年,他将以上观点归纳总结为:要建立一主多元的高等教育体制。一主即以国家、政府办学为主,以公立高校为主;多元即在国家办学、政府办学为主的前提下,实行多种形式的办学,包括民有民办、民有公助、公立高校整体转制、独立二级学院、公民联办、中外合作办学、股份合作制办学、国外(境外)团体、个人独资办学等。

我国高校在一主多元办学体制方面的发展是十分迅猛的。在2008年的文章中杨德广指出我国高等教育已经形成"一主多元"的办学体制,改变了单一的国有化办学体制。在未来发展方面,杨德广认为要继续发展民办教育,扩大民办高校的规模;并且应探索将一部分公办普通高等学校改制为"国有、民办、公助"学校。

2. 建立国家调控、高校自主、市场引导的管理体制

1980年,当时我国高校的领导体制主要有国家(通过教育部)领导、中央各业务部门领导和地方领导三种,他指出这样的完全计划管理在当时有利于社会确保高等教育事业的稳步发展,但是依然存在着很多问题,为应对这些问题,杨德广认为计划管理必须辅之以合同管理制。具体做法就是学校在完成主管部门下达的计划任务外,直接同各地区的业务部门签订合同,学校按期给它们提供专门人才和科研成果,对方提供经费、设备等。

到80年代后期,杨德广提出要将领导体制逐步改为以国家办和省市办为主,有关业务部门办少数必要的学校的模式。他认为高校不能仅为某一部门、某一地区服务,它在完成本地区、本部门下达的培养任务的前提下,可以为各部门、各地区服务。并且从这个时候起,他开始强调高校要能够成为相对独立的实体,能够拥有更多的自主权,并一直延续了这个观念。

对此他在1988年明确提出政府部门要给大学自主办学的权力,在这个过程中政府主要实行的是宏观管理和目标管理,而其他的一些权力可以下放给高校。他认为这套新的机制应该是:国家调控学校,学校自主办学,市

场引导培养。

(二) 关于建立高等教育市场

对于高等学校与市场的关系，杨德广最核心的观点就是：高等学校要走进市场。"大学校长既要找市长，也要找市场"是杨德广一直挂在嘴上的一句话。早在1994年，杨德广就发现我国高校的办学体制和运行机制，对日益发展和完善的社会主义市场经济存在不相适应的问题。对于高校的管理者来说，这样的困境尤其表现在高校的办学经费不足，教师的待遇偏低。经过分析，他得出结论：产生这种困境的根本原因是我国当时的教育仍然停留在计划经济体制上，没有与市场经济接轨。

杨德广认为既然党的十四大确定了我国经济体制改革的目标是建立社会主义市场经济，那么高等教育的内容、方法、专业结构、人才模式等方面也要从计划经济的那一套方法逐步转变为适应市场经济的模式。他认为高等学校实际上就是一个大的教育市场，并通过这一市场与社会、与市场经济接轨。教育市场包括知识市场、科技市场、信息市场以及人才市场。

在杨德广的高等教育市场观念中，还有一个争议很大的部分就是教育产业的问题。他反对教育"产业化"，但主张"教育产业性"，强调不要把产业性与产业化相等同。

杨德广所提倡的教育"产业性"，是指学校要利用自身的资源和智力优势，主动为社会服务，增加经济来源，从而弥补教育经费的不足。

同时杨德广作为高校管理者的亲身经历，促使他必须发展教育产业。他在1996年到上海师范大学担任校长时，市政府对学校经费的投入占总支出的70%，到2003年他离任时，仅占39%，即剩下的61%需要靠学校自筹。对学校来说，通过发展教育产业来解决经费不足的问题便成了一个行之有效的途径。这些增加的经济收入，可以缓解学校经济困难、扩大学校办学规模、促进学校教育事业的发展。

二、杨德广微观管理改革理念与实践

杨德广先后在多所大学、教育行政部门和高教研究所工作过，更是担任了十多年的大学校长。由于一直处于教育第一线，杨德广的高等教育理论研究，常常应用于改革，更好地指导实践。

(一) 关于高校内部管理体制

理论是实践的先导。杨德广的高校内部管理理念都是他在做校长时身体力行去实践的。正是他的这一套高校内部体制管理理念,为他在做校长时获得的斐然成绩建立了牢固的基础。

1. 职权观念

杨德广长期担任行政领导职务,他坚持高校必须要实行党委领导下的校长负责制,校长在党委领导下工作,学校内的所有重大事项的决策权都在党委常委会、党政联席会、校长办公会议,不能由校长个人说了算。

"为官一任,服务一方。"在杨德广的观念里,校长是服务者,是要为学校发展服务的。做好服务工作,必须依靠团队的力量,把责、权、利紧密结合起来,对干部"大胆放手,充分信任"。校长不是权力,而是责任和担当,他从抓住房、抓绿化到抓教改、开发新校区,都体现了他的服务观。

2. 科学管理

杨德广坚持校长首先要懂管理,必须要按照管理学的知识来科学地管理学校。他在任期间,就按照管理学中的能级原理,将各部门、各机构各安其位;另外他还运用管理学中的动力原理来激励教职员工。他从提升物质动力和精神动力入手开展工作,来协调好组织运作,帮助管理工作的顺利开展。

杨德广认为高校管理者必须要发扬民主,校领导要广泛听取各方面的意见。要建立各种专门委员会作为民主管理机构,每个委员会都以教师为主体,吸收相关人员参加。在具体实践上,杨德广在任上海师范大学校长时建立了民主监督委员会,由校工会牵头,教师为主体,凡校内教职工对学校工作有不满的,切身利益受到损害的,均可向该委员会提出申诉。另外还建立了教授咨询委员会和校领导接待日制,同时他积极制定校内政策,明确指出要畅通民主渠道,推进校务公开。

为了便于和教职员工沟通,及时听取真实意见,他在就职演说时公开了家中的电话。

3. 管理者素质观

杨德广将做校长需要具备的特质总结为四个力,即能力、精力、魄力和效力。能力主要是指调动各方面积极性的能力;精力主要是指能够把大量的时间和精力花在工作上;魄力则是指管理者要果断、要敢于承担责任;效力是指做事要讲究时效性,一定时间内必须完成一定的工作。

杨德广在上海师范大学担任校长期间,坚持每年一定要完成至少 10 件实事。在这些实事中,有教师住房改革、教学改革这样的"大事";也有很多所谓的"小事",像浴室开放时间调整、厕所扩建、学生宿舍漏雨问题等。后者看似小事,其实是与所有学生与教职工在学校的学习、生活更直接相关的大事。杨德广认为作为管理者,大事要抓,小事更要抓。这种细节上的管理问题,更加考验管理者的责任心。

(二) 关于教学管理

高等学校是为社会培养高层次人才的重要基地,杨德广十分重视高校的教学质量,他曾说高等学校的教学内容和课程体系是决定人才素质和质量的基础。杨德广的教学管理理念主要体现在以下几个方面:

1. 率先提出奖学金制

杨德广在 1980 年的一篇文章中提出,我国应减少助学金,将一定比例用于给优秀学生颁发奖学金。当时我国只有助学金,杨德广通过了解英国、苏联、美国等国家实行奖学金的方式,发现这是一种能够有效鼓励学生奋发学习、调动学生学习积极性的办法,于是提出实施奖学金制。现在奖学金制已在我国高校中普遍施行,这也证明了杨德广的改革理念走在时代的前列,体现了他在高校制度改革上的敏锐洞察力。

2. 奖励与淘汰并存的学籍管理理念

在学籍管理方面,杨德广认为学籍管理的根本目的不是为了管而管,而应该是能够调动学生的学习积极性,促进他们德智体全面发展。在学籍管理的过程中可以通过建立奖惩制度,奖优罚差。他强调学籍管理中奖励和惩罚,都是对学生的教育过程。杨德广的学籍管理观体现出其作为高等学校管理者,始终坚定地把教书育人的职能融入管理的方方面面。

杨德广主张对大学生要实行"宽进严出"的管理制度,要建立差生淘汰制度。此两项政策的条件已经趋于成熟,这也将是未来的发展趋势。

3. 高等学校整体教育理念

在高等学校的整体教育理念方面,杨德广提出高校要重视素质教育,必须加强通识教育,立足于培养复合型人才。杨德广早在 1996 年就提出了"充实教育"的理念,即充实教育内容、充实课余活动和充实精神生活,让学生从闲到忙,从松懈到紧张。杨德广早在改革开放初期,就提出要因材施教,培养拔尖人才,要打破统一的教学模式,做到创新教育,从而促进尖子生冒尖,改变我国缺少创新能力拔尖人才的现状。杨德广还认为因材施教是一条极为重要的教育原则,其中一个重要任务就是培养尖子生。他指出高等学校在教学改革中必须重视对尖子学生的培养,对于出类拔萃的人才要采取一些特殊措施进行培养。学校要创造各种条件,鼓励有专长的学生充分发挥自己的特长。

4. 改革高校专业结构及课程设置

杨德广认为我国高校的专业设置、课程结构、教学内容、教学方法等,都是长期以来在计划经济体制下建立起来的,形成了一个比较系统、完整的思维定式和教学体系,已经和现实社会不合拍。他主张发展新技术和新专业,在教学内容和课程体系建设方面要做到三个适应,即适应社会发展的需要,适应科学技术发展的需要,适应人才就业市场的需要。

在具体实践方面,提出本科生课程建设的总体方针为:减少必修课,增加选修课;打通基础课,加强实践课;改造师范类教育课;增设文化素质修养课。这也是他在上海师范大学进行的教学改革中最核心的内容。

(三) 加强教师队伍建设

杨德广认为,办好一所学校的关键是有一支高素质的教师队伍。

1. 提高教师地位,尊重、激励教师

1991年,时任高教局副局长的杨德广就写文章提出,必须要不断提高教师的政治地位和经济地位,当前高校中青年骨干教师流失等状况就是与教师的这两个地位不够高有很大的关系。高校一定要改善教师住房条件,提高教师待遇,为教师创造良好的工作和生活环境。

杨德广在上海师范大学为改善教师居住条件实施的住房改革,便是在这方面最有代表性的实践举措。在杨德广看来,改善教师住房不仅能够稳定校内教师队伍,还有利于学校引进优质人才,对高校的发展有着至关重要的作用。除此之外,杨德广还强调对教师要采取激励措施。早在1998年,上海师范大学就在他的建议下建立了优秀教师激励机制。

2. 重视教师发展,重才不在于"授官"

杨德广在文章中敢于揭露高校环境的真实现状,他曾在1980年指出一些高校内的专家职务过多,整天应付开会接待,把大量时间花在与工作无关的事情上面,导致他们的业务和专长反而被埋没了。他提出"重才不在于授官",应该让专业人才从事专业方面的工作。

3. 打破"近亲繁殖",确保教师来源多样化

杨德广非常认同国外很多大学规定本校学生毕业后不能留校的做法。他认为这种措施可以很好地抑制本校毕业生形成学阀帮派。为此他提出,原则上禁止自留本校毕业生,即使要留也需要同时引进更多非本校毕业生。

杨德广提出,在教师队伍建设方面要把引进人才与校内培养结合起来,以引进为主,学校骨干教师70%靠引进,校内提拔骨干的比例占30%。在引进优秀人才的同时,对校内优秀骨干教师的培养和深造也十分重视。比如2002年上海师范大学在大力引进人才的同时,对本校教师也进行了多方位的培养,共选送24位教师到美国、澳大利亚、日本、韩国等地进修,大大突破了原先拟定的每年10人的计划,此外还有58名教师在职攻读硕士、博士学位。

杨德广在上海师范大学打破近亲繁殖的改革是十分成功的,提升了教师队伍的整体实力。

4. 促进师资流动,加强教师考核

杨德广的人事管理理念中有一个很重要的观点,就是师资要流动起来。就是通过严格的教师考核制度,将一些无法完成相应教学科研任务的教师向校外流动,或在校内调整岗位。

杨德广在上海师范大学担任校长期间充分实践了他的人事管理理念,大力推进改革,他的改革原则可以概括为:按需设岗,竞聘上岗;多劳多得,优质优酬,克服平均主义、"大锅饭"的弊端。1997年聘任制在上海师范大学正式推行,同时学校开始加强对各级各类教师的年度考核,将考核的结果作为聘任、续聘或解聘,晋升、奖励或处分的依据。他还在学校实施教师分配制度改革,让不同能力的教师在待遇上能有所区分,从而确保师资"优胜劣汰"地流动起来。

杨德广还参照外国高等学校的做法,"建立教师休假制度"。就是指教师在连续工作四五年后,可以脱产休假一年左右用于进修、讲学。在当时的环境中,他就提出了这个设想,可见其改革理念的前瞻性。

(四) 关于后勤管理改革

1. 高校后勤必须社会化

杨德广早在20世纪80年代就提出"变大学办社会为社会办大学",到上海师范大学后他发现大片土地被后勤占据,大学成了无所不包的"小社会"。于是他提出"还地于教"的观点,将汽车队、印刷厂、绿化科、修建队等陆续迁出校园,兴建了多幢教学大楼、图书馆大楼,并在上海师范大学着手开始相关的后勤改革实践。

杨德广经过研究,将后勤改革的过程分成了四个阶段:整体规划、分步实施、逐步分离、稳步前进。到2000年就基本实现了"学校领导对后勤具体事务所耗精力减少,用于后勤服务的事业经费投入减少,师生对后勤服务满意度提高"的改革目标。经过几年的后勤社会化改革,2002年12月,上海师范大学后勤实业中心还被评为上海高校后勤社会化改革先进单位。

2. 重视校园环境建设

杨德广素有"绿化校长"的美名,他十分重视校园环境的建设,他认为优美的校园环境是高校育人的基础。"不能树木,何以树人?"他身先士卒,带头捐款、带头劳动,大力整治校园环境,将上海师范大学建成了上海市花园单位、全国部门造林绿化400佳单位,获得全校师生的一致好评。

除了绿化校园环境,杨德广还在上海师范大学建立了"控烟委员会"这个非常设机构,他本人担任名誉主任。该委员会的创设旨在推进创建无烟学校,加强对控烟工作的领导。

三、杨德广高等教育管理改革理念的特点总结

与其他研究者相比,杨德广的高等教育管理改革理念独具特色,笔者认为主要体现为:前瞻性、创新性、适用性。

1. 前瞻性

杨德广高等教育思想的发展轨迹,在某种程度上是与我国高等教育发展历程相呼应的,每每在时代变革之际,他都能够敏锐发觉并提出具有前瞻性的理论。早在1982年他就提出高等学校要实行收费走读制,其后90年代初国家实行收费制度。早在1984年他就提出改革现行高校毕业分配制度等,其后国家相关政策一一实现。早在1996年他就提出"充实教育"理念,这一理念直指大学生"松、散、懒"现象,其后在2018年召开的"新时代全国高等

学校本科教育工作会议"上被当成议题重点讨论。

2. 创新性

杨德广的高等教育管理理念具有创新性,他能够打破固有的思维模式,从新的角度、新的方式去思考管理中出现的问题,得出具有创造性的结论并运用于改革实践。例如在上海师范大学实施住房制度改革,丢掉"等靠要"观念,取消福利分房,做大"蛋糕",解决了一千多人住房的困难。又比如上海师范大学奉贤校区的开发,在政府没有拨款的情况下,杨德广想的不是怎样向市长伸手要钱,而是向市场要钱,采取了新的运行机制,将奉贤校区打造成了能够容纳两万多名学生的优美校园。为了提高学生的全面素质,他在上海师范大学实施"多张证书制、干部轮换制、半年实习制、综合测评制",开展"文明修身"活动。

3. 适用性

杨德广强调教育研究和改革理念要能够适用于改革实践。他一直坚持边工作、边学习、边研究,用研究的成果指导工作。即使在担任大学校长期间,繁忙的管理工作也没有使他停止研究。因为他在工作实践中深深体会到,不从事教育研究,就无法搞好教育管理工作,就无法领导好一个单位、一所学校,因为只有通过不断地研究才可以厘清管理者的管理理念是否具有现实可行性、是否能够适用于当下的实际情况。当有些学者提出"教育就是教育,教育应该与政治、经济保持一定距离",他认为我国高等教育应适应社会政治、经济、文化的发展,要适应从计划经济向市场经济转型,学校专业设置、学生素质和知识结构,要适应社会改革和发展的需求。高等教育研究也要适应高等教育的改革发展,他发表了数百篇研究文章,绝大多数都是从现实出发,回答和解决现实问题的,有很强的现实性和适用性。

也正因为杨德广在高等教育理论研究及学校管理中的出色成就,他先后被20多个省(市、自治区)、800多所学校邀请,做了近2000场讲座、报告,深受广大教育工作者和教师、学生的欢迎。他还是一位"贫民校长""绿化校长""慈善校长",当之无愧的"当代教育名家"。

(梅是菲,上海工程技术大学教师。本文注释及参考文献从略)

杨老师教学艺术述评

吴 琼

一个人遇上好老师是人生的幸运,一个学校有好老师是学校的荣幸,一个国家源源不断地涌现好老师是民族的希望。2020年立春,杨老师迎来八十华诞暨从教55周年。老师自农民的儿子到大学校长,一路勤以学习、坚忍不拔、笔耕不止,"立大志、做大事、成大人",成就一番事业,涌动一颗报国之心。老师五十五载教坛执鞭,著述丰厚,执着从教,为国育人,一心坚守,为祖国的教育事业建言献策。2016年,我有幸成为杨老师的研究生,转眼已是四年有余。如今,我也成了一名大学老师,而杨老师在教学上的艺术与影响已深铭于心,没齿不忘。

杨老师作为一名大学校长、教育家、慈善家,他的成就与贡献,是有目共睹的。但作为他的学生,杨老师在教学方面展现的艺术造诣,更令我们受益终身。在教育理念上,他紧紧抓住时代的脉搏,站在时代发展的高度,强调责任与担当、成才先成人,给人醍醐灌顶的感觉;在教学方法上,形式多样、别开生面,给研究生所上三门课程——"现代教育理念""高等教育学""高等教育管理学"均采用不同教育模式,让人获益匪浅;在教学效果上,他对教学的孜孜不倦,对学生的春风化雨,让我们在今后做人、做事、学习方面都有了更深认识。无论是在教书方面的严谨与艺术,还是在育人方面的睿智,杨老师都是我们心目中最好的良师益友,鼓励我们奋发向上。

一、责任与担当,成才先成人

作为教育者,杨老师坚守教书育人的本心。清王夫之《读通鉴论》有云:"居其位,安其职,尽其诚而不逾其度。"韩愈《师说》曰:"师者,所以传道授业解惑也。"在教育这条道路上,杨老师一直坚守着教育者的本心——教书育人。在几十载的教育生涯中,他把自己的亲身经历、个人奋斗的历程和时空的优势,融入培育时代新人的工作中,并形成了自己独特的教育理念。跟随时代发展,在教育的前沿引导学生学会担当,学会做人,学会做事。

(一) 士不可以不弘毅,任重而道远

《离骚》中,屈原有云:"岂余身之惮殃兮,恐皇舆之败绩。"研究生教育是高等教育的最高阶段,而研究生则是攀登科学文化高峰的"国家队"队员,肩负着重要的历史使命和时代责任。作为当代的研究生,肩上背负着建设国家和发展教育的使命和责任。然纵观时代发展,很多研究生缺乏这份责任和担当,只在乎自己的"小格调"。对此,杨老师在给我们上的第一堂课中,就振聋发聩地向我们阐述了当代研究生存在的问题,并在教学中引领我们坚守责任与担当。

他在课堂中指出,由于高等教育大众化进程很快,大学生和研究生人数激增,比如现今地方院校硕士研究生人数,相当于三四十年前大专生甚至中专生人数。并且在研究生中普遍存在三个"不够高"的问题:一是思想境界不够高。不少人缺乏历史使命感和社会责任感,没有认识到自己攀登科学高峰的重任。部分人是为了到大城市工作,又或者追随男(女)朋友到上海等,个人境界停留在满足个人需求、个人发展的层次,一遇到困难、挫折,或受到周围环境影响,就消极、泄气,对学习、生活不感兴趣,学习动力不足。二是理论素养不够高。由于长期以来的应试教育,现在研究生读理论书刊不多,缺乏扎实的政治理论修养,对中华民族优秀文化传统、中国革命传统的认识不足,遇到问题不能从理论高度去分析。不仅理论水平、文化底蕴不足,而且表达能力也很一般,说、写能力都不强。三是对自己的要求不够高。相当一部分研究生入学后,对自己政治上、学业上、身体锻炼上比较放松,满足于应付课堂作业,对自己缺乏高标准、严要求,静不下心来学习,每逢短假、长假都要回家或外出旅游,很少安心留在学校学习,凡家中有点事,包括亲友结婚、老同学结婚,都随意离校而去。课余及双休日缺乏一个高标准的学习计划,更没有生涯发展计划,一有空就结对出去逛街、逛商店,或以聚餐、会友、谈恋爱来打发时间。听完杨老师的"三个不够高"评价,我现在回忆起来,仍然脸颊发热,当时,大多数人在课堂上头都低了下来。这无疑是给了新入学的研究生们一个有力的鞭策,也促使我们反思已身,提升自我。

对此,杨老师在第一课就通过讲述一代人有一代人的历史使命和社会责任,指引我们探究"当代大学生的责任和使命"。如20世纪三四十年代的青年是推翻压在中国人民身上的"三座大山";五六十年代的青年是改变我国"一穷二白"的面貌;七八十年代的青年是推进我国改革开放,建设中国特色的社会主义;21世纪的当代青年就要为实现中华民族伟大复兴的"中国梦"而努力奋斗。在课堂上,杨老师用生动的事例介绍了革命前辈在中国共产党的领导下英勇奋斗、无私奉献的精神,用大量数据介绍了我国社会主义建设取得的伟大成就,也介绍了我国资源短缺、科学技术落后的现状,并用自己的成长和工作体验,以讲故事的方式介绍他是怎样从一个农民的儿子成为共产党员、当上大学教授和大学校长的。他的课堂,气氛活跃却不失严肃,内容深刻却不刻板,发人深省。上过杨老师课的学生都表示,杨老师教导我们的不仅仅是书本知识,学生更多学到的是他的人生智慧。

(二)树人先树德,育才先成人

司马光云:"才者,德之资也;德者,才之帅也。"德者,是成才的重要条件。杨老师教导,成才之前要先学会做人,就是成为有德之人。习近平总书记提出:"教师不能只做传授知识的教书匠,而要成为塑造学生品格、品质、品味的'大先生',当好'人师'。"针对学生存在的问题,杨老师利用微课堂及时做好思想教育工作,并将德育贯穿到每一堂课中,引导学生学会做人。

杨老师认为,教育就是要唤醒青年人的觉悟,通过反复的、多方面的、入理入情的教育,对青年人晓之以理、动之以情,使其付之于行动。教育就是影响,教师要言传身教,以身作则,用自己坚定的理想信念、严谨的治学精神、自律自强的为人之道,弘扬和传播社会正能量,促使学生健康成长,积极向上。教师既要用深邃的理论唤醒学生,又要用生动的事例感动学生。如在给我们上课期间,杨老师讲述了他当初为什么要求入党,入党后严格要求自己,努力做一名合格的共产党员;讲述了他当校长期间遇到的困难、挫折是如何克服的;讲述了他的座右铭"无为何入世,入世有所为",并如何落实到行动上;讲述了他的"工作、学习、研究"六字方针;讲述了他在人生的道路上,曾经也产生过彷徨和懊丧,怎样通过学习毛主席著作,通过学雷锋活动,树立了正确的人生观、价值观;讲述了他为什么要卖掉房子并要拿出退休金的一半做帮困助学慈善公益事业,带领学生一起做公益活动、一起参加义务植树;讲述了他成长和成功得益于受教育和学习,受教育改变了他的命运。教师的职能不仅是传播知识,更重要的是提高学生学习知识的兴趣;不仅是教会知识,更重要的是要使学生学会做人,并让学生认识到成才之前要先学会做人。他要求我们努力"做一个有文化的人,有责任心的人,身心健康的人"。杨老师的课堂是充实而又促人奋进的,每每上完杨老师的课,都如同吃了一顿精神大餐,令人回味无穷。

他站在时代的前沿,把握教育的方向,将先进的教育理念融入教学中。并以他的教育经验、人生智慧,生动形象地阐述着书本上所没有的知识。他的严以律己,以身作范,为我们树立了模范与标杆,同时也激励我们要坚持学习、反省自身。

二、教学之法,本于人性

《论语·子罕》有云:"夫子循循然善诱人,博我以文,约我以礼,欲罢不能。"杨教师耄耋之年依然站立于三尺讲台,孜孜不倦地播撒知识、传承文化。他将教育事业当作自己的终生职业,并为之奉献极大的精力,也让我们都"亲其师,信其道,感其诚"。教育作为一种体现着人的生命创造的事业,它表现出的情感性、创新性以及审美性,决定了它不仅仅是一门科学,而且是一门艺术。传统的教学方法是以教师为中心,而杨老师在给我们授课的过程中,由知识的传授者转变为知识的激励者、引导者,由专才的培养者转变为综合素质的培养者。让我们每个人都走上讲台,成为课堂的主人,充分发挥了学生的主体作用。杨老师为了激发同学们学习的积极性和培养"能说会写"的能力,实施了"互动式"教学方法,把翻转课堂、微课堂、读书报告、辩论赛、演讲比赛等引进课堂,以学生自主活动为中心,让我们在课堂上开阔自己的视野,展示自己的才能。

(一) 翻转课堂,反转角色

传统的教学方法是以教师为中心,教师占据了课堂大部分时间,教师是课堂的主人,而学生是被动地接受教育,是接受知识传授的听众。而杨老师的翻转课堂,要求师生身份互换,学生转换成了小老师,老师坐在台下听我们讲课。相较于以往的上课模式,作为学生需要在课下学习的内容要更多。犹记得当时,我们是按小组模式进行授课演示。恰巧我们宿舍三人被分为一组,在整个备课的过程中,我们通过协作与交流,也加深了对彼此的认识。从查阅资料、PPT制作、上台展示的三个阶段,我们体会到了翻转课堂教育模式的乐趣:一是促进我们换位思考,站在老师的角度,我更想要了解学生在台下是什么反应。站在学生的角度,我也感受到了老师的辛苦与不易。因此,通过反转角色,也加深了彼此的理解。二是发现自身长处与短板,在分工协作的过程中,进一步发现各自的特点,有人擅长查阅资料、整理笔记,有人表达能力更为突出,有人在PPT制作上略胜一筹。因此,也让我们更加明确自己的特长以及今后需要提升的部分。三是提升知识积累与记忆,通过自己对授课单元的准备,发现要讲一杯水的内容,往往需要准备一缸水的容量。因此,在备课与讲课的过程中也加深了知识的积累与记忆。

(二)博览群书,博闻强识

今日大学生读书或应考试、或写论文、或求学位、或为工作,其功利之心、实用主义、工具理性尤为滋长,读书热情骤减、惰性剧增、初心移易。毛泽东有云:"饭可以一日不吃,觉可以一日不睡,书不可以一日不读。"杨老师为了培养我们养成读书、写作的习惯,在课堂上推荐了众多名著,如《钢铁是怎样炼成的》《教育漫画》《共产党宣言》等。杨老师在《高等教育学》和《高等教育管理学》两门课程中,还要求每个学生轮流在课堂上做一次读书报告,每人每次15分钟,介绍一本自选的教育名著。重点讲述这本书的背景、主要内容、亮点、本人读后的收获体会。读书报告可以促使我们去认真阅读名著,而且在较短时间内讲述完一本书,对阅读能力、综合能力、表达能力等都是较好的锻炼。我们管理班有20多位同学,每个人汇报完一轮后,大家都相当于读了20多本书。我当时汇报的书籍是著名教育家卢梭所写的《爱弥儿·论教育》,因为前期准备比较充分,内容也较翔实有趣,在整个汇报的过程中,获得了多次掌声。课堂结束后,老师和同学也纷纷给予肯定与表扬。通过这次读书汇报,我坚定了今后成为一名老师的决心,我享受这个舞台,也愿意为大家带来收获。迄今为止,我对那次读书汇报与《爱弥儿》这本书还记忆犹新,我非常感谢杨老师给予的汇报机会。2019年,我成为一名新老师,在班级里同样发起了读书汇报活动,其中,《爱弥儿》这本书也是我推荐给学生的第一本书。

(三) 唇枪舌剑,能说会道

回忆当时辩论赛的情景,那时千头万绪的情绪都已慢慢地被淡忘了,但在辩论赛中所培养的能力是很难被忘记的。首先,辩论赛的题目是经过师生几轮讨论后才确定下来的,既是当前的社会热点、难点话题,也是学术上很有研究价值和意义的问题;其次,杨老师为了能让学生充分地准备辩论赛而不流于形式,不仅自掏腰包准备奖品,还在当天聘请一些老师、高年级研究生作为评委。我在当时是参加了两场辩论赛,一场是作为选手,一场是作为主持人。但不论是在台下紧张迎战,还是在台上把控流程,这些经历对于我来说,都是弥足珍贵的。有前期熬夜准备的辛劳,有队友间互相预演的"迷之自信",有比赛过程中的慷慨激昂又斗智斗勇的紧张,有针锋相对又彼此欣赏的矛盾,有比赛结束后大家如释重负的会心一笑,有输赢已定的意犹未尽,就是这些回忆一点点让我穿越回了当时的那情那景那些事,时光不复,却在身体里刻下了有痕的记忆。通过辩论赛,也让我们体会到知识储备的重要性。比赛是手段,更重要的是,我们都收获了成长与启迪。

(四) 以情动人,以行待人

杨老师除了在课堂上给予我们知识外,在课堂外的生活中,老师也对我们充满关心与呵护。每逢节日假期,杨老师都会召集研究生到他家聚餐。尤其对于我们外地学生来说,在每天只能吃食堂、外卖的校园生活里,可以吃到杨老师亲手做的家常饭,是让人非常温暖的。每次聚餐前,杨老师都会提前了解做客的学生的饮食习惯与爱好。他在菜市场买好食材,并亲自动手烧饭做菜,有时也会让大家展露自己的手艺。在整个做客的过程中,我们往往会忘掉在厨房里为大家忙前忙后准备食物的老人是一名校长、一个教授、一名教师。他在此时就像一位慈祥的爷爷,亲切地与大家拉家常,了解我们的学习情况、宿舍生活以及个人感情等,也让我体会到家人般的关怀。每年3月份,杨老师还会召集门下的应届、往届学生回母校参加"阳光之家"大聚会,并坚持包括餐饮、外地学生住宿在内的所有花费都由他自己来支付。杨老师对我们学生的关怀还远远不止如此,现在大多数学生有一个不好的习惯就是忽视吃早饭。杨老师知道后,教育我们要爱惜身体,养成良好饮食习惯。自此,老师几乎每天都会为在办公室值班的学生准备早餐,一个水煮蛋、一个香喷喷的肉粽、一个软糯的玉米、一杯莲花银耳粥。现在回想起值班的生活,还是温暖而又幸福的味道。

师恩深似海,教诲如春风。杨老师对我们的教导与关怀,使我们受益终身,永生难忘。

三、躬耕教坛数十载,育得桃李满天下

杨德广老师从教五十五载,教学在岁月中早已沉淀智慧的痕迹。他不仅是一位学识丰富、卓有成就的管理者,而且是一位富有远见卓识的、出色的教育家。如今,老师桃李满天下,他亲手培养了60多位硕士生、博士生。毕业生里,有不少各行各业的杰出人才,如有的在高校领域、有的在教育行政管理机构、有的在中小学领域、有的在企业,并且部分已在其研究领域崭露头角,或者成为领军人才。在大半个世纪的艰苦奋斗中,老师始终以爱国、爱校、爱生为动力,遵循无为何入世、入世有所为的原则,社会培养了一批批各行各业的优秀人才。在与历届的师门兄弟姐妹交流中发现,大家无一不对杨老师充满感激与敬仰。杨老师教育我们的强身之本、学习之法、做人之道,如春风化雨、润物无声一般浸透在我们的学习、生活、工作中,知识的浸润、人格的熏陶、价值的引领,激励我们不负韶华,争做有为人。

(一) 健身:爱我中华,强健体魄

习近平在北大的讲话中指出,爱国是人世间最深层、最持久的情感,是一个人的"立德之源、立功之本"。一代人有一代人的历史使命和责任担当。初中时期,杨老师受"健康为祖国工作50年"影响,一直坚持锻炼身体,用健康的体魄扎根于祖国的建设,艰苦奋斗,奉献国家。新时代,我们比历史上任何时期都更接近、更有信心和能力实现中华民族伟大复兴的目标。爱国主义不是空洞的口号,不是装潢门面的标签,而是实实在在的行动。青少年的体质健康水平不仅关系个人健康成长和幸福生活,而且关系整个民族健康素质,关系到我国人才培养的质量。少年强、青年强则中国强。身体素质是人才素质的重要组成部分,没有健康的体魄必然一事无成。

杨老师在耄耋之年仍以蓬勃的朝气致力于社会主义教育事业,得益于他坚持锻炼,练出了一副好身体。在课堂教学中,他多次强调我们需要有健康的体魄,鼓励督促我们坚持每天锻炼身体,健康为祖国工作50年。并以他的亲身经历,指导我们如何锻炼。杨老师从一个农民的儿子当上了大学教

授和大学校长,每天工作、学习16小时,在繁忙的工作之余,还撰写了数百万字的文章、书稿,靠的是年轻时奠定的强壮的身体和毅力。他在担任上海市高教局副局长、上海师范大学校长时,按理可以汽车接送,但他坚持骑自行车上下班,目的是给单位节省汽油,同时也是为了锻炼身体。杨老师平时走路姿态很有讲究,抬着头,挺着胸,走得快,步伐大,两臂摆动有力,这样腿、手乃至全身都得到锻炼,使得我们有时小跑才能跟上老师的步伐。老师在课堂上也经常演示在家如何锻炼,如他站着看电视,一会儿甩甩手、搓搓手,一会儿转转腰、做下蹲动作等。这样,他每次看了一两个小时电视也同时做了一两个小时的体育运动。在睡觉之前他还会梳梳头,按摩头上穴位。杨老师家的客厅里还有个木质的脚部按摩器,有时去老师家做客,吃完饭后,他还会指导我们双脚踩在按摩器上,如何边看电视边按摩脚底穴位。

苏格拉底说,身体的健康因静止不动而破坏,因运动练习而长期保持。杨老师的"抓两头带中间的杨氏健身法",我们一度在宿舍里模仿锻炼。一群逐梦的"后浪"在杨老师的影响下,开启了锻炼之路,用好的身体,在拼搏的青春中成就事业华章。如今,我们大多数人也成了教师,作为新时代的"后浪",健康地为祖国工作50年,也成了我们传输给学生的真言。

(二) 学习:寸阴寸金,争分夺秒

《淮南子》中说:"圣人不贵尺之壁而重寸之阴,时难得而易失。"杨老师常告诫我们要"管理好自己8小时之外的时间",并通过提问引导的方式,让我们知道了世界上最重要的一个字——"今",牢牢地抓住今天,而不要等待明天。鲁迅先生曾说:"时间就像海绵一样,挤一挤就会有了。"杨德广老师是一位非常勤奋的读书人、优秀的著书人、成功的教书人,他将"立志、惜时、勤奋"作为激励自己的警世格言,数十年如一日,每天早起晚睡,将学术视为生命,常常是在非常繁忙的管理工作的间隙挤出时间从事研究和写作。

杨老师一天工作、学习、研究10多个小时,在他从教的55年里,共出版著作40多本,发表文章500多篇,获得省部级奖项的科研成果20多项。正是他对时间的高效利用,十年如一日的坚持,笔耕不辍,才积淀了深厚的文化底蕴、丰富的理论知识和高尚的道德情操,使其在教学中旁征博引、引经据典,在谈话中妙语连珠、发人深省,在为人处世上睿智豁达、亲切和蔼。研究生时期,是我最美好也是最充实的时光。作为杨老师的学生,很幸运有机会看到老师更多更让我震撼的一面。在我眼中,老师是一位"工作狂"。他几乎每天都会早早的来办公室工作,风雨无阻,节假日无休。在杨老师办公室值班的日子里,我感受最深的就是老师身上的"拼劲"。他的时间是挤出来用的,有时早上给研究生上完课,下午就要赶到奉贤校区做讲座。因此,中午经常来不及吃饭,他就在拎了多年、有点磨损的黑色皮包里装上一瓶水、几包苏打饼干在路上吃。上完一天的课,老师返回徐汇校区后,我觉得作为年轻人,身体都有点吃不消了,需要休息一下。但他依然会赶到办公室继续伏案写作,一忙又是到晚上 10 点多。陪同老师外出调研时,他始终会带着一盏小台灯、书籍和厚厚的草稿纸,一趟旅程结束,老师的文章也就创造出来了。

作为后辈、学生,老师的时间管理、读书精神、写作精神也在耳濡目染中影响我们。鼓舞我们要维系读书、写作精神而不坠,使读书、写作成为精神上的自觉和行为上的自然,延续珍惜时间、高效利用时间,持之以恒,积极进取,也是我们过去、现在、未来的必修课。

(三)做人:以德为先,广以爱人

《中庸》有云:"小德川流,大德敦化。此天地之所以为大也!"杨德广老师不论是在思想上还是行动上都闪烁着耀眼光芒,吸引着众多人跟随他的步伐,一起向善行德,胸怀世界和未来,树立崇高的理想与志向,为构建人类命运共同体贡献青春力量。蔡元培说:"若无德,则虽体魄智力发达,适足助其为恶。"因此,做人做事第一位的是崇德修身。杨老师在课堂上说过一句话:"砍头不要紧,只要主义真。杀了夏明翰,还有后来人。我便愿意做这后来人。"杨老师的话一直令我铭记刻骨,每每回想起,内心也自然而然地激起一腔热血。卖房助学、建立"阳光慈善专项基金"、义务植树等,老师的家国理念、大爱无疆,无一不彰显着"大德敦化"的情怀。根植于内心的修养,为别人着想的细节,让有幸在老师身边求学的我们,感受到了浓浓的关爱。"小德川流"丰富于老师的内在修养,彰显于细节点滴,感动了我们无数学子。

儒家在德育中非常重视"言传身教"的作用,杨老师在施教的过程中能够以身示范,以自己的生动事例、日常点滴教育我们以德为先,广以爱人。老师是我们的榜样,他在生活上一贯节俭朴素,但在慈善公益、帮困助学方面,却一直慷慨解囊、毫不吝啬。针对做慈善,杨老师也曾说过:"我明白多余的钱不完全属于个人的,而是属于社会的。因为人是社会的一分子。天下兴亡匹夫有责,建设好我们的国家,实现'中国梦'人人都有责任,自己只是做了应该做的事。"在杨老师的影响下,我们很多学生也纷纷踏上了"回馈"的道路,成为阳光爱心人士的一分子。很多师兄师姐,把他们入职以后的第一份工资捐给"阳光慈善基金会",共同为扶贫攻坚、帮困助学献上自己的一份力。2020年,对中国来说,注定是不凡的一年。新冠疫情突如其来,牵动着无数华夏儿女的心,杨老师更是牵肠挂肚。为此,他发动阳光慈善团队一起为武汉捐款,为国家分忧解难,做点贡献。一方有难,八方支援,这就是"种花家"精神。杨老师以身为师、以德为先的教诲我们谨遵,同时也会继续传播延续下去。

作为一名教育家,杨老师数十年如一日,扎根教育,潜心教学。在生活中,杨老师关爱每一位学生的成长,用爱温暖着每一位学生,鼓励大家积极进取;在教学中,杨老师以身为师,春风化雨,用多样教学方法培育英才。"芳林新叶催陈叶,流水前波让后波",长期以来,他一直提倡培养学生的各种能力,他的教育理念、教育思想是一笔非常珍贵的精神财富。作为学生定会谨遵老师的教诲,志存高远、成才成人、珍惜时间、勇于担当、勤学苦读、健康体魄、躬身实践,在艰苦奋斗、顽强拼搏中,服务人民、造福社会、报效祖国,争做走在时代前列的有大志、做大事的有为人。

(吴琼,上海第二工业大学教师。本文注释及参考文献从略)

面对疫情,一位慈善勇敢的老人

朱筱丽

2020年春节前,突如其来的新冠肺炎病毒肆虐武汉,全党全国拉响一级警报投入抗"疫"战争。除夕夜,最美"逆行者们"在第一时间奔赴武汉疫情的第一线。无数双眼睛用敬畏的眼神注视着他们,心中默默祈祷着他们安全而归。当武汉一线发出紧缺救援物资的声音时,无数澎湃着爱国热血的后方人士即刻发回"收到"的回应。无数人时刻准备着,想通过各种方式为支援武汉献出自己的绵薄之力。已经八十岁的慈善老人、上海师范大学原校长——杨德广教授也是其中一员。他自行接过了抗疫行动令——

战疫的号角吹响,我究竟能做些什么?

1月24日,除夕,电视春晚画面绚丽、节目依旧精彩。坐在沙发上的杨德广校长,眼睛盯着电视机,心里却挂念着武汉:武汉疫情现状如何?进展如何?一想到整天奋不顾身地和感染者在一起的医护人员们,他便感到揪心。"能不能也为武汉做些什么?"这个问题一直萦绕在他的心头。

然而一个没有医护技能又年已八秩的老人到底能做些什么呢?辗转反侧一晚上之后,这位"上海市慈善之星""中华慈善楷模",决定用捐款的方式来帮助武汉,并要带动他所在的阳光慈善团队一起捐款,用于购置医疗物资,改善一线医护条件。想到这些,杨德广居然兴奋了一晚上。

1月25日,大年初一,杨德广已想好了这一天的"行动路线"。第一件事就是给同为阳光慈善团队一员的女儿打电话,询问她为疫区捐款有什么渠道。没想到的是父女俩心有灵犀,女儿一早起来后查找到一家网站,已经火速捐好款了。杨德广为女儿的善举感到十分高兴和欣慰。他立刻找到这家网站,里面有捐10元、30元、50元的方框,他决定捐出1 000元。他说:"总算为疫区人民做了点贡献,心里舒坦了些。"

杨德广作为阳光慈善团队的创始人和负责人,深知团队里广大慈善爱心人士牵挂武汉疫情、想要为疫区捐款的心思。果然不出所料,当他把捐款成功的信息和网站发到微信群里后,引起了爱心人士热烈反响。在得到杨德广提供的捐款网址后,一部分人即刻按照这个网址将善款汇了过去。其实,很多人非常愿意献爱心,但就怕被中介机构"套路"了,或者被山寨机构"欺骗"了。于是纷纷把赈灾款用手机汇给他们最信赖的阳光慈善之家理事长杨德广,请他代为收下转交给抗疫防疫第一线。众人拾柴火焰高。要求捐款的爱心人士,远远超过了杨德广的预期。仅 25 日一天内,便有 47 人伸出援手,累计捐款人民币 1 万多元。

众人拾柴火焰高,我成了一名抗疫战士

在阳光慈善群内发布捐款信息之后的每天,杨德广手机不断发来叮当声,从清晨到深夜,有几个晚上几乎没有入睡。他高兴地说:"传来的是爱心和善款,带来的是兴奋和宽慰。我被广大爱心人士的善行义举所感动,我为阳光慈善团队的雷厉风行而自豪。"杨德广说,感谢大家这么多年来对他的信任。短短 10 天,他便收到了 120 多人的捐款,共计人民币 4 万元。他拿出了一本记录本,一行行清清楚楚,一列列明明白白,记录着阳光与暖心。他指着本子说,在参与的群体中,有 5 岁的小葡萄张宸语小朋友,有年逾 8 旬的著名作家俞天白;有全家捐款的翁敏华、陈敏、邵瑜、姚栋华、杨颉、俞可;有在校学生,有毕业不久的研究生;有退休职工,有领导干部;包括上海大学前党委副书记杨慧如、上海戏剧学院前党委书记戴平、复旦大学医学院党委副书记张艳萍等都捐了款。

在捐款的过程中,杨德广建议大家只要捐 50 元或 100 元,但多数人都"没有听话"。其中,阳光慈善的爱心人士封蓓女士更是一下子捐出了 5 000 元。她坚定地说,现在武汉资源非常缺乏,别的忙我帮不上,多捐一点钱是应该的。"短短几句话,却看到了她的拳拳赤诚心。"杨校长说被封蓓的话和爱心感动了。

更令杨德广校长感动的是,他久别的大学同学冯泾贤、骆秀美、邹娥梅等人也汇来了 4 650 元;20 多名南京老家和上海的亲戚,在获悉他在为抗疫募集捐款后,也纷纷捐来了 12 000 多元爱心款。

更加意外的是,通过这次捐款行动,杨校长与他失联的亲友、同学又重新连在了一起。他感叹,这是心系疫区、心系患者的大爱之心把他们紧紧结合起来了。

在获得了这么多爱心人士的响应之后,在受到了这些寄托着沉甸甸的希望和信任的捐款之后,他将这些捐款分三次汇到了上海市慈善基金会,请他们转交武汉抗疫第一线。

有人问杨德广校长:"你这样每天从早忙到晚,累不累。"他说累,但是累得很充实很开心,"当看到一笔笔捐款纷至而来,一颗颗爱心飞向武汉,能帮助更多医护人员和患者时,就不感到累了;当想到我们阳光慈善团队在行动,我也在参与这场抗疫人民战争、成为一名光荣的抗疫战士时,就不感到累了。"说到这一刻的老人,眼里泛着光,咧着嘴,笑得特别甜。

根本停不下来,携手华侨共战疫

阳光慈善团队的捐款已告一段落,但是杨德广校长的抗疫之路却没有停下,他仍然反复考虑着:我还能做些什么? 我不能待在家里无所事事。

机会终于来了。2月8日清晨5点半,杨德广在高教局老同事微信群里,看到身在美国芝加哥的汪兴无教授发来的微信:"各位同事大家好,有件急事要麻烦大家。目前我在负责芝加哥华联会的捐款工作,我们已取得了一批捐款,想购买疫区最需要的医疗设备送给重疫区。请告知目前什么是最可行的途径能买到疫区最需要的医疗设备? 我们急需帮助。如哪位老同事能伸出援手,我们不胜感激。"

写短信发出援助信息的汪兴无是20世纪80年代上海市高教局的年轻公务员,后自费出国留学,因成绩优异留在大学任教,加入了美国籍,担任过当地华联会主席,是著名的侨领。他一直心系祖国、热爱祖国,为促进中美友好交流、为中国的改革发展做出了大量工作。

当看到汪兴无教授的求助信息,杨德广既感动又感激,对这些远在异国他乡却仍然时刻眷恋着祖国关注着疫情,并愿意伸出援助之手的华人华侨们,他感到由衷的佩服。于是他决定接受汪教授的委托,帮助他们寻找和购置急需医疗用品。

2月8日清晨6点半,杨德广用微信回复了汪兴无教授的短信:谢谢兴无教授的大爱之心,我联系后即告诉您。他立刻和阳光慈善秘书处同事在网上查找信息,了解武汉地区急需哪些医疗物品,尽快搜索这些物品的厂家地址。很快,当天下午杨校长便将信息发给了汪教授。最后汪兴无他们确定第一批物品是购买40万双医用手套,捐给武汉地区11家医院。

获得反馈之后,杨德广又第一时间联系了生产手套的厂家。因为美国那边提出可将美元直接汇给厂家,但该厂没有外汇账号。于是杨德广和他们商量,可否先发货后付款,他愿意用房产证作抵押,保证美方在半个月内还款。但是厂家却拒绝了他,并明确表示:"我们认钱不认证,必须先付款后发货。"

杨德广理解他们的难处,但是时间却不等人,如果等美方把钱汇过来再兑换成人民币,肯定要延误紧急物资运到武汉的时间。到底该怎么办呢?

为了把40万双手套迅速运往武汉,为了了却芝加哥爱国华人华侨的急切救疫的心愿,杨德广最终决定求助于上海师范大学教育发展基金会。杨德广提出建议说:"我们阳光慈善专项基金有100多万元在基金会里,其中我本人也捐赠了40多万元。能不能将其中的36万作为垫付款,汇给厂家,以解燃眉之急。待美方还款后即汇入阳光慈善专项基金。"

老人的这番话真是急了。"进入基金会的资金必须专款专用,不得挪作他用。"这样的答复并不意外。杨校长继续软磨硬泡,再三说明这是临时垫付,并再次提出愿意用房产证做抵押,保证对方会在半个月内还款。所幸的是,本着特殊时期特事特办的原则,基金会的秘书长和财务主管同意取出36万元,并且在12日上午汇给了厂家。

2月13日,40万副手套陆续运往武汉。杨德广心中的大石头总算落了地。

支援赈灾勇者不惧

汪兴无教授和芝加哥华联获悉第一批救援物资运往武汉后十分高兴,一再向杨校长表示感谢,同时提出要购买第二批物资,用于援助湖北孝感地区的5家医院。杨校长再次为华人华侨的大爱之心所感动,他们身居国外,却时刻牵挂着武汉疫情,慷慨解囊,捐款捐物。

杨德广说,汪教授为了筹集资金常常只睡四五个小时,有时累得要倒下了,但想到疫情地区的病人在煎熬,想到医护人员在艰苦战斗,看到广大侨胞拳拳之心踊跃捐款,他咬咬牙就挺过来了。

汪兴无教授还向杨校长坦言了自己的心声:"我们永远不会忘却祖国母亲在我们人生成长的道路上所施于我们的点滴恩惠。当我们看到新冠病毒在肆虐祖国同胞,看到疫区人民和医务人员在前方受难,我们如果只图自己享福,则余生会不得安宁,会愧对我们中华祖先。"

深受感动的杨校长决定继续帮助汪教授在国内购置医疗物资,尽管在当时随着疫情的愈发严峻,无论是货源、运输还是资金方面都比第一次购置要困难许多。

为了不麻烦司机,这位勇敢的慈善老人自行坐地铁跑银行跑厂家,打电话联系沟通确认,功夫不负有心人,最终落实了货源,其中包括空气雾化消毒机 5 台,空气消毒液 60 瓶,合计人民币 11.8 万元。他得到了该家公司的答复:必须先付款后发货,同样,这一次也需要先行垫付。

于是第一次购置物资时的难题又一次摆在了杨德广的面前:钱从哪里来呢?总不能再去麻烦上师大教育发展基会了,他们会很为难的。这一次,他决定自行垫付。他兴冲冲步行到建行,被柜台告知银行卡里只有 9 万元。他一想到工行卡里还有 5 万元,就急忙打开手机转账。由于数额较大,手机无法操作,他被告知只能去工商银行柜台办理。说实话,那时候的他都不知道工行在哪里,他说,那时的心有点气馁,心情很复杂,走出建行门看到空无一人的马路,心里不是滋味。手里那边又传来供货方的催促短信:货源很紧缺,需要的单位很多,如果两天内不付款就给别人了。

时间紧迫,为了尽快把钱汇给供货公司,早日把赈灾物资运到湖北孝感,必须在 14 日凑齐 11.8 万元。

勇者无惧。2 月 13 日,他戴上口罩走出家门,乘公交车和地铁,去寻找工商银行,结果好不容易找到工商银行,却吃了闭门羹,银行没有开门。连续找了几条马路,最终来到了田林路上的一家工行,开门了却要排队两小时。拿了号,他静静地排队等候着。

杨德广的儿子得知他不在家而在银行排队时,很不放心,问他在干什么,他如实告诉了儿子,他要汇钱到建行卡里,急用,否则要耽误芝加哥华联抗疫物资运往孝感地区的事情。儿子听闻之后,依然担心他在外跑来跑去很不安全,于是提出他来解决这件事。他开车将父亲接回了家,还立刻从银行卡中汇了 4 万元到父亲的卡上。杨德广十分开心:"我太高兴了!我的女儿和儿子都很支持我的慈善事业,我感到很幸运。"

2 月 14 日上午,杨德广如期将物资款汇给了上海纽同公司。当天下午公司就将第二批货发运到湖北孝感,赢得了防疫抗疫的宝贵时间。

在顺利交付货款的那一刻,杨德广感到一切疲劳和风险顿时消失殆尽。"我太高兴了,这下我放心了。"杨校长的眼角里泛着泪光,流露出内心的喜悦。朴素无华的语言和他的穿着一模一样。

汪兴无教授一再地向他致谢,杨德广告诉他:"是你们炽热的爱心感动了我。我能为你们做点有益的事,能为抗疫做点贡献,非常荣幸,是我应尽的责任。"

疫情不停,战斗不止

有人劝他,年纪大了,该休息休息了。已有60年党龄的杨德广想着自己是一个老党员,任何时候都要把国家利益、人民利益放在第一位。他反问自己:现在国难当头、人民遭灾,我能整天坐在家里无动于衷、袖手旁观吗?

杨德广说,每当他在媒体上看到无数医护人员穿戴着沉重的防护衣服在抢救重症病人时,看到一些医护人员连续几天几夜不休息、躺在地上睡觉时,看到父母、子女送别亲人到抗灾第一线的动人场面时,看到广大解放军官兵奋勇前往湖北疫情最严重的地区时,看到最危险的岗位都换上共产党员时,他流泪了。

"我感到很愧疚,我的心仿佛被堵住了。我不能袖手旁观,无动于衷。"灾难无情人有情,杨德广和所有心系武汉的爱心人士一样喊出了自己的心声:"疫情不停,战斗不止!"

2月5日,是杨德广校长的80岁生日。10年前的今天,他卖房做慈善。在2020年生日的这一天,他又默默做了一件不为人知的事情:他将自己一年的工资12.8万元悉数捐给了慈善事业。他说要将这次捐款作为自己生日的纪念、生日的祝贺、生日的献礼。"以前我从来没想到自己能够活到80岁。给自己庆贺吧。回报社会。"他淡然地说道。

就是这么一个朴实无华的老人,也就是这么一个捐房捐工资的老人。不禁让人感慨,他不愧是久经考验的老共产党员、培养英才的大学校长,不愧是"上海市慈善之星",全国敬仰的"慈善楷模"。学高为师,身正为范,这样的慈善老人为大家做了为人的示范。

(朱筱丽,青年报社记者)

第四篇

媒体报道和评述

老党员、老教授杨德广：倾毕生所蓄助贫困学子

一位老党员、老教授承诺捐出稿费、积蓄和房产筹足 300 万元

上海师范大学老校长杨德广教授最近以特殊方式庆祝 70 岁生日：分别与母校南京市第九中学和南京上坊小学签约，将在两校设立帮困助学金和奖学金。每所学校每年捐赠 5 万元，首期连续资助 5 年，共 50 万元。

这是杨德广捐资助学"蓝图"的一部分。

他郑重承诺，将自己的稿费、积蓄和房产捐出，筹足 300 万元，细水长流地资助贫困学生，资助范围将从小学、中学母校，拓展到大学母校华东师范大学。

为何倾己所有付出？

杨德广说："当年，我这个农民的儿子背着一个旧麻袋，口袋里装了 3 元钱到上海读大学，后来成了大学教授、校长。我对贫困生的困窘深有体会，希望尽自己一份力帮助部分学生顺利完成学业。"

"我是个有 50 年党龄的共产党员，永远做一个有益于社会、有益于人民的人是我的人生宗旨。我年事渐高，感觉在事业上很难再有大的作为，因此想多做一点慈善事业。"

曾经饱尝贫困之苦

经历过贫困，杨德广的人生底色增添了许多厚重。

他出生在江宁县农村，家境贫寒，七八岁就下地干活、上山砍柴。中学 6 年，在上海当工人的哥哥每月寄 10 元钱给他，其中 8.5 元缴伙食费后，便所剩寥寥了。在华东师大读书时，吃饭是免费的，每月 3 元钱的助学金，是他全部生活费。中学、大学期间，因为买不起热水瓶，一年四季只能用冷水洗脸

洗澡,下雪天自来水冻结了就用雪洗脸;冬天没有棉裤,就用破布条包着棉花裹在腿上防寒。他喜欢看书,但没钱买,只能周日去旧书店,一看就是半天;喜欢看电影,但没钱买票,只好看看电影画报和剧本。

"后来回想起来,苦难的童年、艰辛的青年也是一笔宝贵财富:让我知道什么是艰辛,什么是幸福,思考如何去感恩。"杨德广说。

从华东师大毕业后,杨德广先是留校担任团委书记,后调入上海市高教局(现市教委)工作,然后又调任上海大学校长、上海师范大学校长。

在杨德广看来,现在的贫困学生,得到国家、学校和社会方方面面资助,经济条件有所改善,但心理压力可能更大。所以,与南京两所学校签约时,他表示,会亲自去给贫困学子颁发助学金,"我想用自己的成长经历告诉贫困学生,要自尊、自信、自强。贫困并不是你的错,你不比别人矮一头。有实力才会有地位,实力指的是真才实学与高素质"。

拿出300万元捐资助学之事,杨德广事先与儿女商量过。让他深感欣慰的是,儿女一口答应:"回报母校和社会是应该的,我们理解您、支持您!"

奉献教育绵延悠长

奉献教育的殷殷之情绵延悠长。

每年1月4日那天,杨德广都要去上海师大工会,捐出2 000元入"爱心基金"。他的学生回忆说:一次,杨老师赶着出差,把钱交给我,让我去工会跑一趟。我以为他欠了工会的钱,心急火燎地跑到工会,才知道是帮助老师完成"新年第一捐"。

上海师大去年成立了学校教育发展基金,杨德广又是"第一捐":2 009元;今年又捐了2 010元。学校50周年校庆,他又捐出1万元。

每年植树节,杨德广都会向上海师大捐出1 000元"绿化款"。为何对这个节日"情有独钟"?1996年,杨德广调任上海师大校长时,因办学经费短缺,学校杂草丛生、环境糟糕。杨德广提出"以绿气促人气",休息日里组织广大教职工和学生义务劳动。校长、书记挽起袖子带头劳动,填平洼地,种草植树,三年后终于把学校建成"土不见天、绿树成荫、花不间断、四季飘香"的市花园单位。

比整治校园更让师生震动的是,杨德广任上海师大校长期间的"约法十章":不要学校住房,不要专车接送,不公车私用,不拿兼职费,不拿加班费,乘火车不要软卧,不参加旅游性会议和活动,不要别人代写文稿,不到学校外宾楼吃饭,不利用职权为个人和亲属谋私利。

对"约法十章",有人不理解,也有人非议,杨德广依然故我。

有人说,校长骑自行车上下班有损学校形象。他回答:"这是个人选择,无所谓优点还是缺点。骑车可以锻炼身体,又为国家节省汽油。"

他不去校外宾楼吃饭,是想"迫使"自己去学生食堂吃饭,这样可以与学生有更多交流。那次,他在学生食堂听到反映,有些家庭经济并不困难的师范生,拿到国家助学金后就请客吃饭,有浪费之嫌。之后不久,他在全国师范院校率先改革师范生助学金发放方式,不"撒胡椒面",而是倾斜贫困学生。同时学校还在国家助学金基础上增补经费,给予贫困学子更多资助。

"亦师亦父"培育学生

中国的教育是一个宏大话题,强国之路也好,望子成龙也好,大家都对教育怀着深深期盼。身为教育战线的一员,杨德广深感责任重大。

每天工作16个小时,这样的工作节奏,他坚持了数十年,即便在2007年退休后也是如此,每天早上8点来到办公室,晚上将近10点才离开。

在任时,他殚精竭虑谋求教育发展,不畏艰险开拓教育新路;退休后,他有充裕的时间专心致志研究教育理论,针对教育现状发表见解,著书立说。从1979年至今,他出版著作40余部,发表论文400余篇;先后承担国家和省部级重点课题十余项,许多研究成果获国家和市级奖项。

杨德广现在还带研究生,与学生的关系"亦师亦父"。他给研究生上的第一堂课是"当代青年的历史使命",阐述"立志、立德、立业、立言"的含义。学生丁静林记得,第一堂课上,杨教授曾问起:"同学们考研的动机是什么?"顿时,全班鸦雀无声。为了找份好工作吗?是为了从小地方"跻身"大城市吗?还是纯粹为了求知的愉悦?学生们沉默着,思考着。小丁说:"多少年来,我第一次发觉自己如此渺小。庆幸杨老师在我研究生的起始阶段给我打了一针'清醒剂',让我重新审视自己的责任和使命。"

做杨德广的学生很幸福。他说学生清苦,所以每月为学生加一次餐,邀请大伙儿到家里吃饭,自己下厨做菜。饭桌上,他见学生有些拘束,就不停地给大家夹菜,末了还把盘中剩下的菜进行"摊派"。席间,他一边看着学生们享受美味,一边与他们谈心。有学生说:"一瞬间,我有了错觉,似乎回到了家里,在父母温暖的注视下大快朵颐着。"贫困学生经济拮据,或家里遭遇困难,杨德广经常资助他们,甚至还掏钱为学生交学费。

"无为何入世,入世有所为",这是杨德广的人生哲言。教书育人、改革创新、捐资助学……他用丰富的人生故事诠释着"所为"的内涵。 (徐敏)

("中国文明网"2010年2月27日)

杨德广在其捐赠的阳光亭(位于上海师范大学徐汇校区)前留影

70岁老教授卖房筹款助贫困生求学：把希望和善心，播种到学生心里

"希望我的举动不仅能帮助贫困学生顺利完成学业，更能在他们心里播种下希望和善心。"教师节来临之际，70岁的上海师范大学退休校长杨德广教授昨天来到市慈善基金会，了却了多年心愿：捐资100万元设立"德广教育基金"，资助母校华东师范大学品学兼优的贫困学生。

杨德广教授向市慈善基金会捐出100万元助学款（林琰彬摄）

出生南京农村的杨德广，从小家庭贫困。他一边劳动一边读书，14岁时考取了南京市第九中学。中学期间，在上海当工人的哥哥每月寄给他10元，其中8.5元缴伙食费，1.5元零用。那时，杨德广每月回一次家，来回30多公里，全靠步行。20岁那年，杨德广考入华师大，背着一个旧麻袋、揣着3元钱只身来到了上海。在华师大，吃饭是免费的，每月3元的助学金，是他生活费的全部来源……

毕业后，杨德广走上教育工作岗位，至今已从教45年。作为一名老师，

杨德广经常会遇到一些家庭贫困的学生,而他也常常解囊相助。"资助贫困生,是一名'老贫困生'的责任。"杨德广常常这样说。

"有生之年要捐助1 000名贫困学生。"退休后的杨德广,立下这样的"宏伟计划"。他清理自己的财产发现,有100万元书稿费、讲课费一直未动;还有一套位于莘庄的空余房子。于是,杨德广决定卖掉房子,连同书稿费等全部捐出筹足300万元,资助小学、中学及大学3所母校的贫困学生。

他将这一想法告诉给了大女儿和小儿子,子女们一致同意。大女儿杨颀还主动拿出23万元,帮助父亲填补一时未能筹齐的善款:"爸爸的心愿,我们当然支持。"

尽管得到了子女的支持,却引来了旁人的不解。有人劝他,人老了留点钱养老用。杨德广却说:"我常常几元钱的面条吃三顿,又不抽烟又不喝酒,人老了能花多少钱?"有人建议他,趁着身体好去旅游。杨德广却说:"舍不得花钱去旅游,也舍不得把宝贵时间花在旅游上。趁着身体好,我还要多给学生上上课。"更多的人劝他:"为何不把钱留给子女?"杨德广坦言:"子女都能自食其力。我希望留给他们更多的是精神财富。"

今年2月5日,杨德广70岁生日。当天,他与南京的小学、中学2所母校分别签约,决定从今年起每年各捐赠5万元,分别资助20名贫困生,每人每年2 500元。昨天,他又与市慈善基金会签约,捐赠100万元设立"德广教育基金",每年用5％融资利息,即5万元缴由母校华师大安排资助贫困生。市慈善基金会还专门成立"德广教育基金"管理委员会,行使管理职能。

市慈善基金会名誉理事长陈铁迪出席昨天的捐赠仪式。　　(陆一波)

(《解放日报》2010年9月10日)

杨德广"裸捐"300万元设奖学金

今天(10月29日)上午,南京九中、上坊小学223名学生从上海师范大学原校长杨德广先生手中,接过了"杨德广奖学金"。当天,杨德广捐赠300万元在上海师范大学、南京九中、江宁区上坊小学3所母校分别设立奖学金,每所学校100万元,每所学校每年拿出5万元用于奖励资助贫困学生。

杨德广出身农家,曾在这三所学校读书,并成为一名教育家。在他70岁寿辰时,他卖掉一套房子,外加多年来积累的100万元的书稿费、讲课费,筹资300万元设立奖学金资助贫困学生。

杨德广说:"资助贫困学生是我义不容辞的社会责任。"

南京九中校长王伏才说:"我听说杨校长共捐款300万,刚开始认为这位大学校长肯定很有钱,后来发现,杨校长生活俭朴,退休工资只有5 000元,至今仍与子女住在一起。"

据杨德广的同事说,杨校长每天骑自行车上下班,没有在大学里分过房子,但在任期间,他使教职工的住房条件大为改善,校园环境"土不见天,绿树成荫,花不间断,四季飘香"。

杨德广抓教改成绩卓著,1979年至今,他著书40余部共500余万字,发表论文400余篇,很多思想有益于教育事业的发展。 (李润文)

(《中国青年报》2010年10月30日)

上师大老校长杨德广捐毕生积蓄设奖学金

不久前,72岁的上海师范大学老校长杨德广获得"上海慈善奖"。主办单位打来电话邀请他参加颁奖仪式,杨德广却为难起来:"一个多月前就已安排好去外地上课,100多人等着呢!"考虑再三,杨德广只得请女儿代替领奖。

荣誉、金钱,对于这位一辈子从教的老教授来说,都比不上学生重要。正因为此,杨德广在70岁生日之际,做出了人生的一个重要决定:将莘庄闲置房屋出售,连同100万元书稿费、讲课费和向女儿借的23万元筹足300万元,分别捐给小学、中学及大学三所母校设立奖学金。

出生南京农村的杨德广,从小家庭贫困,300万元已是他毕生的积蓄。有人不理解,杨德广却淡淡地说:"这些钱资助贫困学生顺利完成学业,意义更大。"每次回南京母校颁奖,他从不让对方接送和宴请,也从不要求报销任何餐旅费。

尽管早已退休,但杨德广始终离不开学校、离不开学生。只要不出差,每天8时不到,他总会出现在校园里,漫步熟悉的校园小路,走进教育学院11楼的办公室。备课、上课、写论文、改论文……一忙十多个小时。学生们知道杨德广的这个习惯,有事找起他来也很方便。

教育经济与管理学、高等教育学是杨德广亲手创立起来的2个专业,至今他还带着8名硕士研究生、上着3门课。杨德广对学生很严:学生的论文,他改上七八遍也不嫌其烦;学生在学业上稍有懈怠,他就会严厉批评。他对学生又很"宠":逢年过节,总是把学生请回家聚餐亲自下厨炒菜;外地学生回老家买了硬座票,他会自掏腰包让学生坐卧铺。

杨德广办公室里的一面墙上,挂满了各地学生寄来的贺卡。而一幅杨德广从教45年时友人赠送的字更是引人注目:"厚德广学"。每次看到这幅字,杨德广总是提醒自己:"这是努力方向啊!"(陆一波)

("新华网"2012年4月18日)

杨德广在华东师范大学参加"德广励志奖学金"颁奖活动

退休校长杨德广的慈善经

作为一个教育工作者,他说以自己 70 多岁的年龄只能为教育做些力所能及的事情了,慈善事业让他的生命更有意义和价值。

上海师范大学原校长杨德广,从校长岗位退下来后,便开始思考一个听上去很严肃的问题:"我的下半辈子要怎样度过?"

他的决定是,好好打理一番自己的"财富"。

2010 年,《杨德广教育文选》出版,集结了他从事教育实践和研究 30 余年来发表的 193 篇文章;此后,他又撰写完成 40 万字的专著《从农民儿子到大学校长——我的教育人生》,回顾自己的事业人生。

留下这些"精神财富"的同时,杨德广还有一个埋藏多年的"财富"心愿想要了却:将自己几十年积攒下来的 100 万元书稿费和讲课费捐献给母校。

"我读过书的小学、中学和大学三个母校,每个学校只有三十多万元的话,恐怕还是太少了。"杨德广希望能为每个学校捐献 100 万元,为此,他干脆卖掉了一套自己的住房。2010 年,在上海高教学会组织举办的杨德广教育思想研讨会上,杨德广与三所母校签订捐赠协议,正式设立"杨德广帮困基金"。

杨德广的善举感动了社会。2012 年,上海市的一名企业家找到他,决定拿出 200 万元共同参与杨德广的公益事业,如何使用这笔捐款由杨德广决定,唯一的要求是不用这位企业家的名字来冠名。

"杨德广帮困基金"取得了来自社会爱心人士的第一笔资助后,他将目光投向了西部,与这位企业家来到位于甘肃省环县和四川省富阳县两个贫困地区的两所小学。

"刚去的时候,看到这些孩子们中午就吃窝窝头,热饭热菜都没有。"杨德广决定,各捐助 20 万元,先行解决这两所学校的营养午餐问题。

盼望多年的食堂终于建好了,学生和家长们纷纷称赞:"上海的慈善之星到西部发光了。"此后,杨德广和这位企业家每年都要去捐助的两所小学,看看那里的变化。

"孩子们学习都很刻苦,但却很少有人能上中学和大学,大都是因为经济条件不足就放弃了。"杨德广为这些优秀的学生感到惋惜,于是决定在两所学校中各选出16名成绩优异的学生,在"杨德广帮困基金"中开展"一帮一"行动。

回到上海,杨德广开始积极地为这些学生寻找"一帮一"的帮扶对子。经过两年的努力,全部32名学生的资助者都已全部落实,杨德广一家认领了5名,其中包括自己的儿子、女儿和外孙女各认领了1名,好友、同事、学生也都纷纷献出爱心。

"钱不是很多,但希望能够激励他们认真学习,奋发向上。"杨德广说,让西部贫困地区的学生和家长能够感受到有人在关心他们,让他们体会到社会的温暖,"达到这样的目的我就很高兴了"。

过段时间,杨德广将再赴西部那两所小学,今年的目标,是要兑现去年曾许下的承诺:资助一批计算机和体育设施。

如今,杨德广有大半时间都在为他的公益事业忙碌着。作为一个教育工作者,他说以自己70多岁的年龄只能为教育做些力所能及的事情了,慈善事业让他的生命更有意义和价值。

杨德广时常会想起自己经历过的艰难岁月,出生在贫苦农民家庭的他,依靠在上海做学徒的哥哥完成了中学学业。他很清楚地记得,1960年8月来到上海读大学那天,肩上背着一个破旧的麻袋,口袋里仅有3块钱。

"我就在想,从三块钱到三百万元,是谁给我的?"杨德广内心里早已有了答案,"是党和人民给我的,是社会给我的,所以我要回报给社会。"

杨德广的公益事业被媒体报道后,他收到了很多这样的赞许之词——"了不起""伟大""崇高"……然而在他内心里,觉得最感动、最舒心也最为确切的一句评价却是:"你是活明白了。"(郝俊)

(《中国科学报》2014年7月4日)

"慈善校长"卖房子兑现助学承诺

30余载教书育人,出版学术专著500余万字,尽职尽力为后人留下"精神财富";卖房助学,联系爱心人士结对帮扶32名山区贫困生。他说,慈善让自己的生命更有价值。

现年74岁的上海师范大学原校长杨德广,是沪上闻名的"慈善校长"。2010年以来,他捐出300万元,分别在自己小学、中学和大学母校设立奖学金,鼓励和资助贫困学生坚持学习;在甘肃、四川的边远山区小学,"杨德广帮困助学基金"更为数百名孩子送去营养午餐,并开展长期结对帮扶。

"我有一个苦难的童年,一个艰难的青年,作为一个老贫困生,我曾享受过来自学校和社会好心人的帮助,现在到了回报的时候了。"杨德广对记者说,"希望我的举动不仅能帮助尽可能多的贫困生完成学业,更能在他们心里播下希望和善心。"

1940年出生在南京一个贫困农民家庭的杨德广,20岁时,背上装满书和旧衣服的破麻袋,来到华东师范大学读书。在党和政府帮助下,他顺利完成学业。其后数十年,杨德广一直从事师范教学、教育管理工作,1996年至2003年,担任上海师范大学校长。

从校长岗位退下来后,杨德广便认真思考"怎样尽到自己的社会责任,也让后半辈子过得更有意义",除了留下厚重的学术财富,他还想了却自己另一个"财富"心愿:将自己多年积攒下来的100万元书稿费捐献给母校。

"但小学、中学、大学,每所母校只能拿到30多万元,还是太少了。"为实现自己立下的给每所母校捐100万元的目标,杨德广在2010年卖掉名下一套130平方米的房子,筹措到200万元。"我当时有两套房,卖掉一套,有人问我怎么不买个别墅,我说我每天都到办公室工作,平时就喜欢学习、写作,不喜欢吃喝玩乐,有住的地方就够了。"

杨德广的善举感动了社会。2012年，在企业家朋友帮助下，"杨德广帮困助学基金"正式设立。杨德广及其团队将目光投向西部那些边远山区小学吃不上一口热饭的孩子们。

经考察，杨德广选择先期资助甘肃省环县和四川省富顺县的7所山区小学，每年为两地捐助20万元，为学生的营养午餐"买单"。

"几所学校现在都建起了食堂，孩子们终于不用再窝窝头蘸水吃，而且有了营养餐食谱，这些变化让我感到由衷的高兴，感觉自己'活明白了'。"杨德广说。

看到山区孩子学习刻苦，却因为经济困难，有人不能升上中学和大学，杨德广和朋友们决定，开展"一帮一"结对帮扶，让更多山里娃进入大学。

回到上海，杨德广积极地为这些学生寻找愿意资助的爱心人士，经过两年努力，32名学生结对帮扶已全部落实。杨德广的儿子、女儿和外孙女也与1名学生结对帮扶。

杨德广告诉记者，如果所有受助孩子都能如愿上大学，总共需要150万元善款。"我们要给贫困孩子、贫困家庭'圆梦'的希望，也让他们感受到社会上始终有人在关心、关注他们。"

谈及2015年的目标，杨德广表示将兑现承诺，去大学收集一些置换下来的电脑，捐献给西部山区学校。

"作为一名教育工作者，我愿身体力行，带给学生善的教育；作为一名老共产党员，做慈善是我义不容辞的责任，为国家和社会作出哪怕一点贡献，对我自己也是最大的宽慰。"杨德广说。　（吴振东）

（《新华每日电讯》2014年12月14日）

"活明白"的大学校长

美国钢铁大王卡内基说过：在巨富中死去,是一种耻辱。今年75岁的上海师范大学原校长杨德广没有家财万贯,但他捐出了300万元。杨校长坦言,他自小便有成名成家的念头,受此驱使,相继圆了读书梦、图强梦,当上了教育家。但70岁后,他更想做一名慈善人。当校长期间,他就十分重视"经济效益",而眼下用自己多余的钱做慈善,同样是"财富的效益最大化"。有人笑他"杨德憨",他却道,自己收获的快乐"无与伦比"。千金难买我愿意,千金更难买我明白。

"平民校长"的特别生日

2009年底,杨德广即将迈入古稀。他开始考虑,如何纪念自己的70岁？

人老之时,多会思考两个问题：过去的日子怎样走来？往后的日子该如何度过？

把这两个问题想清楚了,便很快有了决定。2010年2月5日,杨德广70岁生日。这天,上海市高教学会和上师大召开了"杨德广从教45周年学术研讨会",中国高教学会、北大、清华、复旦、交大、厦大等教育界人士前来祝贺。杨德广在会上郑重宣布："我决定,将自己积余的100万元书稿费和讲课费,以及卖掉一套房子所得,共300万元,分别捐赠给我的3所母校：南京上坊小学、南京九中和华东师范大学,用以帮助部分贫困生、优秀生度过学习和生活中的困难。"

果然是一位特别的校长、一个特别的生日。

上师大6年半,杨德广够轰轰烈烈了——他与领导班子成员一起,用3年时间解决了1 000多户教职工住房困难；他提出"不能树木何以树人",建成上海市花园单位、全国绿化400强,被称为"绿化校长"；他践行育人为本、德育为先,在大学生中开展充实教育和文明修身活动;他主张发展教育产业,建立教育市场,倡导"大学校长既要找市长,更要找市场",多途径为学校融资,并顶着压力开发了奉贤校区;他制定"约法10章",出差不乘软卧、不到外宾楼吃饭、不要专车接送等,上下班"不顾形象"地骑自行车,人称"平民校长"。

而退休后的善举,又为他赢得"慈善校长"之名。

争议与猜测尾随而来。杨德广难道是家庭关系紧张,不打算把钱留给子女吗?还有人质疑,杨德广哪来的300万元?

对此,老校长一笑了之。

更多是赞誉。这些年,他先后获得"上海市精神文明建设十佳好人好事""上海市慈善之星"等荣誉称号,老同事、老同学见面就夸他"崇高""了不起"。

对这些褒奖,他高兴且欣慰,但不敢认同。

唯有一次,他在母校华师大参加继续教育会议,华师大一位85岁的心理学教授对他道:"老杨啊,你的事迹我看到了,我认为你做得对。你活明白了!"

活明白了! 这是迄今杨德广认为最贴切的评语。

财富不完全属于个人,杨德广从来就活得明白。

他有个习惯,每回外出讲课所得,必在本上记下金额。上世纪80年代迄今,他受邀到校外讲课近2 000场,讲课费从几十元涨到几百乃至几千元。但他记账的乐趣,仅止于从数字的变化中触摸时代脉搏。其实,他早就想好要捐,"因为这笔钱不完全属于我个人。平心而论,有些外出讲课、写书、著文章,占用过工作时间"。

对于校长身份,他亦怀着谦卑心,"人是社会的人。没有工人农民,我哪有吃穿?没有老师,我哪来知识?没有学生,我又怎么成得了教师,当得了校长?"

如此简单道理,是在退休后越想越透彻的。随之,一个念头渐渐浮出——既然受之于社会,就该回馈社会。于是他开始盘点自己多余的财富:历年讲课加书稿费,共计100万元;除自住一套房外,尚余一套130平方米的房子,市值200万元。他想,"金山银山,一天只吃三顿饭。豪宅万座,睡觉只占一张床",多余的财富,留给自己或子女享用,不过锦上添花,而送给贫困之人,却是雪中送炭。

"索性卖掉房,凑出300万元,3所母校,各捐100万元。"明白人杨德广,爽快地拿定了主意。

其实做出这一重大决定时,他想到了两位至爱的女人。

一位是他母亲。因为积劳成疾,母亲年仅43岁便过世了。他记得,幼年家贫,饭锅里常是野菜为主,但碰上邻居来讨饭,母亲总要刮出半瓢米。母亲道:"他们比我们家更困难,已经揭不开锅……"她的言传身教,深深烙印在杨德广的成长记忆中,如今他慷慨助人,想必母亲九泉之下一定欣慰吧?

另一位是与他相濡以沫30余载的夫人郭淑麟。她从来乐善好施,罹患重病前是上师大统战部部长,为节约公款,常把家中亲友送来的保健品拿去慰问教师;听说学生身体不适,她会熬好鸡汤送去宿舍;教职员工的爱人病倒,她自告奋勇去帮忙买汰烧、报销医药费……杨德广无限思念妻子,他想,自己的爱心善举,也能替爱人了却心愿吧?

从农民儿子到大学校长

从农民儿子到大学校长,杨德广一刻未忘曾经的贫穷。

他是龙凤胎,本应欢天喜地,父母却在他与胞妹刚一出生时便面临抉择:至少送掉1个,否则,生活难以为继。在大姐苦苦哀求下,襁褓中的杨德广被勉强留下,胞妹则被送往育婴堂,从此失散。杨德广出生不足百天,贫困交加的一家人被迫迁往江苏江宁县(现江宁区)农村,捉襟见肘的日子,唯有苦熬。他记得每年三四月,家中断粮,只能靠挖野菜果腹。幼年杨德广甚至为打捞家中唯一一把镰刀,在寒冬跳入刺骨的池塘,摸索半天,冻得险些丧命。

求学时光,依然万般节省。中学6年,他靠在沪当学徒的哥哥接济,每月10元,其中8.5元吃饭,1.5元主要用于买旧书。他从不买水果、零食,常年赤脚长跑,用冷水洗脸、洗澡,严冬自来水断绝就用雪洗脸。实在冷得够呛时,与寝室同学轮流花1分钱,去老虎灶买2个水筹,买大半面盆水泡脚,这已是很大的享受。直到考取华东师范大学,他才拥有人生第一套厚实的棉衣裤和棉被。

而更没齿难忘的,是来自周围的受助之恩。小学时,杨德广常与同龄伙伴严成华一同上山砍柴,实在挑不动时,严成华喊来母亲,帮杨德广一同挑回家;初中时,班主任徐之良见杨德广一家5口挤在几平方米的小房内,亲自帮他搬到南京九中的集体宿舍去住;高中时,华侨出身的同班同学林木民,每月至少2次带杨德广去饭店"开小灶",高三时还为他订了一整年牛奶。高考冲刺前大半年,适逢学校宿舍大修,同班同学顾湘杰盛情邀请杨德广去他家住。

所以,杨德广心怀沉甸甸的感激,时时不忘报答。高中时,他18岁时已是南京最年轻的青年社会主义建设积极分子,同学中有学习困难者,他上门辅导;清理中山门的臭水浜,他第一个跳下去。大学时,他只选朝北宿舍住,经常为同学打水、晒被。饭票是定量的,每人每月33斤,杨德广考虑到班上高个子男同学消耗更大,坚持每月省出三四斤饭票给他们,且效仿雷锋做好事不留名,悄悄塞在生活委员枕头底下。这谜底,直到前些年大学同学聚会时才揭晓。在华师大工作时,他每天骑着自行车路过中山北路桥,遇见拉板车的工人,他一定会停下,帮着推车过桥……

他告诉记者,最难迈过的,是内心一道坎:常因"亏欠"而难以平静,因为"偿还"而感到踏实心安。有一次他坐公交车到莘庄,票价1元,人群把他挤向车中间,直到下车后,他才想起忘了买票。他无比内疚,不久再乘此公交,一上车赶快付了2元。2002年,妻子患癌症期间,学校送来1万元慰问金,但2年后借校庆的由头,杨德广又将这笔慰问金全部捐出。

退休后仍要"有为"

杨德广有句座右铭:无为何入世,入世有所为。从留校任校团委书记,到调任上海高教研究所所长、上海市高教局副局长、上海大学校长、上海师范大学校长,再到退休后应邀到民办高校震旦职业学院任院长,自1965年工作以来,杨德广历任十余个工作岗位。他说:"有所作为,是我工作乃至活着的最大动力。"他每天早上7时到校,晚上9时离校,一天工作学习十余小时。在做好本职工作同时,他坚持高教研究,出版专著40余本,发表文章500余篇,有20多项成果获省部级以上优秀科研奖。他指导博士生和硕士生40多人,是享有国务院特殊津贴的高级专家。他还荣获"上海市青年五四荣誉奖章""全国绿化奖章""上海市十大教育功臣提名奖""群众信得过的好领导""从事高教工作逾30年、高等教育研究有重要贡献学者"等,一路精彩伴艰辛。

而退休后,杨德广考虑最多的一个问题是:如何继续成为有益于社会的人?他整理了30多年的文稿,自费出版3卷本《杨德广教育文选》和《从农民儿子到大学校长——我的教育人生》,这是结合自己教育实践和理论研究总结,留给高教改革与发展一笔精神财富。而多余的300万元物质财富,他留给3所母校,每年各资助20多名贫困的优秀生。每到一处捐款,他都事先约定:不要迎送,不要宴请,不收礼物,来回路费、食宿均自己支付。但有一条,请对方每年提供受助学生名单,证明捐赠款确实用在了需要帮助的人身上。

"慈善校长"很快引来知音。一位企业家找到杨德广,自愿拿出200万元,商定成立"杨德广帮困助学基金"。2012年9月,72岁的杨德广与这位企业家翻山越岭数千公里,跑遍了分散在黄土高坡的4所学校。当见到"小萝卜头"们中午啃着又凉又硬的窝窝头、用地窖水吞食时,杨德广眼眶湿润。他决心帮几所小学建立营养午餐。次年9月他再去时,看到孩子们确实吃上了两菜一汤,他十分欣慰。但此时,杨德广又发现新问题——眼前这些孩子,每天来回几个小时的山路上学,他们中有几个真正能走出山门、走向大学?凤毛麟角。

他不忍心,当即与当地校长商定,从"杨德广帮困助学基金"所资助的享受营养午餐的1000名贫困生中,择取32名品学兼优的中小学生,给予"一对一"重点资助,扶持他们考上并读完高中和大学。

为着这个"冲动"的承诺,杨德广回沪后立马张罗。儿女和外甥女一听说,率先认领。同时,他拟定倡议书并在微信朋友圈发布,但不忘友情提醒,"经济拮据的学友目前不要参加,待将来经济条件较好时再参加,只要有慈善之心即可"。很快,杨校长曾经的学生、现淮北师范大学副校长李福华专程从安徽来沪认领,上师大毕业研究生陈润奇、靳海燕、陈敏、朱炜、刘岚、汪怿、向旭、季成钧、吴海燕等也专门到杨德广办公室,选定了受助对象,有些还拉上家属领取"双份"。年逾六旬的上师大人文学院翁敏华教授翻遍了30多份受助学生基本情况表,终于选定了没写错别字的一男一女2名学生。然而2个月后,惊闻翁教授罹患恶性肿瘤,当杨德广惴惴不安到她家中探望并劝她放弃资助时,翁教授却坚决道:"生命有限的情况下更要多做善事。"一时间,杨德广感动得不知该说啥。

2013年底,杨德广出差时摔跤,胸椎骨折,此时,尚余10多名受助学生无人认领,而他答应给山区寄钱的期限将至。躺在医院的两个多月里,他打电话寻找愿意资助者。到 2014 年 1 月初,好不容易还剩 4 个名额,杨德广本打算全部包下,没想到柳暗花明,他的学生陈敏主动在其微信圈里呼朋唤友,竟一下涌来 20 余人争抢。

做一个"点燃"的角色

做慈善能激起这些声响,杨德广渐渐感到,其实自己无意中,扮演了一个"点燃"的角色。他万万没想到,而今已定居日本的原上师大学生杨健,也会成自己的"粉丝"。杨健上世纪 90 年代从艺术系毕业后,赴日留学,去年回沪看望和照顾已患阿尔茨海默病的母亲时听说了"慈善校长",于是特地来母校找杨德广,请他预留好 2 个"一对一"名额。她动情地告诉记者,"我一直想找一个有意义的方式,来纪念自己在日本打拼 20 周年"。

更让杨健深有感触的是,当她说起为了母亲专门在日本学习了阿尔茨海默病的系统护理方法后,杨德广即表示愿意牵线,建议她在上海给老年大学开办公益讲座班。杨健的第一反应是"太好了,自己派上用场了"。她觉得,现在越来越多的人有着自我实现的需求,"缺的就是杨校长这样的慈善平台,以及像他这样能够点醒我的人"。

在杨德广的慈善观里,慈善不拘形式,也无论高调低调、出钱还是出力,"关键在于尽自己的能力去帮助他人"。他不张扬自己,而总是赞扬别人。他赞扬民办高校,你们为国家培养人才,就是慈善;他赞扬记者,你们宣传慈善,就是行善;他赞扬教师,你们将自己所拥有的知识与经验分享出去,就是慈善。

但他颇看不惯有些人坐而论道,却一毛不拔。在媒体及慈善伦理研讨会上,当有人抨击高调行善者,杨德广会怒不可遏地驳斥:"人家可是真金白银拿出来的,他不拿又怎样?捐款人反而受到不捐款人的指责,社会哪有这种舆论?"

还有一次,有人说杨校长做慈善学的是国外时髦玩意。杨德广立马回应:"错!我学的是中国传统文化!"他记得小学时,对面一村庄失火,"没有任何号召,我们村上二三十人,个个抄起面盆,从池塘开始排起长龙,用面盆接力救火。这就是中国传统文化,这就是纯朴农民的本能!哪像现在,一个人倒了,还要先考虑该不该救他?实在想不通。"

无论外界环境如何,杨德广做好自己,但求有为,无愧。2003 年退休后,每年新年后第一个工作日,杨德广都要包2个信封,为上师大爱心基金和教育发展基金,各捐一笔与新年同样数字的钱;每年植树节,他会为学校绿化至少捐款1 000元;70岁后,每年10月,他去3所母校,为贫困生和优秀生颁发奖学金;他也郑重向记者表示,除了目前自住的一套房留给子女外,其余一切所得,他将全部奉献社会。

想不通、看不懂是别人的事。反正,杨德广活明白了。 (李晔)

(《解放日报》2015年1月20日)

杨德广查看其上一年带领师生种植的柳竹树苗的生长情况

绿色校长的阳光慈善
——访校友杨德广先生

> 人物小传：杨德广，曾任华东师范大学团委书记、上海高教研究所所长、上海市高等教育局副局长、上海大学校长、新上海大学常务副校长、上海师范大学校长，曾荣获"上海市青年五四荣誉奖章""全国绿化奖章""上海市十大教育功臣提名奖"等。杨德广在我校设立了"德广励志奖学金"，将100万元作为留本基金，每年用5%的增值资助我校20名家庭经济困难的学生。"人的一生应当这样度过：当他回首往事的时候，不因碌碌无为、虚度年华而悔恨，也不因为人卑劣、生活庸俗而愧疚。"这是杨德广最喜欢的一句话，也是他日常生活的真实写照。

杨德广是我校1960级地理系校友。本是文科专业的他机缘巧合地转到了理科专业就读，并由此与地理系结下了深厚情缘。在地理系学习期间，杨德广不仅在专业课上刻苦努力，而且经常参加中文系和历史系举办的人文讲座，提升自己的人文素养。如今，杨德广已经是蜚声学界的高等教育专家，同时还是一位名副其实的慈善家。

杨德广在任职校长期间，全心全意地为学生服务，为教师谋福利；退休后，又开始思索如何继续发挥自己的光和热，决心通过做慈善来为学生服务，用另一种方式助力教育事业的发展，创建了阳光慈善基金。他希望通过自己的努力和付出，让更多的人了解慈善、关注慈善。从杨德广先生身上，我们看到了他追寻理想的崇高信念，也感受到了他无私奉献的人格魅力。

奉献：雷锋精神的传承者

在杨德广的学生时代，国家的贫穷落后、社会的动荡不安让他深受触动，他不断激励自己要通过不懈的努力来改变国家一穷二白的境况。受革命教育和雷锋精神的影响，杨德广脑海中一直镌刻着"奉献"两字。大学期间，杨德广常常将自己的饭票偷偷塞在其他同学的枕头下，或者悄悄为回家的同学晒被子、打热水。他让"奉献"的精神融入生活，让爱与关怀温暖着身边的每个人。随着时光的推移，杨德广依然践行着雷锋的那句话：人的生命是有限的，可是，为人民服务是无限的，我要把有限的生命，投入到无限的为人民服务之中去。2013年，杨德广将自己的书稿费和卖房所得捐给了培养自己的三所母校，用于帮助贫困学子完成学业。

点滴奉献，最终汇成了今日的慈善清流。

绿化：不能树木，何以树人

当年初到上海师范大学时，简陋的环境让杨德广发出"不能树木，何以树人"的感慨，他形成"为培养现代化的人才，必须要保证大学的环境"这一理念。经过6年的不懈努力，上师大成为"土不见天，绿树成荫，花不间断，四季飘香"的绿色校园，"绿色校长"的美称由此而来。退休后，杨德广将所有的精力都投诸"帮困助学"和"绿化造林"。"帮困助学"是资助西部地区高中阶段贫困生中的优秀生，帮助和鼓励他们考入大学；"绿化造林"是购置树苗推广到西部地区，并大面积种植，改善当地的生态环境。杨德广认为，作为一名党员和一名教育工作者，更应该加入义务植树的行列当中，为祖国的社会主义现代化建设和生态文明建设做出贡献，引导更多的人加入慈善中来，把祖国建设得更加美好。本着"不能树木，何以树人"的初心，杨德广将绿色和慈善完美地融合在了一起。

慈善：不仅仅是金钱的资助

"每次收到西部地区那些孩子的来信，我都非常欣慰，孩子们纷纷表示自己一定会好好学习，回报社会。于是我更加坚信，慈善不仅仅是物质财富的转移，更是精神情感的传递和延续。"在与笔者交流的过程中，杨德广时常眼眶湿润，让笔者感受到杨德广对国家教育事业、对慈善事业的爱。从那些孩子的回信中我们可以看到,杨德广与受捐者之间的交流鼓舞着他们,燃起了他们奋发向上努力拼搏的斗志。

除了对西部地区的捐赠外,杨德广还准备发起"每人捐赠10元钱,种植一棵小树苗"的活动。虽然10元钱在面值上来看很少,但是众人拾柴火焰高,涓涓细流不断的累积终能汇聚成一条大河。慈善不是一个人的事情,而是整个社会的责任。

对于慈善,杨德广有自己独到的体悟。很多人认为,慈善就是捐款,是物质上的资助,而杨德广更注重精神上的帮助。他说:"我们在给予贫困生物质资助的同时,也要让他们感受到社会的温暖,感受到党和国家的关怀,这种精神上的激励是宝贵的,是不断推动学生向前发展的精神力量。"现在,很多贫困生对"贫困"有着错误的理解。杨德广用自己的实际行动让他们明白,只有树立起"自立自强"的意识,努力拼搏,才能创造出属于自己的未来。他说:"慈善,不仅仅是金钱的资助,更是精神的鼓舞。"

杨德广在平凡的岗位上做出了不平凡的业绩,他的人生故事诠释了奉献的意义。在他的身上,我们看到了很多宝贵的品质:奉献、爱国、勤奋、励志、惜时……这些品质是他人生足迹所折射出来的光芒,更是其人格的象征。在职时,杨德广尽其所能为学生服务;退休后,杨德广倾其所有为党和人民做贡献。从"绿色校长"到"绿色老人",称谓变了,但初心未改,这种立足中国社会现实面向未来的慈善精神将会是滋养人心的宝贵财富。(李昶洁、张跃跃)

("华东师范大学新闻中心"2016年7月1日)

杨德广的"有所为"

> 编者按："无为何入世，入世有所为。"这是杨德广先生的人生信条。在上海师范大学的校园内，提及杨德广，教师们常念叨的是他的许多称号——"干实事的校长""绿化校长""平民校长""自行车校长"。在学生们心中，他则是一位"教书育人的良师益友"。10多年来，由于卖房凑款助学的义举，大家又送给他一个新称号——"慈善达人"。不仅如此，杨先生更是中国高等教育学的创始人之一，为我国高等教育的理论与应用研究作出了重要贡献。他探求真知、辛勤耕耘，以身作则、率先垂范，用自己的实际行动诠释了"教师"这份神圣职业的深刻含义，不能只做传授书本知识的教书匠，而要成为塑造学生品格、品行、品位的"大先生"。

2018年1月4日晚，天突然变得阴冷，下起了雨。

一个身影，穿着朴素，撑着雨伞，跨进了上海师范大学东校区的一间教室。前几天，他还在新疆喀什帮困助学，此时却又赶回上海给研究生上课。他就是杨德广先生，一位78岁的老学人。

行动研究

杨德广先生是新中国高等教育发展、改革的见证者，更是改革开放以后我国高等教育改革和发展的参与者、实践者。在高等教育学界，因在行动中研究，在研究中行动，将研究与工作实践紧密结合，他被同行称为"行动研究的典范"。

无论是早期担任上海市高教局副局长，还是后来在上海大学副校长、校长任内,杨德广都体现出了这种研究风格。但最具代表性的还是他担任上海师范大学校长期间数次成功的改革实践。正是这种行动研究,使他的大学校长生涯富于探索性和开拓性,成为我国高教界真抓实干的一个"闯将"。

1996年暑期,杨德广刚到校工作一个多月,就已把全校走"透"。在深入实地调研中,他发现,不少学生平时松松垮垮,不知道怎样安排自己的学习和活动。针对这一状况,他提出在全校实行"充实教育",即充实学生的教学内容,充实学生的课余活动,充实学生的精神生活,让学生忙起来、动起来。

为使这一构想能付诸实现,杨德广一方面创造条件,排除阻碍,在全校推行了四条很具前瞻性的改革措施:减少必修课,增加选修课,加强实践课,开设辅修课。另一方面,他又提出并推行"四个制":一是多张证书制,鼓励学生积极参加各种竞赛活动获取证书,多张证书还包括开设各种辅修课程、特色课程,学生可以任选,达到一定的学分可授予单科证书;二是学生干部轮换制,让每个学生都有为他人服务的经历;三是半年实习制,师范生的实习时间延长至半年,非师范生的实践时间延长至十个月;四是综合测评制,每年对学生进行德智体美综合测评,测评结果与奖学金、评优结合起来,以促进学生全面发展。

短短几年,这些灵活且很有针对性的制度设计,就收到了很好的教育效果。

再如,杨德广根据在调研中发现学校存在办学经费严重不足的状况,提出了"大学校长既要找市长也要找市场"这一至今仍有现实意义的观点。他认为,学校不能仅仅依靠政府,也要靠自身努力,发展教育产业,开拓教育市场。在他看来,这样做既挖掘了学校潜力,又为学校的发展、改善教师待遇奠定了坚实基础。

上海师范大学从1997年到2001年的5年中,政府给学校的财政拨款不到6亿元,其中专项费仅有8 000万元。在此期间,学校的办学规模增长了近4倍,但教育经费仅增长66%,2001年的财政拨款已下降到总经费的39%。尽管如此,学校在杨德广的主导下仍然在建设和发展方面取得了瞩目成就:5年中,学校投入基建经费6.16亿元,竣工面积27.3万平方米;实验室建设投入9 052万元;修缮费1.17亿元;建设计算机房36个、语音实验室23个、多媒体教室80个。

这一切,都是发展教育产业、开拓教育市场产生的收益。

杨德广扎实、亲力亲为的行动研究，帮助他酝酿出了许许多多很有实效的政策措施，这不仅使他在推行改革时更有底气，而且也使他的改革深得人心。2002年，经全校无记名投票，他被评为"上海市员工最信得过的好领导"。

这种行动研究也使杨德广总能提出极具前瞻性的思想观点，他最早呼吁毕业生就业制度改革，同时也是大胆鼓励高校办学体制转制的倡导者之一。

理论创新

40年来，杨德广先生一直致力于高等教育理论的研究，也是我国较早从事相关理论研究的学者之一。比如，我国第一部《高等教育学》中有关德育的章节就是由他主笔的，同时他还撰写了国内第一本《大学德育论》。

在担任全国高等教育研究会会长（应为理事长）、中国高等教育学会副会长、上海市高等教育学会常务副会长等职期间，杨德广先后主编《高等教育学》《高等教育管理学》等4部著作，为高等教育学的学科建设以及现代高等教育学的建立作出了积极贡献。

与他那独具"杨氏风格"的高校管理及教学实践一样，他对高等教育理论问题的研究也极有个性和风格，所提观点有理有据、观点鲜明、现实针对性强，这不仅给人以紧迫感、危机感，更重要的是他总有很强的前瞻意识。

我国高等教育学泰斗潘懋元先生评价杨德广，"敏于思维，敢于发表自己独特的见解"。早在1978年，杨德广就在一篇文章中提出"要把政治思想工作做到教学领域中去"，这一观点在时隔30多年之后仍有很强的现实意义。针对当时高校在思想政治领域存在的诸多问题，他撰文主张要改变思想政治教育只是政工干部和思政教师的事这一局面，专业课教师不能只教专业知识，还要成为塑造学生品格、品行、品位的"大先生"。

之后，杨德广又在文中提出了"变平面教育为立体教育"的思想政治教育推进思路。他认为，大学生的思想政治教育要采用立体的思路和方法，即做到静态教育与动态教育相结合，正面教育与对比教育相结合，统一教育与多元教育相结合，一体教育与复合教育相结合，外部教育与自我教育相结合，思想教育与管理工作相结合。

1987年，针对当时许多高校校内机构臃肿、办学效率低下的问题，杨德广撰文提出高校要从"学校办社会"走向"社会办学校"，高校应与社会加强横向联系。这一观点,为我国1999年开始实行高校后勤社会化及20世纪初的高校投资多元化改革提供了理论依据。

1988年,杨德广提出,我国可以允许办私立学校,也可以办中外合资学校。这为我国兴办民办高校和中外合作办学提供了理论指导。

1989年,杨德广针对我国教育经费不足的问题,发表《中国高等教育的问题及出路》一文提出,"要改变教育是非生产性投资的观点""调整教育结构以提高教育经费的利用率""建立大学董事会和基金会"以及"收取学杂费以改变学校包下来的状况",这些观点、解决问题的思路和方法,不仅在当时引起了教育主管部门、高校以及《光明日报》等媒体的关注和重视,而且对现在的高等教育发展仍具有指导作用。

进入20世纪90年代以来,杨德广开始关注中国发展民办大学的理论问题。在《我国应积极稳妥地发展民办大学》一文中,他在系统分析民办院校基本特点的基础上,提出了"新型的民办大学要突破旧模式、改变旧体制、转换旧机制,探索社会主义初级阶段新的办学路子"的思想。他提出,要健康、稳妥地发展民办大学,必须解放思想,制订法规,积极鼓励和扶持民办大学的发展。他甚至公开撰文提出"上海办十几所民办大学不算多",虽然这一观点当时受到不少非议,但后来事实证明是正确的。

直面问题

对于我国高等教育发展过程中存在的一些热点、难点问题,杨德广敢于直言,敢讲真话,他驳斥关于"独立学院是公办大学举办的假民办"的论调是极不负责任的说法,指摘"一些名校自主招生拒收偏才怪才"丧失了自主招生的意义,批判用人单位招聘时"唯211、985高校论""以校取人"的行为,认为这挫伤了广大学生的上进心、助长了应试教育,等等。

20世纪80年代初,在世界新技术革命面前,第三世界国家面临严峻挑战。但当时,我国高等教育的数量与质量都无法适应形势发展的需要,而且大学毕业生还普遍存在着专业面窄、能力不强等问题。杨德广因此提出应建立合理的专业结构的观点,即"减少和合并一部分专业,建立综合性的大专业","增设和发展新专业、紧缺专业"。这一观点在当时来讲显然是难能可贵的。

1986年,杨德广根据其组织的、涉及30多家企事业单位的大型调查结果,又提出了"适应性教育"的观点,认为应在教学内容上做到基础实、知识宽、专而新、量适当,以拓宽学生的知识面,使其尽快适应工作需要。

再比如,针对我国高等教育存在的"国家统包的办学体制、部门办学的领导体制、政府统管的管理体制、经费单一的投资体制"等困境,杨德广鲜明地提出了"改制是我国教育走出困境的出路"的论断,并以翔实的数据做出了"改制会使高等教育的效益明显提高"的判断。他还提出,高校改制应积极稳妥地进行,上海可率先改制试点。他提出的"国有民办公助"的新型高等教育模式也得到了许多地方政府和教育界的认同,也为后来独立学院的形成提供了镜鉴。

杨德广乐于探索高等教育真知。随着我国高等教育改革实践的逐步深入,一些理论及现实难题也相继浮现出来。为了匡正人们在认识上存在的误区,为高等教育改革实践累积共识,他多次积极参与乃至主导高等教育问题争鸣。对此,他往往针锋相对,提出的质疑一针见血,从而引发了我国高教界的几次大讨论,为我国高等教育界增添了活力。

2013年,杨德广针对国内一知名学者提出的"认知理性是高等教育的核心价值""高等教育适应论是历史的误区"等观点,先后跟进撰写了两篇长篇商榷文章。他认为,高等教育发展的历史就是高等教育不断适应社会发展变迁的历史,高等教育职能的演变体现了大学不断适应社会变化发展的需求;高等教育的本质则是培养人的实践活动而非认知活动,认知理性仅仅是认识论中的思维方式,而远非高等教育的核心价值。他由此指出,"高等教育适应论"是历史的必然,不会"导致大学的知识生产功能的边缘化"。

2016年,杨德广针对国外学者在网络上发表贬低中国教育改革的文章,旋即撰文,针对文中诸如"大学成为赚钱的机器""大学的校长们想要提升自己,就把眼光落在钱上"等观点,从五个方面逐一进行了辨析和批驳。结合翔实的数据和案例,他认为,中国高校的收费标准远远低于发达国家,以上海公办高校而言,一般专业学生每年5 000元,艺术类等专业每年10 000元左右。实际上,国家培养一个大学生的成本要30 000元左右,因此学生的学费仅占培养费的一部分,根本不存在"赚钱"的问题。对于有些重点高校,由于办学成本更高,学校总经费支出中,国家投入仅占30%—40%,加上学费收入也只占总支出的50%—60%左右。大学校长作为学校的行政总负责人,必须充分利用学校资源,多方面增加学校收入,以维持学校的正常运行。

惜时如命

数十年来,信守着"无为何入世,入世有所为"的人生信条,杨德广先生几乎放弃了所有休息时间,全身心地投入到工作、学习、研究之中。他是一个惜时如命的人,他经常讲,"充分利用时间,提高时间的利用价值,就是延续有限的生命"。

杨德广也常告诫学生和后辈要"管理好自己8小时之外的时间","牢牢地抓住今天,而不要等待明天"。就这样,他把"立志、惜时、勤奋"作为激励自己的警世格言,一天工作、学习、研究10余个小时。

据杨德广的研究生们讲,只要不是出差、上课,不管是工作日还是周末,几乎都会在办公室里看到他忙碌的身影。他还经常教导学生,要把名利看淡一点,金钱看轻一点,人生看透一点,事业看重一点。他认为,人既然来到这个世界上,就应该尽量为社会的发展与进步多作贡献。

从事教育工作50余年,杨德广出版有关高等教育方面的专著40余部,发表文章近600篇。潘懋元先生曾评价他:"杨德广教授等身的著作是在繁忙的行政领导工作中,午不休、夜少眠,一个格子一个格子爬出来的。"离开大学校长这个工作岗位后,他更没有闲着,仍然笔耕不止,如从2004年至2012年,他撰写并公开发表的科研论文就达97篇,平均每年有12篇之多。

在杨德广看来,教学是他的天职,而科研则是他的生命之光。作为一名高校教师,尤其是主要从事研究生教育的教师,科研与教学二者皆不可或缺,要不断进行科研,充实教学内容,这是提高教学水平、培养创新型人才的基础和关键。

杨德广的这些丰硕的、不断推陈出新的科研成果,同时也给他的课堂增添了极为丰富的素材,使他能将那些新锐的学术观点和自己的研究心得运用到教学之中,从而丰富了教学内容,在一种娓娓道来式的讲授中拓宽了学生的思路和视野,大大增强了教学效果。对于这一点,一位博士生深有体会:"他的课能紧紧抓住时代的脉搏,站在时代发展的高度,对教育的挑战、问题、应对措施等提出自己的观点,给人耳目一新的感觉。"

明白一个道理,采取一个做法不难,难就难在坚决地执行,并一如既往地坚持。在杨德广50多年的从教生涯中,他身体力行,要求学生做到的,自己首先做到。动人以言者,其感不深;动人以行者,其应必速。杨德广用他的实际行动教育了学生,感染了他的学生以及学界的后辈。

我只举 2017 年暑假发生的一个例子。当时,杨先生说他到哈尔滨待一段时间,我原以为他去度假,没想到他一人住在一间简陋宿舍里,房间只摆有一张单人床、一套写字桌椅,没有电脑,也上不了网。他自己动手洗衣做饭,剩下的时间几乎都用在看书和写作上。

30 多天,杨德广居然用完了一堆笔芯,一笔一画地写出了四篇长文。他说:"平时工作忙有些要写的文章被耽搁了,现在正好趁假期可以多写一些。"

2014 年年末,杨德广作为老干部的杰出代表,受到了国家领导人的亲切接见。眼下,他退而不休,坚持每天锻炼身体,腰板挺直,精神矍铄。虽然已慢慢从高等教育学界退了出来,但他却没有停止连续一贯的、起早贪黑的忙碌生活:为了应对当前所处的老龄化社会,他积极为创建老年教育学科奔走呼号,并为上海一些老年大学撰写《老年教育学》书稿;为了实现他给自己定下的"有生之年至少要资助 3 000 名贫困生和优秀生"的目标,他创建"阳光慈善基金";今年是《共产党宣言》发表 170 周年,他马不停蹄地在一些高校给大学生上党课……在他的办公室里,办公桌上摆放着已完成的一些论文草稿以及需要他"一对一"扶助的贫困地区学生表格,地板上堆放着一捆捆即将运送到贫困山区的崭新衣物……而支撑他一直这样做的,就是他读中学时立下的誓言:健健康康为祖国工作 50 年! （罗志敏）

(《光明日报》2018 年 6 月 18 日)

这位"平民校长"资助两兄弟踏入上海名校,还曾卖房筹集善款

9月5日,来自安徽阜阳的江冬冬来到同济大学报到,他将在这里攻读航空航天与动力专业的博士。与此同时,他的弟弟江录春也已被保送至上海交通大学机械工程专业进行硕博连读。

"如果没有杨老师的物质资助和精神鼓励,我们兄弟俩可能都不会有今天这个继续读书深造的机会。"江冬冬说。

江冬冬口中的"杨老师",就是上海师范大学原校长、知名学者杨德广。在刚刚揭晓的第十届中华慈善奖评选结果中,杨德广获得"中华慈善奖—慈善楷模"称号。今年已78岁高龄的杨德广,数十年奋斗在教育战线,是享有国务院特殊津贴的高级专家、二级教授、博士生导师。先后出版著作40余部,发表论文500余篇,获得20多项省部级以上奖项。

生活中,他一贯节俭,对物质要求很低,但在慈善公益、帮困助学中,却毫不吝啬,甚至为了资助贫困生,曾卖掉一套房子。人们亲切地叫他"平民校长""慈善老人"。

为什么要卖房做慈善?"我是一名共产党员,一名教育工作者,我要永远做一个有益于社会和人民的人。"杨德广说,子女都已有稳定的工作和收入,把钱留给他们是锦上添花,而用于需要帮助的贫困生则是雪中送炭,雪中送炭更有价值,"我留给子女的是'助人为乐'的精神财产,而不是金钱房子等物质财产。"

作为农民家庭的孩子,杨德广对贫困生的困窘深有体会。

1940年,杨德广出生于江苏农村一个贫苦农民家庭,父母都是文盲,小时候生活异常艰苦。新中国建立后,在党团组织和学校老师培育下,他成为德智体全面发展的优秀生。小学入队、初中入团、高中入党,大学毕业

留华东师范大学任团委书记,后调到上海市高教局、上海大学、上海师大任职。

"50年前,我这个来自农村的贫困生背着旧麻袋,口袋里装着3元钱,来到上海读大学。我对贫困生的困窘深有体会,所以我想为贫困生做些什么。"2004至今,每年元旦后上班第一天,杨德广都会向上海师大教育发展基金会和"爱心基金"捐款,植树节再为绿化捐款。

2010年,杨德广在自己的70岁生日之际,又做出了人生的一个重要决定:将多年积累的书稿费、讲课费100万元全部捐出,并卖掉一套价值约200万元的住房,一共筹集了300万元设立"杨德广帮困奖学金",捐赠给他曾就读过的小学、中学、大学,帮助贫困生、奖励优秀生,每年有200多名学生受助。

对于从小家庭贫困的杨德广来说,300万元已是他毕生的积蓄。有人不理解,杨德广说:"这些钱资助贫困学生顺利完成学业,意义更大。"

在三所学校设立帮困奖学金后,杨德广又将目光投向了更远的西部贫困地区。

在慈善企业家的帮助下,杨德广筹资200万元,专门用于资助甘肃、四川地区贫困小学生营养午餐。这是杨德广与甘肃环县一学校学生合影(摄于2014年9月12日)

杨德广在甘肃环县查看一所乡村学校食堂

2012年,在慈善企业家的帮助下,他筹资200万元,专门用于资助甘肃、四川地区贫困小学生营养午餐。至今五年时间里,已有4 000多名贫困孩子从中受益。

"70多岁的他连续四年跋山涉水,亲自翻山越岭前往两地送上善款。"他的学生姚栋华说,第一年去的时候,因路途劳累,杨德广得了大面积肺炎,咳嗽了很久,毕竟是70多岁的人了,大家都担心他的身体,让他以后不要亲自去,但是在病好后的第二年,他又继续前行。

在营养午餐慈善项目中,杨德广发现,当地有不少热爱学习的孩子,家庭非常贫困。于是,2013年,他又筹资150万元,在甘肃、四川两地发起了从小学一直资助至大学毕业的"西部地区'一对一'帮困助学",重点资助32名贫困优秀学生。他本人及子女、亲友、学生等32名爱心人士各资助一名。至今,已有一半左右学生考进高中、大学。

杨德广的慈善之举,感动了许多爱心人士和爱心企业,纷纷要求加入阳光慈善队伍。于是,在2014年,他建立了"阳光慈善专项基金",挂靠在上海师范大学教育发展基金会。而自2015年起,杨德广更是将自己每年退休工资的一半,都用于阳光慈善公益事业。

目前,已有200多位爱心人士和一些企业参加,该基金收到捐赠善款301万元。这些善款主要用于资助新疆、西藏、青海、广西、云南、贵州、内蒙古等地优秀贫困高中生,激励他们考上好的大学,为西部地区培养人才贡献一份力量。自2016年以来,已有近600多名学生受到奖励。

2017年广西田阳—阳光优秀生助学金发放仪式现场

为什么要一直坚持慈善?杨德广在他《活明白了》一文中写道:"我明白我多余的钱是从哪里来的,它来自于社会和人民。因此应该回归社会和人民,用于需要帮助的人。在我有生之年全力以赴地投入慈善公益事业,'生命不息,服务不止;生命不息,奉献不止'。"

有人问他,你这样做给自己带来什么好处?他的回答简单而坚定:"一是履行了共产党员'全心全意为人民服务'的承诺;二是给自己带来了快乐和幸福,慈善是对健康的最好投资。"(栾晓娜)

("澎湃新闻"2018年9月5日)

78岁老校长杨德广尽己所能帮困助学,获评"中华慈善楷模":他过得"吝啬",却活得"富足"

8年前,上海师范大学原校长杨德广教授,在70岁古稀之年卖了一套房,将自己稿费、积蓄等捐出,筹足300万元,资助贫困学生。这一举动一时传为美谈。8年过去了,这位老人并没有停止他的善举。而当年他资助的学生陆续带来了好消息:江冬冬、江录春兄弟俩,一个考入同济大学读博,一个去上海交大硕博连读……

杨德广与新疆叶城二中的孩子在一起

听到这些消息,杨德广感到更有奔头了。"今年我78岁了,被'逼'着到处讲课,还在带研究生。"他笑着说。杨德广赚钱的动力是希望有生之年帮助更多的孩子,他发起的阳光慈善基金汇聚了更多的爱心人士。

近日,杨德广获评民政部第十届"中华慈善楷模"。大家用"高尚""了不起"等词汇赞扬这位老人,他连连摆手,"我不接受,我只是活得更明白了"。

他要做"雪中送炭"的事

"你既然有富余的钱,为什么不住得更好些,到处旅游也可以。"当年,杨德广将300万元存款捐给他的大、中、小学母校设立助学基金时,很多人这么问他。许多不解和争议随之而来。"他和子女关系不好,不打算把钱留给孩子了"……流言传入杨德广的耳边,可他并不在乎。"想不明白是别人的事,我活得明白就行。"

杨德广有一本厚厚的笔记本,上面密密麻麻记录了他每一笔讲课费用。从上世纪80年代起,他受邀到各处讲课几千场,讲课费从几十元涨到几百元、上千元。工作几十年,这样的累积不仅是数字的增长,杨德广心里早就想好了要找个时机"捐出去"。他说:"人是社会的人。没有工人农民,我哪有吃穿?没有老师,我哪来知识?没有学生,我又怎么当得了校长?"既然受之社会,就要回馈社会。

人生的"简单",他是在退休后越悟越透彻的。"我有两套房,一套留给自己住,另一套卖掉。"他说,睡觉只占一张床,房子多了也没用。哪怕拥有金山银山,一天也只能吃三顿饭,"半斤面条我就能吃三顿,放点鸡毛菜、番茄,很美味了,我要那么多钱干嘛呢?"

对杨德广来说,几个子女工作都不错,让他没了后顾之忧。"多余的财富,留给子女不过锦上添花,但是送给贫困的优秀孩子,却是雪中送炭。"更让他开心的是,女儿主动拿出20多万元,为他凑足300万元,用实际行动支持老爸的决定。

对助学"大方",对生活"抠门"

捐资助学,杨德广出手很大方;但在个人生活上,他却很节俭,甚至有些"抠门"。

说到一件"糗事",杨德广挺不好意思的。前段时间,他和多年未见的大学同学在普陀山聚会,他说好要请客。可一到饭店,看到菜单,杨德广傻眼了,"一条鱼居然180元一斤!"最后,他请老同学吃的是20元一份的客饭。他向老同学"检讨":"是我自己心态不好,这么贵的一餐吃起来心难安。"

还有一次,他去外地讲课,飞机误点5小时。他在机场转来转去,肚子饿得咕咕叫,可看到机场餐厅一碗面就要68元时,他止步了,最后跑去买了一桶8元的方便面。他心里有一本"账":"别小看省下的这60元,能给西部山区10个孩子吃上一顿营养午餐!"

"我是农民的儿子,一辈子都是。"杨德广始终记得,50多年前,他考入华东师范大学,只身来沪,身背一个旧麻袋,全身上下只揣着3元钱,"比起那时候,现在的生活富足多了"。

苦难的童年和艰辛的青年,让杨德广更珍惜现在的生活。"小时候,我们家因为穷,经常吃野菜。可碰上邻居来讨饭,母亲总要刮出半瓢米,因为她说,邻居家更加揭不开锅。"母亲的乐善好施,刻入他的童年记忆。读中学、大学时,因为买不起热水瓶,一年四季他只能用冷水洗脸洗澡。同学们也帮助他,高三时(有人)给他订了一整年牛奶,每月至少2次带他去饭店"开小灶"。

大学时,他就做好事不留名。那时,他每月省出几斤饭票,留给班里高个子男生,悄悄塞在同学的枕头底下。这个谜底,直到前些年大学同学聚会时才揭晓。走在路上,他看见工人拉板车,拖得很吃力时,总会停下来,帮着一起推。

"做慈善是对健康最好的投资"

许多人被杨德广卖房捐资助学的善举所感动,并有所行动。其中一位企业家找到他,自愿拿出200万元,成立"杨德广帮困助学基金"。

当杨德广揣着助学款兴冲冲跑到黑龙江(东北)一所偏远学校时,没想到却遭到拒绝。"你们这个钱是从哪里来的?为什么要捐助我们……"校方"吐"出一连串疑虑。杨德广才知道,有时候,做好事并不容易。

他和企业家重新找到政府部门牵线,最后将这些助学基金用于四川、甘肃等西部偏远山区几所学校,解决孩子的营养午餐问题。旅游他不去,可他连续几年跋涉数千公里,翻山越岭去看望西部大山里的那些孩子。"这些孩子每天往返几小时山路上学,可真正走出大山、走进大学的又有几个呢?"当年那个揣着3元钱来沪求学的寒门学子,深知"知识改变命运"的道理。与当地校长商量后,杨德广决定选出32名品学兼优的中小学生,进行"一对一"重点帮扶,资助他们读完高中和大学。

就这样,以前杨德广一个人做好事,如今带动身边人一起做善事。他在微信朋友圈发布倡议后,他的亲朋好友、曾经的学生纷纷"认领"。上海师大的老教授翁敏华让他很感动,"当年她说,要认领资助申请书上没有一个错别字的孩子,还真被她找到了两个"。然而几个月后,当他得知翁教授罹患恶性肿瘤,探望她时劝说她放弃资助,毕竟每年要花费几千元助学。没想到,翁教授对他说,"生命有限,更要多做善事"。

杨德广发起的阳光慈善专项基金,如今挂靠在上海师大教育发展基金会名下。每一笔入账和支出,他都记录得清清楚楚。最近,他又在做一件事,将西部地区的初中毕业生引入上海当技术工人。"孩子们能吃苦,上海又缺这样的技术工人。"前不久,第一批36个学生已进入江南造船厂等企业工作。

有人问杨德广,你这样做给自己带来什么好处?他说,我是有58年党龄的老党员,党员不就应该履行"全心全意为人民服务"的承诺吗?做这些,也给自己带来了快乐和幸福,何乐而不为?"最近去开会,人家说,杨老师,你怎么看上去像60岁的人,还有人说像50岁。我要说的是,做慈善是对健康最好的投资。"杨德广憨憨地笑了。　　(彭薇)

(《解放日报》2018年9月6日)

"抠门"校长的"丰裕"慈善路

他78岁了,每天的午饭常常就是一碗阳春面,撒上五毛钱的鸡毛菜;也是他,从2015年起,将退休工资的一半,捐给慈善基金帮困助学;2010年70岁生日时,他更是捐出300万元巨款。

杨德广曾有一个梦想:在有生之年,资助3 000名学生。
而今,他资助的学生已经远远超过这个数

这些差距甚大的数字背后,是上海师范大学原校长杨德广的梦想:在有生之年,资助3 000名学生。如今,受他资助的学生数量远远超过了这个数字。9月5日,由于多年来支持困境儿童教育,在社会公益慈善领域作出突出贡献,杨德广获得第十届中华慈善奖"中华慈善楷模"称号。

300万元"生日礼物"开启八年慈善路

"我们不过为每个学生拿出2 000元,可是学生的妈妈拿到这些钱时,却感动得连话都说不出,直接跪在了地上。因为在西藏(西部地区),一年(人均)收入超过3 000元就可以脱贫。"今年年初,杨德广去了一趟新疆喀什二中,在那里,他见到了受他资助的高中生和他们的家长。

八年来,杨德广收获了太多这样的感动。因为他,很多偏远地区学生得以继续求学,改变命运,而这条慈善之路始于2010年,杨德广给自己的"生日礼物"。那一年2月8日(5日),70岁的杨德广决定,在生日那天将节省下的100万元书稿费、讲课费以及卖掉一套住房的所得,共计300万元,分别捐赠给三所母校:南京上坊小学、南京九中和华东师范大学,用以资助部分贫困生、优秀生。

这个特别的生日礼物,只是这个特别的校长慈善生涯的开始。

2012年,杨德广带着筹措的200万元,跑了甘肃、四川的四所(七所)学校,看到了刚进入小学的那些"小萝卜头"们中午就着地窖水啃着又凉又硬的窝窝头,孩子们明亮的大眼睛湿润了杨德广的眼眶,他决心帮助这几所学校解决营养午餐。第二年再次前往时,杨德广欣慰地看到他们吃上了两菜一汤,但他又开始为孩子们的升学忧虑。带着32个"一对一"帮困助学名额,杨德广回到上海。

女儿、儿子、外甥女,成了第一批认领者。时隔不久,杨德广就为32名学生都找到了高中和大学学费的资助人。

2014年,资助范围扩大到新疆、西藏、青海、广西等12省区市,杨德广建立的"阳光慈善专项基金",挑选出优秀贫困高中生,每年给予2 000元资助,迄今已经资助学生500余名。就在基金成立的第二年,杨德广决定将每年退休金的一半捐入基金。

"阳光慈善专项基金,一直坚持零管理费,收到的每一分钱,都用在贫困学子身上。"杨德广的这句话说得掷地有声,因为除了捐赠的退休金,基金开会、杂物等所有支出,都由他一力承担。

活明白了,就是明白钱从何处来、将向何处去

曾有人质疑,身为教师的杨德广,如何拿得出300万元巨款?杨德广有

一本厚厚的账本,每回外出讲课所得,必在本上记下金额。从上世纪80年代的二三十块钱一节课,涨到现在两三千块钱,每一笔钱都变成了一个个数字停留在账本上,最后资助给了贫困学子。

"杨老师在生活中很'抠门'。捐出300万元、又献出一半退休金的他,在生活品质上完全没有追求。"杨德广曾经的助教、郑州大学教授罗志敏说,杨德广总把两句话挂在嘴上,"金山银山,一天只吃三顿饭。豪宅万座,睡觉只占一张床。"

杨德广自嘲,虽然因为讲学常常要"飞来飞去",可他从未"慷慨地"买过一份机场餐。"有一次在哈尔滨太平国际机场飞机延误了六个多小时,我本想买碗面吃,却惊讶地发现价格要60元(68元)。这相当于十几个贫困生的营养午餐,实在下不了手。最终还是买了八元的方便面。要不是售货员解释说这种方便面加量三分之一,我连这八元都嫌太贵。"

对自己如此吝啬,对客人,杨德广也大方不起来。他曾请学生(同学)在普陀山吃饭,面对180元一斤的鱼,杨德广"厚着脸皮"提出,实在太贵别吃了,"最终,我花20元请学生(同学)吃了顿盒饭。"

杨德广不是没有钱,只是他觉得,钱应该用在更值得的地方。

这些年,杨德广收获了如潮的赞誉,还先后获得上海市社会主义精神文明十佳好人好事、上海市慈善之星等称号,在2014年更是受到习近平总书记的接见。对他来说,这些荣誉让他高兴而骄傲,但华东师大一位心理学老教授的一句话,却真正说到了他的心里,"老杨啊,你的事迹我看到了,我觉得你做得对。你活明白了!"

"活明白了",杨德广细细地掂量着这句话,"我终于知道,作为一个平凡的农民的儿子,我赚到的钱来自于社会和人民。当年,我怀揣着三块钱,从南京来到上海;如今,我把社会给予我的财富,还给那些需要帮助的人。活明白了,就是明白钱从何来,又将向何处去。"

慈善的最大财富不是金钱,而是传承的精神

江冬冬5日入学同济大学攻读博士学位,而他的弟弟江录春也已保送上海交通大学硕博连读,他们都曾得到杨德广的帮助。

兄弟俩的父母是上海师范大学清洁工和保安,贫寒的家境让他们当时打算放弃深造,"我们读完本科,就应该开始工作挣钱。"江冬冬说。然而,看着二人优异的成绩,杨德广毅然拿出两万元分赠给兄弟俩,资助他们完成学业。"只要他们刻苦学习,报效祖国,我不要他们任何回报。"杨德广说。

因为这样一份赤诚,杨德广在例行捐赠之外,还常常随手帮助身边的人,那些人可能是他的学生、他的同事,甚至是他隔壁病床雇的护工。他的无私奉献更是影响了身边人。

2013年,当杨德广带着32名"一对一"重点资助对象的名单回来的时候,年逾六旬的上海师范大学人文学院翁敏华教授赶来认领了两个名额,"我要挑选两张没有错别字的申请表。"翻遍30多位受助学生的基本情况表,翁敏华终于选定一男一女两名学生。然而两个月后,惊闻翁敏华罹患恶性肿瘤,杨德广急忙上门探望并劝她放弃资助,此次他得到了否定的回答。翁敏华说:"生命有限的情况下更要多做善事。"付出这么多,杨德广从未被自己感动过,可是他人对慈善的坚持,让他看到了播种慈善的希望。

如今,阳光慈善专项基金已收到捐赠善款301万元,其中有的来自企业、商人,还有的来自受过杨德广恩惠的普通学生:这些已经毕业的学生几个人凑齐5 000元,"认领"一个贫困学生;还有一位学生将参加工作第一个月的薪资全部捐出……

杨德广就是一位"园丁",他不仅播种知识,更是将慈善之心和无私之爱播撒到了众人的心里……　　(郝梦夷)

(《文汇报》2018年9月6日)

"慈善校长"杨德广的幸福生活

"每个人都在追求幸福生活,有的人喜欢旅游,有的人追求名牌。我认为,最开心的事就是帮助别人,帮助需要帮助的人,从没想得到什么好处。"第十届"中华慈善奖"慈善楷模获得者、上海师范大学原校长杨德广说道。

现年78岁、党龄58年的杨德广是沪上闻名的"慈善校长",在他的眼里,幸福是他从教40余载,先后出版著作40余部,发表学术论文600余篇,泽惠后代;是他卖房助学,捐出积蓄资助母校贫困生;是他与社会爱心人士共同建立"阳光慈善专项基金",在西部12个省份开展"阳光优秀生"帮困助学活动,帮助尽可能多的贫困生完成学业。

作为一名年近八旬的退休老教师,慈善与杨德广的生命融为一体。对他而言,每一日如朝阳初升,他为了那些贫困、爱读书的孩子们奔走操劳,慈善让他越活越年轻!

资助贫困学子
"这是我义不容辞的责任"

"每次到杨教授家,他总是亲自给我们做饭,教育我们好好读书,不要分心。如果经济困难,他来解决!"江冬冬、江录春兄弟是上海进城务工人员随迁子女。他们对记者说:"印象深刻的不只来自杨教授的物质帮助,更重要的是来自他的精神鼓励。"20多年前,江氏兄弟的父母从安徽省阜阳市到上海市打工至今,父亲是保安,母亲是清洁工。近年,由于家庭遭遇困境,兄弟俩得到杨德广资助。杨教授鼓励他们用功读书,有机会还要出国留学,以后回来报效祖国!现在,江冬冬考取了博士学位,江录春则保送了硕博连读,他们希望今后为社会做出更大贡献。

"努力读书,报效祖国",是杨德广对每一位资助对象的谆谆教诲。他说:"作为一名'老贫困生',资助贫困生是我义不容辞的责任!"

回顾1940年初,杨德广出生于南京一个农民家庭,家里很穷,中学6年靠在上海当工人的哥哥每月寄10元钱维持学业。20岁那年考入华东师范大学,他背着一个旧麻袋,揣着3元钱只身来到上海。"我曾受到来自学校和社会好心人的帮助,顺利完成学业,也目睹过不少贫困生因生活所迫而退学。"杨德广在学校和好心人帮助下,顺利完成大学学业并留校任教,此后长期从事教学、教育管理工作,并于1996年至2003年担任上海师范大学校长。

从校长岗位退下来后,杨德广便开始思考一个很严肃的问题:"我的下半辈子要如何度过?怎样才能更有意义?"除了更勤奋地在学术道路上耕耘,留下厚重的"精神财富",他还想了却一个心愿:将自己几十年积攒的100万元书稿费、讲课费捐给母校。

"我是一个农民的儿子,在他人和社会的帮助下才取得了一些成绩,现在到了该回报的时候。"70岁这年,杨德广将多年来省吃俭用积攒的100万元书稿费和讲课费、卖掉闵行区一套房子所得共计300万元,分别在自己的小学、初中、高中母校设立奖学金,资助贫困生、奖励优秀生。他实现了回报母校的心愿。

爱心感动社会
"扶贫,关键靠发展教育、培养人才"

杨德广的卖房助学义举感动了上海。2012年,上海的一名企业家捐款200万元,成立"杨德广帮困助学基金",为甘肃、四川边远山区的贫困孩子们送去免费营养午餐。杨德广每年都亲自前往两地,翻山越岭送去善款。5年间累计4 000余名贫困孩子受益。

第一年去时,杨德广发现了新问题——眼前这些孩子每天来回几个小时山路上学,有的还因为经济条件不足不能上中学和大学。他当即与当地校长商定:"从享受营养午餐的贫困生中择取32名品学兼优的中小学生,给予'一对一'重点资助,直到他们考上并读完高中和大学。"回沪后,杨德广积极为这些学生寻找"好心人",经过两年努力,32名学生结对帮扶全部落实。杨德广的儿子、女儿和外孙女(外甥女)各帮扶1名学生,他的好友、同事、学生都纷纷献出爱心。

多年从事教育的杨德广,决心在有生之年,尽最大努力帮助西部地区贫困优秀学子上大学。他认为:"扶贫,关键靠发展教育、培养人才。"

越来越多的"好心人"加入了杨德广的慈善助学之路。2014 年,杨德广在上海师范大学教育发展基金会创建"阳光慈善基金",面向我国西藏、新疆、青海、甘肃、四川、贵州、云南、广西、重庆、宁夏、陕西、内蒙古 12 个西部省(自治区、直辖市),开展"阳光优秀生"帮困助学活动,在每个省(自治区、直辖市)选出一个贫困县,在高中生中评选一部分贫困优秀生,每人奖励 2 000 元,激励他们考上好大学。记者了解到,"阳光慈善基金"日前已有 200 多位爱心人士和爱心企业捐赠善款 301 万元,2016 年以来已有近 600 名学生受到了奖励。

老有所为
"我要做脱贫攻坚仗的战斗员"

年已古稀的杨德广,脸上几乎没什么老年斑,精神矍铄,眼明耳聪,走路带风,似乎有用不完的气力。这或许是他常年从事慈善事业的"馈赠"。

杨德广每月都拿出自己工资的一半用于慈善事业。"钱不是很多,但希望能够激励孩子们认真学习,奋发向上。"他说,"能让西部地区的贫困学生和家长感受到有人在关心他们,让他们体会到社会温暖,我就很高兴了。"

从卖房助学到拿出一半退休金做慈善,有人问为什么不把房子和钱留给子女,他说:"我把多余的钱帮助最需要的人是雪中送炭,如果送给子女则是锦上添花,我认为雪中送炭更有意义。我的儿女不仅支持卖房助学,而且还参加了我的阳光慈善活动。他们说'只要爸爸开心,我们就开心'。"

杨德广写过一本书(一篇文章)——《活明白了》,他写道:"我明白我多余的钱是从哪里来的,它来自于社会和人民,因此应当回归社会和人民,用于需要帮助的人。在我有生之年全力以赴地投入慈善公益事业,'生命不息,服务不止;生命不息,奉献不止'。"

他在生活上一贯节俭朴素,但在慈善公益、帮困助学方面,慷慨解囊、毫不吝啬。有人问,你这样做给自己带来什么好处,他说:"我履行了共产党员'全心全意为人民服务'的承诺,为自己带来了快乐和幸福,慈善就是对健康最好的投资。"

作为一名共产党员,他以实际行动响应党中央"打一场脱贫攻坚仗"的号召,在贫困地区"智力扶贫、人才扶贫",他目有光泽:"我要做脱贫攻坚仗的战斗员,而不做置身度外的观察员和评论员。"(张俊、王正玲)

(《中国社会报》2018 年 9 月 14 日)

杨德广与哥哥和弟弟合影

"慈善让我更有价值、更快乐"

"无为何入世,入世有所为",是他的座右铭。

他是享受国务院政府特殊津贴的博导,曾任华师大团委书记、上海市高等教育局副局长、上海大学校长、新上海大学常务副校长、上海师范大学校长等职务;他著作等身,先后出版40余部书著、发表论文500多篇、获得20多项省部级以上奖项。而现在,更为人所熟知的是他在慈善领域所做出的贡献,他是刚刚荣获"中华慈善楷模"称号的慈善老人,他就是今年78岁的杨德广。

一路拼搏,从农民儿子到教育名家

出生于江苏农村贫苦家庭的杨德广从小便尝尽了生活的艰辛,七八岁就上山砍柴、下地干农活,但好学上进的他对读书却没有丝毫松懈。1960年,20岁的杨德广考入了华东师范大学。初入上海,穿一身旧衣、背一个旧麻袋的杨德广,口袋里仅装着3元钱,但是艰苦的生活并未打垮年轻的他。一路努力拼搏,1965年,杨德广毕业后留校担任团委书记,随后("文革"后)又调至市高教局、上大、上师大等任职。在此期间,先后获评"上海市首届教育功臣提名奖""当代教育名家"等。

然而,在杨德广所获的众多奖项中,除了在教育与科研上的丰硕成果外,还有"上海市慈善之星""全国绿化造林先进个人"等这些看上去似乎与他身份格格不入的奖项。而这一切还要从十几年前说起。

一直坚持,十几年的"新年第一捐"

杨德广的学生华芸至今对2008年的第一天记忆犹新。那天,华芸接到身在外地的杨老师的电话,老师请她帮忙将办公桌抽屉里的2008元钱交至上师大工会。当华芸按照老师的要求把钱如数上交时,怯生生地问了句:"杨老师欠你们钱了吗?"这一问才获知了一个秘密。原来,自2004年开始,杨老师每年元旦都会为上师大"爱心基金"和教育发展基金捐款,金额与新年同样数字。不光是这两项捐款,每年植树节,他还会为上师大绿化科捐款。15年来,已累计捐款10多万元。

为何对植树节"情有独钟"?还要从杨德广"以绿气带动人气"的口号说起。1996年,杨德广调任上海师范大学校长时,因办学经费短缺,学校杂草丛生、环境堪忧。杨德广提出要"以绿气带动人气",他利用休息日组织教职工和学生义务劳动,填平洼地、种草植树,三年后,上师大成为"绿树成荫、花不间断"的市级花园单位。

2015年,杨德广还自掏腰包采购了6 000棵竹柳苗赠给奉贤的3所高校,随后两年,他又捐资6万元购买树苗,带领1 000多人次在宝山、青浦等地进行了8次植树活动,种植10万多株竹柳。

由此,杨德广又多了个"绿化老人"的称号。

一次卖房,筹措300万设立奖学金

一次偶然的机会,杨德广了解到上师大的一名保洁工家庭贫困,却有两个优秀刻苦的儿子大江和小江,仅靠父母微薄的收入难以顺利完成学业。得知孩子学习成绩优异,杨德广二话不说,第三天便给大江转账1万元鼓励他继续深造。随后,在小江大学毕业的关键时刻又捐助1万元让其无后顾之忧,选择继续读书。现在大江已是同济大学在读博士生,小江也在交通大学硕博连读。"如果没有杨校长的支持和捐助,我们很难继续求学。他鼓励我们要克服困难、有所作为,杨校长对我们精神上的给与比物质更丰厚。"小江动情地说道。

体会过生活之困窘的杨德广对贫困生的学习和生活压力深有体会,他一直想为优秀的贫困生做点什么。2010年,杨德广以一种特殊的方式庆祝自己70岁的生日。他将自己名下一套房产变现所得的200万元加上自己多年积累的书稿费、讲课费100万元共计300万元设立了"杨德广帮困奖学金",捐赠给曾经就读过的小学、中学和大学三所母校,如今,每年有200多名优秀贫困生受助。

为何要倾尽所有做慈善?

杨德广说:"我是农民的儿子,当年我只有(到上海读书时身上只带了)3块钱,现在有了300万。3块钱变成300万,多余的钱是从哪里来的?它来自于社会和人民。因此,应该回归社会和人民,用于需要帮助的人。"

一个梦想,资助3 000个优秀贫困生

杨德广做慈善从不拘泥于形式。

2012年,他在爱心企业家的帮助下筹集了200万元,资助甘肃、四川贫困小学生营养午餐,连续四年亲自翻山越岭前往两地送去善款。第一年去的时候因为一路奔波、积劳成疾,他患上了大面积肺炎,咳嗽了很久都未痊愈。谁知第二年,他不顾大家的劝阻仍前往。五年里共有4 000多名贫困生受益。

2013年又筹资150万元,在甘肃、四川发起"一对一"帮困助学活动,重点资助32名贫困优秀学生,至今已有一半左右的孩子考进了高中、大学。

2014年,"阳光慈善专项基金"建立,并挂靠在上海师范大学教育发展基金会,而杨德广一半的退休工资都用在了这里。目前,已有200多位爱心人士和企业参与,收到捐赠善款301万元。该专项基金已面向我国西部12个地区开展"阳光优秀生"帮困助学活动,有近600名学生受到奖励。

住院时无偿资助邻床的贫困护工、逢年过节将外地学生请到家中聚餐、资助出国留学的贫困学生,不只对学生,杨德广对邻居、保安,对素昧平生的路人同样会施以援手。

而在外人看来如此慷慨的杨德广却曾因为一顿饭权衡良久。有一次,准备吃顿午餐再上飞机的他,却被机场餐厅的标价吓了一跳。一碗面68元,"什么面要这么贵?"他开始在心里算起了自己的小账,几块钱就可以资助一个西部地区的孩子吃一顿营养午餐,于是,他毫不犹豫选择了8元钱的方便面,"这顿饭节省了60元,可以帮助十几个孩子了"。

他说,每个人都在追求幸福快乐的生活。有的人住大房子感到快乐,有的人买了个名牌包感到快乐,有的人养只宠物感到快乐,"而我,能帮助别人我就很快乐"。如今,年近八旬,杨德广透露了自己的一个梦想:"我希望在有生之年资助3 000个优秀贫困生。"

记者手记:一颗纯粹的心满是理想,无所畏惧

很多人不理解杨德广,为什么要卖掉房子做慈善,为什么不把钱留给子女。很多人也不理解,世界上怎么会有这样的人,生病住院得知素昧平生的护工生活困难,立马掏出3 000块(2 000元)给人家,连核实信息的真实性也免了……

然而出手如此阔绰的人,同时又活得很吝啬。有学生说,他"一顿饭的成本差不多2块钱",因为他自称"营养足够"即可。

有些慈善家害怕"出名",怕莫名其妙的脏水泼到自己身上,但杨德广却反其道而行之,毫不避讳甚至乐意在公开场合宣传慈善,有时还嫌别人讲得不好,常常亲自上阵介绍自己的慈善事业。为了吸引更多人关注这份事业、参与这份事业,他并不在意将自己放到一个显眼的位置,承受各种风评,也承担更重的责任。

从教几十年,桃李满天下。他用自己的实际行动,诠释了"教育"的真谛。他的子女、他的同事、亲友,甚至陌生人都被他的善举感动和引领,纷纷加入到慈善人的行列中。他用自己有限的物质资源换得千余名贫困学子的光明坦途,他说值得。

不怕、不避、坚守、前行,因为一颗纯粹的心满是理想,无所畏惧。

(彭玥)

(《上海老年报》2019年9月4日)

附　录

杨德广教授出版的学术专著及主编教材（1982—2016 年）

个人学术专著

［1］《论智能培养》，上海人民出版社 1987 年版；获中国高等教育学会 1988 年高等教育科学研究优秀成果奖三等奖。

［2］《大学德育论》，上海交通大学出版社 1992 年版；获上海市哲学社会科学（1986—1993 年）优秀著作三等奖。

［3］《高等教育专论》，上海教育出版社 1998 年版。

［4］《大学生教育专论》，上海教育出版社 2000 年版。

［5］《现代高等教育思想探索》，人民教育出版社 2001 年版；获全国第三届教育科学优秀成果奖二等奖。

［6］《现代教育理念专论》，人民教育出版社 2004 年版；获上海市第八届教育科研优秀成果二等奖。

［7］《教育新视野新理念》，上海教育出版社 2007 年版。

［8］《从农民儿子到大学校长—我的教育人生》，上海交通大学出版社 2009 年版；获上海市第十届教育科学优秀成果一等奖。

［9］《先进文化与高等教育创新》，上海交通大学出版社 2009 年版。

［10］《杨德广教育文选（1978—2009）》（三卷），华东师范出版社，2010 年版。

主编著作和教材

［1］《和大学生谈学习方法》，教育科学出版社 1982 年版。

［2］《大学生活的主旋律》，江苏人民出版社 1987 年版。

［3］《大学中专学生素质综合测评》，江苏人民出版社 1988 年版；获全国首

届教育科学优秀成果奖二等奖。

[4] 《高等教育发展战略研究》,上海交通大学出版社1988年版;获上海高教学会1989年优秀著作一等奖。

[5] 《社会主义初级阶段高等教育》(与薛天祥合作),百家出版社1988年版。

[6] 《世界教育兴邦与教育改革》,同济大学出版社1990年版。

[7] 《中国高等教育改革实践与发展趋势》,上海交通大学出版社1991年版。

[8] 《中国教育的回顾与展望》,上海交通大学出版社1991年版。

[9] 《西方思潮与当代中国大学生》,河南人民出版社1991年版;获第三届全国优秀青年读物评选一等奖。

[10] 《高等教育学概论》,上海交通大学出版社1991年版。

[11] 《高等教育为地方经济服务》(与王生洪合作),同济大学出版社1992年版;获上海市科技进步三等奖。

[12] 《学海拾贝》,香港天马图书有限公司1992年版。

[13] 《上海市高等学校概况》,上海高教研究杂志社1992年版。

[14] 《毛泽东思想大系丛书(文化·教育卷)》,上海人民出版社1993年版;丛书获上海市哲学社会科学特等奖。

[15] 《高等学校投资效益研究》,上海高教研究杂志社1994年版。

[16] 《高等教育与经济发展》,上海交通大学出版社1995年版。

[17] 《邓小平教育思想与中国当代教育》,上海教育出版社1995年版;获教育部优秀著作二等奖;获上海市哲学社会科学优秀著作三等奖。

[18] 《中国学分制》,上海科学技术文献出版社1996年版;获上海市教育科学优秀著作三等奖。

[19] 《探索 开拓 进取:高教改革纵横谈》,中国纺织大学出版社1996年版。

[20] 《教育要面向现代化、面向世界、面向未来》,上海人民出版社1997年版;获上海市理论研究和宣传优秀成果(1995—1997)著作一等奖。

[21] 《中国当代大学生价值观研究》,上海教育出版社1997年版;获全国第二届教育科学优秀成果奖一等奖;获华东地区1997年度优秀教育图书奖一等奖;获上海市优秀图书(1995—1997)二等奖。

[22]《中华美德五字歌》(与金炳华合作),上海人民出版社1997年版。
[23]《东方法制小故事》,上海妇联出版社1998年版。
[24]《成功之道 成才之路》,人民教育出版社1999年版。
[25]《世纪之交高师教育改革探索》,《上海师范大学学报》1999专辑。
[26]《高等教育学概论》,华东师范大学出版社2002年版。
[27]《邓小平教育思想与中国教育改革》,上海教育出版社2003年版。
[28]《文化视角中的教育创新》,上海人民出版社2005年版。
[29]《高等教育管理学》,上海教育出版社2006年版。
[30]《世博礼仪》系列教材,上海教育出版社2006年版。
[31]《自主创新 锐意进取——高等学校改革与发展回顾》,华东理工大学出版社2008年版。
[32]《先进文化与高等教育创新》,上海交通大学出版社2009年版。
[33]《高等教育学》,高等教育出版社2009年版。
[34]《中国高等教育改革与发展30年》(与别敦荣合作),上海教育出版社2009年版。
[35]《老年教育学》,人民教育出版社2016年版。

杨德广教授公开发表的主要论文及文章(1978—2020年)

[1] 把政治思想工作做到教学领域中去,《文汇报》1978-12-14
[2] 以学习为中心开展思想政治工作,《中国青年》1979(1)
[3] 学位制刍议,《文汇报》1979-11-14;《新华月报》(文摘版)1980(1)转载
[4] 因材施教育英才,《光明日报》1980-02-03;《大学教育》1980(2)转载
[5] 奖学金制小议,《文汇报》1980-03-12
[6] 如何解决本市二十多万高中毕业生出路问题的建议,《科技工作者建议》1980-06-06
[7] 高校体制可采取多种形式,《文汇报》1980-06-12
[8] 从四所自办夜校看广开学路的广阔前景,《光明日报》1980-07-02
[9] 就高校培养人才问题提出六点意见,《解放日报》1980-07-04
[10] 对高等学校培养人才的意见,《光明日报》1980-08-13
[11] 高等学校应实行计划管理与合同管理相结合,《人民日报》1980-

08-23

[12] 高等学校要花力气造就能才,《文汇报》1980-09-05

[13] 打破"死水一潭" 允许教师流动,《文汇报》1980-09-12(与许立言、程宝书合作)

[14] 重才不在于授官,《光明日报》1980-09-27

[15] 人才的培养要"产""销"对路,《解放日报》1980-10-09

[16] 应该坚持按章办事,《文汇报》1980-10-23

[17] 高等学校培养拔尖学生的探讨,《中国青年报》1980-12-20

[18] 心血管领域的后起之秀——自学成才的沈幼棠,编入《自学成才之路》1981

[19] 变大学办社会为社会办大学,《上海管理科学》1981(1)

[20] 如何因材施教培养优秀学生,《上海高教研究》1981(2)

[21] 提倡"通才教育"有积极意义——与阎凤高、李景成同志商榷,《文汇报》1981-02-11

[22] 人才成长的大学阶段,中央人民广播电台广播 1981-02-14,编入《成才之路》1981

[23] 浅谈大学生的智能开发和培养,《中国教育学会通讯》1981(4)

[24] 逐步建立和完善我国干部制度的十点建议,《研究简报》1981-08-20

[25] 和大学生谈谈怎样掌握学习规律,编入《和大学生谈学习方法》1982

[26] 谈谈师范院校学生的学习和修养,编入《和大学生谈学习方法》1982

[27] 高等学校搞"生财之道"大有前途,《研究与建议》1982(2)

[28] 浅谈高等学校要贯彻德智体三育并举的方针,《教育科学研究》1982(2)

[29] 浅谈大学生智力开发和培养的重要性及其方法,《高教研究》1982(4)

[30] 高等教育与人才开发,《人才开发与管理文集》1983

[31] 试论高等学校的德育原则,《教育科学研究》1983(2)

[32] 定量化考核干部的探讨,《科技管理咨询》1983(2)

[33] 从上海高校试行收费走读看高等教育的改革,《高教战线》1983(3)

[34] 高等学校的管理手段和管理内容,《高教研究》1983(4)

[35] 变平面教育为立体教育,《青年研究》1983(12)

[36] 要根据大学生的思想特点做好教育工作,《上海高教研究》1984

[37] 变"供需脱节"为"供需见面",编入《大学管理一百例》1984

[38] 关于如何分析大学生思想特点的几个问题,《青年问题》1984(1)

[39] 要重视青年知识分子的安排使用,《上海青少年研究》1984(2)

[40] 关于多渠道增加教育经费问题的探讨,《化工高等教育》1984(2)

[41] 管理学基础知识及其在高等学校的运用,《高师教育与管理》1984(3)

[42] 上海十一所高校一千余名大学生学习动机、态度和方法的研究,《德育研究资料》1984(4)(与梁光霁、徐佩莉合作)

[43] 高等学校学生政工队伍建设刍议,《高等教育研究》1984(4);人大复印报刊资料《大学教育》1984(6)转载

[44] 关于大学生思想品德考核的探讨,《德育研究资料》1984(4)

[45] 重视智力投资 多方增加教育经费,《上海经济》1984(5)

[46] 必须办好重点学校,《研究与建议》1984(6)

[47] 迎接新技术革命的挑战应以发展教育、培养人才为起点,《科技日报》1984-06-30

[48] 迎接挑战振兴经济必须以开发人才为起点,《人才研究与交流》1984(8)

[49] 改革大学毕业生分配制度刍议,《高教战线》1984(10)

[50] 改革高校毕业生分配工作,《上海高教研究》1984(11)

[51] 从新技术革命看我国高等教育的结构改革,《社会科学》1984(11)

[52] 大学生违纪犯法情况分析,《上海青少年研究》1984(11)(与顾嘉雯、徐勋国合作)

[53] 合理使用知识分子,《中国青年》1984(11)

[54] 建立教学、科研、生产联合体,迎接世界新技术革命的挑战,《研究与对策》1984-11-12

[55] 我国大学毕业生分配工作的弊端及其改革方向,《研究与建议》1984(14)

[56] 共产主义德育,编入《高等教育学》1985

[57] 大学生集体组织与教育,编入《高等教育学》1985

[58] 高等学校的体育与卫生,编入《高等教育学》1985

[59] 学生管理,编入《大学管理概论》1985

[60] 后勤管理中的工作效率与经济效益,编入《高等学校后勤管理》1985

[61] 后勤队伍的思想政治工作,编入《高等学校后勤管理》1985

[62] 社会主义新时期对高等学校人才培养的要求,《科学学研究论文选》1985

[63] 用新技术革命的信息激励大学生的学习积极性,《高教管理研究》1985(2)
[64] 关于改变高校政治辅导员设置的意见和建议,《化工高教研究》1985(2)
[65] 改革大学毕业生分配制度的四点建议,《光明日报》1985-02-22
[66] 对学生宜提"学习好、身体好、品德好",《青年报》1985-03-15;《报刊文摘》1985(3)转载
[67] 大学生中的"四求"热剖析及思想教育工作,《高等教育学报》1985(3);《教育文摘》1985(8)摘登
[68] 浅谈新形势下大学生思想教育中"变"与"不变"的矛盾,《教育研究》1985(3)
[69] 对高等教育改革中几个问题的讨论意见,《高等教育研究》1985(4)
[70] 新形势下的大学生思想教育,《教育研究》1985(4);《思想理论教育》1985(1)—(2)转载
[71] 日本高校及学生情况一瞥,《思想理论教育》1985(4)
[72] 关于建立管理干部聘任制的建议,《理论内参》1985(5);中共辽宁省委《理论内参》编辑部评为优秀论文(1992)
[73] 应提倡校外办学,《研究与建议》1985(5)
[74] 关于建立干部能级制的建议,《理论内参》1985(6)
[75] 现行大学毕业生分配制度的弊端及改革意见,《上海高教研究》1985(6)
[76] 社会实践活动是对大学生培养教育的有效途径,《辽宁高等教育研究》1985(6)
[77] 关于改变高校政治辅导员设置的意见和建议,《理论内参》1985(7)
[78] 高等学校学生管理工作的弊端及改革意见,《理论内参》1985(9)
[79] 招收自费大学生是个好办法,《文汇报》1985-09-23;人大复印报刊资料《大学教育》1985(10)转载
[80] 确保校长负责制应改革党委制,《理论内参》1985(12)
[81] 对大学生要"四戒",《青年报》1985-12-25;《文摘报》1985-12-29
[82] 思想教育与政策落实相结合是做好毕业生分配工作的有效途径,编入《形势 理想 道路》1986
[83] 中国古代官员的选拔和考核,"全国人才讲学班"讲稿;化工部1986年简报转载

[84] 一比四十的启示,《科技管理与咨询》1986(1)

[85] 访日归来话改革,《江苏高教》1986(1)

[86] 高校毕业生分配改革的探讨,《上海高教研究》1986(1)

[87] 试论大学生思想品德考核,《教育科学研究》1986(1)

[88] 毕业生分配工作的初步改革,《高教战线》1986(2)

[89] 关于把高校政工干部改为德育教师的建议,《文汇内参》1986(2)

[90] 要改革高等学校学生管理制度,《黑龙江高教研究》1986(2)

[91] 端正教育思想　深入进行教学改革,《云南高教研究》1986(2)

[92] 提高教学质量培养学生智能的三个环节,《辽宁高等教育研究》1986(3)

[93] 试论普通高等学校的学籍管理,《上海高教研究》1986(3)

[94] 改革"统包统配"制度的必要性和实施建议,《高等教育未来与发展》1986(3)

[95] 谈谈新形势下的毕业生思想教育,《吉林高等教育研究》1986(3)

[96] 怎样分析当代大学生之人生观,《青少年研究》1986(3)

[97] 怎样分析当代大学生特点,《高校德育研究》(湖北)1986

[98] 关于对大学毕业生实行有偿分配的探讨,《理论内参》1986(5)

[99] 把高校政工干部改为德育教师,《文汇报》1986－05－10

[100] 综合测评大学生方法值得推广,《文汇报》1986－05－17

[101] 努力缩小信息差,《中国教育报》1986－07－15

[102] 高校学生管理制度改革刍议,《教育文摘》1986(9)转载

[103] 本市高校学生管理改革成绩可喜,《文汇报》1986－10－13

[104] 当前大学生需求的调查,《教育研究》1986(11);《教育文摘》1986－12－28转载

[105] 我国高校教学改革的现状和趋势,《湖南高教》1986

[106] 取消助学金制度是倒退吗——答大学生问,《坚持改革开放一百题》1987

[107] 关于毕业生分配改革趋势——答大学生问,《坚持改革开放一百题》1987

[108] "平而不尖"与教学改革,编入《论智能培养》1987

[109] 大学生智能培养探索,编入《论智能培养》1987

[110] 大学生应具备什么样的知识结构,编入《论智能培养》1987

[111] 对大学生实行德智体综合测评探讨,《上海高教研究》1987(1)

[112] 当前大学生的需求观和学习观,《高等工程教育研究》1987(1)

[113] 转变思想观念　加强实践教育环节,《教育科学研究》1987(2)

[114] 对教育思想讨论中几个问题的看法,《高教探索》1987(3)

[115] 教育思想讨论中十个观念的思考,《黑龙江高教研究》1987(3)

[116] 怎样激发对学习的兴趣,编入《大学生活的主旋律》1987

[117] 改革毕业生分配制度首先要转变思想观念,《理论内参》1987(4)

[118] 关于对大学生加强实践教育环节的探讨,《上海高教研究》1987(4)

[119] 高等学校应对学生进行思想品德考核,《理论内参》1987(5)

[120] 没有不受任何制约的自由——兼谈新闻自由,《中国高等教育》1987(5)

[121] 德育的四个效应,《江苏高教》1987(6)

[122] 现代社会对大学生智能的要求,编入《大学生活的主旋律》1987

[123] 扬起学海行舟的风帆,编入《大学生活的主旋律》1987

[124] 上海高校毕业生分配制度的改革和实践,《社会科学》1987(12)

[125] 上海大学生分配制度改革构想,《人才开发》1987(12);获上海市哲学社会科学学会联合会1988年优秀成果奖

[126] 当前大学生思想观念和心理状态剖析——上海市四千名大学生情况调查,编入《高等学校思想政治教育研究成果汇报》1988

[127] 关于高等教育发展中几个战略思想之探讨,编入《第三届国际高等教育展望学术讨论会文集》1988

[128] 实现上海高等教育发展目标的战略对策,编入《高等教育发展战略》1988

[129] 学生素质综合测评的理论依据,编入《大学中专学生素质综合测评》1988

[130] 学生思想品德演评的基本方法,编入《大学中专学生素质综合测评》1988

[131] 学生身体素质测评,编入《大学中专学生素质综合测评》1988

[132] 浅谈高等学校应以什么为中心,《西北医学教育》1988创刊号

[133] 关于毕业生分配引进市场调节的探讨,编入《商品经济与人才资源配置》1988

[134] 上海高等学校学生管理改革,编入《教育改革之路》1988

[135] 国家调控学校　学校自主办学　市场引导教育,编入《社会主义初级阶段高等教育》1988

[136] 高等教育发展战略研究,《上海高教研究》1988(1)

[137] 认真培养合格的专门人才,《中国教育报》1988-01-05

[138] 上海高等教育面临挑战,《解放日报》1988-01-09

[139] 大学毕业生的长与短,《人才开放》1988(2)

[140] 商品经济条件下大学生道德观的变化与对策,《高等工程教育》1988(2)

[141] 关于建立高等教育拨款委员会的建议,《文汇报》1988(2)

[142] 对高校思想教育工作的几点反思,《高教研究》(吉林)1988(2)

[143] 三万名大学毕业生素质调查及反馈意见,《人才开发》1988(2)

[144] 十年来我国高等教育改革回顾,《高教信息与探索》1988-02-07

[145] 高等教育应实行政校分开,《光明日报》1988-02-29

[146] 大学生中学习动力不足的原因剖析及对策研究,《社会科学》1988(3);《人民日报》1988-04-10转载

[147] 高等教育要为实现我国经济发展战略服务,《中国高等教育》1988(3);《高教信息荟萃》1988(3)转载

[148] 改变教育改革与经济改革不相适应的状况,《高教探索》1988(3)

[149] 发展我国高等教育事业的战略思想及对策探讨,《华东师范大学学报》1988(3)

[150] 高等学校也可实行多种所有制结构,《解放日报》1988-03-04

[151] 大学生的自我管理和参与管理,《教育与管理》1988-03-04

[152] 高等教育如何适应经济转轨的形势,《机械工业高教研究》1988(4)

[153] 高等教育要适应从产品经济向商品经济转轨,《上海高教研究》1988(4)

[154] 高等学校要直接参加经济建设,《光明日报》1988-04-27;《中国教育报》转载

[155] 关于高等学校以教学、科研为中心的质疑,《解放日报》1988-06-17

[156] 重新认识德育,《中国教育报》1988(7)

[157] 建立高等教育的新的运行机制,《光明日报》1988-10-12

[158] 深化高教改革要多方面全方位进行,《光明日报》1988-12-12

[159] 大力加强大学生能力的培养,《解放日报》1988-12-23

[160] 高等学校学生管理改革初见成效,编入《教育改革之路》

[161]　上海高等教育发展战略研究,编入《上海教育发展战略研究报告》1989(与董瑞君合作)

[162]　建立高校学生思想教育系列,《学校思想教育》1989(1)

[163]　建议创办一批民办大学,《解放日报》1989－01－07

[164]　高校应利用自身优势优化育人环境,《光明日报》1989－01－18

[165]　对十年来我国高等教育理论讨论中若干问题的思考,《高教新探》1989－01－18

[166]　大学生能力培养的途径,《林业教育研究》1989(2)

[167]　论智能培养,《高等教育学报》1989(2)

[168]　蒋介石败退台湾后的反省,《高教信息与探索》1989－02－25

[169]　努力培养和增强大学生积极健康的竞争意识,《有色金属高教研究》1989(3)

[170]　上海不妨试办一批民办大学,《解放日报》1989－03－17

[171]　关于提高学生素质问题的探讨,《高等教育学报》1989(4)

[172]　广度　高度　力度:浅谈当前大学生的思想教育与管理,《思想理论研究》1989(5)

[173]　世界教育兴邦与教育改革透视,《高教信息与探索》1989(5);编入《世界教育兴邦与教育改革》1990

[174]　从两次学潮引起的对自由的反思,《思想理论研究》1989(5)

[175]　世界上没有绝对的自由,《思想理论研究》1989(5)

[176]　分析教育危机探索教育出路——中国教育的危机与出路研讨综述,《高教信息与探索》1989－06－20

[177]　德育应具有相对独立的地位,《人民日报》1989－07－01;获上海市高等教育学会1989年优秀论文二等奖;《新华文摘》1989(9)转载

[178]　关于两种社会制度的比较,《支部生活》1989－07－08

[179]　《人生之谜》序,1989

[180]　从两次学潮对高校德育工作的反思,《中国青年报》1989－09－18;上海市高等学校思想理论教育研究会1989年优秀论文

[181]　关于两种社会制度的对话,《上海支部生活》1989－09－21

[182]　从两次学潮对大学生思想心态的剖析,《人才开发》1989(10)—(11)

[183]　把竞争机制引入高校　变包下来为奖优惩劣,《解放日报》1989－

12-22

[184] 十年来高校学生工作改革及趋势,编入《中国高等教育改革及趋势》1990

[185] 十年来高校德育工作改革及趋势,编入《中国高等教育改革及趋势》1990

[186] 十年来高校师资队伍建设改革及趋势,编入《中国高等教育改革及趋势》1990

[187] 教育思想和高等教育发展战略,编入《现代大学管理原理》1990

[188] 大学毕业生素质的社会评价及对策研究——上海市万余名大学毕业生素质调查报告,《上海高教研究》1990(3);获中国高等教育学会1990年高等教育研究优秀论文三等奖;上海市高等教育学会1989年优秀课题成果一等奖;1990年上海市高教学会学生工作研究会优秀论文奖

[189] 学潮的起因、特点及对策研究,编入《学潮问题研究》1990

[190] 当前需要探讨的几个重大问题,《大学教育论坛》1990(1)

[191] 德育教师队伍的几个问题,《高等教育学报》1990(1)

[192] 中国高等教育的问题及出路,《机电教育》1990(2)

[193] 建立高等学校新的德育体制和德育教师队伍之探讨,《吉林教育科学》1990(2)

[194] 关于两种民主制度的对比,《思想理论教育》1990(2)

[195] 总结经验教训　切实加强高校思想政治工作,《思想理论教育》1990(3)

[196] 关于德育的地位、首位和到位之探讨,《高等教育研究》1990(3)

[197] 大学毕业生素质的社会评价及对策研究,《上海高教研究》1990(3)

[198] 高等学校应有一支专职德育教师队伍,《光明日报》1990-03-14

[199] 要克服思想政治教育中的十个倾斜,《思想理论教育》1990(4)

[200] 建立高等学校的德育体系,《吉林教育科学·高教研究》1990(5)

[201] 思想政治工作要做到点子上,《学校思想教育》1990(5)

[202] "角色"不能"错位",《人才开发》1990(5);获上海人才研究会1988—1993年优秀学术成果奖

[203] 我国高等教育事业发展改革的回顾及展望,《辽宁高等教育研究》1990(6)

[204] 思想政治教育中的三个问题,《上海工程技术大学学报》1990(6)
[205] 告别不惑之年的思考——我国教育的成绩、问题及对策,编入《中国教育的回顾与展望》1990
[206] 全国高校思想政治教育研究会侧记,《思想理论研究》1990(10)
[207] 上海高等教育改革概况,《人才开发》1990(10)
[208] 《大学生成才修养》序,1991
[209] 上海市大学生违纪状况调查及对策研究;获上海市学生工作研究会1991年第二届年会一等奖
[210] 西方思潮概述,编入《西方思潮与当代中国大学生》1991
[211] 西方政治思潮与中国大学生,编入《西方思潮与当代中国大学生》1991
[212] 西方思潮与中国学潮,编入《西方思潮与当代中国大学生》1991
[213] 大学生的身心特点和管理,编入《高等教育学概论》1991
[214] 高等学校的德育,编入《高等教育学概论》1991
[215] 《高等教育学概论》绪论,编入《高等教育学概论》1991
[216] 关于坚持社会主义教育方向的几点思考,《高等教育研究》1991(1)
[217] 大学教师政治思想素质测评的内容和方法,《高等教育学报》1991(2)
[218] 关于高等学校德育的地位、首位和到位之探讨,《思想理论教育》1991(3);全国高等学校思想政治教育研究会1992年优秀论文
[219] 大学生德育考核及素质测评,《辽宁高等教育研究》1991(4)
[220] 高等学校德育的内容和途径,《高等教育研究》1991(4)
[221] 对近年来我国高等教育理论研究的回顾,《上海高教研究》1991(8)
[222] 高校教师队伍的现状及对策研究,中共上海市委党校第一期中青班调研报告,1991(与龚振邦等人合作)
[223] 高校毕业生分配原则和计划实施,《教育研究》1992(2);人大复印报刊资料《高等教育》1992(6)转载
[224] 为地方建设服务　提高办学效益,《高等教育研究》1992(2)
[225] 当代大学生气质和性格调查,《教育研究》1992(4)(合作);获上海市高等教育学会1991年度成果奖
[226] 招收自费生是深化高等教育改革的重要措施,《中国高教研究》1992(4)
[227] 值得反思的几个问题,《上海高教研究》1992(4)

[228] 大学生气质和性格类型剖析,《教育研究》1992(4);获上海市高等教育学会1991年度成果奖
[229] 培养大学生成才要有切实措施,《思想理论教育》1992(5)
[230] 抓紧加快高校教师的住宅建设,《高教信息与探索》1992(7)
[231] 上海各类高校是怎样为地方建设服务的,《研究动态》1992(8)
[232] 高等教育要主动适应经济的转轨变型,《教育研究》1992(11)
[233] 以市场经济为载体开展思想理论教育工作,《思想理论教育》1993年专辑
[234] 从计划经济与市场经济的区别谈谈高等教育改革,《西南教育管理研究》1993(1)
[235] 实行多种招生与就业制度之我见,《中国高教招生》1993(1)
[236] 高校应多招收自费生,《中国高教研究》1993(2)
[237] 我国应实行多种招生就业制度,《中国高校招生》1993(2)
[238] 谈谈计划经济与市场经济的主要区别,《中国高校后勤研究》1993(2)
[239] 高等学校要在为地方建设服务中提高办学效益,《高等师范教育研究》1993(2)
[240] 在改革中奋进的上海大学,《上海大学学报》1993(2)
[241] 变革三种体制　让大学成为独立的办学实体,《光明日报》1993-02-20
[242] 我国应积极稳妥地发展民办大学,《上海教育报》1993-03-09
[243] 大学生价值观教育中的几个问题,《思想理论教育》1993(4)
[244] 关于高等教育改革的探索,《人才开发》1993(4);人大复印报刊资料《高等教育》1993(5)转载
[245] 中国教育一定要走出低谷——当前教育发展中的几个问题,《探索与争鸣》1993(5)
[246] 当前教育发展中的几个问题及对策探索,《探索与争鸣》1993(5)
[247] 适应市场经济发展　加快高等教育改革步代,《上海改革》1993(8)
[248] 要努力提高高等学校的办学效益,《中国教育报》1993-08-05
[249] 立志　勤奋　惜时,《上海大学》(校报)1993(9)
[250] 民办大学之我见,《都市经济画报》1993-10-31
[251] 市场催发人才新生代,《沪港经济》1993(12)
[252] 挖掘教育资源　发展教育产业,《高教研究》1994(2)

[253]　建立教育市场　走出教育困境,《文汇报》1994-01-09

[254]　学习邓小平教育思想　加快教育事业发展和改革的步伐,《高等教育研究》1994(2)

[255]　市场经济的发展对人才培养的新要求,《沪港经济》1994(2)

[256]　深化高教改革必须进一步转变教育观念,《上海高教研究》1994(2)

[257]　关于建立教育市场的思考,《中国高教研究》1994(3)

[258]　论高等学校的联合及对新上海大学生的展望,《上海高教研究》1994(3)

[259]　和大学生谈学会怎样做人　怎样思考　怎样学习,1994年3月在上海大学学代会上的讲话

[260]　新的历史时期需要新的理论作指导,《思想理论教育》1994(4)

[261]　弘扬中华民族优良道德传统,《上海大学》(校报)1994(4)

[262]　从六方面加强高校教师队伍建设,《教育管理研究》1994(5)

[263]　继承和发扬20年代上海大学的光荣传统和优良校风,编入《上海大学十一年》1994

[264]　邓小平同志对毛泽东教育思想的继承和发展,《中国高教研究》1994(5);1995年获上海市邓小平建设有中国特色社会主义理论研究成果论文二等奖

[265]　学习邓小平教育思想　加快教育事业发展和改革的步伐——兼论中国特色社会主义教育的特点,编入《华东地区高等教育改革研讨会论文集》1994

[266]　经济发展对人才培养的新要求,编入《高等教育与经济发展》1995

[267]　《学习邓小平理论建设精神文明》专辑序,《上海大学学报》1995增刊

[268]　市场经济与高等教育,编入《高等教育与经济发展》1995

[269]　邓小平教育思想的主要特点,编入《邓小平教育思想与中国当代教育》1995

[270]　邓小平教育思想的主要内容,编入《邓小平教育思想与中国当代教育》1995

[271]　邓小平教育思想与高等教育,编入《邓小平教育思想与中国当代教育》1995

[272]　对我国高校招生考试制度改革的评析和展望,《教育管理论坛》1995(1)

[273]　高校要走出困境必须走进市场,《电力高等教育》1995(1);《探索与

[273] 争鸣》1995(2)

[274] 我国高等教育改革的特点和展望,《上海高教研究》1995(1)

[275] 深化教学改革要处理好五个关系,《高等教育研究》1995(2)

[276] 浅谈高教理论研究的成果和作用,《上海高教研究》1995(5)

[277] 追求实效——关于"两课"改革的思考,《思想理论教育》1995(5)

[278] 从国情校情出发实行有中国特色的学分制,《中国高教研究》1995(5)

[279] 加强高校师资队伍之我见,《师资培训研究》1995-05-30

[280] 《中国学分制》序,编入《中国学分制》1996

[281] 学分制的基础工程,编入《中国学分制》1996

[282] 探索中国特色的学分制,《上海高教研究》1996(1)

[283] 邓小平教育思想的主要特点,《社会科学》1996(2)

[284] 关于建立现代高等教育学的探讨,《高等教育研究》1996(2)

[285] 邓小平理论的历史地位和现实作用(上),《上海大学学报》1996(2);获上海市哲学社会科学(1995—1997)优秀论文三等奖

[286] 邓小平理论的历史地位和现实作用(下),《上海大学学报》1996(3);获上海市哲学社会科学(1995—1997)优秀论文三等奖

[287] 邓小平教育思想的主要内容,《辽宁高等教育研究》1996(3)

[288] 高等教育的改革——变革体制　转换机制　优化配置,《江苏高教》1996(3)

[289] "宽进严出"宜分布实施　分校实行,《文汇报》1996-03-06

[290] 关于面向21世纪的教学内容和课程体系改革的思考,《上海师范大学学报》1996(4)

[291] 立志·勤奋·惜时——致上海师范大学新生一封信,《上海师大报》1996-09-25

[292] 对青年大学生进行思想教育的最好教材,《文汇报》1996-10-27

[293] 《邓小平理论教程》序,1997

[294] "三个面向"与重点大学建设,编入《教育要面向现代化　面向世界　面向未来》1997

[295] 价值观特点和大学生价值观,编入《教育要面向现代化　面向世界　面向未来》1997

[296] 大学生价值观与自我修养,编入《教育要面向现代化　面向世界

面向未来》1997

[297] 改革"统包统配"制度的必要性及实施建议,《高等教育未来与发展》1996(3)

[298] 对教育思想讨论中几个问题的探讨,《高教探索》1997(3)

[299] 缅怀邓小平同志对教师和教育工作的关心,《上海教育报》1997-03-07

[300] 弘扬中华民族优良的道德传统,《上海师大报》1997-03-10

[301] 高校课程设置需与科技发展匹配,《上海科技报》1997-03-26

[302] 从"人不见了"看加强人文教育的重要性,《高等教育研究》1997(4);《文汇报》(论苑)1997-12-09

[303] 深化教育改革 实现两个转变,《思想理论教育》1997(4)

[304] 重视个性发展 培养尖子人才——学习江泽民同志在全教会上的重要讲话,《高等教育研究》1997(4)

[305] 高等师范教育面临的挑战和对策,《上海师范大学学报》1997(4)

[306] 我国大学毕业生就业制度的变迁,《当代青年研究》1997(4)—(5)

[307] 转变办学观点 适应向市场经济的转轨,《中国高教研究》1997(5)

[308] 转变观点 深化改革 迎接挑战,《江苏高教》1997(5)

[309] 优化教育结构 深化体制改革,《教育参与》1997(6)

[310] 名牌大学学生竞争教师岗位引发师范院校危机感紧迫感,《文汇报》1997-07-21

[311] 大学生要有社会责任感和历史使命感,《思想理论教育》1997(8)

[312] 提高办学质量 为一流城市一流教育多作贡献,《上海高教研究》1997(11)

[313] 十五大是高教前进的灯塔,《上海教育报》1997-11-03

[314] 充分认识党的十五大的伟大功绩,《文汇报》(论苑)1997-11-03

[315] 加强大学生素质教育的紧迫性,编入《智慧之光》1998

[316] 《愉快教育法的理论与实践》序,1998

[317] 读书,给了我知识和力量,《组织人事报》1998-01-01

[318] 加强还是削弱,《思想理论教育》1998(2)

[319] 建立"一本一专多能"的培养模式,《中国教育报》1998(2)

[320] 最充分地动员和发挥知识分子的力量,《上海师范大学学报》1998(2)

[321] 知识经济与高等教育的功能,《上海高教研究》1998(2)
[322] 日本小学教育一瞥,《文汇报》1998-01-30;1998-02-04
[323] 关于发展民办高等教育的思考,《高等教育研究》1998(4)
[324] 台湾高等教育之管见,《高等师范教育研究》1998(5)
[325] 崇高的理想就是精神支柱,《当代青年研究》1998(5)
[326] 高等教育当前面临的挑战和对策,《辽宁高等教育研究》1998(5)
[327] 一把开启大学生价值之门的金钥匙,《解放日报》1998-05-19
[328] 改制是我国高等教育走出困境的出路,《高等教育研究》1998(6);《新华文摘》1999(2)转载
[329] 中国高等教育的体制变革,《高等教育研究》(英文版)1998(12)
[330] 《大学的主体力量》序,1999
[331] 转变观点 深化改革 重在质量 办出特色,编入《世纪之交高师教育改革探索》(《上海师范大学学报》1999年专辑)
[332] 加强人文教育 促进人才成长,《教育研究》1999(2);部分内容刊登于《高等教育研究》1992(4);编入《教育新视野新理念》2007
[333] 纪律宽松反而不会开小差,《新民晚报》1999-02-26
[334] 更新教育观念 深化教学改革,《教育发展研究》1999(3);编入《现代教育理念专论》2004
[335] 发挥思想政治教育的优势,《思想理论教育》1999(3)
[336] 《高教法》是我国高等教育改制的法律依据,《上海政法管理干部学院院报》1999(3)
[337] 改革教学内容的原则与方案,《教育发展研究》1999(3);编入《现代教育理念专论》2004
[338] 抓机构抓规范抓重点 努力搞好教育审计工作,《上海审计》1999(4)
[339] 德艺语技——师范生的立身之本,《上海教育报》1999-04-26
[340] 能否把部分高校改制为"国有民办",《中国青年报》1999-04-28
[341] 创新能力要从小学培养起,《上海科技报》1999-04-30
[342] 教育已成为现代社会重要产业,《文汇报》1999-05-17
[343] 发展教育产业 促进教育发展,《高等教育研究》1999(6);编入《教育新视野新理念》2007
[344] 重视个性教育 培养尖子学生——学习江泽民同志在全教会上的

重要讲话,《人才开发》1999(8)
- [345] 面向21世纪中国高等教育的发展目标,《文汇报》1999-09-04
- [346] 发展教育产业迫在眉睫,《探索与争鸣》1999(10)
- [347] 提高质量　办出特色——写在上海师大建校45周年之际,《上海教育报》1999-10-08
- [348] 满怀豪情庆丰收　坚持改革绘蓝图,《上海师大报》1999-10-30
- [349] 重视个性发展　培养尖子人才,《中国教育报》1999-11-11
- [350] 深化教学改革,为21世纪培养合格人才,《中国高教研究》2000(1)
- [351] 端正办学思想　深化教育改革——庆祝上海师范大学建校45周年,《上海师范大学学报》2000(1)
- [352] 构筑人才高地要在"大、高、新"上下功夫,《文汇报》2000-01-05
- [353] 新千年的第一天,《上海师大报》2000-01-10
- [354] 教师必须具备良好师德、师智、师能,《文汇报》2000-03-20
- [355] 文明修身是素质教育的载体,《思想理论教育》2000(4);编入《现代高等教育思想探索》2001
- [356] 不容忽视高等教育滞后的状况,《探索与争鸣》2000(4)
- [357] 从经济全球化到教育国际化的思考,《河北大学学报》2000(4)
- [358] 创新教育与创新人才培养,《机械工业高教研究》2000(4);编入《教育新视野新理念》2007
- [359] 教育的产业性与公益性(与张兴合作),部分内容刊于《江苏高教》2000(5);编入《现代教育理念专论》2004
- [360] 现代大学的性质与功能之浅见,《高等教育研究》2000(6)
- [361] 关于高等学校机构改革和实施干部竞聘制的探索,《国家高级教育行政学院学报》2000(6)
- [362] 正确认识教育的公益性与产业性,《文汇报》2000-06-12(与张兴合作)
- [363] 台湾高等职业教育对我们的启示,《教育发展研究》2000(8)
- [364] 科教兴国与教育工作的历史使命——学习江泽民同志关于教育问题的重要讲话,《上海师范大学学报》2000(8)
- [365] 关于培养本科学历小学教师的探索,《教育科研参考》2000(12)
- [366] 现代大学的性质和功能,《高等教育研究》2001(1);编入《现代教育

理念专论》2004

[367] 优化高师德育资源　强化师范教育功能,《中国高等教育》2001(1)

[368] 建立一主多元的高等教育体制,《教育参考》2001(1);编入《现代教育理念专论》2004

[369] 走后勤社会化改革之路,编入《现代高等教育思想探索》2001

[370] 高等教育管理研究结硕果,《国家高级教育行政学院学报》2001(1)

[371] 关于创新教育和教育创新的思考,《人才开发》2001(1)

[372] 大学德育面临的形势和挑战,《思想理论教育》2001(2)

[373] 母校给了我思想营养和精神动力,《华东师范人学报》2001-03-09

[374] 建立中国特色的学分制,《现代大学教育》2001(4);《新华文摘》2002(1)转载;编入《现代教育理念专论》2004

[375] 中国教育如何应对加入WTO,《教育参考》2001(5)

[376] 高等教育大众化多样化和质量保证,《高等教育研究》2001(5);编入《现代高等教育思想探索》2001

[377] 把德育工作落到实处,《思想理论教育》2001(11);编入《现代高等教育思想探索》2001

[378] 为查文红们多做点什么,《文汇报》2001-11-27

[379] 清洁校园净化了学生的心灵,《解放日报》2001-12-10

[380] 经济全球化与教育国际化,《中国高教研究》2002(3)

[381] 中国加入WTO与教育的发展和改革,《现代大学教育》2002(5);人大复印报刊资料《高等教育》2002(10)转载

[382] 中国入世与教育改革,《文汇报》2002-07-05

[383] 一个查文红远远不够,《组织人事报》2002-07-18

[384] 树立新的教育理念　迎接加入WTO的挑战,《教育研究》2002(11)

[385] 教育大计　教师为本,《教育发展研究》2002(11)

[386] 坚持教育创新,《解放日报》2002-11-12

[387] 我国教师教育的发展走向,《中国高等教育》2002(2)

[388] 用新的教学理念指导教学改革(《大学教学与管理新论》序),2003

[389] 《大学理念论纲》序,2003

[390] 邓小平理论的来源、体系及伟大功绩,中共中央党校,编入《邓小平教育思想与中国教育改革》2003

[391] 关于教育公平与效率的哲学思考,《北京大学教育评论》2003(1)(与张兴合作);人大复印报刊资料《高等教育》2003(4)转载;编入《教育新视野新理念》2007

[392] 人文教育的核心是如何做人,《文汇报》2003-02-11

[393] 人文教育就是做人的教育,《江苏高教》2003(3);人大复印报刊资料《高等教育》2003(6)转载

[394] 树立现代教育理念 切实落实素质教育,《大学教育科学》2003(3)

[395] 树立正确的教育质量观 推动高等教育健康发展,《高教探索》2003(3)

[396] 当代高等教育前沿问题探讨,《高等教育研究》2003(4)

[397] 大学毕业生就业难"难"在哪里,《文汇报》2003-07-09

[398] 以发展促进教育公平,《人民日报》2003-07-25(与张兴合作)

[399] 正确看待高校扩招后的质量问题,《湖北招生考试》2003(8)

[400] 关于大学生就业难的理性思考,《中国高教研究》2003(8)(与刘岚合作)

[401] 德育工作要增强紧迫性和现实性,《思想理论教育》2003(9)

[402] 树立正确的质量观 克服急躁浮躁情绪,《光明日报》2003-09-04

[403] 树立新的教育理念 探索教育发展新路,《中国高教研究》2003(11)

[404] 试论创新教育和教育创新,《当代教育论坛》2003(12)

[405] 坚持创新教育与教育创新,《现代教育论坛》2003(12)

[406] 现代教育理念概览,《集美大学学报》2004(1);编入《现代教育理念专论》2004

[407] 树立教育服务产业观,《教育发展研究》2004(2)

[408] 培养跨学科人才必须更新教育观念,编入《高等教育创新与跨学科人才培养》2004

[409] 各类高校在科教兴国、人才强国中都大有作为,《中国高教研究》2004(4)

[410] 大学文化大学精神,《教育参考》2004(4)

[411] 树立"以人为本"的教育观,《现代大学教育》2004(4)(与朱炜合作);编入《教育新视野新理念》2007

[412] 以伟大的民族精神引领成长,《文汇报》2004-04-21

[413] 树立新的教育理念 探索教育发展新路,编入《传承与变革:"中华高等教育改革"国际学术研讨会论文集》2004

［414］　促进高等教育走内涵发展之路,《文汇报》2004-07-15

［415］　"两个尊重"论充分调动了知识分子的积极性,编入《人民的儿子,全党的楷模》2004

［416］　坚持"三个面向",弘扬民族精神,《思想　理论　教育》2004(9)

［417］　教育家少　应当更多责问社会和教育制度,《中国教育报》2004-09-12

［418］　补充高教资源利于科教兴国,《新民晚报》2004-09-21

［419］　与时俱进办大学　广阔之地展宏图,《高校基建研究》2004(10)

［420］　凸现人文精神在学校教育中的位置,《教师报》2004-10-03

［421］　高校要敢于行使办学自主权,《中国青年报》2004-10-22

［422］　教师教育要向高层次专业化方向发展,《教育研究》2004(9)

［423］　校长的职责,《社会科学报》2004-10-26

［424］　发展教育产业有助于促进教育发展,《教育发展研究》2004(12)

［425］　用科学发展观正确分析高校扩招,《湖北招生考试》2005(2)

［426］　树立以学为中心的教学观,《高教探索》2005(2);编入《教育新视野新理念》2007

［427］　高校必须树立正确的定位观和质量观,《高等教育研究》2005(2)

［428］　用科学发展观正确解决高校的分类定位问题,《中国高等教育评估》2005(3)

［429］　人人是学习之人,处处是学习之所,《上海科技报》2005-03-15

［430］　树立"以人为本""以学为中心"的教学观,《大学教育科学》2005(5)

［431］　树立宏观的教育时空观,为创建学习型社会服务,《教育发展研究》2005(5B);《高教文摘》转载

［432］　加强形势任务教育　增强当代大学生使命感和责任感,《中国高教研究》2005(6)

［433］　大学校长必须研究教育,《社会观察》2005(6)

［434］　向中考学生和家长进几言,《文汇报》(时评)2005-07-06

［435］　让"阳光工程"照亮公平之秤,《文汇报》(时报)2005-07-13

［436］　现代社会需要怎样的人　谈人文教育与人才成长,《钱江晚报》2005-10-17

［437］　人文教育与人才成长,编入《东方讲坛》2006

［438］　树重适应性的高等教育质量观,《人才开发》2006(1)

[439] 科学发展观与高等教育大众化,《中国高教研究》2006(1);编入《教育新视野新理念》2007

[440] 拔尖创新人才从哪里来,《文汇报》2006-10-18

[441] 大学校长要坚持用教育理念指导教育实践,《高等教育研究》2006(11)

[442] 培养拔尖人才障碍在哪里,《中国教育报》2006-11-06

[443] 培养创新人才应克服体制性障碍,《中国高等教育研究》2006(12);编入《教育新视野新理念》2007

[444] 总理的"焦虑"与培养更多杰出人才,《文汇报》(时评)2006-12-05

[445] 对两种自主招生改革的剖析,编入《招生考试研究》2007

[446] 农民工子女受教育问题的思考,《上海师大学报》(基础教育版)2007(1);编入《教育新视野新理念》2007

[447] 树立科学的教育质量观,《中国教育报》2007-01-29

[448] 论科学的教育发展观、定位观和质量观,《教育发展研究》2007(2)

[449] 建设大学文化　推动大学发展,《高校教育管理》2007(2);编入《教育新视野新理念》2007

[450] 树立科学的高等教育评估观,《中国高等教育评估》2007(2)

[451] 鼓励更多的优秀青年当教师,《中国教育报》2007-03-20

[452] 高等学校怎样办出特色,《现代大学教育》2007(6)

[453] 高等教育的改革和发展趋势,《大学教育科学》2007(6)

[454] 对我国高校独立学院的理性思考——独立学院全部转为"公办"不可取,《中国高教研究》2008(1)

[455] 中国高等教育办学理念的八大转变,《北京大学教育评论》2008(2)

[456] 潘懋元教授与我国第一本《高等教育学》,《高等教育研究》2008(4)

[457] 理性地看待奥运冠军破格上大学,《文汇报》2008-09-10

[458] 评"名校垄断高分者,高分者统统进名校",《北京大学教育评论》2009(1);人大复印报刊资料《高等教育》2009转载

[459] 独立学院是中国特色的新型民办高校,《高等教育研究》2009(3)

[460] 对我国高等教育发展问题的思考,《教育发展研究》2009(2)

[461] 聘用单位"以校取人"不可取,《文汇报》2009-02-06

[462] 呼吁建立上海教育博物院,《文汇报》2009-05-09

[463] 高等教育大众化下的校际合作办学探索,《临沂师范学院学报》2009(2)

[464] 令人担忧的"高考不加分",《文汇报》2009(6)

[465] 唯才聘用就要敢于"破格",《文汇报》2009-07-23

[466] 院校研究的视角:民办高校迫切需要加强自身研究,《浙江树人大学学报》2009(3)(与张艳辉合作)

[467] 关于高职院校特征的几点思考,《浙江树人大学学报》2009(4)

[468] 用大学文化推动大学发展改革,《中国高等教育》2010(1)

[469] 60年中国高等教育投资体制的变革,《上海师范大学学报》(哲学社会科学版)2010(1)

[470] 高等教育普及化与大学责任　上海市高教学会第五届大学校长沙龙部分代表观点选录,《教育发展研究》2010(7)(与张伟江等合作)

[471] 大学组织属性与结构研究,《高等教育研究》2010(4)(与季诚钧合作)

[472] 关于高校"去行政化"的思考,《教育发展研究》2010(9)

[473] 应将部分研究型大学转变为创业型大学——从"失衡的金字塔"谈起,《高等理科教育》2010(2)

[474] 潘懋元先生高等教育思想与实践研究——兼论潘懋元先生对中国高等教育学科建设的突出贡献,《中国高教研究》2010(10)

[475] 走出教育的迷茫　让教育回归教育,《高等教育研究》2010(12)(与张瑞田合作)

[476] 祝贺与感谢,《高等教育研究》2010(11)

[477] 《高校招生考试制度改革研究》评,《考试研究》2010(3)

[478] 独立学院的发展模式及未来走向,《教育发展研究》2010(Z2)

[479] 在金融危机中高校可以做些什么,《中国高等教育评论》2010

[480] 探索争鸣,《高校教育管理》2011(1)

[481] 对高校"结盟"招生的反思和质疑,《中国高等教育评估》2011(1)(与孔祥博合作)

[482] "宽进严出"是我国高校发展的必然趋势,《现代大学教育》2011(3)(与李梅合作)

[483] 对千余"状元"无一"顶尖"的教育反思,《高校教育管理》2011(3)(与丁静林合作)

[484] 进入大众教育阶段后的中国高等教育面临的10个问题,《上海师范大学学报》(哲学社会科学版)2011(3)

[485] 如何评判我国高教发展改革中的几个问题——与杨东平教授商榷，《江苏高教》2011(5)

[486] 十年耕耘结硕果　与时俱进创辉煌，《中国高教研究》2011(9)

[487] 提高高等教育质量贵在落实，《大学教育科学》2011(6)

[488] 取消高校等级制势在必行，《科学时报》2011-02-22

[489] 评北大拒收偏才怪才的四点理由，《科学时报》2011-03-22

[490] 南方科大教改的四个亮点，《科学时报》2011-06-28

[491] 学生不宜过早出国留学，《科学时报》2011-08-16(与华芸合作)

[492] 潘懋元：中国高等教育学的创始人和践行者，《中国高等教育评论》2011

[493] 高校注册入学值得推广，《中国社会科学报》2011-10-20(与孔祥博合作)

[494] 大学教师应坚守教书育人的职责，《教育发展研究》2012(9)

[495] 实践体验中的素质教育——日本旅游见闻，《外国中小学教育》2012(6)

[496] 关于社会转型与高等教育发展的思考——与陈先哲博士商榷，《高等教育研究》2012(8)

[497] 对中国"三过"教育现状的分析及对策探索，《上海师范大学学报》(哲学社会科学版)2012(5)

[498] 内部管理体制改革是民办高校可持续发展的关键，《浙江树人大学学报》(人文社会科学版)2012(6)

[499] 用"整个的心"去做"整个的校长"，《中国教育报》2012-08-20

[500] 为大学校长"四不"承诺叫好上海师范大学，《中国社会科学报》2012-08-22

[501] 让孩子们赢在养成良好的素质上——从"不要让孩子输在起跑线上"谈起，《现代基础教育研究》2012

[502] 高等教育"适应论"是历史的误区吗——与展立新、陈学飞商榷，《北京大学教育评论》2013(3)

[503] "三过"教育现状剖析，《检察风云》2013(1)

[504] 防腐需要"源头活水"，《检察风云》2013(6)

[505] 教学制度改革的梦想如何实现，《高校教育管理》2013(4)(与徐妍、吴秋寒、柳逸青、梁丽萍合作)

[506] 中国研究生教育的发展历程,《大学教育科学》2013(4)
[507] 对中国高等教育进入大众化阶段后的反思,《中国高等教育评论》2013
[508] 建设良好教风取决于教师的"三个投入",《高校教育管理》2014(6)
[509] 上海高考综合改革试点试出了什么,《中国教育报》2015-03-16
[510] 为坚持素质教育导向的综合改革叫好,《现代基础教育研究》2015
[511] 论当代大学的性质和功能——与展立新、陈学飞教授商榷,《高等教育评论》2015
[512] 教学服务型大学理论研究与实践探索的力作——徐绪卿专著《教学服务型大学:理论研究与制度框架》再版序,《浙江树人大学学报》(人文社会科学)2016(6)
[513] 讲真话是我的学术责任——杨德广教授专访,《苏州大学学报》(教育科学版)2016(3)(与刘岚合作)
[514] 关于高等教育改革与发展几个争议问题之我见,《教育发展研究》2016(Z1)
[515] 激发佛教慈善正能量,《联合时报》2016-04-19
[516] 高校,以治学为本,《检察风云》2016(6)(与牧风合作)
[517] 普通高校的继续教育应着力发展老年教育,《终身教育研究》2017(6)
[518] 优势互补共同培育创新人才——记上海视觉艺术学院德稻实验班,《世界教育信息》2017(18)(与赵德乔合作)
[519] 新形势下高校思想政治工作的使命与担当——访著名高等教育研究学者杨德广教授,《山东高等教育》2017(4)(与罗志敏合作)
[520] 如何走向有效的大学治理——评《大学有效治理研究》,《中国高校科技》2017(4)
[521] 关于高等教育改革与发展几个争议问题之我见,《教书育人》(高教论坛)2017(9)
[522] 美国老年教育的发展及启示,《世界教育信息》2017(4)
[523] 教育研究要有现实性、针对性和批判性——我从教和治学的经历及感悟,《中国教育科学》2017
[524] 课堂上不能"我的地盘我做主",《解放日报》2017-10-10
[525] 围绕五育大目标构建教育大体系,《基础教育论坛》2018(30)

[526] 研究生教学改革应立足于育人和育能,《学位与研究生教育》2018(8)

[527] 建立老年教育学刍议,《教育研究》2018(6);人大复印报刊资料《成人教育学刊》2018年第11期转载

[528] 构建德智体美劳教育体系,《中国教育报》2018-10-11

[529] 我国应着力于"超常"学生的选拔和培养——兼论"钱学森之问"的破解,《教育发展研究》2019(22)(与宋丽丽合作);人大复印报刊资料《中小学教育》2020年第4期转载

[530] 中小学生课业负担重的源头及破解对策——从中学校长发出"救救孩子"的呼声谈起,《中国教育学刊》2019(8);人大复印报刊资料《中小学学校管理》2019年第11期和《新华文摘》转载

[531] 改变大学生"松散懒"高校需要"充实教育"——杨德广先生专访,《重庆高教研究》2019(2)(与罗志敏合作)

[532] 习近平教育系列论述对毛泽东和邓小平教育思想的传承和发展,《重庆高教研究》2020-02-26

社会媒体对杨德广教授慈善事迹的报道(2010—2018年)

[1] 70岁大学教授卖房资助贫困生,《东方早报》2010-02-07

[2] 慈善是一种崇高,《解放日报》2010-02-08

[3] 杨德广:倾毕生所蓄 助贫困学子,《中国教育报》2010-2-27

[4] 把希望和善心,播种到学生心里,《解放日报》2010-09-10

[5] 老教授杨德广卖房设基金助学,《文汇报》2010-09-10

[6] 上师大老校长杨德广卖房捐款资助贫困学生,"东方网"2010-09-11

[7] 杨德广"裸捐"300万元设奖学金,《中国青年报》2010-10-30

[8] 上海师大老校长出稿费设奖学金,《中国教育报》2010-11-02

[9] 杨德广:卖房助学 思源情深,《中国教育报》2010-11-17

[10] 老教授卖房300万元助学,《新闻晨报》2011-04-11

[11] 上师大老校长杨德广捐毕生积蓄设奖学金,"新华网"2012-04-18

[12] 杨德广:用"整个的心"去做"整个的校长",《中国教育报》2012-08-20

[13] "慈善校长",《现代快报》2012-10-27

[14] 上海杨德广助学帮困 基金情系环县教育,《甘肃日报》2013-09-30

[15] 上师大原校长杨德广为九中学生发奖学金,《扬子晚报》2013-10-09

[16] 退休校长杨德广的慈善经,《中国科学报》2014-07-04
[17] 杨德广基金惠及环县5所学校 捐赠29万午餐资金,"中国环县网"2014-09-16
[18] "慈善校长"卖房子兑现助学承诺,《新华每日电讯》2014-12-14
[19] "慈善校长"杨德广:助学带来快乐和幸福,"新华网"2014-12-23
[20] "活明白"的大学校长,《解放日报》2015-01-20
[21] "阳光慈善之家"资助西部贫困生,《新民晚报》2015-03-18
[22] 从"慈善校长"到"绿化老人",《新民晚报》2015-06-03
[23] "慈善校长"再回母校"续"奖学金,《金陵晚报》2015-06-23
[24] "慈善校长"杨德广再拿出25万元助学,《现代快报》2015-06-23
[25] "杨德广帮困助学基金"资助环县贫困学子,《甘肃日报》2015-12-07
[26] 杨德广:"绿化校长"的慈善情结,"中国慈善新闻网"2016-03-22
[27] "慈善校长"发起成立阳光慈善基金,"中青在线"2016-06-24
[28] 李昶洁 张跃跃:绿色校长的阳光慈善——访校友杨德广先生,"华东师范大学新闻中心"2016-07-01
[29] 这一次我们与大师同行,共享一场精神的饕餮盛宴!,"微口网"2016-10-19
[30] 今天地图上这里一片绿,看看发生了什么!,"搜狐网"2017-03-26
[31] 从农民儿子到大学校长:做了一辈子教育,我活明白了!,"搜狐网"2017-10-19
[32] 杨德广校友捐赠"阳光亭"在南京九中落成揭牌,"南京九中"2018-05-14
[33] 杨德广的"有所为",《光明日报》2018-06-18
[34] "慈善让我更有价值、更快乐",《上海老年报》2018-09-04
[35] 雪中送炭寄学子 上海"慈善校长"播善心,"中国新闻网"2018-09-05
[36] 78岁老校长捐300万做慈善,每天午饭只吃阳春面,《文汇报》2018-09-05
[37] 一碗68元面条不舍得吃,却卖房捐资300万元助学,这位老校长被评"中华慈善楷模","上观新闻"2018-09-05
[38] 他没有万贯家财,却变卖房产捐赠学校!慈善校长杨德广的丰盛人生!,"周到网"2018-09-05
[39] 这位"平民校长"资助两兄弟踏入上海名校,还曾卖房筹集善款,"澎

湃新闻"2018-09-05

[40] "捐房校长"杨德广的慈善人生,《新民晚报》2018-09-05

[41] 慈善让我的生命更有价值,《劳动报》2018-09-05

[42] "中华慈善楷模"杨德广:他没万贯家财 卖房捐资300万助学,"东方网"2018-09-06

[43] "中华慈善楷模"杨德广:他没万贯家财 卖房捐资300万助学,"解放网"2018-09-06

[44] 他过得"吝啬",却活得"富足",《解放日报》2018-09-06

[45] "抠门"校长的"丰裕"慈善路,《文汇报》2018-09-06

[46] 这位高校校长卖房资助千位贫困生:"我明白钱从何来将向何去","东方网"2018-09-09

[47] "慈善校长"杨德广的幸福生活,《中国社会报》2018-09-14

[48] 杨德广和"一个鸡蛋的暴走"项目荣获第十届"中华慈善奖","上海民政"2018-09-17

[49] 他用善举汇聚身边"善的力量",《上海法治报》2018-09-18

[50] 为啥不把百万财产留给子女?78岁老校长这样说,"人民政协网"2018-09-19

[51] 为啥不把百万财产留给子女?78岁老校长这样说,"人民政协网"2018-09-20

后 记

杨德广先生是我国"当代教育名家""中华慈善楷模"荣誉称号获得者,参与了中国高等教育学的创建工作,在教育界广受尊敬!

杨先生是我国著名的高等教育专家,曾被称为我国高教界真抓实干的一个"闯将","一位有个性、有风格、有理念的大学校长,是一位性格直爽、直言不讳、观点鲜明、敢想敢说敢做的大学校长",被学界同行称为"行动研究的典范",被广大师生亲切地称为"绿化校长""平民校长""自行车校长""慈善校长"。

杨先生1940年生于江苏的一个贫农家庭,1965年毕业于华东师范大学,中共党员,上海师范大学教授,博士生导师,国务院政府特殊津贴专家。曾参与潘懋元先生的中国高等教育学创建工作。先后任华东师范大学团委书记、上海市高等教育研究所所长、上海市高等教育局副局长、原上海大学校长、新上海大学常务副校长、上海师范大学校长、上海震旦职业学院院长,兼任中国高等教育学会副会长、全国高等教育学研究会理事长、中国民办教育研究院副院长、上海市高等教育学会常务副会长等职。

杨先生坚持"工作、学习、研究"六字方针,每天工作和学习16小时,发表了大量在国内高教界产生重要影响的论著,1979—2008年发表的"高被引"论文数,名列全国高教领域学者前10名,也连续两届被推选为继潘懋元教授之后的全国高等教育学研究会理事长。他在国内较早提出中国应实行"学位制"和"奖学金制",以"供需见面制"改革高校毕业生分配制度,提出"改变单一的办学体制""高等学校要走进市场才能走出困境""发展教育产业,建立教育市场""在大学生中开展'充实教育'"等在当时产生很大影响的观点。同时,他也以敢于直言、敢讲真话的特有"杨氏风格"赢得学界的称赞和尊重。对此有学者这样评价他:杨先生满怀实事求是之意,全无哗众取宠之心;尽显直面问题之诚,毫无看人论事之嫌。目前,他退而不休,始终以高度的责任感和事业心从事教学科研和社会慈善公益活动,受到广泛好评和赞誉。2014年,他作为"全国离退休干部先进个人"受到习近平总书记的亲切接见;2018年,他荣膺中国政府慈善类最高荣誉——"中华慈善楷模"称号。

2020年是杨先生80岁生日!为了祝贺他的生日,表达对他的崇敬之情,也为了教育和启迪后辈,我们组织一些老师和同学编写了这本书,以记录杨先生几十年来工作和生活的点点滴滴。本书共分为四个篇章,第一篇"题词赠言与感言"主要是一些领导、同事和同行的题词、赠言以及感言;第二篇"业绩事迹大数据"专门记录杨先生在科学研究、高校管理、教书育人、社会慈善等方面所做出的突出贡献;第三篇"业界与同行述评"则选取了我国教育界的一些专家教授以及他的一些学生撰写的文章或论文,这些文章或论文以评论杨先生为人为学为官为主题,大都已公开发表或出版;第四篇"媒体报道和评述"收录了14篇文章,它们是从50多篇社会媒体专门宣传他的事迹的报道文章中挑选出来的。有些篇目还配了一些反映杨先生生活和工作的图片。当然,由于时间仓促,我们在编写过程中肯定有不少遗漏或不妥之处,一些表述和文章也没有经过杨先生本人的过目和认定。

在这部书编辑出版过程中,得到了许多领导、专家学者和一些研究生的大力支持。徐匡迪老市长亲自为本书作序,原任上海市人大常委会主任的龚学平为本书题写书名,原任杭州市市委书记的王国平,原任教育部副部长、中国高等教育学会会长的周远清,原任中国高等教育学会会长的瞿振元,上海市教委老领导王荣华、李宣海、张伟江、薛喜民,全国政协委员胡卫等为本书题词和赠言。在本书前期编辑过程中,赵德乔、吴琼、陈悦、姚栋华、谭娇、王天宇、庞若雯等做了许多资料的搜集和整理工作。上海大学出版社迅速将此书纳入出版计划,傅玉芳老师、刘强老师在此书编辑出版前后做了大量的工作。在此一并表达最衷心的感谢!

"无为何入世,入世有所为",这句话是杨先生的人生信条,也是他80年人生奋斗历程的真实写照。这一眼光、胸怀和作为,既是他智慧人生的体现,也是我们这些后辈学习的典范。智者乐,仁者寿。敬祝他健康长寿!快乐长久!

编　者

2020年5月于上海